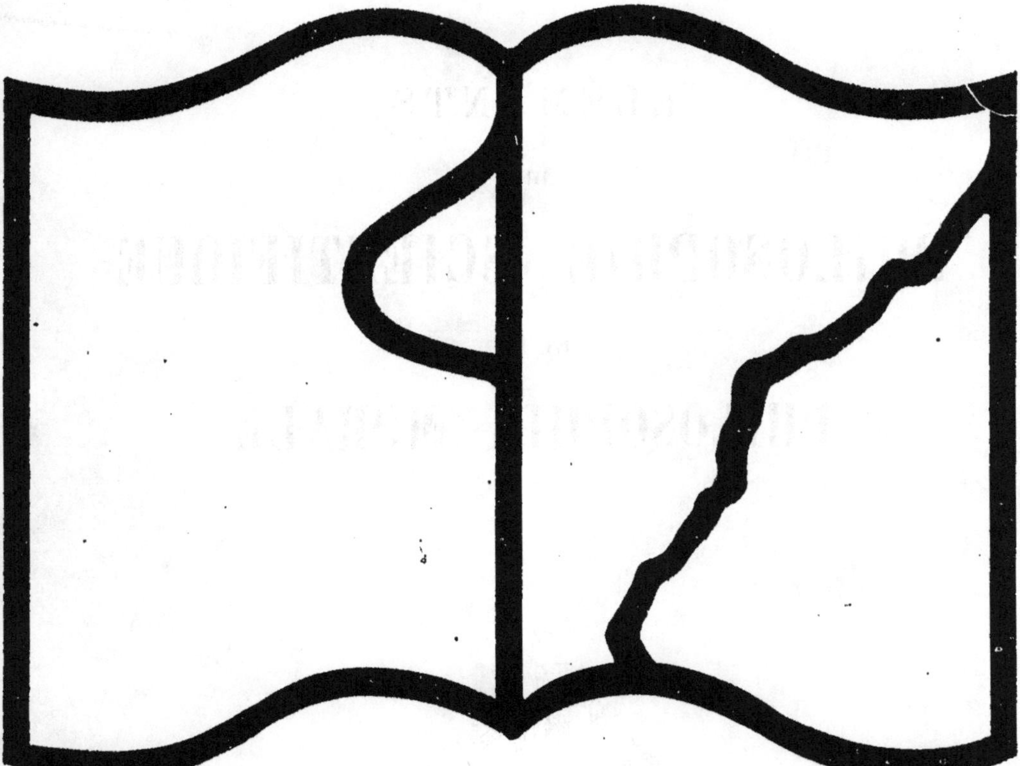

Texte détérioré — reliure défectueuse

NF Z 43-120-11

**Symbole applicable
pour tout, ou partie
des documents microfilmés**

ALLIANCE DES MAISONS D'ÉDUCATION CHRÉTIENNE

ABBÉ EUGÈNE DURAND

ÉLÉMENTS
DE
PHILOSOPHIE SCIENTIFIQUE
ET DE
PHILOSOPHIE MORALE

PARIS
LIBRAIRIE CH. POUSSIELGUE
RUE CASSETTE, 15

1894

ÉLÉMENTS

DE PHILOSOPHIE SCIENTIFIQUE

ET DE

PHILOSOPHIE MORALE

PROPRIÉTÉ DE

ALLIANCE DES MAISONS D'ÉDUCATION CHRÉTIENNE

ÉLÉMENTS
DE
PHILOSOPHIE SCIENTIFIQUE
ET DE
PHILOSOPHIE MORALE

POUR LES CLASSES DE MATHÉMATIQUES ÉLÉMENTAIRES
ET DE PREMIÈRE-SCIENCES

PAR

L'ABBÉ EUGÈNE DURAND
PROFESSEUR DE PHILOSOPHIE A L'ÉCOLE ST-SIGISBERT DE NANCY

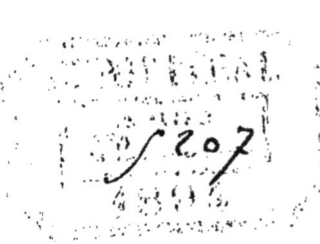

PARIS
LIBRAIRIE CH. POUSSIELGUE
RUE CASSETTE, 15
—
1894

AVANT-PROPOS

Ces éléments de philosophie scientifique et de philosophie morale, que nous offrons aux élèves de nos maisons d'éducation chrétienne, ne sont pas une œuvre personnelle. Donner des réponses précises, méthodiques, et aussi classiques que possible, à toutes les questions du programme de philosophie des classes de mathématiques élémentaires et de première-sciences, tel a été notre premier but.

Pour nous conformer à l'esprit du programme, et rendre moins abstraite l'exposition des règles de la logique, nous avons fait une large place dans les éléments de philosophie scientifique, aux réflexions et aux commentaires que les savants nous ont laissés sur leurs travaux, et emprunté de nombreux exemples à l'histoire des idées, des méthodes, et des découvertes. La plupart des questions morales peuvent se traiter sans le secours de l'érudition, parce qu'elles sont de tous les temps, et que leur solution n'est pas soumise aux variations qui modifient à tant d'égards l'esprit humain. Rien ne remplace en morale les lumières de la conscience individuelle sincèrement consultée et soutenue par le contrôle du sens commun. Toutefois il y a des problèmes même en morale, et ils se sont multipliés avec les conditions nouvelles des sociétés modernes. Sur ces problèmes surtout il est bon d'entendre la voix de moralistes autorisés. Aussi nous n'avons pas craint de faire appel à leur témoignage, toutes les fois qu'il pouvait confirmer et mettre en relief nos idées.

Mais restreindre l'enseignement philosophique et moral à ce qu'il est nécessaire aux candidats de savoir pour subir avec succès les épreuves de l'examen, ou n'y voir qu'un exercice de pure dialectique et une histoire raisonnée de la pensée spéculative et pratique, c'est en méconnaître étrangement l'importance. C'est pourquoi nous nous sommes attaché de préférence, sans sortir du programme, à tout ce qui peut provoquer la réflexion des élèves, et favoriser dans leur esprit le goût et la culture des idées, surtout de celles qui sont bonnes pour la direction de la vie. Par là se justifient certains aperçus qui semblent dépasser le programme, et les développements que nous avons donnés aux éléments de philosophie morale.

Après chaque chapitre nous avons indiqué des ouvrages utiles à consulter. Il va de soi que nous n'acceptons pas indistinctement toutes les idées contenues dans ces ouvrages dont quelques-uns donnent prise à plus d'une critique. Mais tous peuvent être pour les maîtres une source de précieux renseignements.

Nancy, 21 Novembre 1894.

Eug. DURAND.

PROGRAMME

DES CLASSES

DE MATHÉMATIQUES ÉLÉMENTAIRES

ET

DE PREMIÈRE-SCIENCES

I. ÉLÉMENTS DE PHILOSOPHIE SCIENTIFIQUE

La science. Les sciences. Classification et hiérarchie des sciences.

Les sciences mathématiques : leur objet, leurs principales divisions. Méthode : définitions, axiomes, démonstrations.

Les sciences de la nature : leur objet, leurs principales divisions, leurs méthodes ; l'expérience, les méthodes d'observation et d'expérimentation. La classification. L'hypothèse. L'induction. Rôle de la déduction dans les sciences de la nature.

Les sciences morales : leur objet, leurs caractères propres, leurs principales divisions. Méthode : l'induction et la déduction dans les sciences morales.

Rôle de l'histoire dans les sciences morales ; la critique historique.

Exposé sommaire des principales hypothèses générales dans les différents ordres de sciences.

II. ÉLÉMENTS DE PHILOSOPHIE MORALE

Les faits de l'ordre moral, leurs caractères propres; la liberté, la responsabilité. La personnalité morale.

Les fins de la vie humaine : le bonheur; l'utilité ; le devoir; Platon, les Stoïciens, Kant.

L'individu. — Devoirs envers la personne morale. La dignité humaine.

La *famille*. — Sa constitution morale. Esprit de famille. L'autorité dans la famille.

La *société*. — Le droit et les droits. Respect de la personne dans les autres hommes. L'esclavage; le servage; les abus de pouvoir.

Respect de la personne dans ses croyances et ses opinions; liberté religieuse et philosophique; tolérance.

Respect de la personne dans ses biens. Principe de la propriété.

La justice et la charité. Formes diverses de la charité. Le dévouement.

La patrie; la nation, ce qui la constitue. La puissance publique. L'État et les lois. Fondement de l'autorité publique. Le gouvernement. Devoirs et droits des gouvernants.

Sanction de la morale. Dieu. La religion naturelle.

ÉLÉMENTS
DE PHILOSOPHIE SCIENTIFIQUE
ET DE
PHILOSOPHIE MORALE

PREMIÈRE PARTIE
ÉLÉMENTS DE PHILOSOPHIE SCIENTIFIQUE

CHAPITRE I
LA SCIENCE ET LES SCIENCES

I — LA SCIENCE

1. Origine de la science. — 2. Caractères de la science.
3. Avantages de la science.

1. Origine de la science. — « Tout homme désire naturellement connaître, » lisons-nous dans l'*Imitation de Jésus-Christ*. La curiosité est une inclination de notre nature. Ce qui le prouve, ce sont les questions de l'enfant qui demande à chaque instant : pourquoi telle ou telle chose; ce sont les recherches patientes du savant que rien ne décourage, c'est la satisfaction que nous éprouvons tous à connaître[1].

---

[1]. « Ce qui prouve que nous désirons connaître, dit Aristote, au début de sa métaphysique, c'est le plaisir que nous causent les perceptions de nos sens; elles nous plaisent indépendamment de leur utilité, surtout celles de la vue; c'est que celle-ci nous fait mieux connaître les objets et nous découvre un grand nombre de différences. »

Tout ce qui est nouveau ou plutôt tout ce qui a l'apparence de la nouveauté provoque notre curiosité. « L'étonnement, a dit Aristote, est le commencement de la science. » Mais tous n'ont pas au même degré la faculté de s'étonner. La plupart des hommes habitués au cours régulier des phénomènes de la nature ne s'en étonnent plus, parce qu'ils n'y voient rien de nouveau, et que la régularité leur tient lieu d'explication. Mais il y a des esprits plus observateurs ou plus réfléchis que les autres, dont l'étonnement persévère au milieu de la marche régulière des choses, et qui trouvent même dans l'uniformité de la nature un aliment à l'activité inquiète de leur pensée. Si la curiosité est vaine et frivole chez les enfants et chez un trop grand nombre d'hommes, il y a une noble curiosité qui ne s'attache pas indifféremment à tout objet, et que ne satisfait point n'importe quelle explication. C'est cette curiosité qui est l'origine de la science.

2. Caractères de la science. — La science a comme la connaissance vulgaire sa première origine dans la curiosité de l'esprit humain, mais la science diffère de la connaissance vulgaire par des caractères importants dont les principaux sont les suivants :

1°) La science est *certaine*. La connaissance vulgaire est souvent vague et douteuse, et alors même que la certitude l'accompagne, cette certitude n'augmente pas sa valeur, parce qu'elle ne peut présenter ses titres, et qu'elle n'a pas subi l'épreuve de la critique. La science, au contraire, est certaine, car elle n'admet que des principes évidents et des conséquences qui en découlent nécessairement; elle ne se contente pas de faits contestables et de lois hypothétiques; tous ses jugements sont fondés en raison, et soit qu'elle induise, soit qu'elle déduise, les résultats qu'elle formule ont leurs preuves.

2) La science est *générale*. Ce caractère de la science avait déjà frappé les philosophes anciens. « Il n'y a pas de science du particulier, disaient les Socratiques, il n'y a de science que du général. » *Non est fluxorum scientia*, disaient à leur tour les scolastiques. La curiosité du vulgaire s'arrête aux faits et à de simples notions plus ou moins obscures et confuses, elle ne s'étend pas au delà; celle du savant pénètre jusqu'aux raisons des choses : le *pourquoi* et le *comment* des faits et des idées,

tel est son objet; le pourquoi : c'est-à-dire la cause ou le principe; le comment : c'est-à-dire la loi. La cause est la raison de l'effet, le principe est la raison de la conséquence, et la loi n'est que le rapport constant et invariable qui unit la conséquence au principe ou l'effet à la cause. La science est la connaissance des causes ou des principes et des lois, et voilà pourquoi elle a une portée universelle.

3) La science est *méthodique*. Qui dit science, dit système de connaissances. Des connaissances isolées et sans lien entre elles ne constituent pas la science; il faut que les vérités y soient enchaînées dans un ordre tel qu'elles se soutiennent et s'expliquent les unes les autres, et ce qui produit dans la science cet enchaînement de vérités, nécessaire à son unité, c'est la méthode. Ainsi c'est par un ensemble de déductions que le mathématicien ramène la multiplicité des théorèmes à l'unité de la définition et de l'axiome; c'est par des inductions que le physicien ramène la diversité des faits particuliers à l'unité des lois qui les régissent, et la diversité des lois particulières à l'unité de lois plus générales dont elles dépendent; c'est par la méthode que le savant s'élève à des généralisations de plus en plus hautes. Son rêve serait même de condenser dans une formule unique l'ensemble des principes et des causes et de trouver la loi généralissime de toutes choses. L'histoire de la science nous offre plus d'une tentative de ce genre.

Nous pouvons donc définir la science : la connaissance certaine et méthodique des vérités générales.

Remarquons que cette définition ne convient qu'à la science achevée et complète. L'enchaînement continu et sans interruption de vérités générales et absolument certaines dans un ensemble méthodique, c'est là un idéal que le savant doit chercher à réaliser, ou plutôt vers lequel il doit tendre sans y prétendre. Mais il y a des intermédiaires nombreux entre la perfection de la science et son extrême imperfection, et la connaissance est d'autant plus scientifique, elle mérite d'autant mieux le nom de science, qu'elle est moins éloignée de la méthode rigoureuse, de la généralité sans limites et de l'absolue certitude.

3. Avantages de la science. — La science offre au savant de nombreux avantages :

1) La science permet au savant de *comprendre* et par suite

d'*expliquer* les phénomènes. On comprend et on peut expliquer les phénomènes quand on en connaît les raisons, c'est-à-dire les causes ou les principes et les lois. Le mathématicien, par exemple, comprend une vérité géométrique quand il sait le principe d'où elle découle et la démonstration qui la rattache à ce principe; un fait de la nature matérielle ou vivante s'explique pour le physicien par la cause qui le produit et par le rapport qui l'unit à cette cause; une loi particulière s'explique par une loi plus générale dont elle est l'application.

2) La science permet ensuite au savant de *prévoir* les phénomènes. Les lois, en effet, sont, comme nous l'avons déjà dit, des rapports constants et invariables. Grâce à leur connaissance, le savant n'est donc plus enfermé dans le présent, il anticipe l'avenir et peut régler sa conduite et aider les autres à la régler en conséquence. Le don de prévision est tout à la fois un des effets les plus merveilleux de la science et une de ses meilleures preuves.

3) La science permet enfin *d'agir* sur la nature. Sans doute, à la différence de l'art et de l'industrie, la science est théorique ou spéculative, et le savant, en tant que savant, se désintéresse de l'utilité pratique des vérités qu'il découvre; mais tôt ou tard, ces vérités, fussent-elles les plus abstraites, trouvent leur application. Savoir, c'est non seulement comprendre et prévoir, c'est encore pouvoir. Bacon exagère quand il dit que « la science et la puissance humaine coïncident, » car nos connaissances nous dépassent, et il y a des faits bien connus de nous sur lesquels nous ne pouvons rien. Mais il n'en est pas moins vrai que la puissance de l'homme sur la nature se mesure à sa science, et que plus il sait, plus il a d'instruments d'action à son service.

II — LES SCIENCES

1. La science et les sciences. — 2. Classification des sciences : classification d'Aristote; classification de Bacon; classification d'Auguste Comte; classification d'Ampère. — 3. Hiérarchie des sciences.

1. La science et les sciences. — A l'origine la philosophie prétendait être la science universelle. L'universalité des choses est bien, en effet, l'objet dernier de la science; mais cet objet est trop vaste pour que l'esprit humain dont les facultés sont limitées l'embrasse dans ses détails, et même pour qu'il puisse espérer s'en faire rapidement une idée d'ensemble. Il a donc fallu diviser l'objet de la science. D'ailleurs, quoi qu'en disent les philosophes monistes ou panthéistes, la réalité n'est pas partout identique dans la nature, les êtres qui la composent offrent des distinctions irréductibles et ils se manifestent dans une variété de phénomènes telle qu'elle peut à juste titre donner lieu à des spéculations différentes. C'est ainsi qu'ont été créées les sciences particulières.

On peut définir une science particulière : un ensemble de connaissances certaines, générales et méthodiques, relatives à un objet déterminé. L'arithmétique, par exemple, est l'ensemble des connaissances certaines, générales et méthodiques, relatives au nombre ; la physique est l'ensemble des vérités certaines, générales et méthodiques, relatives aux propriétés générales des corps.

2. Classification des sciences. — Des philosophes et des savants ont souvent essayé de dresser le tableau raisonné des différentes sciences, afin de nous donner ce que d'Alembert appelle « une mappemonde de l'univers scientifique. » Parmi ces essais de très inégale valeur, nous citerons ceux d'Aristote, de Bacon, d'Auguste Comte et d'Ampère.

1) *Classification d'Aristote.* Aristote prend pour principe de sa classification des sciences le *but* qu'elles se proposent, et d'après ce principe, il distingue les sciences en sciences *spéculatives*, sciences *pratiques*, sciences *poétiques*.

Les sciences spéculatives ont un objet nécessaire et indépendant de la volonté humaine ; leur but est la connaissance pure ; elles ne tendent qu'à la vérité sans aucune préoccupation pratique. Ces sciences sont au nombre de trois : la physique, les mathématiques, la philosophie première.

Les sciences pratiques et les sciences poétiques ont un objet contingent, c'est-à-dire qui peut être ou ne pas être, et qui dépend de la volonté humaine. Le but des sciences pratiques est de diriger nos actions et elles sont, comme les sciences spéculatives, au nombre de trois : l'éthique ou morale, l'économique, la politique.

Quant aux sciences poétiques, elles donnent des préceptes pour la réalisation d'œuvres extérieures ; ce sont la poétique, la rhétorique et la dialectique.

Cette classification qui correspond aux trois modes possibles du développement intellectuel et moral : penser, agir, faire ou produire, ne manque pas de profondeur. Mais elle ne pourrait plus être en usage aujourd'hui. Outre qu'elle ne fait aucune place aux sciences historiques, qui constituent pour nous un groupe de sciences très important, elle restreint trop le domaine des sciences spéculatives, qui ont pris depuis Aristote de merveilleux développements ; elle sépare sans raison suffisante la production de l'action, et même l'une et l'autre de la spéculation. Aucune science, en effet, n'est purement pratique ; toute science pratique suppose un idéal dont il faut faire la théorie avant de donner des préceptes pour sa réalisation.

2) *Classification de Bacon.* Bacon, dans le *De augmentis et dignitate scientiarum,* prend pour principe de sa classification des sciences les facultés intellectuelles dont elles dérivent. Selon lui l'esprit humain en quête de science s'applique ou à conserver, ou à reproduire ou à combiner ; il y a donc trois facultés principales qui travaillent à l'édifice de nos connaissances : ce sont la mémoire, l'imagination et la raison. De là trois grandes divisions dans la science : l'*histoire,* tant naturelle que civile, qui est l'œuvre de la mémoire ; la *poésie,* qui est l'œuvre de l'imagination et dont les genres principaux sont la poésie narrative ou épique, la poésie dramatique et la poésie parabolique ou allégorique ; la *philosophie,* qui est l'œuvre de la raison et dont l'objet est triple : Dieu, la nature et l'homme.

D'Alembert, dans le discours préliminaire de l'Encyclopédie, adopte avec de légers changements la classification de Bacon.

Cette classification contient dans ses détails quelques vues originales que la science moderne a confirmées, mais en définitive elle est superficielle et inadmissible, car elle rapproche l'histoire naturelle et l'histoire civile, qui n'offrent entre elles aucune analogie ; elle ne reste pas toujours fidèle à son principe, et surtout ce principe est très discutable. Les diverses facultés de l'esprit sont inséparables dans leur exercice et aucune science n'est l'œuvre d'une seule faculté. Dans l'histoire, par exemple, outre la mémoire qui conserve le souvenir des faits, ne faut-il pas de l'imagination pour reconstituer les événements passés, avec des documents incomplets ? ne faut-il pas surtout de la raison, pour faire la critique des témoignages, pour juger les faits et découvrir leurs causes et leurs lois ?

3) *Classification d'Auguste Comte.* — Auguste Comte, fondateur du positivisme, a proposé une classification des sciences dont le principe est tout à la fois objectif et historique. Il groupe les sciences d'après leur ordre de complexité et de difficulté croissantes, de généralité et d'ancienneté décroissantes ; d'où cette série de six sciences fondamentales : les *mathématiques*, l'*astronomie*, la *physique*, la *chimie*, la *biologie* et la *sociologie*[1].

Dans cette série, chaque science est plus simple, plus générale, et par conséquent plus facile et plus ancienne que celles qui la suivent et dont elle est indépendante ; et inversement, chaque science est plus complexe, plus spéciale, et par conséquent plus difficile et plus récente que celles qui la précèdent et dont elle dépend. Les mathématiques sont placées au commencement de cette série, parce que ce sont les sciences dont l'objet est le plus simple, le plus général, le plus facile à connaître et le plus anciennement connu ; les sciences sociales sont placées au dernier rang, parce que leur objet est le plus complexe, le plus particulier, le plus difficile à connaître et le plus récemment entré dans le domaine de la science.

Cette classification échappe à la plupart des critiques qu'on peut faire aux classifications d'Aristote et de Bacon ; elle est remarquable à plusieurs points de vue : elle a surtout l'avantage de se fonder sur la distinction des objets et de grouper les différentes sciences suivant l'ordre de complexité croissante de ces objets. Mais elle ne mérite pas tous les éloges qu'on en a faits, et on peut trouver excessif ce jugement de Stuart Mill : « Auguste Comte n'eût-il rien fait d'autre (que sa classification des sciences), cette merveilleuse systématisation l'aurait désigné à tous les esprits compétents pour apprécier cette œuvre, comme un des principaux penseurs du siècle[2]. »

La classification d'Auguste Comte implique de graves erreurs.

1) On ne peut admettre que les objets des diverses sciences n'offrent entre eux que des différences de complexité, qu'en conséquence les sciences puissent se ramener les unes aux

---

1. Ce mot hybride, dû à Auguste Comte, est pleinement entré dans l'usage. (LITTRÉ, *Dictionnaire de la langue française.*)

2. *Auguste Comte et le positivisme*, traduction française, page 53.

autres, et, en définitive, se résoudre dans la science mathématique. Les phénomènes de l'âme sont irréductibles aux phénomènes vitaux, et ceux-ci ne peuvent entièrement s'expliquer par le nombre, l'étendue et le mouvement, bien qu'ils aient leurs conditions dans ces propriétés. Le simple peut être la condition du composé, l'inférieur la condition du supérieur, le moins du plus, sans qu'on ait le droit d'affirmer qu'il en est la condition suffisante et totale.

2) La classification d'Auguste Comte ne fait pas de place spéciale à la philosophie. La philosophie, pour les positivistes, n'est que la systématisation des sciences ; elle a pour unique objet d'établir les liens de coordination et de subordination qu'ont entre elles les diverses sciences, et puisque toutes les sciences peuvent se résoudre dans la science mathématique, la science mathématique sera l'unique philosophie. Il est facile d'établir que la philosophie dépasse cet objet que lui assigne Auguste Comte, et qu'il y a en particulier une critique des lois de l'esprit et une recherche des causes premières qu'on ne peut lui interdire.

3) Enfin, la série hiérarchique de cette classification ne représente pas exactement l'ordre historique du développement des sciences. Il y a entre les sciences, comme l'a justement remarqué H. Spencer, une sorte de *consensus*, une action et une réaction mutuelles qu'Auguste Comte a eu le tort de méconnaître. Les découvertes d'une science influent sur les autres sciences, et leur progrès offre souvent un parallélisme dont il faut tenir grand compte quand on recherche les lois de l'évolution de l'esprit humain. Les faits démentent la théorie positiviste. L'algèbre est plus générale que l'arithmétique et cependant elle lui est postérieure ; il y a une généralisation croissante de l'arithmétique au calcul différentiel, dont la découverte est relativement récente. La physique et la chimie ont fait des progrès sans le secours de l'astronomie. La psychologie, dont Auguste Comte voudrait en vain faire un chapitre de la biologie nerveuse, bien avant que celle-ci devînt scientifique, avait enregistré de nombreuses et incontestables vérités. Et quoi qu'en disent les positivistes, ce n'est pas à Auguste Comte que nous sommes redevables de la sociologie ; tout n'est pas chimérique dans la politique d'Aristote et dans les œuvres du même genre

que l'antiquité ou le moyen âge ont produites, et la science sociale peut encore trouver de nos jours quelque profit à la fréquentation de ceux qui en ont traité autrefois.

4) *Classification d'Ampère.* — Dans un essai sur la philosophie des sciences publié en 1834, Ampère, abandonnant le point de vue finaliste d'Aristote, le point de vue subjectif de Bacon, et négligeant le point de vue historique où se place Auguste Comte, donne une classification des sciences uniquement fondée sur la distinction des objets de la science ; le modèle qu'il prétend imiter est la classification naturelle et dichotomique de Bernard de Jussieu en botanique.

Il divise d'abord toutes les sciences en deux grandes classes ou règnes : les *sciences cosmologiques* qui ont pour objet le monde des corps, et les sciences *noologiques* qui ont pour objet le monde des esprits.

Il subdivise ensuite chacune de ces classes en deux sous-règnes ; chacun des sous-règnes en deux embranchements ; chacun des embranchements en ordres... Ainsi, les sciences cosmologiques sont des sciences cosmologiques proprement dites : sciences de la matière inorganique, ou des sciences physiologiques : sciences de la vie. De même les sciences noologiques se partagent en sciences noologiques proprement dites, et sciences sociales. Les sciences cosmologiques proprement dites sont mathématiques ou physiques ; les sciences physiologiques sont naturelles ou médicales ; — les sciences noologiques proprement dites sont philosophiques ou dialegmatiques[1] ; les sciences sociales sont ethnologiques ou politiques.

Ampère poursuit sa division dichotomique et arrive ainsi à distinguer cent vingt-huit sciences spéciales dites de troisième ordre qui embrassent, selon lui, toutes les connaissances accessibles à l'esprit humain.

La classification d'Ampère est excellente dans son principe et dans ses lignes générales ; mais elle est trop compliquée et souvent arbitraire dans les détails. Ses subdivisions ne s'accor-

---

1. Ampère entend par science dialegmatique la science des signes par lesquels les hommes se communiquent entre eux leurs pensées. Il se sert dans cette classification d'une terminologie toute personnelle et quelquefois bizarre ; on y trouve, pour désigner des sciences spéciales, des noms tels que ceux-ci : la cœnobiologie, la cybernétique.

dent pas assez avec celles qui se sont introduites naturellement dans le domaine de la science, et qui continueront à subsister en dépit des systèmes par lesquels on prétend les corriger. Enfin Ampère tient trop peu de compte de l'ordre dans lequel les sciences se subordonnent entre elles et des rapports qui les unissent.

3. Hiérarchie des sciences. — Nous proposons la classification suivante qui se fonde sur la nature même des objets des sciences, et qui les range, à l'imitation de la classification d'Auguste Comte, dans un ordre de complexité croissante, mais leur adjoint des spéculations légitimes que le positivisme frappe à tort d'exclusion.

1) Les sciences *abstraites*, celles dont l'objet est le plus simple, puisqu'il consiste non dans des réalités aux propriétés nombreuses et diverses, mais dans certaines qualités séparées par la pensée des êtres dont elles font partie, et portées au plus haut degré de généralisation possible. Ces sciences sont l'arithmétique, la géométrie et l'algèbre ; l'arithmétique, science des nombres ; la géométrie, science de l'étendue ; l'algèbre, science des grandeurs simplifiées et généralisées. Le calcul des probabilités n'est qu'un cas particulier de l'algèbre, et le calcul intégral et différentiel n'est qu'une algèbre supérieure.

2) Les sciences *abstraites-concrètes*[1] qui sont en quelque sorte des sciences mixtes, participant à la fois des sciences abstraites et des sciences concrètes, moins abstraites que les unes, moins concrètes que les autres. Ces sciences sont la mécanique et l'astronomie. La mécanique qui a pour objet les forces et les mouvements par lesquels elles se manifestent ; l'astronomie, qui par une application de la géométrie et de la mécanique réunies, détermine les distances des corps célestes et les lois qui régissent leurs mouvements. La mécanique et l'astronomie ont leur point de départ dans l'observation, mais l'expérience joue un rôle secondaire dans ces sciences ; c'est surtout par le calcul qu'elles parviennent à résoudre les problèmes qu'elles agitent.

1. Nous empruntons ce terme composé à Spencer, sans y attacher le même sens que lui. Pour Spencer, les sciences abstraites-concrètes sont celles qui ont pour objet non des rapports comme les sciences abstraites, non des êtres comme les sciences concrètes, mais des phénomènes.

3) Les sciences *concrètes*, dont l'objet consiste dans des réalités, dans des êtres qui nous sont surtout connus par l'expérience. Ces êtres sont des corps ou des esprits, et les corps sont inorganiques ou organisés, d'où trois groupes de sciences distinctes : les sciences physiques, les sciences naturelles ou biologiques, et les sciences psychologiques ou morales.

Les sciences physiques ont pour objet les êtres inanimés, les corps. La physique proprement dite les étudie dans leurs propriétés les plus générales, telles que la pesanteur, la chaleur, l'électricité, la lumière. La chimie les étudie dans leur constitution, dans leur structure intime, qui manifeste ou du moins qui semble manifester des propriétés nouvelles. Aux sciences physiques peuvent se rattacher la géologie et la minéralogie [1].

Les sciences naturelles ou biologiques ont pour objet les êtres vivants, végétaux ou animaux. Ce sont la botanique et la zoologie. Si elles étudient les organes, c'est l'anatomie végétale ou animale ; si elles étudient les fonctions, c'est la physiologie végétale ou animale. L'extension considérable qu'ont prise les sciences biologiques dans notre siècle a donné lieu à beaucoup de sciences secondaires, telles que la pathologie, qui étudie les désordres des organes et des fonctions ; l'ethnologie, qui s'occupe de l'origine des races et de leur distribution sur la surface du globe.

Les sciences psychologiques ou morales ont pour objet le monde des esprits, le monde moral. Ce sont les sciences qu'Ampère appelle sciences noologiques. Soit qu'elles s'occupent des phénomènes intérieurs de l'esprit humain, des sentiments, des pensées, des volitions, des habitudes, en un mot de ce qu'on nomme les phénomènes de conscience étudiés en eux-mêmes, ou qu'elles cherchent à comprendre les manifestations extérieures de l'âme dans le langage, dans la suite des événements, dans les sociétés, et à découvrir les lois de ces phénomènes tant extérieurs qu'intérieurs, des faits sociaux, historiques, linguistiques, aussi bien que des faits de sens intime ; soit qu'elles se bornent à constater la réalité telle qu'elle s'offre à nous, sans chercher à la modifier, ou qu'elles proposent un

---

1. Spencer range la physique et la chimie parmi les sciences abstraites-concrètes, car elles ont pour objet plutôt des phénomènes que des êtres, tandis que l'astronomie et la géologie sont pour lui des sciences concrètes.

idéal de l'homme individuel ou de l'homme social, en donnant des préceptes qui doivent diriger individus et sociétés dans le sens de cet idéal ; les sciences sociales forment un groupe de sciences plus complexes encore que les sciences physiques et naturelles, et dont l'objet est absolument irréductible à l'objet des autres sciences.

4) *La philosophie des sciences.* — L'esprit humain se fût-il élevé au plus haut degré de perfection possible dans la connaissance des différents objets de science que nous venons de parcourir, aurait-il pleinement satisfait son besoin de connaître ? Non, il a du mouvement encore pour aller au-delà. Il y a, en effet, des questions générales communes à toutes les sciences, qui sans relever d'aucune science particulière, exercent un grand attrait sur l'esprit, et dont la solution doit être considérée comme le couronnement naturel de l'édifice de nos connaissances.

D'abord toutes les sciences reposent sur certaines notions fondamentales et sur des principes qu'elles acceptent du sens commun sans les discuter. Ainsi l'arithmétique repose sur la notion de nombre, la géométrie sur la notion d'étendue, la mécanique et la physique reposent sur la notion de force, les sciences naturelles sur les notions d'espèces, de genre, de type ; les sciences morales sur les notions de libre arbitre, de bien..., toutes les sciences sur la notion de loi. Les mathématiques ne peuvent se passer d'axiomes, et les autres sciences trouvent, elles aussi, leur garantie dans des vérités nécessaires, telles que celles-ci : Une même chose ne peut pas à la fois être et n'être pas, en même temps et sous le même rapport ; tout ce qui commence a une cause ; les mêmes causes produisent les mêmes effets ; tout à une fin. Ces principes, ces notions indispensables à la connaissance du monde physique et du monde moral, il importe de les préciser, d'en chercher l'origine et d'en déterminer la nature.

De plus, il faut à toute science une méthode, c'est-à-dire un ensemble de procédés réfléchis que l'esprit doit employer, sous peine de s'égarer dans la recherche ou dans la démonstration de la vérité. La méthode des sciences physiques et naturelles n'est pas la méthode des sciences mathématiques. Quel est le fondement de chacune de ces méthodes ? Quels sont les caractères qui les distinguent? Ont-elles même valeur et même portée? Les sciences particulières ne donnent pas de réponse à ces questions. Pour y répondre, il faut avoir analysé l'esprit humain, il faut connaître les lois de la pensée en elle-même et dans ses rapports avec la réalité.

Enfin, plus l'intelligence se développe et recule l'horizon de ses connaissances, plus elle a besoin d'unité. Chaque science nous donne un certain nombre de vérités, chaque science est relative à un objet spécial. On peut essayer de relier ces vérités entre elles, de subordonner et de coordonner tous les objets de science. Au-dessus des sciences particulières, on conçoit donc une science des sciences qui unifie nos connaissances et les organise en un système où tout se tient et s'enchaîne.

L'ensemble de ces spéculations constitue la philosophie des sciences qui comprend, comme on le voit, les plus hautes généralités scientifiques.

Remarquons que la philosophie des sciences peut se fragmenter et que chaque science peut avoir sa philosophie. La philosophie d'une science a pour objet les notions fondamentales, les principes et la méthode de cette science, et elle s'applique à montrer les relations des diverses parties de cette science, et de cette science avec les autres sciences. C'est ainsi qu'il y a une philosophie des mathématiques, une philosophie du droit, de la grammaire. Chaque fois qu'un savant cherche un couronnement à ses travaux et à ses découvertes dans la discussion et la critique des généralités qui s'y rattachent ou en découlent, il fait la philosophie de sa science.

Geoffroy-Saint-Hilaire a écrit une philosophie anatomique, J.-B. Dumas une philosophie de la chimie.

5) La *philosophie première* ou métaphysique. — La philosophie des sciences ne donne pas encore pleine satisfaction à l'esprit humain, elle appelle une autre spéculation dont elle se sépare difficilement et qui doit répondre à des questions qui surgissent naturellement dans la pensée de l'ignorant aussi bien que dans celle du savant. Le physicien détermine les propriétés générales des corps, le chimiste leurs propriétés plus intimes, le naturaliste détermine les lois des phénomènes de la vie, le psychologue celles des phénomènes de l'âme. Mais qu'est-ce que la matière qui constitue les corps? Qu'est-ce que

la vie ? Qu'est-ce que l'âme en elle-même ? D'où viennent la matière et le mouvement qui l'anime ? D'où vient la vie ? D'où venons-nous ? Quelle est la destinée de toutes choses, mais surtout quelle est la nôtre ? Où allons-nous ? L'univers dans la variété de ses lois et dans leur merveilleuse harmonie, est-il un effet du hasard ou l'œuvre d'une intelligence supérieure qui l'a créé et qui le gouverne ? Ces questions sur la nature, l'origine et la fin des choses sont celles que les premiers sages se sont posées tout d'abord, et l'esprit humain ne peut ni les éviter, ni s'en désintéresser. C'est à la philosophie première, qu'on est convenu d'appeler la métaphysique, qu'il appartient de chercher et de donner une solution à ces importants problèmes. On peut, avec Aristote, définir la philosophie première : la science des premiers principes et des premières causes.

On divise ordinairement la métaphysique en deux parties : la métaphysique générale et la métaphysique spéciale.

La métaphysique générale a pour objet les conditions essentielles, les premiers principes de toute connaissance et de toute existence. Elle s'occupe d'abord du problème de la connaissance : que vaut la connaissance ? Quels sont les rapports de la pensée et de la réalité ? C'est la *critique*. Elle s'occupe ensuite de l'être en lui-même, de l'être dans ses propriétés universelles, de l'être en tant qu'être, c'est l'*ontologie*.

La métaphysique spéciale a pour objet les différents êtres étudiés dans leur nature ; elle comprend trois parties :

1) La cosmologie rationnelle, ou science de la nature des corps.

2) La psychologie rationnelle, ou science de la nature de l'âme.

3) La théologie rationnelle, ou science de Dieu, tel qu'il peut être connu par les lumières de la raison.

Tableau récapitulatif des différentes sciences.

1) Sciences abstraites
- Arithmétique.
- Géométrie.
- Algèbre.

2) Sciences abstraites-concrètes
- Mécanique.
- Astronomie.

3) Sciences concrètes
- Sciences physiques.
- Sciences naturelles ou biologiques.
- Sciences psychologiques ou morales.

4) Philosophie des sciences.

5) Philosophie première ou métaphysique	1) Métaphysique générale	Critique. Ontologie.
	2) Métaphysique spéciale	Cosmologie rationnelle. Psychologie rationnelle. Théologie rationnelle.

Ouvrages à consulter.

ADAN. — *Philosophie de F. Bacon*, liv. I.
D'ALEMBERT. — *Discours préliminaire de l'Encyclopédie.*
AMPÈRE. — *Essai sur la philosophie des sciences.*
ARISTOTE. — *Métaphysique*, liv. I, chap. I.
BACON. — *De augmentis et dignitate scientiarum*, liv. II.
COMTE. — *Cours de philosophie positive*, 1re leçon.
LIARD. — *La métaphysique et la science*, chap. I.
NAVILLE. — *Essai de classification des sciences.*
RAVAISSON. — *Essai sur la métaphysique d'Aristote*, tome I, page 250.
SPENCER. — *Classification des sciences.*

CHAPITRE II

LA MÉTHODE

1. Définition de la méthode. — 2. Utilité de la méthode. — 3. Méthode générale. — Règles de la méthode cartésienne. — 4. Procédés essentiels de la méthode générale : Analyse et synthèse. — Définition de l'analyse et de la synthèse. — L'analyse et la synthèse dans les différentes sciences. — Règles de l'analyse et de la synthèse.

1. Définition de la méthode. — La méthode est un ensemble de procédés réfléchis que l'esprit emploie dans la recherche et dans la démonstration de la vérité.

Tous les procédés en usage dans la science pour découvrir ou démontrer la vérité ne sont pas des inventions purement artificielles. La plupart d'entre eux et les plus importants, ceux qui sont à l'origine des autres, se rattachent à des opérations naturelles de l'esprit, ce qui faisait dire à Leibnitz que « les lois de la logique ne sont autre chose que les prescriptions du bon sens mises en ordre et par écrit. » Mais quand il est question de science, il faut que ces opérations aient subi le contrôle de la réflexion.

2. Utilité de la méthode. — Il est incontestable que la méthode facilite la découverte de la vérité. Tant que l'esprit marche à l'aventure, il court risque de s'égarer, et pour quelques vérités éparses qu'il rencontre au hasard, il s'expose à une longue suite de tâtonnements infructueux et à toutes sortes d'erreurs. On l'a souvent répété, la méthode est pour l'esprit du savant ce que le levier est pour la main de l'homme. Muni d'un levier, un homme faible soulève sans beaucoup d'efforts une grande masse que ne pourrait ébranler un homme robuste avec ses seules mains. De même, muni d'une bonne méthode, un esprit ordinaire peut acquérir un grand nombre de connaissances qui seraient refusées à une intelligence plus pénétrante, mais sans discipline. « *Claudus in viâ*, dit Bacon, *antecedit cursorem extra viam*[1] ». C'est aussi la pensée de Descartes : « Ceux qui ne marchent que fort lentement, dit-il, peuvent avancer beaucoup davantage, s'ils suivent le droit chemin, que ne font ceux qui courent et qui s'en éloignent[2]. » D'ailleurs la vérité découverte par hasard met difficilement l'esprit à l'abri de toute incertitude ; au contraire la vérité méthodiquement découverte revêt aux yeux du savant un caractère scientifique qui donne à son esprit pleine satisfaction.

Si la méthode facilite la découverte de la vérité, elle en facilite aussi la démonstration. L'exposé d'une science vaut surtout par la méthode qu'on y emploie. Un enseignement méthodique où chaque vérité vient à sa place, où tout se tient et s'enchaîne, est plus facile à comprendre, parce que les différentes parties s'éclairent les unes les autres, et par conséquent plus facile à garder dans la mémoire. C'est la conviction de tous les maîtres dans l'art d'instruire que le progrès dans cet art se mesure au progrès dans la méthode.

Du reste, l'histoire des sciences est une preuve sans réplique de l'utilité de la méthode. Une science qui cherche sa méthode est une science encore mal définie, et toute science se perfectionne lorsque les savants qui s'y appliquent prennent une conscience de plus en plus nette de la méthode qui lui est propre. Si les sciences mathématiques ont été les premières sciences constituées, c'est parce que la simplicité de leur objet permit d'établir de très bonne heure les principes et les règles de leur méthode. Si les sciences de la nature sont restées à peu près stationnaires dans l'antiquité et au moyen âge, c'est faute d'une méthode convenable ; du jour où Galilée eut rigoureusement pratiqué, et Bacon vulgarisé la méthode inductive, elles prirent un merveilleux essor. Lavoisier a pour ainsi dire créé la chimie en posant les règles de la nomenclature et de l'analyse chimique. Les de Jussieu et Cuvier, par leurs procédés de classification, ont transformé les sciences naturelles. C'est aussi par l'emploi de procédés nouveaux, tels que l'analyse des cellules,

---

1. « Le boiteux qui est dans le bon chemin, devance le coureur qui s'en écarte. »

2. Descartes. — *Discours de la méthode*, 1re partie.

la vivisection, l'expérimentation, que la physiologie, avec Claude Bernard, Pasteur et leurs disciples, a cessé de tâtonner pour devenir une science pleine d'avenir. L'influence de la méthode peut se constater en philosophie comme dans les sciences proprement dites : les doctrines socratiques, péripatéticiennes, cartésiennes en sont des preuves manifestes. Descartes rapportait tout l'avantage qu'il croyait avoir sur les esprits de son temps à la méthode qu'il eut « l'heur de trouver. » « Ce n'est pas tout d'avoir l'esprit bon, disait-il, le principal est de l'appliquer bien [1]. »

3. Méthode générale. — Les méthodes varient avec les objets de science auxquels s'applique l'esprit humain : il y a donc des méthodes particulières distinctes pour les différentes sciences. Mais ces méthodes particulières offrent des procédés communs et des préceptes universels dont l'ensemble constitue une méthode générale applicable à toutes les sciences. C'est de cette méthode générale qu'il faut tout d'abord s'occuper. Avant d'établir les conditions d'une recherche scientifique spéciale, il est nécessaire de bien poser les conditions de toute recherche scientifique.

Règles de la méthode cartésienne. — A Descartes revient le mérite d'avoir su dégager des conditions particulières relatives à chaque science, les conditions générales indispensables à toute recherche scientifique et de les avoir formulées en quatre règles aussi simples que fécondes.

1) « Ne recevoir jamais aucune chose pour vraie que je ne la connusse évidemment être telle ; c'est-à-dire éviter soigneusement la précipitation et la prévention et ne comprendre rien de plus en mes jugements que ce qui se présente si clairement et si distinctement à mon esprit que je n'eusse aucune occasion de le mettre en doute. »

Cette première règle est la formule de ce qu'on a souvent appelé la révolution cartésienne. Elle proclame l'indépendance

---

1. Toutefois Descartes exagère l'influence de la méthode. Partant de cette idée que le bon sens est la chose du monde la mieux partagée, il prétend que l'inégalité des esprits vient uniquement de la différence des méthodes qu'ils emploient. — Quoi qu'en dise Descartes, les dons naturels ne sont pas les mêmes pour tous et il y a des esprits mieux doués les uns que les autres. Un bon instrument ne donne pas entre des mains maladroites les mêmes résultats qu'entre des mains habiles, et les bons esprits seuls sauront tirer parti d'une bonne méthode.

de la raison en matière de science et de philosophie et elle rejette le principe d'autorité, auquel elle substitue celui de l'évidence[1]. Mais il importe de ne pas se méprendre sur ce que Descartes entend par évidence. N'est pas évident pour lui ce qui frappe fortement les sens et l'imagination; les sens nous trompent et l'imagination, elle aussi, est une maîtresse d'erreurs. C'est à la raison seule qu'il appartient de juger de l'évidence. Pour savoir si une proposition est vraie, il ne s'agit pas de se demander ce qu'en pensent Aristote et ses partisans, il faut chercher si les idées qu'elle exprime sont claires et distinctes. La certitude de l'esprit doit résulter de la clarté et de la distinction des idées et toute certitude scientifique qui n'aurait pas là son origine serait mensongère.

Après avoir posé l'évidence comme criterium, c'est-à-dire comme signe définitif et infaillible de la vérité, Descartes signale dans la même règle les deux principales causes de l'erreur : la précipitation qui nous fait juger prématurément et sans assez de réflexion, et la prévention qui vient du préjugé ou de la passion. Descartes ne veut pas seulement affranchir l'esprit humain de l'autorité extérieure, il le met en garde contre des maîtres intérieurs tout aussi tyranniques. L'autorité de l'imagination et des passions, surtout de l'amour-propre, empêche plus encore la liberté de l'esprit dans la recherche de la vérité, que l'autorité de l'École.

Dans la dernière partie de sa première règle, Descartes demande qu'il y ait proportion entre la connaissance et l'affirmation de l'esprit, que la volonté ne dépasse pas, dans le jugement qu'elle prononce, les données de l'intelligence.

2) « Diviser chacune des difficultés que j'examinerais, en autant de parcelles qu'il se pourrait et qu'il serait requis pour les mieux résoudre. »

Cette division que recommande Descartes est l'analyse, un des procédés fondamentaux de la méthode pour arriver à la clarté et à la distinction des idées. Diviser les difficultés, c'est,

---

1. Voici d'après Pascal quel était encore de son temps le prestige du principe d'autorité. « Le respect de l'antiquité, dit-il, est aujourd'hui à tel point dans les matières où il doit avoir le moins de force, que l'on se fait des oracles de toutes ses pensées, et des mystères même de ses obscurités, que l'on ne peut plus avancer de nouveautés sans péril, et que le texte d'un auteur suffit pour détruire les plus fortes raisons. » — *Fragment d'un traité sur le vide.*

lorsqu'il s'agit d'un objet à étudier, le décomposer en ses parties, lorsqu'il s'agit d'une question à résoudre, examiner à part chacune des conditions auxquelles doit satisfaire la solution que l'on cherche. Descartes attribuait à l'emploi de l'analyse sa découverte de l'application de l'algèbre à la géométrie, ou géométrie analytique, qui a été l'origine d'autres admirables découvertes dans les sciences mathématiques et en particulier du calcul infinitésimal.

3) « Conduire par ordre mes pensées, en commençant par les objets les plus simples et les plus aisés à connaître, pour monter peu à peu comme par degrés jusques à la connaissance des plus composés et supposant même de l'ordre entre ceux qui ne se précèdent point naturellement les uns les autres. »

Par cette troisième règle Descartes recommande la synthèse qui doit succéder à l'analyse. L'analyse va du composé au simple, la synthèse va du simple au composé. De plus, Descartes nous enseigne que dans toute recherche scientifique, il faut procéder avec ordre, aller toujours du connu à l'inconnu, du facile au difficile. Il attachait la plus grande importance à cette troisième règle : « Toute la méthode consiste, dit-il, dans l'ordre et la disposition des choses vers lesquelles il est nécessaire de tourner son esprit pour découvrir la vérité... Cette règle doit être gardée par celui qui veut entrer dans la science, aussi fidèlement que le fil de Thésée par celui qui voudrait pénétrer dans le labyrinthe[1]. » Il tourne en dérision ceux qui examinent avec si peu d'ordre les questions les plus difficiles, qu'ils semblent agir « comme un homme qui, du pied d'un édifice, voudrait s'élancer d'un saut jusqu'au faîte, soit en négligeant l'escalier destiné à cet usage, soit en ne l'apercevant pas. »

Quelquefois l'esprit ne découvre pas l'ordre des choses; alors il doit faire une hypothèse, il doit imaginer un certain ordre, sous la condition d'en chercher ensuite la vérification. Il faut se garder de prêter ici à Descartes le conseil de substituer sans raison un ordre artificiel à l'ordre naturel qu'on ignore, de mettre la pure hypothèse à la place de la réalité. Cette interprétation serait inexacte. Descartes croit sans aucun doute que

---

1. DESCARTES. — *Règles pour la direction de l'esprit.*

l'ordre existe là même où nous ne le voyons pas. Le monde est, à ses yeux, un composé d'éléments intelligibles combinés selon des rapports intelligibles, parce qu'il est l'œuvre d'une cause intelligente. Sous un désordre apparent il se cache toujours un ordre que la science a pour but de découvrir. L'hypothèse doit guider le savant, mais elle est soumise à des règles qui impliquent la croyance à la Providence.

4) « Faire partout des dénombrements si entiers et des revues si générales que je fusse assuré de ne rien omettre. »

Dans cette quatrième règle, Descartes exprime la condition commune de l'analyse et de la synthèse. Ces deux opérations doivent être continues ; il faut que les éléments y soient rigoureusement enchaînés et que l'esprit n'omette rien dans la recherche des intermédiaires qui forment cet enchaînement. Descartes appelle quelquefois *inductions* ces dénombrements et ces revues nécessaires à l'analyse et à la synthèse[1].

Les règles de la méthode cartésienne, si on les interprète comme nous l'avons fait, méritent la plus grande attention des savants et des philosophes.

On pourrait ajouter à ces règles la règle suivante formulée par Bossuet : « Il ne faut jamais abandonner les vérités une fois connues et démontrées, quelque difficulté qu'on éprouve pour les concilier avec une autre vérité. » En effet, il ne saurait y avoir contradiction entre les différentes vérités, par conséquent lorsqu'une vérité est démontrée, si nous ne pouvons la concilier avec une autre vérité bien établie et également certaine, cette impossibilité est toute subjective, elle ne vient pas d'une contradiction entre les deux vérités, elle vient de ce que notre esprit est trop faible pour découvrir leur rapport. Prenons un exemple. La prescience divine est incontestable, puisqu'elle se déduit de l'infinie perfection de Dieu ; la liberté humaine ne

---

1. Les mathématiques sont aux yeux de Descartes les sciences qui remplissent le mieux ces conditions, et il estime que les autres sciences pourraient les imiter. « Ces longues chaînes de raisons toutes simples et faciles dont les géomètres ont coutume de se servir pour parvenir à leurs plus difficiles démonstrations, m'avaient donné occasion de m'imaginer que toutes les choses qui peuvent tomber sous la connaissance des hommes s'entresuivent en même façon, et que pourvu seulement qu'on s'abstienne d'en recevoir aucune pour vraie qui ne le soit, et qu'on garde toujours l'ordre qu'il faut pour les déduire les unes des autres, il ne peut y en avoir de si éloignées auxquelles enfin on ne parvienne, ni de si cachées qu'on ne découvre. » (*Discours de la méthode*, deuxième partie.)

n'est pas moins, et les objections les plus spécieuses seront toujours impuissantes à ébranler la conviction que nous en avons. Comment accorder ces deux vérités? Comment des actes futurs dont Dieu a la connaissance certaine et infaillible peuvent-ils être libres? Nous l'ignorons. Est-ce une raison pour abandonner le libre arbitre ou la prescience divine? non ; il faut attribuer cette ignorance à la nature bornée de notre esprit et « tenir fortement, dit Bossuet, les deux bouts de la chaîne, bien qu'on ne voie pas par où l'enchaînement se continue. »

4. Procédés essentiels de la méthode générale. — Analyse et synthèse. — La deuxième et la troisième règle de la méthode cartésienne signalent deux procédés qui méritent d'être spécialement étudiés, parce qu'ils sont les procédés essentiels de toute méthode. Ces procédés sont l'analyse et la synthèse.

Définition de l'analyse et de la synthèse. — L'emploi de ces deux mots a souvent donné lieu à des confusions ; il est même arrivé que des savants ou des philosophes ont appelé analyse ce que d'autres ont appelé synthèse et réciproquement. Il importe donc d'être fixé sur leur sens.

Les logiciens de Port-Royal considèrent l'analyse et la synthèse comme formant chacune une méthode particulière qui se suffit à elle-même. Pour comprendre, disent-ils, les différences de ces deux méthodes, on peut les comparer aux deux manières d'établir une généalogie. Pour établir, par exemple, que Louis XIV descend de saint Louis, on peut partir de Louis XIV et remonter du fils au père, de Louis XIV à Louis XIII, de Louis XIII à Henri IV... jusqu'à saint Louis, c'est l'analyse ; ou bien on peut partir de saint Louis et descendre de père en fils jusqu'à Louis XIV, c'est la synthèse. Condillac supprime la synthèse qu'il fait rentrer dans l'analyse. Dugald-Stewart soutient qu'il y a deux sortes d'analyse et de synthèse irréductibles l'une à l'autre : l'analyse et la synthèse des mathématiciens, et celles des physiciens et des naturalistes. Pour Newton, aller des effets aux causes et aux lois, c'est faire de l'analyse ; pour d'autres, c'est faire de la synthèse. A quelle opinion faut-il s'arrêter ?

Étymologiquement l'analyse (ἀνάλυσις) est le procédé de l'esprit qui va du composé au simple, la synthèse (σύνθεσις) est le procédé de l'esprit qui va du simple au composé. Mais l'analyse et la synthèse revêtent des formes différentes selon qu'elles sont employées dans les sciences concrètes ou dans les sciences abstraites.

L'analyse et la synthèse dans les différentes sciences. — L'analyse appliquée aux sciences concrètes s'exerce sur des réalités complexes qu'elle sépare en leurs éléments constitutifs. Quand le physicien dégage des circonstances multiples qui précèdent ou accompagnent un fait, celle qui en est la cause, pour formuler une loi : par exemple, quand il dégage la loi de la pesanteur d'expériences où se mêlent des éléments étrangers, tels que la vitesse initiale du corps en mouvement, le frottement de l'air ; quand le chimiste décompose l'eau, par la pile, en hydrogène et en oxygène, ou l'ammoniaque par une série d'étincelles électriques en azote et en hydrogène ; quand le botaniste examine séparément les différentes parties d'une fleur, le calice, la corolle, les étamines, le pistil ; quand l'anatomiste divise l'être vivant en appareils, les appareils en organes, les organes en tissus, les tissus en cellules ; quand le psychologue distingue dans l'âme des faits de sentiment, d'intelligence et de volonté ; le psychologue, l'anatomiste, le botaniste, le chimiste, le physicien font de l'analyse. — La synthèse appliquée aux sciences concrètes s'exerce sur des réalités simples qu'elle réunit et combine pour recomposer les réalités complexes décomposées par l'analyse. Quand le physicien déduit d'une loi ses applications ; quand le chimiste compose l'eau dans l'eudiomètre en y introduisant des volumes déterminés d'hydrogène et d'oxygène ; quand le botaniste et l'anatomiste reconstruisent idéalement[1] les plantes et les animaux, à l'aide d'éléments organiques découverts par l'analyse ; quand le psychologue refait un état d'âme en rapprochant harmonieusement un certain nombre de faits de conscience : le psychologue, l'anatomiste, le botaniste, le chimiste, le physicien font de la synthèse.

Quant à l'analyse et à la synthèse appliquées aux sciences

---

[1]. La synthèse du naturaliste est toujours idéale. La vie ne se crée pas dans les laboratoires ; on ne peut reconstituer réellement l'être vivant avec les seuls éléments qui le composent. La vie ne vient que de la vie, *omne vivum ex vivo.*

abstraites, aux sciences mathématiques, il faut consulter les mathématiciens sur le sens qu'on leur donne. Voici en quoi elles consistent, d'après Pappus[1]. « L'analyse est le chemin qui, partant de la chose demandée que l'on accorde pour le moment, mène, par une suite de conséquences, à quelque chose de connu antérieurement, ou mis au nombre des principes reconnus pour vrais ; cette méthode nous fait donc remonter d'une vérité ou d'une proposition à ses antécédents, et nous la nommons analyse ou résolution, c'est-à-dire solution en sens inverse. Dans la synthèse, au contraire, nous partons de la proposition qui se trouve la dernière dans l'analyse ; déduisant ensuite, d'après leur nature, les antécédents qui plus haut se présentaient comme des conséquents, et les combinant entre eux, nous arrivons au but cherché dont nous étions partis dans le premier cas. » — « Quand on procède par analyse, dit dans le même sens Duhamel, on ramène le problème proposé à un second, celui-ci à un troisième, et ainsi de suite, jusqu'à ce qu'on parvienne à un problème que l'on sache résoudre. » Procéder par synthèse, au contraire, « c'est partir de propositions reconnues vraies, en déduire d'autres comme conséquences nécessaires, de celles-ci de nouvelles et ainsi de suite, jusqu'à ce qu'on parvienne à la proposée qui se trouve alors reconnue elle-même comme vraie. » Chasles, dans un *Aperçu historique sur l'origine et le développement des méthodes en géométrie*, ne définit pas autrement l'analyse : « Il est en mathématiques une méthode pour la recherche de la vérité que Platon passe pour avoir inventée, que Théon a nommée analyse et qu'il a définie ainsi : Regarder la chose cherchée comme si elle était donnée, et marcher de conséquence en conséquence jusqu'à ce qu'on reconnaisse comme vraie la chose cherchée. »

L'analyse mathématique est donc une sorte de solution à rebours, elle explique l'inconnu en le ramenant à des principes évidents ou à des vérités déjà démontrées ; c'est une réduction, c'est une régression du conditionné à ses conditions. Mais il en est de même dans les sciences concrètes. En physique, par

---

[1]. Pappus, mathématicien grec d'Alexandrie, contemporain de Théodose le Grand, a laissé un ouvrage publié au XVIe siècle, avec une traduction latine et des notes, sous le titre de *Collectio mathematica, libri* VIII, par Commandino, connu aussi pour ses traductions latines des œuvres d'Euclide et d'Archimède.

exemple, l'analyse ramène les phénomènes complexes aux causes et aux lois qui en sont les conditions : en chimie l'analyse réduit les corps composés aux corps simples qui en sont les conditions, et ainsi dans les autres sciences concrètes. La synthèse mathématique est, au contraire, une sorte de marche en avant ; c'est une progression de principes évidents, de vérités connues à d'autres qui ne le sont pas, c'est une progression des conditions au conditionné. Mais il en est de même dans les sciences concrètes. En physique la synthèse va de la loi à ses applications, c'est-à-dire de la condition qui est simple au conditionné qui est composé ; en chimie, elle va des corps simples aux corps composés, c'est-à-dire encore de la condition au conditionné, et ainsi dans les autres sciences concrètes. Sous leurs différentes formes, l'analyse et la synthèse restent donc essentiellement identiques.

Donnons un exemple d'analyse et de synthèse mathématiques pour bien mettre en lumière l'unité fondamentale de toute analyse et de toute synthèse. Il s'agit d'inscrire un hexagone régulier dans un cercle. Je suppose le problème résolu et je tire une corde qui sera par hypothèse le côté de l'hexagone cherché. Je joins au centre du cercle les extrémités de cette corde par des rayons ; j'obtiens ainsi un triangle équiangle, puisque chacun de ses angles est égal à deux tiers d'angle droit. Ce triangle est par conséquent équilatéral, et dès lors le côté de l'hexagone est égal au rayon. Pour inscrire un hexagone régulier dans un cercle, il suffit donc de porter le rayon six fois sur la circonférence. Il y a dans cette démonstration une réduction de la question posée à des questions plus simples déjà résolues. C'est une démonstration analytique. — Il s'agit de démontrer que le carré construit sur l'hypoténuse d'un triangle rectangle égale la somme des carrés construits sur les deux autres côtés. Je pars d'éléments connus : des définitions de l'hypoténuse du triangle rectangle, du carré, du rectangle, du triangle, de l'équivalence possible d'un carré et d'un rectangle, de l'équivalence de deux triangles qui ont même base et même hauteur ; et à l'aide de ces éléments connus j'opère une série de substitutions qui m'amène à la solution cherchée. Il y a dans cette démonstration un passage, une progression graduelle du simple au composé. C'est une démonstration synthétique.

Nous pouvons donc conclure que conformément à l'étymologie des mots toute analyse est une décomposition, toute synthèse est une composition.

Règles de l'analyse et de la synthèse. — Pour que l'analyse et la synthèse conduisent à des résultats certains, plusieurs conditions sont requises ; l'analyse et la synthèse sont soumises à des règles. Il faut d'abord que dans la décomposition l'analyse pénètre jusqu'aux éléments simples et irréductibles, et que dans la composition la synthèse parte des éléments préparés par l'analyse et n'en omette aucun. Il faut ensuite, suivant le conseil de Descartes, que l'analyse et la synthèse procèdent graduellement, sans oublier d'intermédiaires, sinon l'hypothèse prendrait facilement la place de la réalité, et on courrait souvent le risque de supposer des rapports au lieu de les découvrir. Enfin, quand l'analyse et la synthèse s'unissent dans une même méthode, comme il arrive dans les sciences physiques et naturelles, l'analyse doit toujours précéder la synthèse qui n'en est que la contre-épreuve ; car sans une analyse préalable la synthèse ne donnerait qu'une connaissance vague et confuse.

Remarquons que dans l'enseignement, comme il n'est pas question de découvrir la science mais de l'exposer, c'est la synthèse qui est le plus ordinairement employée. On pose d'abord les principes ou les lois et on en déduit ensuite les conséquences et les applications. On simplifie ainsi singulièrement le travail qui serait trop long si l'on suivait un ordre analytique. Par exemple, lorsqu'en physique on étudie la pesanteur, on commence par en formuler les lois, pour passer après aux applications, c'est-à-dire aux preuves [1].

Ajoutons que l'analyse et la synthèse supposent dans ceux qui en font usage des qualités différentes. L'analyse suppose un esprit exact, précis, minutieux : la synthèse un esprit large, étendu, compréhensif. Il faut à tout savant de l'imagination pour concevoir des hypothèses lorsqu'elles sont nécessaires à

---

[1]. Il ne faudrait pas pourtant qu'un enseignement fût purement synthétique. De temps à autre le maître doit, pour exercer la pénétration de l'élève, l'amener à découvrir lui-même certains principes ou certaines lois par analyse, en suivant la méthode de ceux qui les ont trouvés une première fois, sauf à lui éviter les écarts et les tâtonnements inutiles.

ses recherches, mais il en faut généralement plus dans la synthèse que dans l'analyse. Il y a aussi dans l'histoire de la science des époques plus particulièrement analytiques et des époques plus particulièrement synthétiques. Dans les premières, les savants préparent surtout les matériaux de la science ; dans les secondes, ils s'appliquent plutôt à coordonner ces matériaux de manière à former un système régulier de connaissances, c'est-à-dire une science.

Ouvrages à consulter.

Bossuet. — *Logique.* — *Traité du libre arbitre.*
Charpentier. — *Essai sur la méthode de Descartes.*
Chasles. — *Discours d'inauguration du cours de géométrie supérieure en 1846.*
Descartes. — *Discours de la méthode,* 2me partie. — *Règles pour la direction de l'esprit.*
Duhamel. — *Des méthodes dans les sciences de raisonnement.*
Fonsegrive. — *L'Analyse et la synthèse* (Revue philosophique, tome XIV).
Liard. — *Logique.* — *Les définitions géométriques et les définitions empiriques.*
Logique de Port-Royal, 4me partie.

CHAPITRE III

LA MÉTHODE DES SCIENCES MATHÉMATIQUES

1. Objet des sciences mathématiques; les notions mathématiques créations de l'esprit. — 2. Division des sciences mathématiques. — 3. Méthode des sciences mathématiques.

1. Objet des sciences mathématiques; les notions mathématiques créations de l'esprit. — Les sciences mathématiques ont pour objet les nombres et les figures, ou d'une manière plus générale les grandeurs ou les quantités [1]. Les nombres et les figures sont en fait des attributs des choses réelles, mais l'esprit peut les abstraire de ces choses, les décomposer en leurs éléments simples, combiner ensuite ces éléments et créer des objets qui ne sont plus des représentations des réalités extérieures ou qui n'en sont plus des représentations exactes. Les notions mathématiques sont en définitive des créations de l'esprit.

Que de nombres, en effet, étudiés dans les sciences mathématiques, dont le mathématicien n'a jamais vu les modèles dans le monde des réalités. Il y a toujours des limites à l'addition d'objets, quelqu'étendue qu'elle soit, il n'y en a point à l'addition d'unités mathématiques, et lorsqu'il s'agit de nombres très grands, il est évident qu'il ne faut pas en chercher la représentation dans les choses. Il en est de même des figures. Combien de figures dont le géomètre étudie les propriétés, sans les avoir jamais rencontrées dans la nature. On peut calculer sous cer-

[1]. On définit généralement les mathématiques : la science des grandeurs; il serait peut-être plus exact de les définir : la science de la mesure des grandeurs; il n'y a, en effet, que les grandeurs mesurables qui soient l'objet des mathématiques. « On s'y propose, dit Auguste Comte, de déterminer les grandeurs les unes par les autres, d'après les relations constamment précises qui existent entre elles. »

taines conditions les angles, les faces, le volume d'un polyèdre régulier d'un milliard de côtés. Qui a jamais vu cette figure?

De plus, même lorsque les notions mathématiques correspondent à des réalités, il n'y a jamais concordance absolue entre ces notions et les réalités correspondantes. Les unités mathématiques sont absolument identiques, les unités réelles ne le sont pas. Si l'on divise un objet réel en parties, ces parties ne sont jamais rigoureusement égales ; les parties de l'unité mathématique le sont toujours quand on le veut. Le point géométrique est sans étendue, tout point de la nature est étendu ; la ligne géométrique est sans largeur et sans épaisseur ; la surface géométrique est sans épaisseur ; les lignes et les surfaces réelles ont toujours trois dimensions.

« Les lignes que l'on considère dans la géométrie, dit avec raison d'Alembert, ne sont ni parfaitement droites, ni parfaitement courbes, les surfaces ne sont ni parfaitement planes, ni parfaitement curvilignes ; mais il est nécessaire de les supposer telles pour arriver à des vérités fixes et déterminées, dont on puisse faire ensuite l'application plus ou moins exacte, aux lignes et aux surfaces physiques. »

Les nombres et les figures objet des sciences mathématiques sont des créations de l'esprit. L'esprit crée les nombres à l'aide de l'unité idéale composée avec elle-même. Le nombre 2, c'est l'unité ajoutée une fois à elle-même, le nombre 3, c'est l'unité ajoutée deux fois à elle-même... L'esprit crée les figures à l'aide de l'espace, du point et du mouvement abstraits. La ligne droite est la ligne engendrée par un point qui se meut dans l'espace uniquement vers un autre point fixe ; la circonférence est la ligne engendrée par un point qui se meut dans l'espace en restant toujours à la même distance d'un autre point fixe ; l'ellipse est la ligne engendrée par un point dont le mouvement dans l'espace est soumis à la condition que la somme de ses distances à deux points fixes soit constante. Toutes les figures, lignes, surfaces ou volumes se construisent de la même manière.

C'est à cause du caractère rationnel et idéal de leur objet, qui les rend indépendantes de l'expérience, qu'on est convenu d'appeler les sciences mathématiques sciences exactes. Elles sont exactes aussi par la rigueur de leurs démonstrations, par la netteté des applications qu'on en tire, et enfin par la précision et la clarté de leur langage.

2. Division des sciences mathématiques. — On divise généralement les mathématiques en mathématiques pures et en mathématiques appliquées.

Les mathématiques pures, c'est-à-dire théoriques et indépendantes de l'expérience sont l'arithmétique, la géométrie, l'algèbre. L'arithmétique est la science du nombre ou de la grandeur discontinue ; la géométrie est la science de l'étendue ou de la grandeur continue ; l'algèbre, à laquelle se rattachent le calcul infinitésimal et le calcul des probabilités, n'est qu'une arithmétique généralisée.

Les mathématiques appliquées comprennent les sciences qui sans être absolument indépendantes de l'expérience, consistent surtout dans une application des mathématiques pures à certaines données de l'expérience. La mécanique, science du mouvement, l'astronomie science des astres et de leurs révolutions sont des mathématiques appliquées. On peut ranger aussi parmi ces sciences la physique mathématique ou mécanique. Introduire de plus en plus les procédés mathématiques dans les différents domaines du savoir, c'est un des efforts de la science contemporaine. Toutefois, cet effort n'a pu faire qu'il y ait une biologie mathématique, encore moins une psychologie mathématique. La vie et la pensée sont irréductibles à la quantité [1].

3. Méthodes des sciences mathématiques. — La méthode des sciences mathématiques est la démonstration qu'Aristote définit : le syllogisme scientifique ou le syllogisme du nécessaire.

Puisque le syllogisme joue un rôle dans la démonstration, quelques considérations très générales sur le raisonnement et sur le syllogisme, forme du raisonnement déductif, trouvent leur place naturelle avant l'analyse de la démonstration.

---

[1]. On mesure les phénomènes physico-chimiques par lesquels se manifeste la vie, mais quoi qu'en ait pensé Descartes, la vie n'est pas tout entière dans ces phénomènes ; on mesure les conditions physiques ou physiologiques des états de conscience, on ne mesure pas ces états mêmes.

I — LE RAISONNEMENT ET LE SYLLOGISME

1. Définition du raisonnement. — 2. Espèces de raisonnements. — 3. Analyse du syllogisme. — 4. Principe du syllogisme. — 5. Règles du syllogisme. — 6. Variétés du syllogisme. — Syllogismes irréguliers. — Syllogismes composés.

1. Définition du raisonnement. — Raisonner c'est conclure du connu à l'inconnu. Le raisonnement est une opération par laquelle l'esprit tire une vérité d'une autre ou de plusieurs autres vérités ; ou bien c'est une opération par laquelle l'esprit se prononce sur le rapport de deux idées, après les avoir comparées à une autre idée.

Il y a des vérités évidentes par elles-mêmes qui sont perçues immédiatement par l'esprit, tels les principes et les jugements sur l'existence de certains faits. Il y en a d'autres qui ne sont pas évidentes par elles-mêmes et que par conséquent l'esprit ne peut connaître immédiatement. Pour les atteindre il a recours à un intermédiaire, il fait un détour. Ce procédé discursif c'est le raisonnement. On pourrait donc encore définir le raisonnement la perception médiate d'un rapport.

2. Espèces de raisonnements. — On distingue deux sortes de raisonnement : l'induction qui conclut du particulier au général ou du général au plus général, et la déduction qui conclut du général au moins général ou au particulier. Ce morceau de bois, cette barre de fer, ce lingot d'argent, chauffés, se sont dilatés, donc la chaleur dilate les corps ; c'est un raisonnement inductif. La chaleur dilate les corps, or cette lame de verre a été chauffée, donc elle s'est dilatée ; c'est un raisonnement déductif. Tous les raisonnements peuvent se ramener à l'induction ou à la déduction.

Nous nous occuperons de l'induction lorsqu'il sera question des sciences physiques et naturelles. Quant à la déduction, elle a sa forme parfaite dans le syllogisme.

3. Analyse du syllogisme. — Aristote définit le syllogisme « une suite de propositions dans laquelle certaines choses étant posées, quelque autre chose résulte nécessairement des choses posées, par cela seul qu'elles sont posées. » Plus simplement le syllogisme est un argument composé de trois propositions dont la dernière se tire nécessairement de l'une des deux premières au moyen de l'autre.

Les deux premières propositions du syllogisme s'appellent prémisses, la dernière s'appelle conclusion. Examinons comment doivent être composées les prémisses et à quelle condition on peut en tirer logiquement une conclusion.

Il faut que les prémisses contiennent trois termes et n'en contiennent pas davantage : un terme qui soit commun à chacune d'elles, un terme propre à l'une et un terme propre à l'autre. Rapprochons ces deux propositions : l'homme est un animal raisonnable, l'animal raisonnable est l'homme. On n'en peut rien conclure. On ne peut rien conclure non plus de cette autre couple de propositions : Socrate est un philosophe. Paris est une ville. Mais qu'on réunisse ces deux propositions : tout homme est mortel, Pierre est homme, on peut conclure : Pierre est mortel ; et l'ensemble de ces trois propositions forme un syllogisme. Le terme commun aux deux prémisses porte le nom de moyen terme, les autres termes sont appelés extrêmes.

Dans ce syllogisme le sujet de la conclusion : Pierre, est le plus petit des trois termes au point de vue de l'extension [1] ; l'attribut de la conclusion : mortel, est le plus grand ; le moyen terme : homme, est moyen entre les deux. On appelle donc *petit terme* le sujet de la conclusion, *grand terme* l'attribut de la conclusion, *moyen terme* celui qui se trouve dans les prémisses sans être dans la conclusion.

Remarquons toutefois qu'il y a des cas où le moyen terme a dans un syllogisme la même extension que le grand terme, comme dans le syllogisme suivant : un homme est un animal raisonnable, or Pierre est un homme, donc Pierre est un animal raisonnable, et d'autres cas où les trois termes ont la même extension comme dans les syllogismes mathématiques, par exemple : $A = B$, or $B = C$, donc $A = C$.

Celle des deux prémisses qui contient le grand terme s'appelle *majeure*, celle qui contient le moyen terme s'appelle *mineure*. La majeure est ordinairement la première prémisse du syllogisme, mais cet ordre n'est pas nécessaire ; ainsi dans ce syllogisme : Un

---

[1]. L'extension d'un terme est l'ensemble des individus ou des objets désignés par ce terme.

Lorrain est un Français, or un Français est un Européen, donc un Lorrain est un Européen, la première proposition est la mineure.

On voit par ce qui précède que le moyen terme est comme le pivot du syllogisme. Tout l'artifice du syllogisme consiste à trouver un moyen terme entre les deux extrêmes qu'on veut comparer. Aristote a soumis la découverte du moyen terme à des règles précises dont il nous suffit de connaître le procédé général. Il faut analyser successivement le grand terme et le petit terme pour en connaître les caractères constitutifs; si parmi ces caractères il s'en rencontre qui soient communs aux deux termes, ils peuvent servir de moyen terme.

4. Principe du syllogisme. — Si l'on se place au point de vue de l'extension des termes, et c'est le point de vue ordinaire des logiciens, le syllogisme est généralement fondé sur la contenance des termes et on peut formuler ainsi son principe : tout ce qui est dans le contenu est dans le contenant; tout ce qui est hors du contenant est hors du contenu. La première de ces formules s'applique aux syllogismes affirmatifs, la seconde aux syllogismes négatifs. Prenons des exemples :

> Tous les hommes sont mortels ;
> or Pierre est un homme ;
> donc Pierre est mortel.
> Aucun homme n'est parfait ;
> or Pierre est un homme ;
> donc Pierre n'est pas parfait.

Le premier exemple répond à la première formule. Pierre qui appartient à l'espèce humaine est contenu dans le genre mortel qui contient l'espèce humaine. Le second exemple répond à la seconde formule. La perfection qui est exclue du genre mortel ne peut être affirmée de Pierre qui est contenu dans le genre mortel.

Euler, en se plaçant à ce point de vue a donné une théorie très claire du syllogisme au moyen de cercles concen-

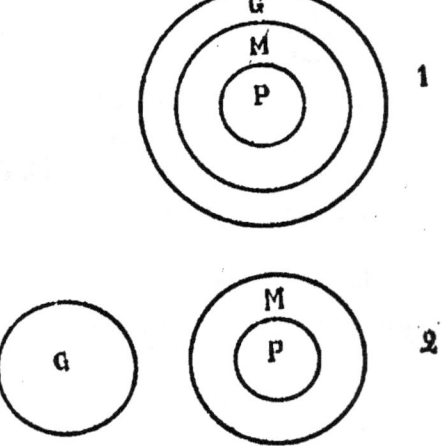

triques. Si l'on représente les trois termes du syllogisme par les cercles : G, P, M (G = grand terme, P = petit terme, M = moyen terme), le syllogisme affirmatif (1) peut s'exprimer ainsi : P qui est contenu dans M est contenu dans G, et le syllogisme négatif (2): G qui est exclu de M est exclu de P qui est contenu dans M.

Lorsque les termes du syllogisme ont la même extension, comme il arrive toujours dans les syllogismes mathématiques, il est évident que le principe du syllogisme est le principe d'identité : ce qui est, est. A = B, or B = C, donc A = C. Ce syllogisme repose sur l'axiome suivant : deux quantités égales à une même troisième sont égales entre elles; mais cet axiome n'est qu'une conséquence du principe d'identité.

Si l'on se place au point de vue de la compréhension des termes[1], le syllogisme est fondé tantôt sur la contenance des termes, mais sur leur contenance compréhensive, tantôt sur leur convenance ou leur liaison. Dans ce dernier cas on peut substituer aux formules d'Euler les formules suivantes : deux termes qui conviennent à un même troisième, conviennent entre eux; deux termes dont l'un convient et l'autre ne convient pas à un même troisième ne conviennent pas entre eux; ou bien ces formules de Stuart Mill : « Deux choses qui coexistent avec une autre chose, coexistent entre elles; deux choses dont l'une seule coexiste avec une même troisième ne coexistent pas entre elles. »

5. Règles du syllogisme. — Les logiciens de l'École ont résumé les règles du syllogisme en huit vers dont les quatre premiers sont relatifs aux termes, et les quatre derniers aux propositions.

1) *Terminus esto triplex : medius majorque minorque.* — Il faut que le syllogisme ait trois termes : le moyen, le grand et le petit.

2) *Nunquam contineat medium conclusio fas est.* — La conclusion ne doit jamais contenir le moyen terme.

3) *Aut semel aut iterum medius generaliter esto.* — Il faut que le moyen terme soit pris au moins une fois universellement, c'est-à-dire dans toute son extension.

---

1. La compréhension d'un terme est l'ensemble des qualités qu'il signifie. L'extension et la compréhension des termes sont en raison inverse l'une de l'autre. Plus un terme signifie de qualités, moins il y a d'individus ou d'objets désignés par ce terme; au contraire plus grand est le nombre d'objets ou d'individus désignés par un terme, moins il signifie de qualités.

4) *Latius hos quam præmissæ conclusio non vult.* — Les termes ne doivent pas avoir plus d'extension dans la conclusion que dans les prémisses.

5) *Ambæ affirmantes nequeunt generare negantem.* — Deux prémisses affirmatives ne peuvent engendrer une conclusion négative.

6) *Utraque si præmissa neget, nil inde sequetur.* — De deux prémisses négatives on ne pourra rien conclure.

7) *Pejorem sequitur semper conclusio partem.* — La conclusion suit toujours la partie la plus faible, c'est-à-dire que si l'une des prémisses est négative, la conclusion est négative; si l'une des prémisses est particulière, la conclusion est particulière [1].

8) *Nil sequitur geminis e particularibus unquam.* — Deux prémisses particulières ne donnent pas de conclusion.

Ces règles compliquées [2] ont été ramenées à six par Bossuet, à quatre par Euler, et à deux par Port-Royal.

1) Nul terme ne doit être plus général dans la conclusion que dans les prémisses.

2) Le moyen terme doit être pris au moins une fois universellement.

On a même ramené ces deux règles à une, qu'on formule ainsi : il faut que l'une des prémisses renferme la conclusion, et que l'autre le fasse voir.

6. Variétés du syllogisme. — Le syllogisme présente rarement la forme simple et régulière que nous venons d'analyser; le plus souvent, dans le langage ou dans les livres, il revêt des formes irrégulières, ou il est plus ou moins composé.

Syllogismes irréguliers. — Les principaux syllogismes irréguliers sont l'enthymème, l'épichérème, le polysyllogisme, le sorite et l'induction aristotélique.

L'enthymème (ἐν-θυμεῖσθαι) [3] est un syllogisme complet dans

---

1. Une proposition *particulière* est celle dont le sujet est particulier, c'est-à-dire pris dans une partie de son extension : quelques hommes sont savants. Une proposition *universelle* est celle dont le sujet est universel, c'est-à-dire pris dans toute son extension : tous les hommes sont mortels.

2. La démonstration de ces règles est un exercice que le professeur peut demander à ses élèves, ou faire lui-même en classe.

3. Avoir dans l'esprit.

l'esprit, mais incomplet dans la forme, une des prémisses y est sous-entendue.

Je suis homme, donc je suis mortel.

L'épichérème (ἐπιχείρημα)[1] est un syllogisme dont les prémisses sont accompagnées de leurs preuves. La Milonienne de Cicéron peut se résumer dans l'épichérème suivant :

> Il est permis de tuer un injuste agresseur : C'est ce que prouvent la loi naturelle, la loi positive, la coutume...
> Or Clodius a été l'injuste agresseur de Milon : C'est ce que prouvent ses antécédents, son caractère, ses préparatifs, ses armes...
> Donc il était permis à Milon de tuer Clodius.

Le polysyllogisme est un argument composé de plusieurs syllogismes enchaînés de telle sorte que la conclusion du premier syllogisme serve de majeure au second et ainsi de suite. Dans un polysyllogisme composé seulement de deux syllogismes, le premier s'appelle *prosyllogisme*, le second *episyllogisme*.

> Ce qui est simple ne peut se dissoudre ;
> Or l'âme humaine est simple ;
> Donc l'âme humaine ne peut se dissoudre.
> Or ce qui ne peut se dissoudre est incorruptible ;
> Donc l'âme humaine est incorruptible.

Le sorite (σωρός)[2] n'est qu'un polysyllogisme abrégé par la suppression des conclusions intermédiaires. Il se compose d'une série de propositions, telles que celle qui précède a toujours un terme commun avec celle qui suit. Quand le terme commun est attribut dans la proposition qui précède, et sujet dans celle qui suit, le sorite est *régressif*, et la conclusion unit le sujet de la première et l'attribut de la dernière. Quand le terme commun est sujet dans la proposition qui précède, et attribut dans celle qui suit, le sorite est *progressif*, et la conclusion unit le sujet de la dernière et l'attribut de la première. Le fameux sorite du renard de Montaigne est un sorite régressif.

> Cette rivière fait du bruit ;
> Ce qui fait du bruit remue ;
> Ce qui remue n'est pas gelé ;
> Ce qui n'est pas gelé ne peut me porter ;
> Donc cette rivière ne peut me porter.

---

1. Entreprise, attaque.
2. Monceau.

Un sorite peut se décomposer en autant de syllogismes qu'il y a de prémisses moins une.

L'induction aristotélique n'est pas le raisonnement par lequel on conclut de quelques faits à la loi qui régit tous les faits du même genre ; ce raisonnement s'appelle l'induction baconienne[1]. L'induction aristotélique est un raisonnement par lequel on conclut de toutes les parties d'un tout à ce tout, de toutes les espèces d'un genre à ce genre. Voici l'exemple cité par Aristote dans ses *Analytiques* :

> Les animaux sans fiel vivent longtemps ;
> Or l'homme, le cheval, le mulet sont les animaux sans fiel ;
> Donc l'homme, le cheval, le mulet vivent longtemps.

Pour que l'induction aristotélique soit légitime, il faut que la majeure ou la mineure contienne une énumération complète de toutes les parties du tout, de toutes les espèces du genre. Ce raisonnement ne diffère pas essentiellement du syllogisme ; il se compose, comme le syllogisme, de trois termes et de trois propositions, et la conclusion dans l'un et l'autre cas résulte nécessairement des prémisses ; mais le moyen terme de l'induction aristotélique, au lieu d'être une notion générale comme dans le syllogisme, est une collection de notions particulières.

Syllogismes composés. — Les principaux syllogismes composés sont le syllogisme hypothétique et le syllogisme disjonctif auxquels se rattachent le dilemme, qui est une combinaison de l'un et de l'autre.

Le syllogisme hypothétique est un syllogisme dont la majeure est une proposition hypothétique, c'est-à-dire une proposition qui renferme une supposition ; la mineure est une proposition catégorique, et selon qu'elle est affirmative ou négative, la conclusion elle aussi est affirmative ou négative.

> Si Dieu existe, il faut l'aimer et le servir ;
> Or Dieu existe ;
> Donc il faut l'aimer et le servir.

Le syllogisme disjonctif est un syllogisme dont la majeure est une proposition disjonctive, c'est-à-dire une proposition qui renferme deux parties séparées par la conjonction : ou, et qui

---

[1]. Ou induction proprement dite.

s'excluent. La mineure est une proposition catégorique, et selon qu'elle affirme ou nie une des deux parties de la proposition disjonctive, la conclusion nie ou affirme l'autre partie.

> Ce général a fait son devoir, ou il a trahi la patrie;
> Or il a fait son devoir;
> Donc il n'a pas trahi la patrie.

Le dilemme (δὶς λῆμμα) consiste à poser deux ou plusieurs alternatives qui conduisent à la même conclusion. Le raisonnement par lequel Mathan veut convaincre Athalie qu'il faut mettre à mort Joas est un dilemme.

> A d'illustres parents s'il doit son origine,
> La splendeur de son rang doit hâter sa ruine.
> Dans le vulgaire obscur si le sort l'a placé,
> Qu'importe qu'au hasard un sang vil soit versé.

Le dilemme est un argument vif et pressant; mais pour qu'il soit légitime, il faut qu'il n'y ait pas d'autres alternatives que celles qu'on a posées en divisant la question, et que chaque conclusion partielle soit bien déduite. Autrement on pourrait *rétorquer* le dilemme.

Rétorquer un dilemme, c'est le retourner contre son auteur. Le sophiste grec Protagoras enseignait entre autres choses le droit et la rhétorique. Il était convenu avec un de ses disciples que celui-ci lui payerait ses leçons lorsqu'il gagnerait sa première cause. Le disciple tardait trop, au gré de Protagoras qui lui intenta un procès, et lui posa devant les juges ce dilemme :

> Ou tu perdras le procès, ou tu le gagneras;
> Or si tu le perds, tu me payeras en vertu de la sentence des juges, et si tu le gagnes, tu me payeras en vertu de notre convention;
> Donc, quoi qu'il arrive, tu me payeras.

Le disciple qui avait bien profité des leçons du maître le rétorqua par cet autre dilemme :

> Ou je perdrai le procès, ou je le gagnerai;
> Or si je le perds je ne te dois rien, en vertu de notre convention, et si je le gagne je ne te dois rien, en vertu de la sentence des juges;
> Donc, quoi qu'il arrive, je ne te payerai pas.

II — LA DÉMONSTRATION

1. La démonstration et le syllogisme. — 2. Principes de la démonstration. — 3. Principes communs et principes propres. — 4. Les axiomes, les postulats, rôle des axiomes. — 5. Les définitions, les définitions mathématiques, rôle des définitions mathématiques. — 6. Mécanisme de la démonstration. — 7. Règles de la démonstration. — 8. Espèces de démonstrations.

1. La démonstration et le syllogisme. — Bien que la démonstration se présente souvent sous forme syllogistique, elle se distingue du syllogisme.

D'abord le syllogisme n'est composé que de trois propositions. La démonstration revêt rarement une forme aussi simple. Elle peut être composée d'un grand nombre de syllogismes enchaînés les uns aux autres ; il faut, par exemple, plus de dix syllogismes pour déterminer le volume du tronc de pyramide.

Ensuite, dans le syllogisme, rien ne garantit la vérité des prémisses d'où sort la conclusion ; il suffit au logicien que cette conclusion soit tirée des prémisses, conformément aux principes qui servent de fondement au syllogisme. Dans un syllogisme correct, la conclusion se déduit nécessairement des prémisses, mais une conclusion nécessaire peut très bien être fausse en elle-même. Si je dis par exemple : tous les hommes sont des sots, — or Aristote était un homme, — donc Aristote était un sot ; la conclusion est rigoureuse ; qui voudrait dire qu'elle est vraie ? Il n'en est pas ainsi de la démonstration. La démonstration est une méthode scientifique ; il faut que ses conclusions soient non seulement logiquement nécessaires, mais nécessaires en elles-mêmes. La rigueur logique n'est donc pas la condition suffisante de la démonstration. La démonstration, qui est un instrument de vérité, ne peut prendre son point de départ que dans la vérité, et elle suppose en définitive des principes nécessaires précédemment admis.

2. Principes de la démonstration. — Les sophistes de l'antiquité déclaraient la démonstration impossible, parce que, disaient-ils, dans toute démonstration, une proposition dérive d'une autre proposition, celle-ci d'une troisième, celle-ci d'une quatrième et ainsi de suite ;... chaque proposition est garantie par une proposition antérieure, et il y a progrès à l'infini ; le fondement dernier de la démonstration fuit toujours devant l'esprit; il est donc insaisissable, et en fin de compte on ne peut rien démontrer. Pascal semble avoir repris cette objection des sophistes grecs dans ce passage fameux de l'*Esprit géométrique*. « Le véritable ordre, dit-il, consiste à tout définir et à tout prouver. Certainement cette méthode serait belle, mais elle est absolument impossible; car il est évident que les premiers termes qu'on voudrait définir en supposeraient de précédents pour servir à leur explication, et que de même, les premières propositions qu'on voudrait prouver en supposeraient d'autres qui les précédassent, et ainsi il est clair qu'on n'arriverait jamais aux premiers. Ainsi, en poussant les recherches de plus en plus, on arrive nécessairement à des mots primitifs qu'on ne peut plus définir, et à des principes si clairs qu'on n'en trouve plus qui le soient davantage pour servir à leur preuve. D'où il paraît que les hommes sont dans une impuissance naturelle et immuable de traiter quelque science que ce soit dans un ordre absolument accompli. »

Aristote répondait à l'objection des sophistes en ces termes : « Nous soutenons, dit-il, que toute science n'est pas démonstrative, que les propositions *immédiates* sont connues sans démonstration; que cela soit de toute nécessité, c'est ce qu'on voit sans peine, car s'il est nécessaire de connaître les principes et les définitions dont se tire la démonstration, et si l'on s'arrête à des principes immédiats, il est certain que ces principes doivent être indémontrables. »

Le raisonnement et la démonstration sont chez l'homme tout à la fois des signes de grandeur et des signes de faiblesse; des signes de grandeur puisqu'ils nous permettent d'acquérir sans cesse de nouvelles connaissances, des signes de faiblesse puisque c'est au prix d'efforts et par des moyens détournés que nous atteignons la plupart des vérités. Dieu ne raisonne pas; il voit intuitivement et sans intermédiaires toutes choses et leurs rapports. Voilà la science idéale.

Quoiqu'il en soit, le démontrable suppose l'indémontrable. La série des vérités démontrées ne peut remonter à l'infini; dans cette régression il faut s'arrêter quelque part, comme l'a dit Aristote; il faut s'arrêter aux propositions qu'il appelle immédiates, c'est-à-dire aux principes nécessaires et évidents qui n'ont pas besoin d'être démontrés et qui confèrent la certitude scientifique à la démonstration qui s'y rattache.

3. Principes communs et principes propres. — Aristote distingue dans la démonstration deux sortes de principes : les principes communs et les principes propres. Les principes communs sont ceux qui s'appliquent à plusieurs sciences, tel est le principe suivant : deux quantités égales à une même troisième sont égales entre elles. Ce principe s'applique en effet aux grandeurs géométriques aussi bien qu'aux grandeurs numériques. Les principes propres sont ceux qui ne s'appliquent qu'à une seule science, telles sont les définitions des nombres et des figures. En général, les principes communs sont les axiomes, les principes propres les définitions.

4. Les axiomes. — On entend d'ordinaire par axiome une vérité nécessaire et évidente par elle-même, qui n'a pas besoin d'être démontrée et qui sert à démontrer d'autres vérités. Mais cette définition est trop large ; elle convient non seulement aux axiomes proprement dits, mais aux premiers principes, aux lois formelles de la pensée[1]. Les axiomes sont, sans aucun doute des conséquences des lois formelles de la pensée, mais leur application est moins universelle. Toute connaissance est régie par les lois formelles de la pensée, la juridiction des axiomes ne s'étend qu'aux connaissances relatives à des quantités.

Nous appellerons axiomes des propositions nécessaires, évidentes, indémontrables, qui énoncent des rapports entre des grandeurs indéterminées. Ces axiomes sont les principes communs des démonstrations mathématiques, puisqu'ils sont applicables à toutes les grandeurs, aux nombres et aux figures.

Tous les mathématiciens n'admettent pas le même nombre d'axiomes. C'est ou bien parce qu'ils ne restreignent pas toujours le sens du mot comme nous venons de le faire, ou bien parce qu'ils rangent parmi les axiomes des vérités qui n'en sont que des applications plus ou moins immédiates. Euclide compte douze axiomes ou notions communes. Cinq axiomes sont placés en tête des éléments de géométrie de Legendre,

---

[1] Les lois formelles de la pensée sont les lois de la pensée considérée en elle-même, abstraction faite des objets de la pensée ; ce sont les lois de la pensée en tant que pensée, et par conséquent de toute pensée.

mais les trois premiers seuls sont de véritables axiomes. Bain pense que tous les axiomes peuvent se ramener aux deux suivants :

« Deux choses égales à la même chose sont égales entre elles. »

« Les sommes de quantités égales sont égales. »

Citons comme exemples d'axiomes les cinq premières notions communes d'Euclide :

1) Les grandeurs égales à une même grandeur sont égales entre elles.

2) Si à des grandeurs égales on ajoute des grandeurs égales, les sommes sont égales.

3) Si de grandeurs égales on retranche des grandeurs égales, les restes sont égaux.

4) Si à des grandeurs inégales on ajoute des grandeurs égales, les sommes sont inégales.

5) Si de grandeurs inégales on retranche des grandeurs égales les restes seront inégaux.

Les postulats. — Il ne faut pas confondre les axiomes avec les postulats. Les postulats sont des vérités évidentes comme les axiomes, mais leur évidence n'est pas aussi immédiate. Ce ne sont pas des principes communs qui s'appliquent à toutes les sciences mathématiques ; seules, parmi les sciences mathématiques, la géométrie et la mécanique ont des postulats, et chacune de ces sciences a les siens. On ne démontre pas plus les postulats que les axiomes ; si on essaye de les démontrer, ou bien la démonstration ne sera qu'apparente, ou bien elle supposera d'autres postulats. Aussi, comme ces propositions sont nécessaires à l'enchaînement des vérités mathématiques, bien qu'elles ne soient peut-être pas absolument indémontrables, le savant demande qu'on les lui accorde. Par exemple, le géomètre demande qu'il soit admis sans preuve que la ligne droite est le plus court chemin d'un point à un autre ; il demande de même qu'il soit admis sans preuve que par un point pris sur un plan, on ne peut mener dans ce plan qu'une parallèle à une droite donnée.

La géométrie n'a besoin que d'un ou de deux postulats ; il en faut quatre ou cinq à la mécanique.

Rôle des axiomes. — Les axiomes sont les principes communs des démonstrations mathématiques. Qu'on n'aille pas en conclure qu'ils servent de majeures énoncées ou sous-entendues aux raisonnements qui les constituent. Seuls, les axiomes sont des cadres vides d'où l'on ne peut rien tirer; et à ce point de vue, Locke a raison de dire qu'un homme de talent pourrait méditer éternellement sur les axiomes sans faire un pas de plus dans la connaissance des vérités mathématiques [1]. Soit le raisonnement : $A = B$, or $B = C$, donc $A = C$. L'axiome : deux quantités égales à une même troisième sont égales entre elles, n'intervient en aucune manière dans la formule de ce raisonnement; il n'est ni l'une ni l'autre des prémisses. D'ailleurs de rapports généraux entre des grandeurs indéterminées, on ne peut pas déduire les propriétés de grandeurs déterminées. A quoi sert donc l'axiome dans la démonstration mathématique? Son rôle est de garantir la liaison des notions mathématiques. On ne déduit rien de l'axiome, mais on déduit tout en vertu de l'axiome, conformément à l'axiome. Supprimez la vérité de l'axiome, la démonstration est absolument impossible. C'est à ce titre que l'axiome est la condition indispensable de la démonstration.

5. Les définitions. — Avant de déterminer les caractères distinctifs des définitions mathématiques, il n'est pas inutile de donner quelques notions générales sur la définition.

Définir une idée, c'est en déterminer le contenu, c'est en circonscrire les limites. Pour définir une idée, il faut procéder par analyse. Soit l'idée d'homme. L'homme est un être; il est une créature parmi les êtres; il est un vivant parmi les créatures; il est un animal parmi les vivants; et il est un animal raisonnable parmi les animaux. L'homme est donc un être créé, vivant, animal, raisonnable. Mais qui dit : créé, dit : être; qui dit : vivant, dit : créé; qui dit : animal, dit : vivant. L'animalité suppose la vie, la vie suppose la création qui suppose l'être. Il suffira donc dans la définition de l'homme d'énoncer le genre animal et la différence qui distingue l'homme des autres espèces du même genre : la raison, et de dire : l'homme est un animal

---

[1]. Leibnitz dit dans le même sens : « Il ne sert de rien de ruminer les axiomes sans avoir de quoi les appliquer. »

raisonnable. La définition, disent les logiciens, se fait par le *genre prochain* et la *différence spécifique* [1].

Il en résulte qu'on ne définit pas les individus, on ne peut que les décrire. Les individus ne se distinguent, en effet, que par des caractères accidentels, ils n'ont pas entre eux de différences spécifiques. On ne définit pas non plus l'être, le genre suprême, le genre généralissime comme disaient les scolastiques, car il ne rentre pas dans d'autres genres plus étendus. « On ne peut, dit Pascal, entreprendre de définir l'être sans tomber dans l'absurde, car on ne peut définir un mot sans commencer par celui-ci, c'est. » En définissant l'être, on mettrait dans la définition le terme à définir.

Il en résulte aussi que la définition doit *convenir à tout le défini et au seul défini*. Celui qui définirait l'homme : un animal qui fait de la philosophie, donnerait de l'homme une définition trop étroite, car il ne convient pas à tout homme de faire de la philosophie. Diogène prêtait à Platon cette définition : l'homme est un animal à deux pieds et sans plumes. Cette définition est trop large, elle ne convient pas au seul défini. Un chapon, dit Pascal, n'acquiert pas l'humanité en perdant ses plumes.

C'est parce que la définition convient à tout le défini et au seul défini qu'elle est *réciproque*, c'est-à-dire qu'on peut convertir simplement la proposition qui l'énonce, en substituant la définition au défini et celui-ci à la définition. On peut, par exemple, dire indifféremment : l'homme est l'animal raisonnable, ou l'animal raisonnable est l'homme.

Les définitions mathématiques. — Nous avons dit que les notions mathématiques sont des conceptions idéales, de pures créations de l'esprit, de là découlent les caractères propres à leurs définitions :

1) Puisque les nombres et les figures sont construits par l'esprit, les meilleures définitions des nombres et des figures seront celles qui énonceront suivant quelles lois ils se construisent. Les définitions mathématiques se font donc *par génération*. Nous avons donné plus haut quelques exemples de ces définitions. Ce premier caractère entraîne tous les autres.

---

1. Le genre prochain est celui qui contient immédiatement l'espèce ; les autres genres sont des genres éloignés.

2) Les définitions mathématiques sont *définitives*. Les définitions empiriques sont toujours plus ou moins provisoires, parce qu'elles n'expriment que les résumés de l'expérience, et que l'expérience n'est jamais close et peut toujours se compléter. Mais les définitions mathématiques énonçant simplement la loi génératrice des nombres et des figures se forment tout d'une pièce dans l'esprit, et sont à tout jamais complètes et immuables. Les anthropologistes actuels connaissent mieux l'homme que ne le connaissaient les anthropologistes anciens, et, par conséquent, ils peuvent mieux le définir. Mais les définitions du carré et du cercle données par les géomètres modernes ne diffèrent pas de celles qu'on trouve dans les œuvres d'Aristote ou d'Euclide.

3) Les définitions mathématiques sont *nécessaires* et *universelles*. En effet, le lien qui unit les différents éléments qui entrent dans ces définitions est un lien nécessaire. Le point dont le mouvement engendre la circonférence ne peut cesser d'être à la même distance d'un point fixe sans qu'aussitôt la circonférence soit détruite. Le nombre : deux, c'est l'unité ajoutée une fois à elle-même ; ce nombre disparaît, si au lieu d'ajouter l'unité une fois à elle-même, on l'ajoute deux, trois ou quatre fois. Et il en sera de même à tous les moments du temps et dans tous les lieux de l'espace, puisque les lois d'après lesquelles nous construisons les nombres et les figures ne dépendent que de l'esprit.

Rôle des définitions mathématiques. — Les définitions mathématiques sont les principes propres, les principes féconds de la démonstration. Toutes les propriétés des figures et des nombres se déduisent de leurs définitions. Toutes les propriétés du cercle par exemple, se rattachent par un plus ou moins grand nombre d'intermédiaires à la définition du cercle ; toutes les propriétés du nombre : trois, dérivent directement ou indirectement de la loi génératrice de ce nombre, c'est-à-dire de la définition qui n'est que la formule de cette loi. Il est facile de se rendre compte de ce rôle des définitions mathématiques. Qu'on prenne dans un traité de géométrie la théorie d'une figure quelconque, et on constatera que toutes les propositions (théorèmes, corollaires, scholies, lemmes) relatives à cette figure, ont leur point de départ nécessaire dans sa définition. La définition est la majeure fondamentale, le premier anneau de la chaîne des raisonnements qui constituent la démonstration mathématique.

Puisqu'il en est ainsi, il est évident que la place des définitions mathématiques est au commencement de la science et non à la fin comme celle des définitions empiriques.

6. Mécanisme de la démonstration. — A moins que la démonstration mathématique se fasse sans intermédiaire, ce qui a lieu par exemple dans le cas de superposition de figures, elle procède toujours par substitutions de grandeurs égales ou de grandeurs équivalentes. — Soit à démontrer que la somme des angles de tout triangle est égale à deux angles droits. On prolonge le côté AB d'un triangle donné ABC, et on mène BE parallèle à AC ; les angles : CAB, EBD sont égaux comme angles correspondants formés par des parallèles ; et les angles ACB, CBE sont égaux aussi comme angles alternes-internes formés par des parallèles. Les trois angles du triangle valent donc les angles réunis au point B, or la somme de ces derniers vaut deux angles droits, donc la somme des trois angles du triangle est égale à deux angles droits. Il y a dans cette démonstration trois substitutions de grandeurs égales ; l'angle EBD est substitué à l'angle CAB ; l'angle CBE est substitué à l'angle ACB, et les angles réunis autour du point B sont substitués aux trois angles du triangle.

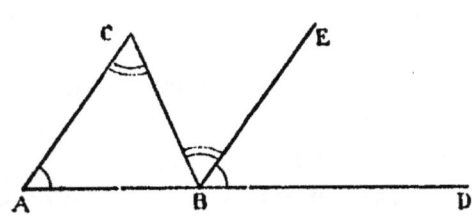

Soit à démontrer que $2 \times 3 = 3 \times 2$. La solution s'obtient encore ici par trois substitutions successives. On a en effet :

$$2 \times 3 = (1+1)+(1+1)+(1+1) = (1+1+1)+(1+1+1) = 3 \times 2$$

Des raisonnements les plus élémentaires d'arithmétique ou de géométrie, aux raisonnements les plus difficiles du calcul infinitésimal, la démonstration mathématique procède toujours par substitution.

7. Règles de la démonstration. — Pascal dans l'*Esprit géométrique* a résumé ainsi les règles fondamentales de la démonstration :

1) *Règles pour les axiomes.* — N'admettre aucun principe nécessaire, sans avoir demandé si on l'accorde, quelque clair et évident qu'il puisse être.

Ne demander en axiomes que des choses parfaitement évidentes d'elles-mêmes.

2) *Règles pour les définitions.* — N'entreprendre de définir aucune des choses tellement connues d'elles-mêmes, qu'on n'ait point de termes plus clairs pour les expliquer.

N'admettre aucun des termes un peu obscurs ou équivoques sans les définir.

N'employer dans la définition des termes que des mots parfaitement connus ou déjà expliqués.

3) *Règles pour les démonstrations.* — N'entreprendre de démontrer aucune des choses qui sont tellement évidentes d'elles-mêmes qu'on n'ait rien de plus clair pour les prouver.

Prouver toutes les propositions un peu obscures, et n'employer à leurs preuves que des axiomes très évidents ou des propositions déjà accordées ou démontrées.

Substituer toujours mentalement les définitions aux définis, pour ne pas se laisser tromper par l'équivoque des termes.

8. Espèces de démonstrations. — La démonstration est *analytique* ou *synthétique*, selon qu'elle procède par analyse ou synthèse. Nous avons donné plus haut des exemples de ces démonstrations.

La démonstration est *directe* ou *indirecte*. Dans la démonstration directe on établit une proposition par des arguments tirés de la notion même de l'objet qui est en question. C'est la démonstration qu'il faut employer de préférence parce qu'elle éclaire en même temps qu'elle convainc ; par elle l'esprit comprend non seulement que telle ou telle conclusion est vraie mais pourquoi elle est vraie. Dans la démonstration indirecte on établit une proposition par la fausseté de la proposition contradictoire[1] ou l'absurdité de ses conséquences. Cette démonstration entraîne la conviction comme la démonstration directe, elle est

---

1. Les propositions contradictoires sont l'affirmative universelle et la négative particulière, ou la négative universelle et l'affirmative particulière.

    Tous les hommes sont sages. — Quelques hommes ne sont pas sages.
    Aucun homme n'est sage.   — Quelques hommes sont sages.

Ces propositions s'opposent, disent les logiciens, par la quantité et la qualité.

logiquement incontestable, mais elle n'éclaire pas. Par elle l'esprit comprend que telle ou telle conclusion est vraie, mais il ne comprend pas pourquoi elle est vraie. La valeur de la démonstration indirecte repose tout entière sur ce principe logique que deux propositions contradictoires ne peuvent être vraies ou fausses en même temps. Si l'une est vraie, l'autre est nécessairement fausse; si l'une est fausse, l'autre est nécessairement vraie. On peut par conséquent déduire de la vérité de l'une la fausseté de l'autre, et de la fausseté de l'une la vérité de l'autre.

Ouvrages à consulter.

Aristote. — *Les seconds Analytiques.*
Chasles. — *De la méthode mathématique.*
Janet. — *Le syllogisme* (Revue Philosophique, tome XII).
Janet et Séailles. — *Histoire de la philosophie.*
Leibnitz. — *Nouveaux Essais*, III et IV.
Liard. — *Logique.* — *Les définitions géométriques et les définitions empiriques.*
Logique de Port-Royal, 3ᵐᵉ partie.
Pascal. — *Discours sur l'esprit géométrique.*
Rabier. — *Logique*, chap. v.
Ravaisson. — *Métaphysique d'Aristote.*
Saint Thomas. — *In analytica posteriora commentarium.*
Waddington. — *Essais de logique.*

CHAPITRE IV

MÉTHODE DES SCIENCES PHYSIQUES ET NATURELLES

1. Objet et division des sciences physiques et naturelles.
2. Méthode des sciences physiques et naturelles.

1. Objet et division des sciences physiques et naturelles. — Les sciences physiques et naturelles ont pour objet les phénomènes et les êtres qui composent la nature ou le monde sensible.

Si ces phénomènes et ces êtres appartiennent à la matière brute ou inorganique, les sciences qui s'en occupent sont les sciences physiques ou cosmologiques, telles que la physique proprement dite, la chimie, la géologie et la minéralogie. Si ces phénomènes et ces êtres appartiennent à la matière organisée ou vivante, les sciences qui s'en occupent sont les sciences naturelles ou biologiques, telles que la botanique, la zoologie et la paléontologie.

On entend souvent par sciences physiques les sciences qui ont pour objet, soit dans les êtres inorganiques, soit dans les êtres vivants, les phénomènes, abstraction faite des êtres, et par sciences naturelles les sciences qui ont pour objet les êtres mêmes, et alors on range la géologie et la minéralogie parmi les sciences naturelles.

2. Méthode des sciences physiques et naturelles. — Si les sciences naturelles diffèrent des sciences physiques par leur objet, elles n'en diffèrent pas essentiellement par leur méthode. Les unes et les autres ont pour but la découverte des causes et des lois qui expliquent les phénomènes et les êtres ; mais tandis que dans les sciences physiques les lois qu'on cherche à établir sont surtout des lois de succession, dans les sciences naturelles ce sont surtout des lois de coexistence. C'est par induction que toutes ces lois s'établissent; aussi appelle-t-on méthode inductive la méthode des sciences physiques et naturelles, par opposition à la méthode des sciences mathématiques qui est démonstrative ou déductive.

Pour découvrir les causes et les lois des phénomènes et des êtres du monde sensible, il faut d'abord bien connaître ces phénomènes et ces êtres : « L'art de l'investigation scientifique, dit Claude Bernard, est la pierre angulaire des sciences expérimentales. Si les faits qui servent de base au raisonnement sont mal établis ou erronés, tout s'écroulera ou deviendra faux, et c'est ainsi que le plus souvent les erreurs dans les théories scientifiques ont pour origine des erreurs de faits[1] » Les faits se constatent par l'expérience qui peut revêtir deux formes : l'observation et l'expérimentation. Des faits bien constatés, l'esprit s'élève ensuite par induction aux lois qui les régissent. Aussi la méthode des sciences physiques et naturelles peut-elle s'appeler presque indifféremment : méthode d'observation, méthode expérimentale, ou méthode inductive. Toutefois il vaut mieux employer cette dernière dénomination parce que l'induction est le procédé essentiel des sciences de la nature. L'observation et l'expérimentation ne font que préparer l'induction. L'expérimentation suppose l'hypothèse qui a souvent son origine dans l'analogie. Les classifications résument des inductions. C'est autour de l'induction, comme on le voit, que se groupent les différentes opérations que comprend la méthode inductive. On a justement remarqué que l'hypothèse n'est pas seulement le préambule de la science, mais qu'elle en est souvent l'épilogue; nous pouvons par conséquent ne traiter de l'hypothèse qu'après avoir traité de l'induction. L'analogie et la classification qui trouvent surtout leur application dans les sciences naturelles, seront aussi mieux placées à la fin de cette étude. Voici donc dans quel ordre nous examinerons les procédés de la méthode inductive :

1. L'observation;
2. L'expérimentation;
3. L'induction;
4. L'hypothèse;
5. L'analogie;
6. La classification.

---

[1]. Claude Bernard. — *Introduction à l'étude de la médecine expérimentale*, page 25.

I — L'OBSERVATION

1. — Définition de l'observation. — 2. Moyens de l'observation : les sens et les instruments. — 3. Qualités de l'observateur. — 4. Règles de l'observation. — Les faits privilégiés.

1. Définition de l'observation. — Observer, c'est étudier attentivement les faits afin d'en découvrir les causes et les lois. Dans l'observation on considère les faits tels qu'ils se présentent, sans les modifier. Selon que les faits se passent dans notre âme ou dans le monde extérieur, on distingue l'observation *interne* ou psychologique, qu'on nomme ordinairement réflexion, et l'observation *externe* ou physique, la seule dont il soit question dans les sciences de la nature.

2. Moyens de l'observation : les sens et les instruments. — L'observation dans les sciences physiques et naturelles se fait d'abord par le moyen des sens. Il y a un exercice actif des sens qui se distingue par l'attention de leur exercice passif. Le savant ne se contente pas de voir, il regarde ; il ne lui suffit pas d'entendre, de sentir, de goûter, de toucher ; il écoute, il flaire, il déguste, il palpe. Il faut aussi que les sens soient dans un bon état et que leurs organes soient sains, sinon ils altéreraient les données de l'expérience. De bons yeux sont nécessaires au physicien, au naturaliste et à l'astronome ; le chimiste a besoin d'odorat et de goût.

Mais la portée des sens, quelque bons qu'ils soient, est très limitée. Il a fallu inventer des instruments pour suppléer à leur insuffisance. Les uns étendent le champ de nos observations ; tels sont le télescope qui nous fait pénétrer dans l'infiniment grand, le microscope qui nous révèle l'infiniment petit, le téléphone, le microphone, l'hygromètre, le galvanomètre. D'autres rectifient les erreurs des sens ; ce sont les instruments de précision comme la balance, le baromètre, le thermomètre ; ce sont surtout les appareils enregistreurs sur lesquels les faits eux-mêmes décrivent, en l'absence de l'observateur, leurs propres variations ; le sphygmographe, le stéthoscope qui font connaître, l'un les pulsations des artères, l'autre la nature de la respiration ; les baromètres et les thermomètres à *maxima* et à *minima*, le météorographe du P. Secchi où s'enregistrent la direction du vent et sa vitesse, la hauteur barométrique, l'heure de la pluie, la quantité de pluie tombée, la température, l'état hygrométrique de l'air, le tout sur un même tableau et de manière à mettre en évidence les relations réciproques de tous ces faits. Enfin par la photographie on peut conserver les images d'objets éloignés ou passagers qui échapperaient à notre observation.

3. Qualités de l'observateur. — Mais le meilleur des instruments, celui sans lequel les autres seraient inutiles, c'est l'esprit. Seuls les bons observateurs font de bonnes observations. Les principales qualités du bon observateur sont les suivantes :

1) Le bon observateur doit *aimer sincèrement la vérité*. Sa curiosité doit toujours être en éveil et aller pour ainsi dire à la rencontre des faits, en sorte qu'aucun détail ne lui échappe. L'oscillation d'une lampe est un phénomène insignifiant que bien des hommes avaient vu sans en être frappés ; l'observation de ce phénomène mit Galilée sur la voie de la découverte des lois de la pesanteur. Rien de plus naturel et de moins étonnant que la chute d'une pomme ; ce fait éleva la pensée de Newton à la conception de la grande loi de la gravitation universelle qui immortalisa sa mémoire.

2) Le bon observateur doit être *impartial*, c'est-à-dire dégagé de toute idée préconçue, de tout préjugé et de toute prévention. Il faut qu'il soit toujours prêt à abandonner ses opinions personnelles et ses théories les plus chères lorsque la vérité lui demandera ce sacrifice. « Que l'œil du savant, dit Bacon dans son langage figuré, ne soit pas humecté par les passions humaines, il doit étudier la nature avec cette candeur de l'enfant sans laquelle on n'entre pas plus dans le royaume de la vérité que dans le royaume des cieux. »

3) Le bon observateur doit être *doué de pénétration* pour choisir ses sujets d'observation et démêler dans les faits ce qui est essentiel ou accidentel. « L'esprit observateur, dit Paul Janet, ne se borne pas à dresser des catalogues, il n'est pas une simple plaque photographique qui répercute les phénomènes extérieurs, il reconnaît et distingue ce qui mérite d'être vu. »

4) Le bon observateur doit être *patient*. La nature ne fournit pas toujours les faits ou les circonstances instructives et inté-

ressantes des faits aussi vite qu'on pourrait le désirer. Le savant doit attendre sans découragement, il doit continuer ses observations aussi longtemps qu'il le faut pour arriver à des résultats certains ou décisifs. « Le génie, a dit Buffon, est une longue patience. » Il a fallu beaucoup de patience à Le Verrier pour découvrir par le calcul le point du ciel où devait se trouver la planète dont l'attraction causait les déviations d'Uranus. Il en a fallu beaucoup aussi à Pasteur pour réfuter par des observations sans réplique la théorie des générations spontanées.

4. Règles de l'observation. — L'observation est soumise à des règles qui sont à peu près les mêmes que les règles de l'analyse et de la synthèse.

1) L'observation doit être *exacte et complète*, c'est-à-dire ne rien ajouter et ne rien omettre. Rien n'est plus facile apparemment, en réalité rien n'est plus difficile. « Ce qu'on rapporte vulgairement à l'observation, dit Stuart-Mill, n'est d'ordinaire qu'un résultat composé dans lequel cette opération peut n'entrer que pour un dixième, les neuf autres dixièmes provenant d'inférences. » Les illusions des sens sont plus nombreuses qu'on ne pense. Pour échapper à ces illusions il faut beaucoup de réflexion et une grande pratique. Pour faire des observations exactes et complètes, l'observateur doit connaître les opérations des sens et le mécanisme des instruments qu'il emploie ; il doit surtout se défier de l'association des idées et de l'imagination qui introduisent si facilement des éléments étrangers dans la représentation des objets qui tombent sous nos sens.

2) L'observation doit être *précise*. Une observation se précise surtout lorsqu'on exprime en nombres tout ce qui, dans cette observation, est susceptible de mesure, comme l'espace, le temps, le poids et la température. Bacon tenait beaucoup à l'expression numérique des résultats de l'observation. C'est ce qu'il appelait l'expérience écrite (*experientia litterata*). « La précision numérique, dit Herschel, est véritablement l'âme de la science, la pierre de touche à laquelle on reconnaît la vérité des théories, l'exactitude des expériences[1]. »

3) L'observation doit être *méthodique*. L'ordre des observations et dans les observations importe plus que leur nombre.

---

1. HERSCHEL. — *Discours sur l'étude de la philosophie naturelle.*

L'observateur doit procéder régulièrement, aller du simple au composé, ou du composé au simple, en passant par tous les intermédiaires qu'il lui est nécessaire de connaître. Bacon et Descartes ont beaucoup insisté, non sans raison, sur cette règle de l'observation.

Les faits privilégiés. — Il y a parmi les faits de la nature des faits plus intéressants et plus instructifs les uns que les autres. Le savant, lorsqu'il a de l'expérience, discerne aisément ces faits ; il acquiert, suivant l'expression de Bacon, une sorte de flair qui le guide vers ces faits, comme le chien de chasse sur la piste du gibier. Bacon n'en a pas moins jugé utile de donner un tableau des faits de ce genre, qu'il appelle privilégiés ou prérogatifs, et dont voici les principales classes :

1) Les faits *éclatants* (*instantiæ ostensivæ*). Bacon les nomme aussi des coups de lumière, parce qu'ils manifestent avec évidence la propriété que l'on cherche, par exemple la raison chez l'homme, l'instinct chez l'animal.

2) Les faits *clandestins ou de crépuscule* (*instantiæ clandestinæ aut crepusculi*), opposés aux précédents. « Ce sont ceux où la propriété que l'on cherche s'offre au plus bas degré... par exemple la cohésion dans les fluides. »

3) Les faits de *migration* ou de *transition* (*instantiæ migrantes*). Ce sont ceux où la propriété que l'on cherche diminue ou s'accroît graduellement. Bacon donne l'exemple du papier qui est plus ou moins blanc, selon qu'il est sec ou humide.

4) Les faits *limitrophes* (*instantiæ limitaneæ*), ce sont ceux qui servent, en quelque sorte, de passage entre un genre et un autre, et qui manifestent la continuité de la nature. Les zoophytes servent de passage entre les animaux et les plantes. Bacon prend l'exemple des poissons volants, qui établissent une continuité entre les poissons et les oiseaux.

5) Les faits *irréguliers* (*instantiæ irregulares*), ce sont toutes les anomalies, toutes les monstruosités, tous les cas anormaux de la nature à l'étude desquels la science contemporaine fait une si grande place, sous le nom de tératologie. « Il faut, dit Bacon, composer une histoire naturelle où entrera la description de tous les monstres et de toutes les productions bizarres ;... mais une telle histoire doit être faite avec le choix le plus sévère, il faut n'y faire entrer que des faits authentiques. »

6) Les faits *cruciaux et décisifs* (*instantiæ crucis, instantiæ decisoriæ*), ce sont les faits qui permettent de trancher le débat entre deux hypothèses ou deux théories contraires. Ils sont ainsi nommés par analogie avec les poteaux en forme de croix qui, dressés aux endroits où une route se bifurque, indiquent aux voyageurs le chemin qu'il faut suivre. Un fait de ce genre, c'est le phénomène des interférences. Dans certaines conditions deux rayons de lumière passant au même point produisent de l'obscurité. Le savant physicien Fresnel montra que ce phénomène décide entre les théories rivales, relatives à la nature de la lumière : la théorie de l'émission de Newton qui ne peut expliquer le phénomène des interférences, et la théorie de l'ondulation de Descartes et de Huyghens qui l'explique et permet de le prévoir.

II — L'EXPÉRIMENTATION

1. Définition de l'expérimentation. — 2. Formes de l'expérimentation. — 3. Privilèges de l'expérimentation. — 4. Sciences d'observation et sciences expérimentales.

1. Définition de l'expérimentation. — Beaucoup de phénomènes naturels sont rares et fugitifs. S'il fallait attendre leur apparition, l'observation serait souvent difficile, sinon impossible. Mais il y a un remède à cet inconvénient, c'est l'expérimentation. Expérimenter, c'est intervenir dans la production d'un phénomène, c'est le susciter dans des conditions qui en rendent l'observation plus facile ou plus instructive.

« La seule différence entre l'observation et l'expérimentation, dit Claude Bernard, consiste en ce que le fait que doit constater l'expérimentateur ne s'étant pas présenté naturellement à lui, il a dû le faire apparaître, c'est-à-dire le provoquer par une raison particulière et dans un but déterminé. L'expérience n'est au fond qu'une *observation provoquée*. »

On dit ordinairement que l'expérimentation est active, tandis que l'observation est passive. Cette distinction n'est pas seulement trop vague, elle manque encore d'exactitude. L'observation n'est pas passive puisqu'elle suppose l'attention. Observer, ce n'est pas assister aux faits en témoin indifférent, c'est s'appliquer à les bien connaître, à discerner les différentes circonstances qui accompagnent ces faits, et les différents points de vue sous lesquels ils s'offrent à nous. S'il y a des observations non préparées, il y en a de préparées ; s'il y a des observations qui se font sans instruments, il y en a beaucoup qui se font avec des instruments, et des instruments fabriqués dans le but même d'observer. Certaines observations exigent une très grande activité de la part de l'observateur, celles par exemple qui supposent des déplacements pénibles ou de lointains voyages. « Quand on considère la chose d'une manière générale, dit Claude Bernard, la distinction entre l'activité de l'expérimentateur et la passivité de l'observateur paraît claire, mais dès qu'on descend dans la pratique expérimentale, on trouve que dans beaucoup de cas, cette séparation est très difficile à faire. »

Tout ce qu'on peut dire pour distinguer l'expérimentation de l'observation, c'est que l'observateur ne change rien aux conditions des phénomènes et se contente de chercher à surprendre la nature, tandis que l'expérimentateur modifie les conditions des phénomènes et met, suivant l'expression de Bacon, la nature à la question pour la contraindre à livrer ses secrets. Kant compare l'expérimentateur au juge qui somme les témoins de lui répondre. « L'observateur écoute la nature, dit Cuvier, l'expérimentateur l'interroge et la force à se dévoiler. »

Si l'expérimentation est une observation provoquée, il en résulte qu'elle suppose une *idée directrice*. En général, le savant n'expérimente pas au hasard, il expérimente pour vérifier une hypothèse. Dans l'observation, ce sont les sens qui commencent, l'intelligence ne vient qu'après ; l'observateur est œil d'abord, esprit ensuite. L'expérimentateur est esprit d'abord, œil ensuite. Dans l'expérimentation, le savant commence par concevoir une idée, par imaginer une hypothèse et les moyens de la vérifier, et c'est seulement lorsqu'il aura mis en œuvre ces moyens et réalisé l'expérience qu'il observera les phénomènes. Avant qu'on fît l'expérience du Puy-de-Dôme, Pascal avait imaginé l'hypothèse de la pesanteur de l'air et supposé en conséquence que plus on s'élève, plus doit baisser la colonne barométrique. C'est ce que démontra l'expérience. « L'expérimentation doit être guidée, dit Bacon ; c'est une chasse en règle ; c'est une chasse de Pan. »

2. Formes de l'expérimentation. — L'expérimentation

peut revêtir plusieurs formes que Bacon ramène à huit principales :

1) *La variation de l'expérience* (variatio experimenti). Varier l'expérience, c'est la renouveler dans des conditions différentes de matière, de temps, de lieu, de durée... Ainsi pour vérifier la loi de Mariotte on expérimente sur différents gaz, sur l'air, sur l'acide carbonique, sur l'hydrogène...

2) *L'extension de l'expérience* (extensio experimenti). Etendre l'expérience c'est la répéter dans des proportions plus grandes. Ainsi, pour bien se convaincre de la dilatation des corps sous l'action de la chaleur, on élève de plus en plus la température.

3) *La translation de l'expérience* (translatio experimenti). Transférer l'expérience, c'est appliquer les procédés qui ont réussi dans l'étude d'un certain genre de phénomènes, à l'étude d'un autre genre de phénomènes. « On a inventé des lunettes pour aider les vues faibles, ne pourrait-on pas, dit Bacon, inventer quelque instrument qui aidât les personnes un peu sourdes à mieux entendre ? »

4) *Le renversement de l'expérience* (inversio experimenti). Renverser l'expérience, c'est faire la contre-épreuve d'une expérience précédente. La synthèse après l'analyse constitue un renversement d'expérience. Ainsi procède le chimiste, qui, après avoir décomposé l'eau par la pile, la recompose dans l'eudiomètre avec les éléments fournis par l'analyse.

5) *La compulsion de l'expérience* (compulsio experimenti). Compulser l'expérience, c'est la pousser jusqu'au point où s'anéantit la propriété observée. « Dans les autres espèces de chasse, dit Bacon, on prend la bête, ici on la tue... L'aimant attire le fer, tourmentez l'aimant, tourmentez le fer, en sorte qu'à la fin, il n'y ait plus d'attraction. »

6) *L'application de l'expérience* (applicatio experimenti). Appliquer l'expérience, c'est la transférer de manière à la rendre utile.

6) *La copulation de l'expérience* (copulatio experimenti). Cette forme de l'expérimentation consiste à réunir dans un but d'utilité, les matériaux de plusieurs expériences. On réunit, par exemple, deux ou trois corps, qui manifesteront mieux leurs propriétés par cette association. « La glace et le nitre, dit Bacon,

ont la propriété de refroidir, bien plus encore lorsqu'ils sont mêlés ensemble. »

8) **Les hasards de l'expérience** (sortes experimenti). Ce sont des expériences de tâtonnements, des expériences pour voir, dit Claude Bernard, utiles dans les sciences peu avancées « dans lesquelles on ne devra pas craindre d'agir un peu au hasard, afin d'essayer de pêcher en eau trouble. » Ainsi procède le physiologiste, qui voulant savoir si tel ou tel corps est un poison l'essaye sur un animal.

3. Privilèges de l'expérimentation. — L'expérimentation a sur l'observation l'avantage de fournir des phénomènes *nouveaux*, *nombreux*, *simplifiés* et surtout *significatifs*.

1) L'expérimentation fournit des phénomènes *nouveaux*. Il y a beaucoup de phénomènes inventés par l'expérimentateur qu'on ne pourrait jamais rencontrer dans la nature, par exemple, la chute des corps dans le vide, l'oxygène et l'hydrogène à l'état liquide. On compose dans les laboratoires de chimie un grand nombre de corps que ne réalise pas la nature laissée à elle-même, comme le chloroforme, l'acier.

2) L'expérimentation fournit des phénomènes *nombreux*. L'observateur peut quelquefois attendre longtemps certains phénomènes sans qu'ils apparaissent. L'expérimentateur multiplie les phénomènes qui sont en son pouvoir autant qu'il le juge nécessaire. Le physicien qui s'occupe d'électricité et de lumière en produit quand il lui plaît. De plus, tandis que l'observation est souvent individuelle, le savant peut faire l'expérimentation devant de nombreux témoins qui en garantiront l'exactitude.

3) L'expérimentation fournit des phénomènes *simplifiés*. Dans la réalité les phénomènes sont mêlés ensemble et enchevêtrés les uns dans les autres. Les causes et les effets n'y sont jamais simples ; c'est par des groupements, par des synthèses que procède la nature.

L'expérimentateur décompose ces synthèses et en démêle les éléments ; il simplifie les phénomènes qui, devenus moins complexes, sont par conséquent plus clairs. C'est une simplification de ce genre qu'opère le physicien en produisant la chute des corps dans la machine d'Atwood.

4) L'expérimentation fournit surtout des phénomènes *signi-*

ficatifs. L'expérimentation n'est pas seulement l'auxiliaire de l'observation en ce qu'elle offre aux savants des phénomènes nouveaux, nombreux et simplifiés. Son grand avantage est de préparer le raisonnement expérimental qui serait la plupart du temps impossible avec les seules données de l'observation. Ce sont les phénomènes fournis par l'expérimentation qui révèlent d'ordinaire les rapports de causalité généralisés dans l'induction. Des milliers d'observations peuvent être insuffisantes pour induire et formuler une loi; quelquefois une seule expérimentation bien faite suffit.

4. Sciences d'observation et sciences expérimentales. — L'expérimentation n'est pas toujours possible dans les sciences inductives. Parmi ces sciences il en est quelques-unes qui sont à peu près réduites à l'observation parce que les phénomènes dont elles s'occupent sont de ceux sur lesquels l'homme ne peut agir. Telles l'astronomie, la météorologie, la minéralogie et l'anatomie; on les appelle sciences d'observation. En général, les sciences d'observation sont moins avancées que les sciences expérimentales. Toutefois il faut faire une exception pour l'astronomie dont les lois les plus importantes sont depuis longtemps connues avec précision. Cela tient, dit Paul Janet, à ce que dans cette science, la nature elle-même s'est chargée de faire les frais de l'expérience. L'éloignement des astres permet de les considérer comme de simples points lumineux en mouvement, et de les ramener à des conditions géométriques qui rendent possibles les calculs les plus subtils et les plus féconds en résultats.

La physique et la chimie sont des sciences expérimentales. Rien de plus facile pour le savant que d'intervenir dans la production des phénomènes qui en sont l'objet. On sait les progrès merveilleux que grâce à l'expérimentation ces siences ont réalisés, la première depuis Galilée, la seconde depuis Lavoisier. Longtemps on s'est contenté d'observer en physiologie et Cuvier regardait encore l'expérimentation comme impossible dans cette science. « Toutes les parties d'un corps vivant, disait-il, sont liées et elles ne peuvent agir qu'autant qu'elles agissent toutes ensemble; vouloir en séparer une de la masse, c'est en changer l'essence. » Autrement dit : la vie est une harmonie, c'est un *consensus* de fonctions, on ne peut toucher à l'une quelconque de ces fonctions sans troubler les autres. Claude Ber-Bernard a réfuté cette dernière assertion dans son *Introduction à l'étude de la médecine expérimentale*, et ses nombreuses expériences sur la fonction glycogénique du foie, sur les nerfs vaso-moteurs, et celles qu'on a faites dans ces derniers temps par le curare et la strychnine ne permettent plus d'exclure la physiologie du nombre des sciences expérimentales.

III — L'INDUCTION.

1. Les lois de la nature : lois de succession, lois de coexistence, lois de causalité. — 2. L'interprétation de l'expérience : détermination de la cause, les tables de Bacon, les méthodes de Stuart Mill. — La généralisation de l'expérience : fondement de l'induction. — L'induction vulgaire et l'induction scientifique.

1. Les lois de la nature : lois de succession, lois de coexistence, lois de causalité. — L'observation et l'expérimentation nous font connaitre les faits; mais il n'y a de science que du général; le savant ne s'en tient pas à la connaissance des faits, il cherche à découvrir les lois qui les régissent. C'est par l'induction que l'esprit s'élève de la connaissance des faits à celle de leurs lois.

Les lois, a dit Montesquieu, sont les rapports nécessaires qui dérivent de la nature des choses [1]. Un fait est nécessairement relatif à sa cause, c'est-à-dire à l'antécédent qui en est la raison déterminante; il peut être aussi nécessairement relatif à un autre fait avec lequel il coexiste. Si on généralise ces rapports, on a dans le premier cas une loi de succession, par exemple : la chaleur dilate les corps; et dans le second cas une loi de coexistence, par exemple : les mammifères sont vertébrés. Mais les groupes de phénomènes ont leurs causes comme les phénomènes isolés, les rapports qui unissent des faits simultanés ont leur raison d'être dans des rapports qui unissent des faits suc-

---

[1]. La nécessité des lois de la nature n'est pas une nécessité absolue, ce n'est qu'une nécessité conditionnelle. Les rapports formulés par les lois sont subordonnés à l'existence des termes qu'ils unissent, ils sont subordonnés aussi à la toute-puissance divine qui a librement établi les lois de la nature et qui peut librement y déroger.

cessifs, il en résulte que les lois de la nature sont surtout des lois de causalité [1].

Remarquons que la causalité n'est qu'une espèce du genre succession. Toute causalité est succession, car la cause précède invariablement l'effet, mais toute succession même constante n'est pas causalité ; le jour suit invariablement la nuit et la nuit n'est pas la cause du jour. La cause que recherche la science est la condition nécessaire et suffisante des phénomènes.

Il y a donc dans l'induction deux moments distincts bien qu'étroitement liés :

1) La détermination de la cause qu'on peut appeler l'interprétation de l'expérience.

2) L'induction proprement dite ou la généralisation de l'expérience. La causalité découverte, l'esprit conclut du particulier au général, il érige en loi universelle le rapport que lui ont révélé les cas soumis à l'expérience.

2. L'interprétation de l'expérience : détermination de la cause. — La cause d'un phénomène pour le savant, c'est la condition nécessaire et suffisante de ce phénomène. Mais la nature procède synthétiquement. D'où la difficulté de découvrir

---

1. Il y a dans l'esprit humain deux conceptions très distinctes de la causalité. Tantôt on entend par cause un phénomène ou un groupe de phénomènes, qui est l'antécédent constant et invariable et la condition nécessaire et suffisante d'un autre phénomène ou d'un autre groupe de phénomènes. Le mot cause est pris dans ce sens lorsqu'on dit que la chaleur est la cause de la dilatation des corps. Tantôt on entend par cause une activité, une force d'où découle la production d'une chose, être ou phénomène. Le mot cause est pris dans ce sens, lorsqu'on dit que la volonté humaine est la cause du progrès ou que Dieu est la cause du monde. La première de ces conceptions qu'on peut appeler *physique*, et qui est assez récente, est la conception des savants de la nature. La science de la nature, en effet, s'enferme dans les phénomènes qu'elle ne dépasse pas ; de plus, elle identifie la cause et la loi ; du point de vue de la science la cause est liée à l'effet, de telle sorte que non seulement l'effet ne peut exister sans la cause, mais la cause ne peut exister sans l'effet. Cette conception exclut, par conséquent, toute contingence et toute liberté, ou plutôt elle ne s'en inquiète pas ; la science se fait sans souci des exceptions à la nécessité, elle est phénoméniste et déterministe. La seconde de ces conceptions qu'on peut appeler *psychologique* et qui est la plus ancienne, est la conception du sens commun, c'est aussi celle des philosophes et des moralistes. Dans la conception psychologique, l'effet ne peut exister sans la cause, mais la cause ne suppose pas nécessairement l'effet elle peut exister sans lui, le réaliser ou le laisser à l'état de simple possible. La causalité psychologique implique essentiellement l'idée de pouvoir et de pouvoir libre. La causalité physique n'est à proprement parler qu'une condition ; la seule et véritable causalité est la causalité psychologique dont l'idée nous est donnée dans le sentiment de l'effort.

les causes. « Le cours de la nature, à chaque instant, dit Stuart Mill, n'offre au premier coup d'œil qu'un chaos suivi d'un autre chaos. Il faut que nous apprenions à voir dans l'antécédent chaotique une multitude d'antécédents distincts et dans le conséquent chaotique une multitude de conséquents distincts. Après quoi il s'agit de chercher la liaison de chacun à chacun[1]. » Le problème qui se pose est donc celui-ci : parmi les nombreux antécédents d'un phénomène donné, discerner celui qui en est la cause ; ou bien parmi les nombreux conséquents d'un phénomène donné, discerner celui qui en est l'effet, c'est-à-dire celui dont il est la condition nécessaire et suffisante. Si la cause se manifestait par un signe sensible, il suffirait d'observer avec attention pour la distinguer des autres antécédents ; mais il n'en est rien ; nos sens ne perçoivent pas dans le monde extérieur l'action d'un phénomène sur un autre phénomène. Nous voyons des successions, des juxtapositions de phénomènes, nous ne pouvons voir aucune liaison nécessaire, en particulier aucune liaison causale, entre ces phénomènes. C'est par le raisonnement que s'interprète l'expérience et se découvre la cause. On donne souvent à ce raisonnement le nom de *raisonnement expérimental*.

Les tables de Bacon. — Voici d'après Bacon, comment on peut procéder pour interpréter l'expérience. Après avoir recueilli le plus grand nombre possible de faits au moyen de l'observation et de l'expérimentation, on les distribue en trois tables qu'il appelle : table de présence, table d'absence, table de comparaison ou de degrés :

1) Dans la *table de présence* on consigne les cas où se produit le fait dont on cherche la cause et toutes les circonstances présentes.

2) Dans la *table d'absence* on consigne les cas plus ou moins analogues aux premiers où le fait dont on cherche la cause ne se produit pas et toutes leurs circonstances.

3) Dans la *table de comparaison* on consigne les cas où le fait dont on cherche la cause croît et décroît avec toutes les circonstances qui croissent et décroissent dans les mêmes proportions.

---

1. *Logique*, tome I, page 415.

Cette distribution terminée, on dépouille les trois tables. Si quelque antécédent est toujours présent quand le fait dont on cherche la cause est présent, toujours absent quand il est absent, et si de plus il croît et décroît dans les mêmes proportions, cet antécédent est la cause cherchée.

On peut dans bien des cas déterminer la cause par la méthode de Bacon, mais cette méthode n'en est pas moins insuffisante parce qu'elle est vague et incertaine. Combien de faits faut-il observer ou expérimenter? Quand les tables seront-elles suffisamment remplies pour qu'on obtienne après leur dépouillement des résultats décisifs? Peut-on même jamais être absolument sûr de découvrir la véritable cause? Deux faits peuvent se succéder invariablement sans être unis par un lien de causalité, de même que la simultanéité constante de deux faits peut avoir sa raison d'être, non dans un rapport nécessaire qui unit ces faits, mais dans une dépendance commune à l'égard d'une cause inconnue.

Les méthodes de Stuart Mill. — C'est pour obvier à ce défaut de rigueur des tables de Bacon que Stuart Mill les a remplacées par quatre méthodes plus précises auxquelles il a donné les noms suivants : méthode de concordance, méthode de différence, méthode des variations concomitantes, méthode des résidus.

1) *Méthode de concordance.* — Un phénomène dont on cherche la cause se produit dans différents cas. On les compare et si tous présentent partout et toujours une seule circonstance commune, on peut considérer cette circonstance comme la cause du phénomène.

Soit un fait a. Il se présente dans trois cas différents avec les antécédents ABC, ADE, AFG. Ces cas ne concordent que par la présence de A. Donc la cause de a ne peut être ni B, ni C, ni D, ni E, ni F, ni G. C'est A.

Nous voulons par cette méthode découvrir la cause de la sensation de son. « Pour y parvenir nous recueillons beaucoup de cas où une oreille saine perçoit un son : le son produit par une cloche, par une corde qu'on pince ou que frotte un archet, le son d'un tambour que l'on frappe, d'un clairon où l'on souffle, le son de la voix humaine... On découvre que tous ces cas si différents s'accordent en un seul point qui est la présence d'une vibration du corps sonore, propagée à travers un milieu jusqu'à l'organe auditif. Cette vibration transmise est l'antécédent cherché[1]. »

2) *Méthode de différence.* — Cette méthode est la contre-épreuve de la précédente. Elle consiste à supprimer la circonstance qui paraît être, d'après la méthode de concordance, la cause du phénomène. Si ce phénomène ne se produit pas, c'est une preuve évidente que la circonstance en question était la véritable cause.

Soit un fait *a* qui se présentait dans les expériences précédentes avec les antécédents ABC, ADE, AFG. Je supprime dans une nouvelle expérience A et *a* ne se produit pas. Donc A est la cause cherchée.

Si par un moyen quelconque j'empêche la vibration, qui dans les exemples rapportés plus haut était supposée produire le son, et si le son est du même coup supprimé, cette expérience me confirme dans la conviction que la vibration est la cause du son.

La méthode de différence est le procédé par excellence des sciences expérimentales. Claude Bernard la recommande avec instance. « Pour conclure avec certitude qu'une condition donnée est la cause prochaine d'un phénomène, il ne suffit pas d'avoir prouvé que cette condition précède ou accompagne toujours ce phénomène, mais il faut encore établir que cette condition étant supprimée le phénomène ne se montrera plus... Les coïncidences constituent un des écueils les plus graves de la méthode expérimentale. C'est le sophisme : *Post hoc, ergo propter hoc* : Après cela, donc à cause de cela. La contre-épreuve supprime la cause supposée pour voir si l'effet persiste suivant cet adage : Supprimée la cause; l'effet est supprimé ; c'est ce qu'on appelle expériences cruciales. »

3) *Méthode des variations concomitantes.* — Cette méthode consiste à faire varier la circonstance qui d'après les méthodes de concordance et de différence, a été supposée la cause d'un phénomène, pour voir si ce phénomène varie dans les mêmes proportions.

Soit un fait *a* qui se présente avec les antécédents ABC,

---

1. TAINE, *De l'Intelligence*, tome II, page 310.

ADE, AFG... Si chaque fois que je fais varier A dans les antécédents, *a* varie, les autres circonstances restant les mêmes; ou inversement, si chaque changement dans *a* est précédé d'un changement proportionnel dans A sans que les autres antécédents changent; on peut en toute sûreté conclure que A est la cause de *a*.

Si l'intensité du son croît et décroît proportionnellement à l'amplitude des vibrations imprimées au corps sonore, c'est donc que la vibration est cause du son.

4) Méthode des résidus. — « Si l'on retranche d'un phénomène donné, dit Stuart Mill, tout ce qui en vertu d'inductions antérieures peut être attribué à des causes connues; ce qui reste sera l'effet des antécédents qui ont été négligés et dont l'effet était encore une quantité inconnue[1]. »

Soit le fait *a* qui se présente avec les antécédents A, B, C, D. Je connais par des inductions antérieures les effets de B, C, D; reste *a* qui ne peut être que l'effet de A.

« Arago ayant suspendu une aiguille aimantée par un fil de soie et l'ayant mise en mouvement, crut remarquer qu'elle arrivait plus vite au repos quand elle oscillait au-dessus d'un plateau de cuivre. Il y avait là deux causes qui pouvaient produire cet effet : la résistance de l'air et celle du fil de soie. Mais l'effet de ces deux causes pouvait être exactement déterminé par l'observation faite en l'absence du cuivre. Déduction faite de cet effet, le phénomène résidu consistait en ce que le cuivre développait, en effet, une influence retardatrice. Ce fait a été la première origine de la découverte de l'électricité magnétique[2]. »

Telles sont les méthodes par lesquelles le savant découvre les rapports de causalité. Mais comment de la connaissance des causes peut-il s'élever à la connaissance des lois?

3. La généralisation de l'expérience. — Fondement de l'induction. — C'est par induction, nous le savons, que l'esprit humain conclut du particulier au général, des faits aux lois qui les régissent. Par quoi est rendue possible une telle conclusion, par quoi se justifie ce passage de quelques faits observés à tous les faits du même genre? Qu'on tire le particulier du gé-

---

1. STUART MILL, *Logique*, tome I, page 437.
2. HERSCHEL, *Discours sur l'étude de la philosophie naturelle*, page 153.

néral qui le contient, la conséquence du principe qui l'implique, le moins du plus qui le suppose, rien de surprenant dans cette opération; mais du particulier faire sortir le général, de quelques cas isolés dans le temps et dans l'espace inférer ce qui se produit partout et toujours, n'est-ce pas un scandale pour la logique? Et pourtant, l'induction est un procédé naturel à l'esprit humain et le savant ne doute pas le moins du monde de la légitimité de ce procédé.

L'induction et la déduction. — Des philosophes et des savants ont essayé de ramener l'induction à la déduction.

Pour M. Ravaisson, philosophe contemporain, « l'induction n'est qu'une déduction provisoire et conditionnelle qui se change par la vérification de l'expérience en une déduction définitive et inconditionnelle[1] » C'est aussi l'opinion de Claude Bernard. — Mais l'expérience ne peut fournir une vérification de ce genre; on aura beau la répéter autant qu'on voudra, l'expérience ne sera jamais universelle, elle ne s'étendra jamais à tous les temps et à tous les lieux. L'expérience est de sa nature particulière, et le problème de l'induction, quelque forme qu'on donne à cette dernière, est toujours celui-ci : comment peut-on conclure de quelques à tous, du particulier au général?

Les philosophes écossais et les éclectiques, en particulier Royer Collard, commettent une erreur analogue lorsqu'ils soutiennent que le raisonnement inductif peut se ramener à un syllogisme dont la majeure sous-entendue serait le principe de la stabilité et de l'universalité des lois de la nature ; la mineure, une expérience formulée, et la conclusion une loi relative aux faits donnés dans cette expérience. La loi de la chute des corps, par exemple, serait la conclusion du syllogisme suivant :

> Les lois de la nature sont stables et générales ;
> Or quelques corps abandonnés à eux-mêmes sont tombés ;
> Donc tous les corps abandonnés à eux-mêmes tombent.

Ce syllogisme est incorrect. On y viole la règle : *pejorem sequitur semper conclusio partem.* Le petit terme est particulier dans la mineure : quelques corps ; il est universel dans la conclusion : tous les corps. D'ailleurs, d'un principe abstrait

---

1. Ravaisson. *La philosophie en France au XIXe siècle*, pages 13, 121, 133.

comme celui de la stabilité et de l'universalité des lois de la nature, on ne peut pas déduire une conclusion concrète telle que l'existence d'une loi déterminée. Ce n'est pas du principe que l'induction tire ses conclusions, elle les tire des faits, conformément au principe.

Théorie empirique de Stuart Mill. — Stuart Mill, reprenant les idées de Hume, prétend que notre croyance au principe de causalité est le résultat de l'expérience, et que l'induction n'a pas besoin de fondement rationnel. L'induction n'est qu'un raisonnement ultérieur ; le raisonnement primitif, celui par lequel l'esprit débute et qui reste le plus habituel, c'est l'inférence du particulier au particulier. « Dès les premières lueurs de l'intelligence, nous tirons des conclusions, et des années se passent avant que nous apprenions l'usage des termes généraux. L'enfant qui, s'étant brûlé le doigt, se garde de l'approcher du feu, a raisonné et conclu, bien qu'il n'ait jamais pensé au principe général : le feu brûle. Il se souvient qu'il a été brûlé, et sur ce témoignage de sa mémoire il croit, lorsqu'il voit le feu, que s'il met son doigt dans la flamme, il sera encore brûlé. Il ne généralise pas, il infère un fait particulier d'un autre fait particulier. C'est ainsi que raisonnent les animaux, c'est de la même manière que le plus souvent nous raisonnons tous. » Cette inférence n'est en réalité qu'une association d'idées. Lorsque deux phénomènes se sont présentés ensemble à notre esprit, il s'établit entre eux une association en vertu de laquelle lorsque le premier se produit, nous attendons le second. Cette attente est le vrai fondement de l'induction. L'idée du feu et celle de la brûlure se sont unies dans l'esprit de l'enfant de telle sorte que la première évoque naturellement la seconde, et si cette association s'est répétée un grand nombre de fois, elle finira, en vertu des lois de l'habitude, par devenir inséparable. La première idée suggérera irrésistiblement la seconde. Mais comme il se forme dans l'esprit beaucoup d'associations de ce genre, qui ne sont généralement pas démenties par les événements, nous nous croyons de plus en plus autorisés à juger que les faits se succèdent régulièrement, qu'il y a dans la nature des *uniformités*, des liaisons constantes de phénomènes. Et à mesure que l'expérience fait des progrès, l'esprit passe de la croyance à des uniformités particulières à la croyance à des uniformités de plus en plus générales. Ces dernières se fortifient par le concours des autres ; l'expérience garantit l'expérience ; il en résulte finalement pour l'esprit la conviction qu'il y a des lois dans la nature, que les mêmes causes y produisent les mêmes effets. « Parmi les uniformités, dit Stuart Mill, il n'y en a qu'une qui puisse prétendre à une rigoureuse indéfectibilité, c'est la loi de causalité. Cette loi se réduit à cette assertion, à savoir : c'est une loi que tout événement dépend d'une loi, c'est une loi qu'il y a une loi pour toutes choses. » C'est lorsque cette conviction s'est bien établie dans l'esprit que nos inférences peuvent se faire non plus seulement du particulier au particulier, mais du particulier au général.

Critique de cette théorie. — Le fondement empirique que Stuart Mill donne au raisonnement inductif est insuffisant pour les raisons suivantes :

1) Comme l'habitude se forme peu à peu, à la longue, par la répétition des mêmes actes, notre croyance à la causalité, d'après cette théorie, ne peut que progressivement devenir certaine. Mais c'est un fait indéniable que la croyance à la causalité se manifeste dans notre intelligence dès son éveil ; elle n'est pas proportionnée au nombre de nos expériences ; elle est, dès l'origine, aussi grande qu'elle peut l'être. L'enfant recherche des causes à toute occasion, il n'est cependant pas possible que son expérience très limitée lui ait créé des habitudes tellement puissantes qu'il ne puisse se soustraire à leur influence.

2) Si la croyance à la causalité devait naître de l'habitude d'associer l'idée de cause aux successions constantes et régulières des phénomènes, elle ne naîtrait jamais dans l'esprit humain, car cette habitude ne pourrait jamais se former. Les cas où la constance et la régularité des phénomènes nous échappent sont bien plus nombreux que ceux où nous la découvrons. Si l'on s'en tenait à l'expérience, la croyance à la causalité devrait sans cesse être mise en échec par les faits qui ne témoignent pas en sa faveur. Par conséquent, si tout phénomène éveille en notre esprit l'idée de cause, cette association n'est pas l'œuvre de l'expérience.

3) Admettons que la nature n'ait jamais offert à nos regards que le spectacle de la constance et de la régularité des phénomènes, cela ne suffirait pas pour conférer une valeur absolue à

notre croyance à la causalité. L'expérience est contingente et particulière. Elle n'atteint pas l'universel et le nécessaire ; l'expérience révèle ce qui se rencontre dans quelques parties de l'espace et de la durée ; elle ne peut révéler ce qui doit être partout et toujours. C'est donc sans raison légitime dans la théorie empirique que l'esprit généralise le résultat de ses expériences. C'est sans raison légitime qu'il passe du présent à l'avenir. De ce que nous avons pris l'habitude d'associer dans un certain ordre les images de nos sensations passées, s'en suit-il que les sensations de tous les autres esprits et nos sensations futures doivent s'associer dans le même ordre. L'induction, dans cette théorie, n'a pas de valeur scientifique.

Vrai fondement de l'induction. — On a très justement comparé l'empiriste au physiologiste qui voudrait expliquer la digestion par les aliments seuls, oubliant ce qui les reçoit et les transforme : l'estomac, ou la respiration par l'air seul, sans faire aux poumons la part qui leur revient. L'empiriste voit le dehors, il ne voit pas le dedans. L'esprit n'est pas un automate esclave des choses qui feraient tout en lui, il est riche de son propre fonds ; il est doué d'une activité *sui generis* que l'expérience révèle, mais qu'elle ne crée pas. Nous avons la conviction qu'il y a de l'ordre et de l'harmonie dans la nature, que les phénomènes aussi bien que les êtres ont des causes et des fins, que dans les mêmes circonstances les mêmes causes produisent les mêmes effets, les mêmes moyens supposent les mêmes fins. Cela revient à croire que tout ce qui existe est intelligible, qu'il y a de la raison dans les choses et de l'accord entre les lois des choses et les lois de l'esprit. Cette croyance est inséparable de notre activité dont elle est une loi essentielle. Les faits la confirment, et c'est à leur occasion que l'esprit humain en prend conscience. L'induction est vraiment l'œuvre de l'esprit qui interprète l'expérience et démêle dans les faits singuliers la loi universelle qui les régit et les domine.

4. L'induction vulgaire et l'induction scientifique. — L'induction est un procédé naturel à l'esprit humain, mais il faut distinguer deux modes de l'induction, l'un vulgaire, l'autre scientifique.

Dans l'induction vulgaire, comme dans l'induction scientifique, l'esprit conclut du particulier au général, de quelques cas à tous les cas du même genre, des faits à une loi ; mais il le fait sans raison légitime, parce que les cas qu'il généralise, les faits qu'il érige en lois n'ont pas été suffisamment analysés. Telle serait l'induction par laquelle quelqu'un affirmerait que tous les républicains sont des libres-penseurs, parce que tel ou tel républicain de sa connaissance est libre-penseur ; il n'y a pas, en effet, de rapport nécessaire entre l'opinion républicaine et la libre-pensée. Cette induction est un sophisme. Alors même que l'induction vulgaire n'est pas fausse, elle n'a aucune valeur logique, car elle n'est pas précédée de la détermination de la cause.

Dans l'induction scientifique, on procède comme dit Bacon, non *per enumerationem simplicem*, mais *per exclusiones et rejectiones debitas*. L'esprit commence par déterminer la cause en excluant tous les antécédents qui ne sont pas cause, et c'est seulement lorsqu'il croit avoir découvert un rapport de causalité qu'il généralise ce rapport, fort de cette conviction que la nature obéit à des lois, que partout et toujours, dans les mêmes circonstances, les mêmes causes produisent les mêmes effets. Et si quelque doute se mêle aux affirmations de l'esprit, ce doute porte non sur la généralisation de l'expérience, mais sur le rapport qu'il généralise. Ce rapport est-il bien un rapport de causalité ? A-t-on écarté tout danger d'ignorance ou d'erreur dans l'observation et l'expérimentation qui en ont préparé la découverte ? Si le savant était toujours sûr de la cause, il serait toujours sûr de la loi, et c'est ainsi que la causalité est, comme l'a dit M. Ravaisson, « le nerf caché de toute induction ».

IV — L'HYPOTHÈSE

1. Définition de l'hypothèse. — 2. Avantages de l'hypothèse.
3. Espèces d'hypothèses. — 4. Règles de l'hypothèse.

1. Définition de l'hypothèse. — L'hypothèse est une solution provisoire. Le savant fait une hypothèse lorsqu'il suppose et imagine par avance la vérité qu'il cherche. Bacon appelait l'hypothèse un procédé d'anticipation, par opposition à l'induction qui est un procédé d'interprétation. Dans l'induction on déchiffre la nature, dans l'hypothèse on la pressent, on la devine.

2. Avantages et dangers de l'hypothèse. — L'histoire des sciences met hors de doute l'utilité et la nécessité de l'hypothèse :

1) L'hypothèse *dirige la recherche scientifique* et prélude ainsi à l'explication des choses. Sans idée directrice le savant observe et expérimente au hasard, mais lorsque l'hypothèse l'a mis sur la piste d'une cause ou d'une loi, il possède désormais un fil conducteur qui l'aide à découvrir les expériences utiles ou nécessaires à son investigation. Proscrire l'hypothèse de la science serait condamner celle-ci à la lenteur et souvent à la stérilité. « Il ne faut pas confondre, dit Claude Bernard, l'invention de l'expérience et la constatation de ses résultats ; il est vrai de dire qu'il faut constater les résultats de l'expérience avec un esprit dépouillé d'hypothèses, mais il faut bien se garder de proscrire l'usage des hypothèses quand il s'agit d'instituer les expériences et d'imaginer les moyens d'observation. »

Il n'est presque aucune découverte, dans les sciences exactes aussi bien que dans les sciences physiques et naturelles, qui ne se soit produite d'abord sous forme d'hypothèse. Tout théorème avant d'être démontré est une hypothèse dans l'esprit du géomètre qui le découvre. Toute loi de la nature est supposée avant d'être prouvée. C'est le privilège du génie de se signaler par ces merveilleux pressentiments qui ont porté si haut les noms de Copernic, de Képler, de Newton et de Pasteur. Les hypothèses fausses elles-mêmes ont leur utilité ; les véritables causes, les véritables lois s'obtiennent souvent par l'exclusion successive de causes ou de lois imaginaires. L'hypothèse des forces occultes fit place à l'hypothèse des tourbillons de Descartes et celle-ci mit Newton sur la voie du système de la gravitation universelle. C'est le cas de répéter le mot de Bacon : « L'erreur enseigne la vérité. » Fontenelle prétendait « que les hommes n'arrivent à se former une opinion raisonnable sur une chose qu'après avoir épuisé toutes les idées absurdes qu'on s'en peut faire. » « Que de sottises ne dirions-nous pas aujourd'hui, ajoute-t-il, si les anciens ne nous avaient pas devancés à l'égard d'un si grand nombre [1]. »

---

[1]. FONTENELLE. — *Dissertation sur les Anciens et les Modernes.*

2) Non seulement l'hypothèse prélude à l'explication des choses en dirigeant la recherche scientifique et en préparant les expériences et l'induction dont elle est le substitut provisoire, mais elle joue un autre rôle qui pour être accessoire n'en a pas moins de l'importance. L'hypothèse *coordonne les résultats acquis* et en rend ainsi plus claire et plus facile l'exposition. C'est ainsi qu'en cosmographie on nous invite pour mieux juger de l'ordonnance du système solaire à nous placer par imagination au centre du soleil. En physique pour expliquer l'action directrice des courants aimantés, Ampère suppose un observateur la face tournée vers l'aiguille aimantée et placé de manière à ce que le courant lui entre par les pieds et sorte par la tête. La théorie atomique en chimie n'a pas de valeur scientifique aux yeux de certains savants, mais tous en reconnaissent la valeur comme symbole commode pour exposer les faits. On peut comparer le rôle de l'hypothèse dans ces différents cas à celui des classifications artificielles.

Milne-Edwards résume très bien les avantages de l'hypothèse : « Les hypothèses, dit-il, donnent à la science *le mouvement et la forme;* d'une part elles guident et excitent les explorateurs dans la voie des découvertes; d'autre part elles servent de lien entre les faits dont la réunion en un faisceau est une des conditions de leur emploi utile[1]. »

Si les hypothèses ont de tels avantages, elles ne sont pourtant pas sans dangers, aussi les vrais savants se sont-ils toujours montrés défiants à l'endroit des hypothèses. Newton qui a fait un si grand et si légitime emploi de l'hypothèse, se flattait dans l'exposé de son système du monde de ne pas forger d'hypothèses : *Non fingo hypotheses.* « Ce ne sont pas des ailes, dit Bacon, mais du plomb qu'il faut attacher à l'esprit humain. » Cette défiance est justifiée par les abus que l'antiquité et le moyen âge ont faits de l'hypothèse dans les sciences de la nature. Les cosmogonies fantaisistes des premiers sages, les forces occultes, l'astrologie, l'alchimie étaient des fruits de l'hypothèse. Le plus grand inconvénient de l'hypothèse c'est de donner prématurément satisfaction à l'esprit, de le détourner ainsi

---

1. MILNE-EDWARDS. — *Rapport sur les progrès des sciences physiologiques,* page 417.

de l'observation et de l'expérimentation et d'empêcher par là même de nouvelles découvertes. Si l'on veut que l'hypothèse serve efficacement les intérêts de la science, il faut donc en régler l'usage.

3. Espèces d'hypothèses. — On distingue deux sortes d'hypothèses : les hypothèses *représentatives* et les hypothèses *explicatives*. Les premières sont des symboles qui aident l'esprit à concevoir les phénomènes, par exemple les deux fluides électriques, la théorie atomique pour ceux qui en contestent la valeur scientifique. Les secondes facilitent, elles aussi, la représentation des phénomènes, mais elles prétendent de plus en rendre compte et énoncer leur raison d'être, par exemple : la théorie des ondulations en physique, l'hypothèse de Laplace sur la formation du système solaire.

Les hypothèses explicatives ont pour objet une *loi* ou un *fait*. Si elles ont pour objet une loi, elles peuvent porter sur l'existence même de cette loi ou sur sa formule. Tous les êtres doués d'un système nerveux éprouvent des phénomènes de conscience ; c'est une hypothèse dont l'objet est une loi. Les planètes gravitent autour du soleil, on peut supposer que l'orbite qu'elles décrivent est une ellipse ; c'est là une hypothèse dont l'objet est la formule d'une loi, car les planètes pourraient graviter autour du soleil en décrivant un cercle ou une parabole. Les hypothèses de fait ont pour objet un des deux termes d'une loi, soit une cause, soit un effet, s'il s'agit d'une loi de causalité. Étant donnée telle ou telle maladie contagieuse, je suppose qu'elle est due à un virus, c'est-à-dire à un poison vivant capable de se reproduire, c'est une hypothèse dont l'objet est une cause. Étant donné tel système de récompenses, je suppose qu'il produira tel résultat, c'est une hypothèse dont l'objet est un effet [1].

4. Règles de l'hypothèse. — Pour être vraiment scientifique l'hypothèse doit remplir certaines conditions relatives, les unes à sa découverte, les autres à sa vérification.

1) RÈGLES RELATIVES A LA DÉCOUVERTE DE L'HYPOTHÈSE

a) L'hypothèse doit être *possible*, c'est-à-dire ne contredire ni aucun des faits connus, ni les principes de la raison. L'hypo-

---

1. RABIER. — *Logique*, pages 235 à 246.

thèse de la quadrature du cercle est une hypothèse contradictoire et par conséquent impossible.

b) L'hypothèse *doit être fondée sur des faits*, sinon elle serait une pure chimère. En comparant les faits entre eux on remarque certaines analogies qui suggèrent à l'esprit une explication ; c'est là le procédé méthodique qui conduit à l'hypothèse.

c) L'hypothèse *doit être la plus simple et la plus féconde possible*. Dieu agit toujours, en effet, par les voies les plus simples et les plus fécondes. En général plus une hypothèse est simple et féconde, plus elle est vraisemblable. « C'est pour la simplicité, dit un historien de la science, que Copernic replaça le soleil au centre du monde, c'est pour elle que Képler détruisit tous les épicycles que Copernic avait laissé subsister. Peu de principes, de grands moyens en petit nombre, des phénomènes infinis et variés, voilà le tableau de l'univers. »

2) RÈGLES RELATIVES A LA VÉRIFICATION DE L'HYPOTHÈSE

Lorsque l'hypothèse remplit les conditions précédentes, elle peut être admise dans la science à titre provisoire. Pour qu'elle y soit définitivement admise, il faut qu'on la vérifie. La vérification de l'hypothèse est *directe* ou *indirecte*.

La vérification est directe si l'observation ou l'expérimentation découvre les faits d'abord hypothétiques. Huyghens, pour expliquer certaines anomalies de Saturne, avait supposé qu'il était entouré d'un anneau lumineux. L'existence de l'anneau de Saturne fut ensuite constatée.

La vérification indirecte se fait par le raisonnement. On part de l'hypothèse comme d'une majeure et on en tire par déduction les conséquences, c'est-à-dire des faits nouveaux qu'on vérifie par l'observation. Torricelli attribuait les variations de la colonne de mercure dans un tube où l'on avait fait le vide, à la plus ou moins grande pression de l'atmosphère. Pascal en conclut que la colonne de mercure doit baisser dans le tube à mesure qu'on s'élève en l'air, et il vérifie cette conséquence par ses expériences. Les déviations d'Uranus étaient inexplicables par les lois jusqu'alors connues. Le Verrier suppose l'existence d'une planète cachée qui troublerait par son attraction les mouvements d'Uranus. Prenant cette hypothèse comme point de départ, il détermine par le calcul, la masse, la position et le mouvement de la planète supposée. Telle était la rigueur de ses calculs que Gall découvrit la nouvelle planète, Neptune, exactement au point du ciel désigné par Le Verrier.

La probabilité d'une hypothèse augmente avec le nombre des conséquences vérifiées. S'il était démontré que toute autre hypothèse exclut ces conséquences, l'hypothèse en question serait une vérité acquise. Il est évident que plus une hypothèse est générale, plus il est difficile de la vérifier.

V. — L'ANALOGIE

1. Définition de l'analogie. — 2. Principe de l'analogie. 3. L'analogie et l'induction. — 4. Rôle de l'analogie.

1. Définition de l'analogie. — L'analogie peut être considérée comme propriété des choses ou comme procédé de l'esprit. Comme propriété des choses l'analogie est une ressemblance mêlée de différence. Il y a de l'analogie entre le soulèvement du couvercle d'une bouilloire et celui du piston d'une machine à vapeur, entre la trachée d'un insecte, la branchie d'un poisson et le poumon d'un mammifère ; le poumon, la branchie et la trachée sont des organes très différents, mais qui se ressemblent par leur fonction. Comme procédé de l'esprit, l'analogie est un raisonnement par lequel on conclut de ressemblances ou de rapports observés à d'autres ressemblances ou à d'autres rapports. On raisonne par analogie quand on dit par exemple : voici deux hommes qui ont la même physionomie, donc ils ont le même caractère, ou bien : les solides et les liquides sont pesants, donc les gaz le sont aussi.

2. Principe de l'analogie. — Le principe sur lequel se fonde le raisonnement par analogie est le même que celui de l'induction avec cette différence que dans l'induction l'esprit s'appuie surtout sur la constance des lois de la nature et dans l'analogie sur leur uniformité, sur l'unité de plan du monde. Nous croyons que Dieu, infiniment sage, a dû créer le monde d'après un plan unique et harmonieux et que par conséquent dans la grande variété des êtres, sous les nombreuses différences qui les séparent, il se cache des ressemblances.

3. L'analogie et l'induction. — L'analogie diffère de l'induction dans son point de départ et dans ses résultats.

1) L'induction prend son point de départ dans des ressemblances essentielles, l'analogie dans des ressemblances accidentelles. Le rapport que généralise l'induction a été prouvé par le raisonnement expérimental; celui que généralise l'analogie est hypothétique.

2) L'induction donne des conclusions certaines sous la condition, comme nous l'avons dit, que toute chance d'erreur ait été écartée des expériences; l'analogie ne donne jamais que des conclusions probables. Ces conclusions sont d'autant plus probables qu'elles se fondent sur de nombreuses ressemblances et surtout sur des ressemblances importantes.

3) Tandis que dans l'induction l'esprit conclut du particulier au général, dans l'analogie il conclut du particulier au particulier. Quand l'analogie est spontanée, elle peut s'expliquer par l'association des idées; quand elle est réfléchie, c'est un raisonnement complexe formé d'une induction et d'une déduction. Le raisonnement par analogie dans lequel on conclut de la ressemblance de la physionomie de deux hommes à leur ressemblance de caractère, se ramène, en définitive, aux deux raisonnements suivants dont le premier est inductif et le second déductif : cet homme a telle physionomie et en même temps tel caractère, donc les hommes qui ont telle physionomie ont en même temps tel caractère. — Les hommes qui ont telle physionomie ont en même temps tel caractère, donc cet autre homme qui a cette physionomie a en même temps ce caractère.

4. Rôle de l'analogie. — Le raisonnement par analogie est d'un usage très fréquent dans la vie ordinaire. La plupart des jugements que nous portons sur la conduite des autres ont leur origine dans l'analogie. C'est l'analogie qui suggère le plus souvent aux savants les hypothèses qui guident leurs recherches. Franklin fut amené à supposer l'identité de la foudre et de l'électricité par l'analogie de leurs effets. L'analogie joue surtout un grand rôle dans les sciences naturelles. Cuvier reconstruisit des espèces animales disparues en se fondant sur la ressemblance de quelques débris fossiles avec des parties correspondantes des espèces actuelles. Partant du même principe,

Geoffroy-Saint-Hilaire formula la loi des connexions organiques qui domine toute l'anatomie comparée. En médecine, la plupart des découvertes sont dues à l'analogie. Dans les sciences morales et dans les arts, elle est d'un continuel emploi. La psychologie, l'histoire, les sciences philologiques, la politique y ont sans cesse recours. C'est l'analogie qui est l'origine des comparaisons, des métaphores, des allégories, de la poésie même. Le poète désigne souvent les objets par le nom d'autres objets qui leur sont analogues. C'est ainsi qu'il dit la fraîcheur de la jeunesse, le printemps des années, le soir de la vie, l'ivresse du bonheur.

Comparaison n'est pas raison. Très utile pour qui l'emploie avec habileté, prudence et bonne foi, le raisonnement par analogie est un instrument dangereux entre des mains inhabiles et imprudentes ou au service de la mauvaise foi. Que de préjugés, que de jugements téméraires, que de fausses imputations ont leur origine dans l'analogie ! Le grand écueil de l'analogie est de transformer en connaissances certaines de simples conjectures. C'est pour avoir exagéré les analogies de l'âme humaine et de la société que, dans sa « République », Platon supprime une grande partie de la liberté individuelle au profit de l'Etat. Lorsque Fontenelle, concluant par analogie de la terre aux planètes, pense que celles-ci sont habitées, l'hypothèse n'est pas dénuée de toute vraisemblance. Mais lorsque Wolf conclut que les habitants de la lune doivent être des hommes, et cherche à déterminer leur taille par le calcul, l'analogie est absolument chimérique.

VI — LA CLASSIFICATION.

1. Définition de la classification. — 2. Espèces de classifications : les classifications artificielles et les classifications naturelles.

1. Définition de la classification. — La classification est une opération par laquelle l'esprit groupe les objets divers de sa pensée dans un ordre méthodique suivant leurs ressemblances et leurs différences. On classe les idées aussi bien que les êtres. Les catégories d'Aristote et de Kant sont des classifications d'idées. Il y a une classification des sciences et des arts, et toute science particulière comme tout art suppose des classifications, car toute science est un système de connaissances générales, tout art est un système de préceptes. Mais c'est surtout dans les sciences naturelles que la classification devient un procédé scientifique parce qu'elle détermine les lois de coexistence qui relient les propriétés des différents êtres de la nature.

2. Espèces de classifications. — On distingue généralement deux sortes de classifications : les classifications artificielles et les classifications naturelles.

1° LES CLASSIFICATIONS ARTIFICIELLES.

1. Définition des classifications artificielles. — 2. Conditions des classifications artificielles. — 3. Avantages des classifications artificielles.

1. Définition des classifications artificielles. — Les classifications artificielles reposent sur des caractères accidentels plus ou moins arbitrairement choisis. Dans ces classifications les êtres sont groupés non d'après leur nature essentielle, mais d'après les ressemblances extérieures et apparentes. Telles seraient une classification des animaux d'après les organes de la marche et dans laquelle les hommes et les oiseaux feraient partie d'une même classe, une classification des livres d'une bibliothèque d'après leur format ou leur reliure. Telles sont la classification botanique de Tournefort qui groupe les plantes d'après la présence ou l'absence de la corolle, et celle de Linné fondée sur le mode de reproduction des plantes.

2. Conditions des classifications artificielles. — Voici selon de Candolle, les conditions d'une bonne classification artificielle en botanique.

1) Il faut que cette méthode soit fondée sur quelque caractère inhérent à la plante, par exemple, sa structure ; car ce qui tient à sa position dans la nature, à ses usages, à son histoire ne peut frapper les sens.

2) Cette méthode doit reposer sur les parties solides et non sur les sucs liquides, puisque ceux-ci disparaissent avec la mort.

3) Parmi les organes solides on doit choisir de préférence ceux qui sont faciles à voir, qui se trouvent dans la plupart

des végétaux, et qui tout en étant constants donnent lieu à des variations faciles à saisir.

4) Les organes choisis doivent être visibles dans le même moment, afin qu'on ne soit pas obligé de suivre la série entière de l'existence de la plante.

3. Avantages des classifications artificielles. — Sans avoir de valeur vraiment scientifique, les classifications artificielles offrent de grands avantages. Elles mettent de l'ordre dans nos connaissances, soulagent la mémoire et facilitent les recherches. Elles sont indispensables dans certains arts : le pharmacien classe les plantes d'après leurs propriétés médicinales, le jardinier d'après l'époque du semis ou de la récolte. Elles préparent les classifications naturelles : les classifications de Tournefort et de Linné ont préparé celle de Jussieu. Les classifications naturelles supposent une observation étendue et approfondie qui n'est point possible au début de la science. Ici, comme dans toute recherche scientifique, il faut aller du facile au difficile, du visible au caché, de l'apparent au réel; mais l'ordre provisoire aide toujours à constituer un ordre plus ou moins définitif.

Toutefois, il faut prendre garde de confondre ces deux ordres et de voir des ressemblances ou des différences essentielles là où il n'y a que des ressemblances ou des différences accidentelles.

2° LES CLASSIFICATIONS NATURELLES.

1. Définition des classifications naturelles. — 2. Principes des classifications naturelles. — 3. Valeur des classifications naturelles. — Les définitions empiriques.

REMARQUE : *Rôle de la déduction dans les sciences de la nature.*

1. Définition des classifications naturelles. — Les classifications naturelles reposent sur les caractères essentiels des êtres, pris dans leur ensemble. Dans ces classssifications, le savant s'attache à pénétrer la véritable nature, les véritables rapports des êtres, nature et rapports qui sont souvent dissimulés et quelquefois même contraires aux apparences.

Toutefois une distinction absolue ne sépare pas les deux sortes de classifications. Les classifications botaniques de Tournefort et de Linné ne sont pas entièrement artificielles, et elles se rapprochent sur quelques points, surtout celle de Linné, des classifications naturelles. De même les classifications naturelles les mieux faites ne sont pas absolument naturelles. La connaissance de tous les caractères essentiels des êtres et de leur importance relative est un idéal pour la science; les savants peuvent s'en approcher sans jamais l'atteindre.

2. Principes des classifications naturelles. — Deux principes dirigent les classifications naturelles : le principe de l'affinité générale et le principe de la subordination des caractères.

1) *Principe de l'affinité générale.* — Les êtres qu'on groupe dans une même classe doivent se ressembler plus qu'ils ne diffèrent entre eux et plus qu'ils ne ressemblent aux êtres groupés dans d'autres classes. Pour déterminer ces ressemblances et ces différences, il faut considérer non pas un seul caractère, mais tous les caractères, non pas un seul organe, fût-il de première importance, mais tous les organes, et même tous les points de vue sous lesquels on peut les étudier : leur nombre, leur forme, leur situation, leurs rapports. C'est ainsi qu'on formera les classes inférieures : espèces, genres, familles.

2) *Principe de la subordination des caractères.* — La comparaison générale qui sert à former les classes inférieures est insuffisante pour donner une idée exacte des vrais rapports des êtres, et lorsqu'il s'agit de faire rentrer ces classes dans des classes supérieures. Tous les caractères, tous les organes n'ont pas la même importance. La couleur et la taille d'un oiseau ne sont pas si importantes que la forme de son bec ou de ses pieds. Il ne suffit pas de compter les caractères, il faut les peser, en discerner et mesurer la valeur. C'est ce qui s'appelle le principe de la subordination des caractères, posé définitivement par A.-L. de Jussieu comme fondamental dans les classifications naturelles.

Parmi les caractères des êtres, les uns sont *accidentels*, comme la couleur des poils ou des plumes, les autres sont *essentiels* et nécessaires à telle ou telle classe, comme les vertèbres aux vertébrés, un long tube digestif aux herbivores. De plus, les caractères essentiels ne sont pas sur le même plan, ils soutiennent entre eux des rapports de coordination et de subordination. Certains caractères sont toujours liés à d'autres caractères, de telle sorte que les uns disparaissant, les autres aussi disparaissent. On dit alors qu'ils sont de même ordre, qu'ils sont *coordonnés*. C'est ainsi que la présence de canines suppose un seul estomac, que la forme de la dent entraîne celle du condyle, de l'omoplate, du fémur, comme l'équation d'une courbe entraîne toutes ses propriétés. Certains caractères sont d'ordre différent, et parmi ces caractères les uns restent constants, les autres varient. Les premiers sont nécessaires aux seconds, les seconds ne sont pas nécessaires aux premiers. Faites disparaître les premiers, aucun des seconds n'est possible ; un de ceux-ci accompagne toujours ceux-là, mais aucun, pris à part, ne leur est indispensable. C'est pourquoi les premiers sont appelés *dominateurs*, et les seconds *subordonnés*. Ainsi les caractères du vertébré sont dominateurs par rapport à ceux du mammifère, de l'oiseau, du reptile, du batracien et du poisson, qui leur sont subordonnés. Un mammifère est nécessairement vertébré, mais un vertébré n'est pas nécessairement mammifère, car il peut être oiseau, reptile, batracien ou poisson. Pour être mammifère il faut être vertébré, mais un animal peut être vertébré sans être mammifère. De même les caractères du mammifère sont dominateurs, comparés aux caractères particuliers des monodelphes, des didelphes et des ornithodelphes.

D'après les considérations précédentes, on voit qu'on peut distribuer les êtres de la nature dans des groupes de plus en plus généraux. Les derniers groupes s'appellent espèces, les premiers règnes. Entre les espèces et les règnes, dans un ordre de généralisation croissante, on a les genres, les familles, les ordres, les classes et les embranchements.

G. Cuvier divise le règne animal d'après la structure du système nerveux en quatre embranchements : les vertébrés, les articulés, les mollusques et les rayonnés ou zoophytes. De Jussieu divise le règne végétal d'après les caractères de l'embryon, en acotylédones, monocotylédones et dicotylédones.

3. Valeur des classifications naturelles. — Les classifications naturelles simplifient la science par les rapports de coordination et de subordination qu'elles établissent entre les êtres. Quand on connaît d'un individu le genre et l'espèce auxquels il appartient, on connaît son organisation et ses caractères principaux. Le cheval est un vertébré mammifère ; cela me suffit pour conclure qu'il a un système osseux, un système nerveux, des poumons, une circulation double... De plus, les classifications naturelles reproduisent dans ses lignes générales le tableau de la nature. Si l'on admet le transformisme avec Lamarck et Darwin, elles ne peuvent nous révéler que l'histoire de la vie dans le monde, la parenté et la généalogie des êtres. Mais pour quiconque rejette le transformisme et admet avec Cuvier la fixité des espèces, les classifications naturelles ont une signification plus élevée, elles nous font connaître les propriétés essentielles et permanentes des êtres, et par conséquent le plan de la création, la pensée divine dans l'ordre des choses. Une classification naturelle parfaite serait l'expression même des lois suivant lesquelles Dieu gouverne le monde.

4. Les définitions empiriques. — Les définitions empiriques diffèrent des définitions mathématiques. Tandis que les définitions mathématiques se font par génération, et expriment d'après quelles lois se construisent *a priori* les nombres et les figures, pures créations de l'esprit, les définitions empiriques expriment les caractères essentiels des êtres découverts par l'observation et généralisés dans les classifications ; ce sont des résumés de l'expérience. Il en résulte qu'au lieu d'être nécessaires, définitives et imperfectibles comme les définitions mathématiques, les définitions empiriques sont *contingentes, provisoires* et *indéfiniment perfectibles*. Dans les sciences de faits, les anciens se sont trompés sur bien des points par défaut d'expérience, et parce qu'ils étaient vraiment nouveaux en toutes choses. *Antiquitas sæculi, juventus mundi,* a dit très justement Bacon. Les modernes dont l'expérience est plus longue et plus complète ont plus de chance de bien juger, mais leurs jugements sont toujours révisibles, car peut-on jamais être sûr que l'expérience future n'apportera pas de nouvelles lumières et ne modifiera pas en quelque mesure les définitions qui résument l'expérience passée ?

Les définitions empiriques étant non des principes, des majeures de raisonnements comme les définitions mathématiques, mais des résultats, des conclusions, ont leur place naturelle avec les classifications qui les préparent, non au début, mais à la fin de la science.

REMARQUE. — *Rôle de la déduction dans les sciences de la nature.*

Les sciences qui ont pour objet les phénomènes et les êtres de la nature ou du monde sensible sont essentiellement inductives. Toutefois ces sciences peuvent aussi recourir à la déduction qui leur est utile à plusieurs points de vue.

1) *Comme moyen de vérification* des hypothèses. — Lorsqu'une hypothèse n'est pas de nature à être vérifiée directement par l'expérience, la vérification de cette hypothèse s'obtiendra par déduction si tous les faits connus s'accordent avec cette hypothèse, et si toutes les conséquences qu'on peut en déduire se trouvent réalisées dans la nature. C'est ainsi que des deux théories opposées sur la lumière, la théorie de l'ondulation a triomphé, parce qu'elle rendait compte de tous les faits déjà observés, et en particulier du phénomène des interférences, et que toutes les conséquences déduites de cette théorie ont été confirmées par l'expérience.

2) *Comme moyen d'explication* des faits et des lois. Un fait est expliqué lorsqu'on peut le déduire d'une ou de plusieurs lois. Par exemple, une glace se brise soudainement ; ce fait est expliqué, si constatant la proximité d'une source de chaleur, je puis le déduire de cette loi générale que la chaleur dilate les corps. Une loi est expliquée lorsqu'on peut la déduire d'une ou de plusieurs autres lois. Ainsi les lois des mouvements des planètes, découvertes par Képler, furent expliquées lorsque Newton établit qu'elles étaient les conséquences nécessaires de deux autres lois combinées ensemble : la loi de la force tangentielle ou centrifuge, qui tend à lancer la planète sur la tangente à son orbite, et la loi de la force centripète ou gravitation qui tend à jeter la planète sur le soleil.

3) *Comme moyen de découverte* de faits nouveaux et de lois jusqu'alors inconnues : « Il a été prouvé, dit Stuart-Mill, que les gaz ont une forte tendance à traverser les membranes animales et à se répandre dans les cavités closes par ces membranes, malgré la présence d'autres gaz dans ces cavités. Partant de cette loi générale, et examinant le cas où les gaz se trouvent en contiguïté avec des membranes, on est en mesure de démontrer les lois plus spéciales suivantes : 1° Lorsque le corps de l'homme ou d'un animal est en contact avec un gaz qu'il ne contient pas intérieurement, il l'absorbe rapidement ; par exemple les gaz et les matières putrides. 2° Le gaz acide carbonique de boissons

fermentées, développé dans l'estomac, traverse ses membranes et se répand rapidement dans tout le système[1] » — Lorsque Papin eut l'heureuse idée d'employer la force élastique de la vapeur au soulèvement d'un piston, il déduisait cette application de la loi que la force élastique de tout corps gazeux est inversement proportionnelle à son volume.

C'est de l'application de la déduction et du calcul à la physique qu'est née la physique mathématique[2].

Ouvrages à consulter.

Bacon. — *De dignitate et augmentis scientiarum.* — *Novum organum.*
Cl. Bernard. — *Introduction à l'étude de la médecine expérimentale.*
Caro. — *Le matérialisme et la science.*
Cuvier. — *Règne animal.* Introduction.
Herschel. — *Discours sur l'étude de la philosophie naturelle.*
Janet. — *Les causes finales.*
Lachelier. — *Du fondement de l'induction.*
Liard. — *Les définitions géométriques et les définitions empiriques.*
Stuart-Mill. — *Logique.*
Naville. — *Logique de l'hypothèse.*
Rabier. — *Logique.*
Souriau. — *Théorie de l'invention.*
Waddington. — *Essais de logique.*

---

1. Stuart-Mill. — *Logique*, tome I, page 538.

2. Rabier. — *Logique*, chap. x.

CHAPITRE V

MÉTHODE DES SCIENCES MORALES

1. Objet et division des sciences morales. — 2. Méthode des sciences morales.

1. Objet et division des sciences morales. — Les sciences morales ont pour objet les lois de l'activité humaine, c'est-à-dire de l'activité consciente, raisonnable et libre. On peut étudier les lois réelles ou les lois idéales de l'activité humaine. On peut poursuivre la connaissance des hommes tels qu'ils sont, ou celle des hommes tels qu'ils doivent être. De là deux groupes de sciences morales : les sciences morales théoriques et les sciences morales pratiques. Dans le premier groupe rentrent la psychologie, l'histoire, les sciences philologiques ; dans le second la logique, la morale, l'esthétique, le droit, la politique...

2. Méthode des sciences morales. — La méthode des sciences morales théoriques est surtout inductive. Les lois de l'activité humaine, comme les autres lois expérimentales, s'établissent par l'induction. Le psychologue, l'historien, le philologue, comme le physicien et le naturaliste, observent pour connaître les faits, et concluent des faits aux lois qui les régissent. La méthode des sciences morales pratiques est surtout déductive. Le logicien, le moraliste, l'esthète déduisent des lois idéales que leur a suggérées la connaissance des hommes, les conséquences qui en résultent. Mais les méthodes inductive et déductive sont plus ou moins modifiées dans les sciences morales par la nature et la complexité de l'objet auquel elles s'appliquent.

La psychologie et l'histoire sont les plus importantes des sciences morales théoriques. Nous exposerons sommairement les procédés de chacune de ces sciences. La plus essentielle des sciences morales pratiques est la morale proprement dite. La méthode de la morale trouvera sa place naturelle au début « des éléments de philosophie morale ».

I — MÉTHODE DE LA PSYCHOLOGIE

1. Définition et division de la psychologie. — 2. Méthode subjective : la réflexion, objections. — 3. Méthode objective. — 4. L'expérimentation en psychologie. — 5. L'induction et la déduction en psychologie.

1. Définition et division de la psychologie. — La psychologie est la science de l'âme humaine. Mais on peut étudier dans l'âme humaine soit ses différents phénomènes : sentiments, idées, déterminations, et leurs lois, soit sa nature même. D'où la division de la psychologie en psychologie expérimentale et psychologie rationnelle. La psychologie rationnelle est une partie de la métaphysique.

La psychologie expérimentale est une science de faits, de phénomènes. Pour connaître les faits, il faut les observer ; l'observation est donc le point de départ de la psychologie. L'observation peut être intérieure ou extérieure. Elle est intérieure, lorsque c'est le même sujet qui observe et qui est observé ; elle est extérieure lorsque l'objet est étranger au sujet. Dans le premier cas la méthode de la psychologie est dite subjective, dans le second elle est dite objective.

2. Méthode subjective : la réflexion. — Les phénomènes du monde extérieur nous sont connus par l'intermédiaire des sens, des instruments qui augmentent leur portée et des agents physiques qui nous séparent de ces phénomènes. Les phénomènes de l'âme nous sont connus sans intermédiaire. L'observation interne ou introspection personnelle est directe ; rien ne s'interpose entre l'objet observé et le sujet qui l'observe. Les phénomènes de l'âme se connaissent par la conscience, et la conscience en est inséparable, aussi les appelle-t-on des états de conscience. D'abord obscurs et confus, ils deviennent clairs et distincts par la réflexion. La réflexion, c'est-à-dire l'observation attentive des phénomènes de l'âme est un procédé familier non seulement aux psychologues, mais aux moralistes, aux poètes dramatiques, aux romanciers, à tous ceux qui veulent à quelque degré connaître l'âme humaine. L'introspection personnelle est indispensable à la psychologie. « Psychologie bien entendue commence par soi-même. » Nous ne pourrions jamais deviner chez nos semblables le moindre état de conscience si nous ne l'avions déjà éprouvé en nous-mêmes.

Objections. — On a fait plusieurs objections contre la méthode subjective.

1) Il est impossible, a-t-on dit, que l'esprit se dédouble en sujet qui observe et en objet observé. En effet l'observation et l'objet de l'observation sont simultanés ou successifs. S'ils sont simultanés ils s'excluent. Si j'agis, je ne puis pas m'observer, si je m'observe je ne puis pas agir. Par exemple, si je suis en colère et si j'essaie d'observer ma colère, elle s'évanouit aussitôt. La réflexion suspend ou altère les phénomènes auxquels elle s'applique. S'ils sont successifs, l'objet de l'observation n'existe plus lorsque commence l'observation ; on n'en a plus que le souvenir.

Il est vrai que la réflexion est toujours postérieure au fait sur lequel on réfléchit, qu'elle implique par conséquent la mémoire de ce fait. Mais cela ne prouve pas qu'elle n'ait aucune valeur. Pour nous observer, il faut nous dédoubler, il faut être acteurs et spectateurs. Nous ne pouvons être les deux au même instant, car l'acteur et le spectateur se gêneraient l'un l'autre. Il faut être les deux successivement, d'abord acteurs tout à notre rôle et ensuite spectateurs tout au spectacle. La réflexion c'est le souvenir ; mais on peut se mettre en garde contre les altérations du souvenir, et lorsqu'il vient immédiatement après le fait qu'il rappelle, il y a vraiment peu de chances d'erreur.

2) La méthode subjective, a-t-on dit, ne peut faire connaître qu'une seule âme. L'homme qui s'observe peut écrire ses mémoires et faire une monographie ; mais d'observations personnelles il ne sortira jamais une science, car il n'y a de science que du général. Si l'observateur généralise ses observations personnelles, il s'expose à attribuer aux autres des faits qui lui sont propres ou à leur refuser sans raison des faits qu'il n'a pas observés en lui. Cette généralisation est toujours hypothétique.

L'objection serait fondée si l'observateur était seul au monde. Mais il y a eu de tout temps des psychologues et de tout temps ils ont pu se communiquer leurs observations et ainsi les contrôler, les corriger, les compléter les unes par les autres. Sans doute la psychologie ainsi obtenue manquera encore de généralité parce que les psychologues ne sont pas tous les hommes. L'âme du psychologue, c'est l'âme d'un homme adulte, civilisé, lettré, philosophe ; ce n'est qu'un type d'âme et il y aurait quelque inexactitude à lui assimiler toutes les autres âmes. Mais rien n'empêche le psychologue de consulter les autres hommes, ceux qui ne sont point psychologues ; il peut et il doit même le faire. La psychologie serait une science incomplète si elle n'avait recours à l'observation extérieure, si à la méthode subjective ne venait se joindre la méthode objective.

3. Méthode objective. — La méthode objective est une méthode d'interprétation. Nous ne pouvons pas percevoir les états de conscience de nos semblables, mais nous pouvons les deviner à l'aide des signes qui en sont l'expression ou la preuve. Par exemple, notre expérience personnelle nous a appris que tel ou tel sentiment se traduit par tel ou tel jeu de physionomie. Lorsque nous observons chez nos semblables ce jeu de physionomie nous croyons par analogie à l'existence du sentiment correspondant dans leur âme. Indiquons sommairement les principales sources d'information de la psychologie objective.

1) Il faut observer les autres hommes dans tout ce qui peut nous révéler leur âme, dans leur physionomie et leurs gestes, dans leur langage et dans leurs actes. Les gestes spontanés et la physionomie ne sont généralement pas trompeurs ; toutefois il serait imprudent d'y croire en toute occasion. Les parfaits diplomates, les acteurs, certains criminels sont maîtres de leur physionomie. Les actes ont leur principe dans des états de l'âme, mais ils n'en sont pas toujours une claire révélation. Le langage soit parlé, soit écrit est le plus analytique de tous les signes ; il se prête merveilleusement aux sinuosités et aux nuances de la pensée qui se moule en quelque sorte dans les phrases. Mais si le langage a été donné à l'homme pour exprimer sa pensée, l'homme s'en sert quelquefois pour la déguiser. Un certain art est donc nécessaire pour interpréter les signes par lesquels se manifestent les états de conscience des autres hommes.

Le psychologue ne s'en tiendra pas à l'observation des

hommes ordinaires, de ceux qui n'offrent rien d'exceptionnel dans leur caractère ; il observera les natures originales, les plus incultes, les plus grossières comme les mieux douées. Il voudra connaître les phénomènes anormaux de l'âme, les maladies et les monstruosités mentales dont l'étude est quelquefois très instructive. Les étrangers, les enfants, les animaux mêmes seront l'objet de ses observations. La psychologie morbide, la psychologie ethnologique, la psychologie infantile, la psychologie animale peuvent apporter de grandes lumières dans l'étude de l'âme humaine.

2) Il faut étudier les œuvres des hommes dans la suite des temps. L'histoire, les langues, les littératures sont pleines d'enseignements utiles à la psychologie. L'histoire nous fait assister au développement de l'humanité à travers les âges ; elle nous met sous les yeux les caractères des différents peuples, l'influence des grands hommes, celle des circonstances extérieures. La linguistique, la grammaire comparée peuvent être faites d'un point de vue psychologique, car les lois du langage reflètent celles de la pensée dont elles dépendent. Les grandes œuvres littéraires contiennent une certaine psychologie de leur époque et de leurs auteurs. La comparaison de ces œuvres aidera le psychologue à discerner ce qu'il y a de fixe et de mobile dans l'humanité. Les moralistes, en particulier, qu'ils soient moralistes de profession comme Théophraste, La Bruyère, Pascal, ou qu'ils soient ces grands peintres du cœur humain qu'on appelle les poètes dramatiques comme Sophocle et Racine, nous donnent dans leurs œuvres sous une forme ou sous une autre et avec plus ou moins de vérité les résultats de leurs observations personnelles. Pour être bien préparé à faire de la psychologie « il faudrait, dit M. Rabier, avoir fait le tour du monde, de l'histoire et de la civilisation. »

3) Il faut étudier les états de l'âme dans leur union avec ceux du corps. La psychologie toute différente qu'elle soit de la physiologie a des rapports étroits avec elle. De même que le moral agit sur le physique, le physique agit sur le moral et la connaissance de cette action réciproque est nécessaire à la science du corps et à celle de l'âme. S'il n'y a pas de physiologie complète sans psychologie, il n'y a pas de psychologie vraie sans physiologie. « L'homme, dit Bossuet, est un tout naturel formé

de deux parties. » Le psychologue qui n'aurait aucun souci du corps et de la vie animale dont il est le théâtre ne pourrait faire qu'une psychologie très imparfaite. L'étude des rapports qui unissent les phénomènes psychologiques et les phénomènes physiologiques a de nos jours donné naissance à la psycho-physique et à la psycho-physiologie.

4. L'expérimentation en psychologie. — Le psychologue peut-il intervenir dans la production des phénomènes psychologiques et les susciter dans des conditions qui en rendent l'observation plus instructive? L'expérimentation si efficace dans les sciences physiques et naturelles est-elle possible en psychologie? Des philosophes ont nié cette possibilité, alléguant comme raison que les faits de l'âme sont spontanés. On ne se procure pas un sentiment naturel ou tout autre phénomène psychologique comme on se procure tel son, telle quantité de chaleur, d'électricité ou de lumière. Opérer sur les phénomènes de l'âme pour modifier les conditions de l'observation, c'est les défigurer et en altérer essentiellement la nature.

Sans doute l'expérimentation psychologique offre des difficultés qui tiennent soit à la nature délicate, subtile et complexe des phénomènes, soit aux causes extérieures dont ils subissent l'influence. De plus, le calcul par lequel on précise les expériences dans les sciences physiques, n'est d'aucun usage pour la mesure de ces phénomènes. Toutefois malgré les difficultés, l'expérimentation psychologique est possible. Dans quelle mesure? Cela dépend des phénomènes sur lesquels le psychologue expérimente.

Parmi les phénomènes psychologiques il en est dont les causes sont physiques et physiologiques, peu complexes, bien connues de nous, mesurables. Ce sont des sensations. De véritables expériences, dont il ne faudrait pas toutefois exagérer la précision, sont possibles dans l'étude de ces phénomènes. Les psycho-physiciens et les psycho-physiologues, Weber, Fechner, Wundt en ont fait un grand nombre. On a mesuré l'intervalle de temps qui sépare la sensation de l'excitation organique. On a déterminé pour chaque sens le minimum d'excitation nécessaire à la production de la sensation. Fechner a cru pouvoir établir cette loi : que l'intensité de la sensation croît non comme l'excitation mais comme le logarithme de l'excitation.

Flourens, Broca, Vulpian ont fait des expériences intéressantes sur les rapports du cerveau et de la pensée.

Mais la plupart des phénomènes psychologiques ont des causes complexes, mal connues, non mesurables. Relativement à ces phénomènes, l'expérimentation ne peut être le plus souvent que très générale et plus ou moins incertaine. Je veux, par exemple, me rendre compte de l'association des idées et vérifier les lois qu'en donne la psychologie classique ; j'évoque une idée dans ma conscience et j'observe les idées qu'elle me suggère spontanément. La pédagogie, la politique, l'art oratoire ont recours à chaque instant à des expériences. Les parents et les maîtres expérimentent lorsqu'ils essayent sur leurs enfants ou leurs disciples un système d'éducation. Le législateur expérimente lorsqu'il introduit dans le code une loi nouvelle. L'orateur expérimente lorsqu'il tente sur ses auditeurs un moyen de conviction ou de persuasion. Il y a dans toutes ces expériences un élément d'incertitude, qui ne permet pas d'en tirer des conclusions rigoureuses. C'est l'intervention du libre arbitre dans notre vie mentale et extérieure, c'est l'influence qu'il exerce sur nos pensées, nos sentiments et nos actes. Les libres déterminations des volontés humaines peuvent souvent déjouer les calculs ou les prévisions de l'expérimentateur.

Il faut pourtant remarquer que les difficultés de l'expérimentation psychologique sont compensées dans une certaine mesure par le secours que nous fournit la mémoire. « On peut évoquer, dit Cousin, un phénomène du sein de la nuit où il s'est évanoui, le redemander à la mémoire et le reproduire pour le considérer plus à son aise. On peut en rappeler telle partie plutôt que telle autre, laisser celle-ci dans l'ombre pour faire paraître celle-là, varier les aspects pour les parcourir tous et mieux connaître l'objet tout entier. »

5. L'induction et la déduction en psychologie. — Il ne suffit pas au psychologue de bien connaître les phénomènes psychologiques ; il ne lui suffit même pas de les réunir d'après leurs ressemblances essentielles en un certain nombre de classes irréductibles et de faire une théorie des facultés de l'âme. Une psychologie qui s'en tiendrait à l'étude des phénomènes et à leur classification serait toute descriptive à l'imitation de la psychologie des philosophes écossais. Pour que la psychologie devienne vraiment scientifique et en même temps pratique, il faut qu'elle ait recours à l'induction et à la déduction. Les phénomènes connus par l'observation et l'expérimentation, le psychologue en dégage les rapports constants et universels, c'est-à-dire les lois. C'est ainsi qu'on a pu déterminer les lois de la mémoire, de l'association des idées et de l'habitude. Lorsque ces lois sont bien établies, on peut comme dans toute science inductive en tirer par déduction d'autres lois moins générales ou des faits nouveaux. La mnémotechnie est un application d'une des lois de la conservation des idées, et celles-ci peuvent être déduites des lois de l'habitude. Beaucoup de sciences pratiques ont leur fondement dans des déductions psychologiques. L'art de l'éducation en particulier est impossible sans psychologie déductive ou appliquée.

II — MÉTHODE HISTORIQUE.

Les sciences historiques ont pour objet les événements passés. Le plus grand nombre de ces événements ne pouvant être connus par l'observation directe et personnelle, l'historien doit recourir à un mode particulier d'information : le témoignage des hommes, et à une méthode appropriée d'interprétation : la critique historique.

Nous traiterons donc successivement la question du témoignage des hommes et celle de la critique historique.

1° LE TÉMOIGNAGE DES HOMMES.

1. Définition du témoignage. — 2. Importance du témoignage. — 3. Fondement de la foi au témoignage. — 4. Conditions relatives aux faits. — 5. Conditions relatives aux témoins. — 6. Certitude du témoignage.

1. Définition du témoignage. — Le témoignage est l'attestation de faits par des personnes qui en ont connaissance. Ces personnes s'appellent témoins. Ou bien les témoins ont constaté par eux-mêmes les faits qu'ils attestent, leur témoignage est immédiat: ou bien ils tiennent ces faits de ceux qui les ont vus, leur témoignage n'a qu'une valeur indirecte. Il faut distinguer le témoignage proprement dit de l'autorité. Le témoignage s'exerce en matière de faits, l'autorité en matière de doctrines. On dira, par exemple, que telle opinion philosophique a pour elle l'autorité d'Aristote ou de Descartes.

2. Importance du témoignage. — Le témoignage est nécessaire à l'individu, à la société et à la science.

Le témoignage est nécessaire à l'individu pour son développement physique, intellectuel et moral. L'éducation repose presque tout entière sur le témoignage. L'enfant ne peut se préserver des dangers qui menacent à chaque instant sa vie sans la foi à la parole de ses parents. Sans cette foi, comment apprendrait-il à parler? Comment acquerrait-il ses premières idées, surtout ses idées morales et religieuses? De naturelle qu'elle est chez l'enfant, la foi au témoignage devient réfléchie chez l'homme fait qui la règle par l'expérience et la raison. L'homme est un être enseigné et l'enseignement a pour condition la foi au témoignage.

Le témoignage est nécessaire à la société. La parole qui suppose la foi au témoignage est le bien social par excellence. Il n'y a pas de société sans la famille, la propriété et la religion ; or comment la famille, la propriété, les institutions religieuses seraient-elles possibles sans le témoignage ? Comment sans le témoignage établir la justice sociale ? Les hommes chargés de défendre les intérêts privés et publics ont besoin de témoins et de témoignages.

Le témoignage est nécessaire à la science. Notre science personnelle serait singulièrement bornée si nous ne participions par le témoignage aux connaissances de nos contemporains et de nos devanciers. Sans le témoignage le progrès scientifique serait impossible. La science est comme un édifice auquel chaque génération apporte sa pierre. C'est grâce au témoignage que l'humanité peut être considérée dans la suite des temps, selon l'expression de Pascal, comme un seul homme qui subsiste toujours et qui apprend continuellement. Dans les sciences rationnelles, il faut en général se rendre compte des vérités démontrées, mais chaque savant profite des travaux de ceux qui l'ont précédé, et ils sont bien rares les géomètres qui, à l'exemple de Pascal, trouvent par eux-mêmes les trente-trois premières propositions d'Euclide. Dans les sciences expérimentales, la nécessité du témoignage est plus grande encore. Fondées sur l'observation, elles supposent des labeurs persévérants et du temps. Chaque savant prend son point de départ au point d'arrivée des autres. Enfin, il y a tout un ordre de sciences, les sciences historiques qui reposent exclusivement sur le témoignage.

3. Fondement de la foi au témoignage. — Les philosophes écossais qui ont une tendance à multiplier nos facultés primitives expliquent la foi au témoignage par deux instincts : l'instinct de véracité et l'instinct de crédulité, le premier qui nous porte à dire la vérité lorsque l'intérêt ou la passion ne nous pousse pas au mensonge, le second qui nous porte à croire à la parole d'autrui parce qu'elle nous paraît aussi sincère que la nôtre. L'enfant dit et croit tout ingénument, il n'apprend à douter qu'en apprenant à mentir. Mais, comme le remarque P. Janet, ces deux instincts ne peuvent écarter qu'une des causes de défiance qui pèsent sur le témoignage des hommes : le mensonge; ils n'écartent pas l'autre : l'erreur. L'instinct de véracité fait que les hommes ne trompent pas, mais non qu'ils ne se trompent pas; l'instinct de crédulité nous fait croire que les hommes ne nous trompent pas, mais non qu'ils ne se trompent pas. La vérité est qu'on ne peut supposer le mensonge ou l'erreur sans l'expérience de l'un et de l'autre; mais cette expérience ne tarde pas à se faire pour chacun de nous, et alors les instincts de véracité et de crédulité ne suffisent plus à fonder la foi au témoignage puisqu'on peut leur opposer le souvenir de l'erreur ou du mensonge.

Du reste, à quoi bon recourir à ces deux instincts si la foi au témoignage peut s'expliquer sans eux : or il en est ainsi. L'enfant associe les idées aux signes et aux mots qui les expriment; ces mots et ces signes évoquent naturellement dans son esprit les idées correspondantes et ces associations se reproduisent infailliblement tant que rien n'y met obstacle. L'induction la plus spontanée, le simple jeu de l'association des idées suffisent à fonder la foi de l'enfant au témoignage.

Puisque l'erreur et le mensonge sont possibles, il faut soumettre à l'examen le témoignage des hommes. Pour que ce témoignage mérite confiance il doit remplir certaines conditions dont les unes sont relatives aux faits et les autres relatives aux témoins.

4. Conditions relatives aux faits. — Les conditions relatives aux faits se réduisent toutes à une seule. Il faut que les faits attestés soient possibles. Des faits absurdes, contradictoires en eux-mêmes ou contredits par les principes de la raison, sont absolument impossibles et doivent être rejetés sans qu'on ait besoin d'examiner la compétence et la sincérité des témoins, car ils n'ont pu que tromper ou se tromper. Mais il ne faut pas confondre l'impossible et l'invraisemblable, car « le vrai peut quelquefois n'être pas vraisemblable, » et nous sommes trop portés à juger invraisemblable tout ce qui est contraire à notre expérience et à nos habitudes. Un fait ne doit pas être taxé d'impossibilité par cela seul qu'il est inouï et extraordinaire. Il y a encore plus d'un mystère pour la science dans les phénomènes de la nature, et si l'ignorance de celle-ci nous commande une grande réserve dans nos jugements, il faut nous garder aussi de nier de parti pris toute intervention divine dans les événements. Le miracle est possible ; Dieu créateur et providence du monde peut dans un cas particulier par lui-même ou par d'autres déroger à une des lois qu'il a librement établies. Toutefois, le caractère extraordinaire d'un événement peut légitimer une certaine défiance, et plus un fait est invraisemblable, plus on doit exiger des témoins qui le rapportent des garanties de compétence et de sincérité.

5. Conditions relatives aux témoins. — Deux causes peuvent altérer la vérité d'un témoignage : l'erreur et le mensonge ; il faut donc s'assurer que les témoins ne sont ni trompés ni trompeurs. Il faut établir leur compétence et leur sincérité.

Pour s'assurer que les témoins sont compétents et n'ont pas été victimes de l'erreur, on examinera leur capacité générale et leur capacité relative aux faits qu'ils attestent. Étaient-ils dans une situation normale pour voir ces faits ? Ont-ils été attentifs à les observer ? Sont-ils assez éclairés pour raconter avec justesse et exactitude ce qu'ils ont vu ? Leur mémoire est-elle fidèle dans le récit qu'ils en font ?

Pour s'assurer que les témoins sont sincères, on consultera surtout leur caractère moral. Sont-ils d'une probité reconnue et ont-ils l'habitude de la vérité ? Le caractère de l'honnête homme jure pour lui. Sont-ils désintéressés ? N'y a-t-il pas quelque intérêt particulier ou quelque passion qui les pousse à mentir ? Lorsqu'un honnête homme affirme un fait où il n'a aucun intérêt, on peut le croire ; à plus forte raison si le témoignage est préjudiciable au témoin. Le témoignage acquiert dans ce dernier cas une haute valeur morale. « Je crois volontiers, dit Pascal, des témoins qui se font égorger. »

Quelquefois on peut s'assurer non seulement que les témoins n'ont pas voulu tromper, mais même qu'ils n'auraient pas pu tromper s'ils l'avaient voulu. Cela arrive lorsqu'il s'agit d'événements publics considérables, qui tiennent à la trame de l'histoire et sont solidaires d'autres événements qui les supposent.

Ajoutons que les dépositions doivent être claires et ne rien contenir qui puisse les rendre suspectes. Il est évident qu'une déposition dont les différentes parties sont contradictoires n'a aucune valeur. S'il y a plusieurs dépositions et si elles sont concordantes, sans communauté d'intérêts et sans entente préalable entre les témoins d'ailleurs compétents et honnêtes, elles offrent tous les indices désirables d'exactitude.

Combien faut-il de témoins pour garantir la certitude d'un fait ? En général, plus les témoins sont nombreux, plus leur témoignage a de valeur si les dépositions sont unanimes et si cet accord ne peut s'expliquer par aucune cause commune d'erreur ou de mensonge. Dans le cas d'un désaccord entre les témoins, la qualité doit l'emporter sur la quantité ; il faut peser les témoignages plutôt que les compter, et préférer ceux qui présentent au plus haut degré des signes de compétence et de sincérité, fussent-ils moins nombreux que les autres. Toutefois le témoignage d'un seul homme, s'il est éclairé, honnête et désintéressé, mérite confiance, et la maxime juridique *testis unus, testis nullus* n'est pas absolue. Mais le juge doit, en pratique s'y conformer, car il ne suffit pas qu'il se fasse une conviction personnelle, il doit éclairer et convaincre la conscience publique, et une seule déposition, offrît-elle toutes les garanties possibles, ne saurait établir dans l'opinion la certitude des faits dont elle témoigne.

6. Certitude du témoignage. — On a soutenu que le témoignage en matière de faits était impuissant à nous donner la certitude, et que par conséquent l'histoire la plus parfaite n'avait jamais pour domaine que la probabilité ou la vraisemblance. Ainsi pensaient Locke et J.-J. Rousseau. Un géomètre écossais du xvii° siècle, Craig, essaya même de démontrer, en s'appuyant sur le calcul des probabilités, que certains événements du commencement de notre ère cesseraient d'être croyables en 3153. Un autre géomètre, Péterson, reprenant le calcul de Craig, trouva que cette croyance devait disparaître en 1789.

Remarquons d'abord qu'on ne peut pas traiter les choses morales comme on traite les propriétés physiques ou les grandeurs mathématiques. Le calcul des probabilités n'est employé avec rigueur que lorsqu'on l'applique à des éléments quantitatifs soumis à une commune mesure. Les qualités ou caractères du témoignage qui sont de nature différente et irréductibles, ne peuvent se traduire en formules numériques. On ne les calcule pas comme on calcule des grandeurs.

De plus, la valeur d'un témoignage ne décroît pas nécessairement avec le temps. La certitude de beaucoup d'événements anciens a résisté à la critique historique la plus exigeante. Sommes-nous moins certains de l'existence de saint Louis, de Charlemagne, de J. César, que de celle de Louis XIV et de Napoléon Ier ? On peut même dire que souvent la certitude historique se confirme avec le temps ; c'est le cas des faits de première importance ; plus ils sont anciens, plus ils ont été mis à l'épreuve de la critique.

Soutenir enfin qu'il nous est impossible d'avoir jamais la certitude absolue d'un fait dont nous n'avons pas été les témoins, c'est démentir notre expérience de tous les jours. Quel est l'homme qui ne donne pas une adhésion pleine et entière, sans aucun mélange de doute, à des faits attestés par le témoignage ? Et pour quelques-uns de ces faits, il serait aussi absurde, en dépit des exigences d'une certaine critique, de ne pas y croire, que de ne pas croire à l'évidence. Il est des cas, en effet, où le témoignage ne peut avoir sa raison d'être que dans la réalité des faits, ne peut s'expliquer que par cette réalité, toute autre explication étant absolument inadmissible, à tel point que mettre en doute la valeur du témoignage dans les cas de ce genre, c'est douter de la raison même.

2° LA CRITIQUE HISTORIQUE

1. Définition de la critique historique. — 2. La tradition : règles pour l'usage des traditions. — 3. Les monuments : règles pour l'usage des monuments. — 4. Les écrits : règles pour l'usage des écrits. — 5. Rôle de l'histoire dans les sciences morales. — 6. La philosophie de l'histoire.

1. Définition de la critique historique. — La transmission du témoignage se fait par la tradition, les monuments et les écrits qui sont les trois sources de l'histoire. L'appréciation de ces sources, c'est-à-dire l'art de discerner parmi les témoignages transmis ceux qui sont dignes de foi, porte le nom de critique historique. La critique historique est soumise à des règles qui consistent dans des applications diverses des principes que nous avons posés relativement aux conditions du témoignage.

2. La tradition. — La tradition est la transmission orale d'un événement de génération en génération. Chez tous les peuples il y a des faits traditionnels qui se rapportent surtout à leur origine. Dans les temps primitifs, la tradition a été le mode sinon unique, au moins essentiel, par lequel se conservait la mémoire des événements.

La tradition, dit Daunou, peut passer par trois états distincts. D'abord simple récit de père en fils, elle est ensuite consacrée par des usages domestiques ou publics, des cérémonies et des institutions religieuses et politiques, elle se traduit enfin dans des signes, des emblèmes, des images et se fixe dans des écrits.

Règles pour l'usage des traditions. — De toutes les sources historiques, la tradition est la moins sûre, car il s'y mêle souvent des légendes plus ou moins poétiques, parmi lesquelles il est quelquefois très difficile de discerner la vérité et de retrouver le fait primitif d'où est sortie la tradition. Aussi la critique historique prend-elle pour règle générale de n'accepter que les traditions universelles, constantes et uniformes, qui ont pour objet un fait important, dans leur substance et non dans leurs détails.

Il faut que la tradition soit universelle. Une tradition sur laquelle on ne s'accorde pas, qui est attestée par les uns et niée par les autres dans le pays intéressé à l'événement qui est transmis, n'a pas de valeur historique. Mais il en est autrement si tous n'ont qu'une voix pour la proclamer, car l'opposition des intérêts et le conflit des passions rend l'imposture impossible.

Il faut que la tradition soit constante et uniforme. Si une tradition a subi dans la suite des âges des altérations essentielles ou des interruptions, elle mérite peu de confiance. Mais si elle a persisté dans son intégrité, et si l'on peut remonter par une suite ininterrompue de témoignages jusqu'à son origine, elle est digne de foi. Les générations ne disparaissent pas tout d'un coup, elles s'entremêlent en se succédant, de telle sorte que plusieurs générations subsistent toujours en même temps. Il suit de là que si l'erreur tendait à s'introduire sur un fait traditionnel, il y aurait des réclamations, car des hommes différents d'âges, d'idées, d'intérêts et de passions ne peuvent être unanimes dans l'acceptation de l'erreur ou dans le mensonge.

Enfin le fait transmis par la tradition doit être important. L'importance d'un fait est une garantie contre l'altération et l'oubli. On s'applique à garder fidèlement le souvenir d'un événement considérable et public, on n'a pas le même souci lorsqu'il s'agit d'un fait de minime importance.

Revêtue de ces conditions, la tradition a une valeur incontestable, mais qui se restreint à la substance même du fait, à ses circonstances essentielles, et ne s'étend pas aux détails et aux circonstances accidentelles.

Ajoutons toutefois que les traditions particulières et locales les moins dignes de foi, ne laissent pas d'être utiles à l'historien comme indices des mœurs et de l'esprit de l'époque qui les a vues naître.

3. Les Monuments. — On appelle monuments tous les objets matériels qui conservent l'empreinte des événements passés. Tels sont les édifices publics et privés, sacrés et profanes, temples, palais, tombeaux, colonnes, arcs de triomphe, les meubles, les armes, les bijoux, les médailles et les monnaies. Daunou met encore au nombre des monuments les inscriptions et même les documents écrits qui ont un caractère officiel, chartes, diplômes, actes publics, cédules privées.

Le témoignage des monuments est direct ou indirect. Il est direct lorsque le monument a été destiné à perpétuer le souvenir d'un fait. Il est indirect lorsque le monument sert à prouver un fait qu'il n'était pas destiné à rappeler.

Règles pour l'usage des monuments. — Il faut s'assurer de l'authenticité, de la sincérité et du sens exact des monuments.

1) Il faut s'assurer de l'authenticité des monuments, c'est-à-dire, établir qu'ils appartiennent à l'époque, au lieu, à l'auteur auxquels on les attribue, et ne sont pas l'œuvre d'habiles faussaires.

2) Il faut s'assurer de la sincérité des monuments, c'est-à-dire établir que l'orgueil, la flatterie, l'esprit de parti n'ont pas altéré la vérité de leur témoignage. Une inscription romaine décerne à l'empereur grec Phocas, le meurtrier de Maurice et de ses enfants et le vaincu de Chosroës, les titres de très clément et de triomphateur. *Clementissimo et triumphatori.*

3) Il faut s'assurer du sens exact des monuments, ce qui est souvent difficile, et se garder surtout de prendre au sens propre, ce qui n'est vrai que dans un sens plus ou moins métaphorique.

Il est rare que les indications fournies par les monuments n'offrent pas beaucoup de lacunes. Leur principale utilité est de confirmer et de contrôler le récit des historiens.

4. Les écrits. — Les écrits sont la source la plus féconde de l'histoire. Daunou en distingue huit espèces :

1) Les procès-verbaux, les rapports et les bulletins écrits en présence des événements.

2) Les journaux privés, par exemple le journal de Dangeau sur la cour de Louis XIV.

3) Les gazettes ou journaux publics.

4) Les mémoires personnels ou commentaires, par exemple, les *Commentaires de César.*

5) Les relations contemporaines ou annales, par exemple, les *Annales* de Tacite, l'*Histoire du Consulat et de l'Empire* de Thiers.

6) Les relations postérieures de plus d'un siècle aux événements, par exemple l'*Histoire* d'Hérodote.

7) Les relations composées à de longues distances des événements, par exemple les *Histoires* de Tite-Live.

8) Les compilations ou histoires générales, par exemple l'*Histoire de France*, l'*Histoire d'Angleterre*.

Règles pour l'usage des écrits. — Il faut s'assurer de l'authenticité, de l'intégrité et de la véracité des écrits.

1) Il faut s'assurer de l'authenticité des écrits. L'authenticité d'un écrit se reconnaît à des signes *intrinsèques* ou *extrinsèques*. Les premiers sont tirés de l'examen de l'ouvrage en lui-même, tels que la conformité des idées et du style avec ce qu'on sait de l'auteur par d'autres sources, l'accord du récit avec les mœurs, les usages, les croyances et les autres événements connus de l'époque. Les seconds sont tirés de témoignages contemporains ou postérieurs. L'ouvrage est-il cité par les historiens et les critiques comme de l'auteur et du temps auxquels on le rapporte? Ces signes extrinsèques sont nécessaires pour établir l'authenticité d'un écrit, car il n'est pas absolument impossible à d'intelligents et habiles imposteurs d'imiter certaines œuvres au point de tromper les critiques les plus clairvoyants. On a vu les membres de notre Institut se laisser duper par de fausses lettres de Pascal, très bien imitées.

2) Il faut s'assurer de l'intégrité des écrits. Un ouvrage est intègre quand il n'a pas subi d'altérations essentielles. Ces altérations peuvent se faire par des suppressions, des additions ou des interpolations. Les signes d'intégrité sont du même genre que les signes d'authenticité. Il y a des signes intrinsèques qui consistent dans l'unité de plan, de doctrine, de style et des signes extrinsèques qu'on découvre par la comparaison des manuscrits, des éditions et des analyses de l'ouvrage.

3) Il faut s'assurer de la véracité des écrits. Un écrit est véridique quand il expose les faits tels qu'ils se sont passés. La véracité d'un écrit se constate par sa confrontation avec les autres documents. On l'établit surtout par les qualités de l'historien en prouvant qu'il est éclairé et fidèle. S'il est contemporain des événements qu'il rapporte et s'il a pris part à ces événements il faut prouver qu'il est un bon témoin. S'il est postérieur à ces événements, il faut prouver qu'il a puisé ses renseignements aux meilleures sources et qu'il est bien informé. Quant à la fidélité de l'historien, elle se reconnaît à son caractère moral et à son désintéressement. Il faut toujours se défier de l'historien qui est homme de parti.

Des considérations précédentes il résulte que la critique historique est une science délicate et difficile. Elle exige de ceux qui s'y livrent de grandes qualités intellectuelles et morales, de l'érudition, du discernement et de la pénétration, une profonde connaissance de l'âme humaine, beaucoup de patience, une impartialité absolue et un dévouement sans limite à la vérité[1].

5. Rôle de l'histoire dans les sciences morales. — L'histoire joue un rôle important dans les sciences morales. Toutes ces sciences ont besoin de l'histoire. Nous avons montré que la psychologie y a recours pour contrôler et confirmer les données de l'introspection personnelle. Comment faire une science du langage sans l'histoire des langues? Les sciences morales pratiques, celles qui ont pour objet le gouvernement de l'homme individuel ou social, non moins que les sciences morales théoriques ne peuvent se constituer sans l'histoire. Est-il inutile en logique pour déterminer les procédés des différentes méthodes, de savoir les tâtonnements et les essais des logiciens et des savants dans la suite des âges? L'histoire des idées morales ne sert-elle pas à dégager ce qu'il y a de fixe et d'immuable dans les principes supérieurs qui doivent diriger les volontés humaines? La connaissance des législations en vigueur aux diverses époques de l'humanité n'éclaire-t-elle pas d'une vive lumière les notions fondamentales du droit? La science sociale, bien qu'elle ait un idéal que l'expérience ne suffit pas à établir, peut-elle se passer de l'étude des faits sociaux par lesquels s'est manifestée la vie des peuples? La politique qui néglige les leçons du passé est chimérique. L'histoire n'est pas seulement un témoin des temps, elle est par les enseignements qu'elle donne un guide pour la conduite de l'homme et de la société.

6. La philosophie de l'histoire. — L'objet de l'histoire, ce sont les événements passés. Mais l'historien se borne rarement à raconter les faits, il les juge et cherche à les expliquer. Il sort alors de l'histoire proprement dite pour faire la philosophie de l'histoire. La philosophie de l'histoire est la recherche

---

1. La critique historique a reçu de notre temps de merveilleux développements, mais sous son nom de graves abus se sont glissés dans les œuvres de quelques historiens. Tous ces abus ont leur origine dans l'esprit de système.

des lois qui régissent les faits de la vie sociale de l'humanité. Il est évident que la connaissance exacte des faits sociaux, doit précéder la recherche de leurs lois. L'histoire est le fondement nécessaire de la philosophie de l'histoire.

Les lois des faits sociaux sont de deux sortes. Il y a des lois de coexistence et des lois de succession. Les premières expriment les rapports constants et universels que soutiennent entre eux les différents éléments simultanés d'un même état social, elles constituent ce qu'Auguste Comte appelle la *statique sociale*. Ainsi pour Stuart Mill, c'est une condition indipensable de stabilité sociale qu'un système d'éducation et de discipline s'opposant à la tendance naturelle de l'humanité à l'indépendance. Les secondes expriment les rapports constants et universels qui relient entre elles les modifications successives des sociétés. Elles constituent ce qu'Auguste Comte appelle la *dynamique sociale*. Telle est cette loi formulée par Platon : l'excès de la démocratie engendre la tyrannie.

Plusieurs causes rendent difficile la détermination des lois historiques. C'est d'abord la complexité des faits sociaux. Dans une société tout se tient et se pénètre ; les causes et les effets se mêlent et forment des enchevêtrements tels qu'ils résistent quelquefois à toute analyse. C'est ensuite l'action des causes particulières et accidentelles. Une découverte scientifique peut bouleverser les conditions de toute une industrie. Un grand crime peut perdre une nation comme un grand dévouement la sauver. L'influence des hommes de génie dans tous les genres est indéniable. Enfin la liberté humaine introduit toujours dans les faits sociaux un élément d'indétermination qui ne permet point de formuler rigoureusement leurs rapports et d'en tirer des prévisions infaillibles. Une philosophie de l'histoire qui ne tient point compte de la liberté humaine, et qui, sous prétexte de rigueur postule une sorte de fatalité historique, s'expose aux sophismes et à l'injustice. C'est ainsi que Hégel, pour avoir méconnu le vrai caractère de l'activité humaine, aboutit à une doctrine qui n'est que la glorification de la force. C'est pour s'être trop inspiré des mêmes idées que Cousin a pu écrire ces lignes d'une moralité dangereuse : « J'ai absous la victoire comme nécessaire et utile, j'entreprends maintenant de l'absoudre comme juste dans le sens le plus étroit du mot... — Il faut prouver que le vainqueur sert non seulement la civilisation, mais qu'il est meilleur, plus moral et que c'est pour cela qu'il est vainqueur. »

L'écueil de la philosophie de l'histoire, c'est l'esprit de système. Beaucoup de ceux qui ont écrit sur les lois de l'histoire n'ont pas su l'éviter. Lorsque Vico explique les événements historiques par le développement des institutions, lorsque Montesquieu attribue aux climats plus d'influence qu'aux législateurs, lorsque Rousseau prétend que la décadence des peuples est proportionnelle au progrès des sciences et des lettres, lorsque Herder réduit toutes les influences qui dirigent l'humanité à l'unique action de la nature, lorsque Auguste Comte considère la loi des trois états[1], comme la loi directrice du mouvement social, lorsque Taine cherche dans la race, le milieu et le moment, l'explication du caractère et de l'œuvre des individus et des peuples, ils sont tous, à quelque degré, victimes de l'esprit de système.

Pour obvier aux difficultés qui résultent de la complexité des faits sociaux, on a divisé la philosophie de l'histoire en un grand nombre de sciences particulières qui ont chacune pour objet une certaine classe de faits. L'économie politique, la philosophie des langues, la philosophie du droit, la politique se sont partagé le domaine de la science sociale. Mais en isolant ainsi les faits sociaux qui sont dans une dépendance réciproque les uns des autres, les lois qu'on détermine ne sont vraies que dans l'abstrait ; elles cessent de l'être dès qu'on replace ces faits dans l'ensemble où la réalité nous les offre. L'analyse du naturaliste ne suffit pas dans la recherche des lois historiques. Une connaissance profonde de l'activité humaine et de l'extrême variété de ses manifestations dans le développement complexe des sociétés est nécessaire pour permettre au savant qui s'occupe de science sociale de faire quelques inductions légitimes et d'établir quelques lois générales dont il ne devra jamais exagérer la rigueur.

1. D'après cette loi, l'esprit humain serait porté à donner de tous les phénomènes une explication d'abord théologique, ensuite métaphysique, enfin positive. Contentons-nous de dire, contre Auguste Comte, que ces trois explications ne sont pas inconciliables.

Ouvrages à consulter.

Boirac. — *Cours élémentaire de philosophie.*
Caro. — *Problèmes de morale sociale.*
Daunou. — *Études historiques,* tome I.
Egger (Victor). — *La parole intérieure.*
Fonsegrive. — *Éléments de philosophie.*
Garnier. — *Traité des facultés de l'âme.*
Janet. — *Traité élémentaire de philosophie,* — *Histoire des théories politiques dans leur rapport avec la morale.*
Jouffroy. — *Cours de droit naturel.*
Maine de Biran. — *Essai sur le fondement de la psychologie.*
Ollé-Laprune. — *La certitude morale.*
Rabier. — *Psychologie et logique.*
Regnault. — *Cours élémentaire de philosophie classique.*
Seignobos. — *De la connaissance en histoire.* (Revue Philosophique 1887, tome I.)

CHAPITRE VI

LES GRANDES HYPOTHÈSES SCIENTIFIQUES

1. L'hypothèse de Laplace sur l'origine du monde planétaire. — 2. La loi des corrélations organiques de Cuvier. — 3. La loi des connexions organiques de Geoffroy Saint-Hilaire. — 4. La théorie de l'unité des forces physiques. — 5. Le transformisme de Lamarck et de Darwin. — L'hypothèse évolutionniste de Spencer.

« Un fait particulier, dit Stuart-Mill, est expliqué quand on en a indiqué la cause, c'est-à-dire quand on a établi la loi ou les lois de causation dont sa production est un cas. Pareillement une loi de la nature est expliquée lorsqu'on indique une autre ou d'autres lois dont cette loi n'est qu'un cas particulier, et desquelles elle pourrait être déduite[1]. » Lorsque les savants ont étudié les faits et les lois de la nature, ils peuvent, s'appuyant sur ces faits et sur ces lois, et obéissant au besoin d'unité qui tourmente l'esprit humain, former des hypothèses générales. De là les cosmogonies des premiers philosophes grecs Thalès, Anaximandre, Anaximène, Héraclite, Empédocle, Anaxagore, Démocrite qui ont cherché l'explication de l'univers, soit dans un seul élément, soit dans plusieurs éléments combinés, soit même dans une infinité d'éléments. De là les hypothèses des savants modernes et des savants contemporains : l'hypothèse de Laplace sur l'origine du monde planétaire, la loi des corrélations organiques de Cuvier et celle des connexions organiques de Geoffroy Saint-Hilaire, la théorie de l'unité des forces physiques, l'hypothèse transformiste de Lamarck et de Darwin, et l'hypothèse évolutionniste de Spencer.

1. L'hypothèse de Laplace sur l'origine du monde planétaire. — Buffon expliquait la constitution de notre

[1]. STUART-MILL. — *Logique inductive et déductive*, tome I, page 521.

monde planétaire par l'hypothèse d'une comète tombée sur le soleil et dont les morceaux, entraînés par l'attraction solaire, auraient formé les différentes planètes. Laplace, adoptant les idées de Herschel sur la condensation progressive des nébuleuses et leur transformation en étoiles, suppose que la matière cosmique d'où est sorti le système solaire, était à l'origine une seule et même nébuleuse, à l'état gazeux, animé d'un mouvement rotatoire, et dont les limites ne s'étendaient pas au-delà des orbites actuelles de nos planètes [1]. Les forces attractives condensent peu à peu la nébuleuse autour d'une masse centrale destinée à devenir un jour le soleil, et sous l'influence de la force centrifuge, le système prend la forme d'un sphéroïde, renflé à l'équateur et aplati aux pôles. La vitesse de rotation et l'aplatissement augmentent à mesure que le volume décroît. En conséquence, une partie de la matière se détache à l'équateur sous la forme d'un anneau qui continue à se mouvoir autour de la masse centrale et dans le même sens qu'elle. Les différents éléments de l'anneau n'étant pas doués d'une égale vitesse, son épaisseur augmente en l'un de ses points et il se forme ainsi un globe qui continue à tourner autour de la masse centrale en même temps qu'il tourne sur lui-même dans le sens de la rotation primitive ; c'est une planète. Après un certain temps, un nouvel anneau se détache de la masse centrale et donne lieu aux mêmes phénomènes. Une planète peut prendre à son tour la forme d'un sphéroïde renflé à l'équateur et aplati aux pôles, et se donner ainsi des satellites. Quelques-uns des anneaux ont pu présenter une régularité tout exceptionnelle et par suite conserver leur forme primitive jusqu'à l'époque actuelle ; les anneaux de Saturne trouvent donc par là leur explication naturelle.

Le physicien belge Plateau fit une vérification ingénieuse de l'hypothèse de Laplace. Dans un verre d'eau et d'alcool mélangés, on met au centre une goutte d'huile, puis on introduit dans cette goutte une aiguille à laquelle on imprime un mouvement régulier de rotation. La goutte se renfle peu à peu à l'équateur et s'aplatit aux pôles, et bientôt se détache de la partie renflée

---

1. Kant avait proposé la même hypothèse, mais lorsque Laplace écrivit son *Exposition du système du monde*, il ignorait les idées de Kant.

une sorte d'anneau qui se rompt en globules dont chacun commence à se mouvoir autour de la masse centrale, suivant des courbes pareilles à celles que décrivent les planètes autour du soleil. On a dans ce petit monde une image de notre monde véritable.

Ce serait une erreur de croire que l'hypothèse mécaniste de Laplace supprime Dieu et le rende inutile dans l'univers. Reculer la question des origines, ce n'est pas la résoudre. Il faut une cause à cette matière cosmique d'où est sorti notre système solaire, et aux mouvements dont elle est animée. Il faut aussi une cause à la régularité de ces mouvements ; l'ordre suppose une intelligence qui l'a conçu et qui le réalise. « Il ne suffit pas, dit Cournot, d'établir la possibilité du passage d'un état régulier à un autre, il faudrait saisir la première phase du passage de l'état chaotique à l'état régulier, pour se permettre l'insolence de bannir Dieu de l'explication du monde physique comme une hypothèse inutile[1]. »

2. La loi des corrélations organiques de Cuvier. — La loi des corrélations organiques est une des lois fondamentales de l'anatomie comparée. « Tout être organisé, dit Cuvier, forme un ensemble, un système clos dont les parties se correspondent mutuellement, et concourent à une même action définitive par une réaction réciproque[2]. » Kant exprimait la même idée lorsqu'il définissait l'être organisé : l'être où tout est réciproquement but et moyen. Dans tout organisme, les différents organes sont solidaires les uns des autres, toutes les parties sont corrélatives au tout, et le tout est corrélatif aux parties ; chaque partie est par l'ensemble et pour l'ensemble. « Une dent tranchante et propre à découper la chair, continue Cuvier, ne coexistera jamais dans la même espèce avec un pied enveloppé de corne, qui ne peut que soutenir l'animal et avec lequel il ne peut saisir sa proie. De là, la règle que tout animal à sabot est herbivore, et les règles encore plus détaillées qui ne sont que des corollaires de la première, que des sabots aux pieds indiquent des dents molaires à couronnes plates, un canal alimentaire très long, un estomac ample ou multiplié, et un grand nombre de rapports du même genre... Les intestins sont

---

1. Cournot. — *Essai sur les idées fondamentales*, tome II, chap. xii.
2. Cuvier. — *Leçons d'anatomie comparée*, tome IV, 1re leçon, art. 4.

en rapport avec les mâchoires, les mâchoires avec les griffes, les griffes avec les dents, avec les organes du mouvement et l'organe de l'intelligence... La forme des dents, la longueur, les replis, la dilatation du canal alimentaire, le nombre et l'abondance des sucs dissolvants qui s'y versent, sont toujours dans un rapport admirable entre eux et avec la nature, la dureté, la dissolubilité des matières que l'animal mange... Pour que la mâchoire puisse saisir, il lui faut une certaine forme de condyle, un certain rapport entre la position de la résistance et celle de la puissance avec le point d'appui, un certain volume dans le muscle crotaphite, qui exige une certaine étendue dans la fosse qui le reçoit, et une certaine convexité de l'arcade zygomatique sous laquelle il passe. »

Comme les organes, les fonctions sont solidaires les unes des autres. « La respiration, dit Flourens, quand elle se fait dans un organe respiratoire circonscrit, ne peut se passer de la circulation, car il faut que le sang arrive dans l'organe respiratoire, dans l'organe qui reçoit l'air, et c'est la circulation qui l'y porte. La circulation ne peut se passer de l'irritabilité, car c'est l'irritabilité qui détermine les contractions du cœur et par suite les mouvements du sang. L'irritabilité ne peut se passer à son tour de l'action nerveuse, et si l'une de ces choses change, il faut que toutes les autres changent. Si la circulation manque, la respiration ne peut plus être circonscrite, il faut qu'elle devienne générale, comme dans les insectes ; le sang n'allant plus chercher l'air, il faut que l'air aille chercher le sang. Il y a donc des conditions organiques qui s'appellent, il y en a qui s'excluent[1]. »

La loi de Cuvier est incontestable dans les organismes supérieurs ; mais, comme l'a remarqué de Quatrefages, elle fléchit dans les degrés inférieurs de l'animalité. Toutefois, même à ces degrés où la vie est plus lâche et moins complexe, il y a des corrélations nécessaires, et des incompatibilités irréalisables.

Il est impossible de ne pas reconnaître dans les corrélations organiques de la nature vivante des marques frappantes d'ordre et de finalité.

3. La loi des connexions organiques de Geoffroy-Saint-Hilaire. — La loi des corrélations organiques repose

---

1. FLOURENS. — *Travaux de Cuvier*, page 87.

sur ce fait, que toutes les parties d'un organisme sont coordonnées pour accomplir une action commune. La loi des connexions organiques formulée par Geoffroy-Saint-Hilaire repose sur cet autre fait, que les différents organes sont entre eux dans un rapport constant de situation, de sorte que la place occupée par un organe permet toujours de le reconnaître, quelle que soit sa forme. La corrélation est un rapport d'action, la connexion est un simple rapport de position. Geoffroy-Saint-Hilaire juge les connexions plus importantes que les corrélations. L'anatomiste qui néglige les connexions pour s'attacher aux seules corrélations, peut se laisser tromper par les apparences, accorder une importance exagérée aux formes des organes et à leur usage, et multiplier les types irréductibles. Au contraire, celui qui fixe l'idée d'un organe par ses connexions avec les organes voisins ne le perd point de vue sous quelque forme qu'il se présente, il a un fil conducteur qui lui permet de reconnaître le type sous ses diverses modifications. « C'est ainsi qu'on arrive, dit Geoffroy-Saint-Hilaire, à la vraie philosophie de l'animalité. »

Pour donner une idée de la méthode de Geoffroy-Saint-Hilaire, empruntons-lui un exemple : « Il faut partir, dit-il, d'une pièce précise et toujours reconnaissable. Ce sera, par exemple, la portion qui termine l'extrémité antérieure de l'animal. Cette extrémité, chez tous les vertébrés, se compose de quatre parties : l'épaule, le bras, l'avant-bras et un tronçon qui peut prendre les formes les plus diverses : main, aile, nageoire, mais qui a toujours sous ces diverses formes, l'essence commune d'être le quatrième tronçon du membre antérieur. Quoi de plus différent qu'une main, une aile, une nageoire, si l'on s'en tient à l'apparence, même à l'usage ! Pour l'anatomiste, c'est une seule et même chose. C'est ce que, dans l'école de Geoffroy-Saint-Hilaire, on appelle l'*élément anatomique ;* et l'observation découvre « qu'un organe peut être anéanti, atrophié, jamais transposé. »

La doctrine de Geoffroy-Saint-Hilaire, qui a été développée par les travaux de Gœthe, d'Oken, de Carus, de Candolle, aboutit à la double conception d'un type végétal universel qui se réduit à un rameau portant des feuilles, et d'un type animal universel qui se réduit à une cavité digestive entourée d'un sac musculaire pourvu d'appendices.

Cuvier et Geoffroy-Saint-Hilaire se placent à des points de

vue différents dans l'étude de la nature vivante ; mais bien loin d'être inconciliables, la loi des corrélations organiques et celle des connexions organiques se complètent l'une l'autre, et Goethe avait raison de dire : « Les naturalistes partisans de Cuvier et de Geoffroy me paraissent des soldats qui creusent des mines et des contre-mines ; les uns fouillent du dehors au dedans, les autres du dedans au dehors ; s'ils sont habiles, ils doivent se rencontrer dans les profondeurs. »

Les connexions organiques sont, aussi bien que les corrélations organiques, un témoignage de la sagesse primordiale. Il est aussi impossible à une nature aveugle d'ordonner harmonieusement les organes des êtres vivants, que de les approprier à leurs fonctions [1].

4. Théorie de l'unité des forces physiques. — Les sensations que nous éprouvons par suite de l'action des choses sur nos organes sont de nature très diverse et nous conduisent ainsi à croire à l'existence, dans le monde qui nous entoure, d'un grand nombre de phénomènes irréductibles et de forces différentes les unes des autres : le poids, la chaleur, le son, la lumière, l'électricité, le magnétisme. L'ancienne physique, pour expliquer les faits, avait souvent recours à des forces occultes distinctes, telles que l'horreur de la nature pour le vide, la force lumineuse du soleil, la vertu dormitive de l'opium... C'est contre cette conception que se sont élevés les savants modernes, depuis Bacon et Descartes. Bacon pressent déjà la théorie mécanique de la chaleur. Descartes affirme l'identité fondamentale de tous les phénomènes matériels ; pour lui toutes les propriétés des corps se ramènent, en définitive, à l'étendue et au mouvement. « Toute ma physique, dit-il, n'est que mécanique et géométrie. » Et encore : « Donnez-moi l'étendue et le mouvement, et je vais faire le monde. » Bien que Leibnitz dépasse le mécanisme cartésien dans sa conception du monde, il reprend la pensée même de Descartes, lorsqu'il écrit : « Tout se fait mécaniquement dans la nature, principe dont on ne peut rendre compte que par la seule raison et jamais par les expériences, quelque nombre qu'on en fasse[2]. »

---

1. Paul JANET. — *Les causes finales*. Appendice.
2. LEIBNITZ.— *Nouveaux essais*, page 383.

Cette hypothèse suggérée à Descartes et à Leibnitz, moins par des faits que par des considérations rationnelles, la science moderne tend de plus en plus à la confirmer. On sait qu'une seule et même cause physique produit en nous des sensations différentes, si elle agit sur des organes différents ; c'est ainsi qu'un courant électrique peut provoquer des sensations de lumière, de son et de saveur ; c'est ainsi que les rayons du soleil se manifestent à nous sous forme de chaleur ou sous forme de lumière, suivant qu'ils excitent les fibres nerveuses de la peau ou celles de l'œil. Réciproquement, les causes les plus différentes donnent lieu à une même sensation ; c'est ainsi qu'une sensation lumineuse peut être produite non seulement par une source de lumière, mais par un choc, par l'électricité et par des actions chimiques. Les travaux de Huyghens, de Young, de Fresnel, d'Arago et de Foucault ont prouvé que la lumière est due à des mouvements vibratoires qui se propagent à travers un milieu élastique. Les travaux analogues qui ont été faits sur la chaleur, le son, l'électricité, le magnétisme, permettent de supposer que ces différents phénomènes ne sont que des modes divers du mouvement. Mayer et Joule, par les expériences qui établissent le principe de l'équivalence mécanique des forces et de la chaleur, Lavoisier, en prouvant que dans les décompositions des corps, on retrouve à la fin des opérations la même quantité de poids qu'au commencement, ont doté d'arguments sérieux la théorie de l'unité des forces physiques. « Abstraction faite de l'animal qui perçoit, dit P. Janet, il n'y a dans la nature ni chaud ni froid, ni lumière ni obscurité, ni bruit ni silence, il n'y a que des mouvements variés dont la mécanique détermine les lois et les conditions. »

Cette conclusion est conforme à l'esprit de la science actuelle. Toutefois, et P. Janet le fait remarquer, il y a encore bien des agents physiques qui résistent à la réduction. Elle n'a pas été faite pour l'affinité chimique, pour la force de cohésion et la gravitation universelle. Si vraisemblable qu'elle puisse être rendue par les découvertes les plus récentes, la doctrine de l'unité des forces physiques reste donc encore une hypothèse.

5. Le transformisme de Lamarck et de Darwin. — Le fondateur du transformisme est le naturaliste français Lamarck. Selon lui, il n'y aurait eu à l'origine qu'un petit nombre de types très simples qui se seraient modifiés pour former les différentes espèces animales. Trois principes expliquent ce développement progressif: le *milieu*, le *besoin*, l'*habitude*. Lamarck considère l'action du milieu plutôt comme perturbatrice que comme plastique. Le milieu produit des interruptions, des hiatus, des désordres dans la progression croissante des organismes ; ce n'est pas un principe formateur. Le véritable principe formateur indépendant du milieu est un principe d'activité interne. C'est *le pouvoir de la vie* qui met à profit les opportunités de la nature. Le pouvoir de la vie agit suivant deux lois : la loi du besoin et celle de l'habitude. Dans les circonstances favorables, le besoin crée les organes, l'habitude les développe et les fortifie.

Lamarck avoue qu'il est difficile de prouver la première loi par l'observation, et il donne la seconde comme preuve de la première. L'expérience établit que l'habitude développe et fortifie les organes, il s'ensuit que le besoin les crée. « On sent, dit-il, que l'oiseau de rivage qui ne se plaît point à nager et qui cependant a besoin de s'approcher des bords de l'eau pour trouver sa proie, sera continuellement exposé à s'enfoncer dans la vase. Or cet oiseau voulant faire en sorte que son corps ne plonge pas dans le liquide, fait tous ses efforts pour étendre et allonger ses pieds. Il en résulte que la longue habitude que cet oiseau et tous ceux de sa race contractent d'étendre et d'allonger continuellement leurs pieds, fait que les individus de cette race se trouvent élevés comme sur des échasses, ayant obtenu peu à peu de longues pattes nues... L'on sent encore que le même oiseau, voulant pêcher sans mouiller son corps, est obligé de faire de continuels efforts pour allonger son col ; or les suites de ces efforts habituels dans cet individu et dans ceux de sa race ont dû, avec le temps, lui allonger singulièrement le col, ce qui est en effet constaté par le long col de tous les oiseaux de rivage... A ces exemples on pourrait joindre celui de la forme de la girafe, animal herbivore qui, vivant dans les lieux où la terre est aride et sans herbage, se trouve obligée de brouter le feuillage des arbres et de s'efforcer continuellement d'y atteindre[1]. »

---

1. LAMARCK. — *Recherches sur l'organisation des corps vivants*, pages 57-58.

Il y a là une exagération erronée du pouvoir de l'habitude et du besoin. Que le besoin et l'habitude développent des organes qui existent, c'est un fait d'expérience ; mais qu'ils puissent produire de nouveaux organes, cela n'a jamais été constaté. De plus, en vertu de la loi des corrélations organiques, il faut, dans l'hypothèse, admettre qu'un nouvel organe se créant, tous les autres subissent des transformations analogues. Par exemple, l'animal qui échangera ses branchies pour des poumons, devra aussi échanger ses écailles contre des plumes ou des poils, sinon son adaptation à de nouvelles conditions d'existence sera incomplète et sa mort deviendra inévitable. Il est difficile de ne point traiter de chimère une telle supposition. Le fait du développement des organes par l'exercice ne conduit en aucune manière à doter les besoins ou les efforts du pouvoir de créer de nouveaux organes. « Quiconque, dit Cuvier, ose avancer sérieusement qu'un poisson, à force de se tenir au sec, pourrait voir ses écailles se fendiller et se changer en plumes, et devenir lui-même un oiseau, ou qu'un quadrupède, à force de pénétrer dans des voies étroites, de se passer à la filière, pourrait se changer en serpent, ne fait autre chose que de prouver la plus profonde ignorance de l'anatomie[1]. »

L'hypothèse de Darwin a le même point de départ que celle de Lamarck, à savoir l'idée de la production progressive et spontanée des formes organiques à partir d'un très petit nombre de types primitifs, peut-être d'un seul. « Je pense, dit Darwin, que tout le règne animal est descendu de quatre ou cinq types primitifs tout au plus, et le règne végétal d'un nombre égal ou moindre. L'analogie me conduirait même un peu plus loin, c'est-à-dire à la croyance que tous les animaux et toutes les plantes descendent d'un seul prototype[2]. »

L'originalité de la théorie de Darwin n'est pas dans l'esprit de cette théorie qui est le même que celui de la théorie de Lamarck, mais dans le principe qu'il invoque pour expliquer les transformations successives des êtres vivants. Ce principe est celui de la *sélection naturelle*.

Darwin constate d'abord les résultats obtenus dans l'élevage

---

1. CUVIER. — *Anatomie comparée*, page 100.

2. LAMARCK. — *De l'origine des espèces*, page 669.

des bestiaux et dans la culture des plantes. Lorsque l'éleveur intelligent veut obtenir l'amélioration d'une race, il choisit les individus reproducteurs, met à part ceux chez qui il a rencontré telle ou telle qualité particulière, et il retrouve cette qualité dans tous les produits de la seconde génération. Parmi ceux-ci, il choisit encore ceux qui offrent plus fortement accusée la qualité qui a fixé ses préférences ; il opère sur leurs produits comme sur les premiers, et comme les caractères individuels se transmettent et s'accumulent par l'hérédité, à chaque génération la qualité cherchée va sans cesse croissant et se précisant davantage. C'est ainsi qu'on a pu créer tant de races de chevaux, de bœufs, de chiens, de moutons, de pigeons, et toutes ces variétés de fleurs et d'arbres qui se trouvent dans nos serres et dans nos jardins. On peut appeler sélection artificielle ce procédé de perfectionnement employé par l'homme.

Mais ce que l'homme fait, pourquoi la nature ne pourrait-elle pas le faire ? Les différences accidentelles entre les individus se rencontrent dans les espèces sauvages aussi bien que dans les espèces domestiques, et fournissent une matière à la sélection naturelle dont les résultats sont autrement profonds que ceux de la sélection artificielle. Sans doute la nature est aveugle, et on ne peut lui prêter l'intention de modifier les espèces vivantes ; mais ce qu'elle n'obtient pas par dessein, elle l'obtient par l'action d'une loi nécessaire dont Darwin a fait la clef de voûte de sa théorie, et qu'il appelle la *Lutte pour la vie*, ou concurrence vitale (*struggle for life*). Il se produit dans chaque espèce vivante plus d'individus que la nature ne peut en nourrir. C'est à qui saura le mieux maintenir sa place au banquet de la vie ; c'est à qui luttera avec le plus d'énergie pour sa propre subsistance, soit contre les individus de son espèce ou des autres espèces, soit contre les difficultés du milieu où il se trouve. Dans cette lutte pour la vie les plus faibles succombent, les plus forts restent et se reproduisent. Parmi leurs descendants, ceux-là à leur tour auront plus de chances de vivre, chez qui la supériorité transmise par l'hérédité sera plus fortement accusée, et c'est ainsi qu'un avantage d'abord accidentel, s'ajoutant à lui-même à chaque génération, donnera enfin naissance à une race perfectionnée.

Supposons maintenant que le milieu ambiant vienne à changer. Des individus soumis à ce régime nouveau, ceux-là seuls dont la constitution y était comme adaptée d'avance par certains caractères accidentels, pourront s'en accommoder et seront les élus de la nature. Un climat se refroidit par exemple. Les quadrupèdes qui auront les poils plus longs ou plus épais, se défendront mieux contre la température nouvelle. Cette modification utile s'accumulera par l'hérédité et sera ainsi le principe non seulement d'un simple perfectionnement, mais d'une transformation de l'espèce ou plutôt de la naissance d'une espèce nouvelle. Les variétés extrêmes sont appelées espèces lorsqu'on a perdu la trace de leur origine commune, lorsque les individus restés fidèles au type primitif ont complètement disparu. Il n'est pas vrai de dire que dans l'hypothèse de Darwin, l'homme descend du singe. S'il en descendait, comme il a sur lui de grands avantages, il l'aurait vaincu dans la lutte pour la vie et le singe aurait disparu. Ce qui est vrai dans l'hypothèse, c'est que l'homme et le singe descendent d'un même type qui s'est perdu et dont ils sont deux déviations divergentes. Le singe n'est pas l'ancêtre de l'homme, il est son cousin-germain. De même les quatre embranchements du règne animal ne dérivent pas l'un de l'autre, mais ce sont des rayonnements divers d'une même souche primitive.

Il y a en faveur de ces transformations un coefficient d'une extrême importance, c'est le temps dont la nature dispose pour accumuler les différences. On ne peut assigner de limites au temps, et par conséquent il n'y a pas de limites non plus aux effets de la sélection naturelle.

C'est avec le langage de l'enthousiasme que Darwin célèbre ces effets. « Puisque l'homme par ses moyens de sélection peut produire de si grands résultats, que ne peut faire la sélection naturelle? L'homme ne peut agir que sur des caractères visibles et extérieurs; la nature ne s'inquiète pas des apparences, sauf dans les cas où elles sont de quelque utilité aux êtres vivants. Elle peut agir sur chaque organe interne, sur la moindre différence organique ou sur le mécanisme vital tout entier. L'homme ne choisit qu'en vue de son propre avantage, et la nature seulement en vue de l'être dont elle prend soin; elle accorde un plein exercice à chaque organe nouvellement formé, et l'individu modifié est placé dans les conditions de vie qui lui sont les plus favorables... Les caprices de l'homme sont si changeants, sa vie est si courte ! Comment ses productions ne seraient-elles pas imparfaites en comparaison de celles que la nature peut perfectionner pendant des périodes géologiques tout entières... On peut dire par métaphore que la sélection naturelle scrute journellement à toute heure et à travers le monde entier, chaque variation même la plus imperceptible, pour rejeter ce qui est mauvais, conserver et ajouter ce qui est bon, et qu'elle travaille ainsi insensiblement et en silence, partout et toujours dès que l'opportunité s'en présente, au perfectionnement de chaque être organisé. Nous ne voyons rien de ces lentes et progressives transformations, jusqu'à ce que la main du temps les ait marquées de son empreinte en traversant le cours des âges[1]. »

Remarquons d'abord que les raisons alléguées par Darwin ne vont qu'à établir la possibilité de la sélection naturelle. En accordant à Darwin le principe qu'il invoque, on lui aura accordé que son explication du perfectionnement des espèces est théoriquement acceptable, mais il n'en résulte nullement qu'elle doive être préférée à toute autre comme la meilleure et la seule vraie. Mais faut-il faire à Darwin cette concession ? L'analogie sur laquelle il s'appuie est-elle fondée ? Ne prête-t-il pas à son principe une efficacité contestable ?

Toute la théorie repose sur l'analogie entre la sélection naturelle et la sélection artificielle. Or cette analogie est ce qu'il y a de plus hypothétique. La sélection artificielle est une œuvre intelligente, réfléchie et calculée. Pour faire une race douée de telle qualité déterminée, il ne suffit pas de lui donner pour père un individu qui offre la première ébauche de cette qualité, il faut l'unir à une mère en qui se rencontre la même qualité, autrement cette qualité s'affaiblit dès la seconde génération et disparaît à la troisième ou à la quatrième. Ce double choix est nécessaire non seulement au début, mais à chaque génération, et c'est à cette condition que se précisera le caractère que l'on veut perpétuer dans une race. Pour que la sélection naturelle obtînt le même résultat, il faudrait que la nature, elle aussi, fût capable de choix, mais la nature est aveugle. C'est sous l'in-

---

1. DARWIN. — *De l'origine des espèces*, pages 119-121.

fluence d'un instinct irréfléchi que se font les unions entre les êtres vivants. Comment admettre qu'un animal dont la constitution offre quelque particularité utile, ira chercher et découvrir dans son espèce un autre individu doué du même avantage ? Et en supposant qu'une telle recherche et une telle rencontre aient lieu, comment admettre qu'elles se renouvellent à la seconde génération, à la troisième, et ainsi de suite, ce qui est nécessaire pour produire et fixer une variété. Pour qui regarde de quelles manières opposées les naissances animales sont préparées par l'homme intelligent et la nature aveugle, il est clair que si l'homme travaille à la formation des races, la nature travaille à la fixité des espèces.

D'ailleurs l'homme n'a jamais pu transformer une espèce en une autre espèce. La sélection artificielle a produit des variétés dont les différences sont très frappantes, jamais elle n'a produit une espèce nouvelle. Avec un père et une mère de l'espèce chien, l'industrie humaine a créé de nombreuses variétés, jamais elle n'a obtenu un autre animal qu'un chien, soit un chat ou un loup. Les produits hybrides sortis de l'union de deux espèces voisines sont le plus souvent stériles dès la première génération et n'ont jamais dépassé la quatrième. Unis avec une des espèces d'où ils proviennent, ils perdent rapidement leurs caractères propres, et finissent par se confondre avec elle.

De plus si haut qu'on remonte vers l'origine de notre période géologique, les espèces actuelles n'ont pas changé dans un seul de leurs caractères essentiels. Des espèces ont disparu ; aucune de celles qui sont restées n'a subi de transformations. Les descriptions des premiers naturalistes nous les montrent toutes identiques dans leur organisation à ce qu'elles sont aujourd'hui. Or si les types spécifiques d'animaux actuellement vivants se sont conservés si longtemps sans altération, si la sélection naturelle sous l'action de la concurrence vitale, n'a produit de mémoire humaine, aucune modification importante, de quel droit les transformistes de l'école de Darwin lui accordent-ils une si grande puissance ?

Il est vrai que les faits de la période géologique actuelle, ont à leurs yeux peu de valeur. Les soixante ou soixante-dix siècles dont nous pouvons parler ne sont rien comparés à l'éternité de la nature. Mais si pendant ce temps la sélection naturelle n'a rien fait, on suppose gratuitement qu'avec un temps indéfiniment prolongé, elle peut faire quelque chose.

Enfin « si cette transformation progressive des êtres, dit Godron, était un fait réel, si les animaux et les végétaux les plus simples avaient en se perfectionnant donné naissance à des êtres plus complexes, la paléontologie en découvrirait des traces. En passant d'une période géologique à l'autre, on trouverait des êtres en voie de transformation, de véritables intermédiaires qui représenteraient toutes les phases de ces métamorphoses. Mais loin de là, nous observons, au contraire, en comparant les êtres organisés de deux périodes successives, une interruption brusque entre les formes animales ou végétales. Nous constatons que des faunes et des flores distinctes se remplacent dans la série régulière des formations et tous ces faits viennent nous démontrer la pluralité de la succession de créations organiques spéciales aux divers âges de notre planète. L'espèce n'a donc pas plus varié pendant les temps géologiques que durant la période de l'homme. Les révolutions que notre globe a subies et dont il porte les stigmates indélébiles n'ont pu altérer les types originairement créés ; les espèces ont conservé leur stabilité jusqu'à ce que des conditions nouvelles aient rendu leur existence impossible ; alors elles ont péri, mais elles ne se sont pas modifiées [1]. »

Il faut bien reconnaître que l'ensemble des faits fournis par l'histoire de la vie, telle qu'on a pu jusqu'ici la faire, dépose contre la théorie transformiste. Mais admettons que les espèces se transforment ; supposons qu'on ait retrouvé les innombrables intermédiaires nécessaires pour donner gain de cause à la doctrine de Darwin ; il resterait à expliquer la plasticité des êtres vivants. Comment sont-ils capables de s'adapter aux conditions de leur existence ? Comment peuvent-ils se développer régulièrement sous les diverses influences qu'ils subissent ? Cette plasticité offre au plus haut degré le caractère de la finalité. Il faut y reconnaître les marques d'une intelligence qui, n'étant point dans l'animal, doit être hors et au-dessus de lui,

---

1. GODRON. — *De l'espèce et des races*, tome I. — Frappé de l'impossibilité de justifier, par l'expérience, la doctrine des transformations lentes des espèces vivantes, un savant botaniste précurseur de Darwin, Naudin, soutint la doctrine des transformations brusques, et il y voyait une preuve de la finalité.

dans une Providence qui dirige les êtres vivants vers une fin qu'ils ignorent.

6. L'hypothèse évolutionniste de Spencer. — La plus générale et la plus célèbre des hypothèses scientifiques qui ont été faites dans notre siècle est l'hypothèse évolutionniste. L'idée d'évolution entendue dans une acception large n'est pas nouvelle; on peut même la faire remonter jusqu'aux premiers sages. Les Physiciens d'Ionie expliquaient l'univers par les transformations successives d'un élément primitif. Les grandes philosophies grecques ont presque toutes fait une part à l'évolution dans leurs cosmogonies. Les Péripatéticiens, les Stoïciens, les Alexandrins sont plus ou moins évolutionnistes. Un grand nombre de philosophes et de savants modernes ont repris cette conception. Bacon et Pascal y ont souvent recours. Leibnitz lui fait jouer un rôle très important dans l'ensemble de son système. A la fin du dix-huitième siècle, une idée voisine de l'idée d'évolution est accueillie par la plupart des esprits et trouve son expression dans beaucoup d'œuvres de l'époque, c'est l'idée de progrès. Turgot et Condorcet en furent surtout les ardents défenseurs. Avec Laplace, Lamarck et Darwin dont nous avons parlé, et Auguste Comte dont la philosophie positive est toute pénétrée de l'idée d'évolution, nous touchons à l'évolutionnisme; leurs doctrines préparent directement celle de Spencer.

L'œuvre de Spencer est une vaste synthèse où sont venues se fondre beaucoup d'idées courantes dans la philosophie et la science. Spencer a pris conscience des tendances plus ou moins avouées d'un grand nombre de penseurs contemporains et s'est appliqué à dégager de ces tendances une philosophie scientifique. Pour Laplace, l'évolution est la loi de la formation originelle de notre monde planétaire; pour Lamarck et Darwin, elle est la loi de la nature vivante; pour Spencer, elle est la loi de toutes choses, de la formation des mondes, du développement des êtres, des idées, des institutions et des sociétés. Matière, vie, pensée, tout évolue.

L'évolution, c'est le passage de l'homogène à l'hétérogène, du simple au complexe, de l'indéfini au défini, par des différenciations et des intégrations successives. La théorie de Laplace est une première application de la loi d'évolution. A l'origine, l'univers était une masse confuse et homogène ; elle s'est lentement divisée et différenciée jusqu'à ce qu'elle ait donné naissance à notre système solaire, composé d'astres bien distincts, mais solidaires les uns des autres. « Le monde s'est formé à l'origine, dit Spencer, en passant de l'homogénéité confuse à l'hétérogénéité coordonnée. » L'étude du globe terrestre en est une preuve. « L'histoire de la terre telle que la révèle la structure de sa croûte solide, nous ramène à cet état de fusion qu'implique l'hypothèse nébulaire. » D'abord en ignition, la terre s'est refroidie progressivement et de ces refroidissements progressifs sont sorties les différentes couches de terrain, la grande variété des minéraux qui les constituent, les continents, les mers et tous les phénomènes physiques. Un jour une action chimique plus complexe que les autres a produit la vie sous sa forme la plus rudimentaire. Le protoplasma primitif ne contient aucun élément qui ne soit dans la matière brute ; toute la différence est dans un degré de plus de composition. A mesure que le protoplasma se développe, il se divise de plus en plus, et plus grande est la diversité de ses éléments, plus frappante est l'unité qui les coordonne, et plus s'accroît leur dépendance réciproque. Il y a toujours différenciation et intégration. Ainsi s'est développée la vie végétale et animale. L'apparition du système nerveux parmi les organes de la vie animale marque une époque importante. Le système nerveux domine les autres organes, centralise leurs actions, et c'est par son perfectionnement surtout que se fait le progrès de l'animalité.

Dans un temps qui précède l'histoire, après des essais innombrables, l'humanité est issue de l'animalité. L'automatisme des réflexes est devenu peu à peu l'instinct, l'instinct se perfectionnant a donné la mémoire, la mémoire amena la réflexion, la comparaison et insensiblement les plus hautes facultés intellectuelles. L'esprit humain s'est complété par l'avènement des sentiments et de la volonté. Alors seulement a été constituée la personnalité telle que nous l'avons aujourd'hui. Il en est de l'esprit de l'homme comme des formes organiques ; il s'est compliqué et diversifié de plus en plus dans son évolution. La nature et la pensée humaine nous apparaissent maintenant comme deux mécanismes qui s'accordent parfaitement ; mais l'adaptation du cerveau humain et par conséquent de la pensée humaine, à la nature, est l'œuvre des siècles. Le procédé essentiel de cette évolution, comme de l'évolution organique, c'est avec l'hérédité qui fixe les résultats acquis, la sélection naturelle qui se produit sous l'action de la concurrence vitale. Il y a lutte pour la vie, disait Darwin, entre les êtres de la nature, et ceux-là seuls persévèrent dans l'existence et se développent, qui sont le mieux adaptés à leur milieu. Il y a aussi lutte pour la vie, dit Spencer, entre les idées, et celles-là seules survivent au conflit, qui sont conformes aux rapports naturels des choses ; tôt ou tard la vérité l'emportera sur l'erreur.

Sous quelque aspect qu'on considère l'histoire de l'humanité, on y trouve cette loi d'évolution. Les sociétés, les sciences, les arts, la morale sont régis par elle. A leur origine les sociétés forment des ensembles homogènes d'individus qui ont mêmes facultés et mêmes fonctions ; chacun d'eux est guerrier, pêcheur, chasseur et constructeur. Bientôt les gouvernants se distinguent des gouvernés. Dans la suite s'établit la séparation des pouvoirs, législatif, exécutif et judiciaire. Le travail se divise de plus en plus sans nuire à la solidarité et à l'unité sociale qui croissent au contraire avec l'hétérogénéité des fonctions. Les sciences et les arts nous offrent le même spectacle. Les premiers savants rêvaient une science universelle, et l'art primitif enveloppait tous les arts. C'est progressivement que se sont constitués des sciences particulières et des arts distincts. Veut-on un exemple ? L'*Iliade* ne remonte pas bien haut dans l'histoire de l'humanité et pourtant on y trouve une théologie, une cosmogonie, de l'histoire, une législation, une morale, des éléments de poésie lyrique, dramatique et épique, qui donneront plus tard naissance à autant de genres différents les uns des autres. C'est encore à l'aide de l'évolution que Spencer cherche à expliquer les idées morales. Il est nécessaire qu'étant donnée la vie de l'homme en société, de l'égoïsme naisse le désintéressement et que par l'hérédité les sentiments vraiment moraux deviennent de plus en plus prédominants. L'idéal moral se réalise par la seule action des lois nécessaires de la nature, c'est le dernier terme de l'évolution.

Tout ce qui est du domaine de la science, tout ce qui est connaissable est soumis à la loi de l'évolution. Mais au-dessus de ce domaine, il y en a un autre réservé aux religions, c'est celui de l'absolu ou de l'inconnaissable dont nous ne savons qu'une chose : c'est qu'il est. « La croyance à l'omniprésence de quelque chose qui passe l'intelligence n'a rien à redouter de la logique la plus inexorable : voilà une vérité dernière de la plus grande certitude possible, une vérité sur laquelle les religions s'accordent également avec la science : c'est que la puissance dont l'univers est la manifestation est impénétrable. »

Sans entrer dans l'examen critique des différentes théories qu'embrasse l'hypothèse spencérienne, contentons-nous de quelques observations fondamentales.

1) Cette hypothèse n'est pas susceptible de preuves, quelque longue qu'on suppose la vie future de l'humanité, les documents manqueront toujours pour vérifier la loi de l'évolution dans le domaine sans limite que lui assigne Spencer. A force de travail patient et de hasards heureux, les transformistes et les évolutionnistes ont découvert des apparences de transition possible entre certaines formes vivantes. Mais comment retrouver les innombrables intermédiaires qui seraient nécessaires pour faire une histoire du monde conforme à leur hypothèse.

2) Est-il possible d'admettre avec Spencer, l'évolution des choses sans causes finales ? Qui dit évolution, développement, marche en avant, progrès, dit tendance, direction, ordre. C'est ainsi que l'entendaient Aristote et Leibnitz qui ne séparaient pas l'évolution de la finalité. Le mouvement laissé à lui-même sans rien qui le dirige et l'ordonne, est indifférent à produire telle combinaison plutôt que telle autre. Il faut d'ailleurs une cause, un premier moteur au mouvement de la masse nébulaire et chaotique, d'où sont sorties toutes choses. Il faut aussi une cause à cette masse si informe qu'on la suppose. Spencer a beau multiplier les intermédiaires, amoindrir jusqu'à l'infini les différences des choses, ces différences existent. Qu'elles soient petites ou qu'elles soient grandes, il faut en rendre compte. L'être ne peut venir du néant, la vie de la matière et du mouvement, la pensée de la vie, l'intelligence de la pure sensation. Si elle n'admet un principe suprême qui produit et guide l'évolution, l'hypothèse évolutionniste est une explication du supérieur par l'inférieur, du plus par le moins, de l'ordre par le désordre, de l'être par le néant. C'est une explication antiscientifique.

3) La morale dans cette hypothèse n'est plus qu'une physique des mœurs. La première condition manque à la morale évolutionniste pour qu'elle soit une morale : le libre-arbitre. Le bon sens, celui des philosophes non engagés dans l'esprit de système comme celui des hommes simplement réfléchis, se refuse à comprendre qu'il y ait une morale possible pour l'être qui n'est pas libre, qu'il y ait « un devoir sans pouvoir. » En outre la métamorphose de l'égoïsme en désintéressement par de lentes transformations est chimérique. L'impératif catégorique du devoir ne peut jamais sortir des suggestions du plaisir et de l'intérêt. Quant à l'hérédité, sans nier qu'elle puisse être un facteur dans la moralité, elle n'y joue pas le rôle important que lui attribue Spencer. L'influence de l'hérédité est loin d'être déterminée, elle est irrégulière, pleine d'exceptions et de caprices. Il est particulièrement difficile d'établir quelques lois relatives à l'hérédité intellectuelle et morale, car comment dégager ce qu'on doit lui rapporter de ce qui revient à l'initiative personnelle et à l'éducation.

L'évolutionnisme reste donc une hypothèse, séduisante peut-être, mais invérifiable et absolument inadmissible sans la croyance en un Dieu créateur et providence.

Ouvrages à consulter.

Caro. — *Le matérialisme contemporain.*
Carrau. — *Étude sur l'évolution.*
Cochin. — *L'évolution et la vie.*
Collins. — *Résumé de la philosophie de Spencer.*
Cuvier. — *Règne animal.* Introduction.
Darwin. — *L'origine des espèces.*
Dumas. — *La philosophie chimique.*
Faye. — *Sur l'origine du monde.*
Geoffroy-Saint-Hilaire. — *Principes de philosophie géologique.*
Godron. — *De l'espèce et des races.*
D'Hulst. — *Mélanges philosophiques.*
Janet. — *Les causes finales.* — *Le darwinisme.* (Revue des Deux-Mondes 1863).
Laplace. — *Exposition du système du monde.*
Liard. — *Des notions d'espèce et de genre dans les sciences de la nature.* (Revue Philosophique 1879.)
De Margerie. — *Théodicée.*

SECONDE PARTIE

ÉLÉMENTS DE PHILOSOPHIE MORALE

NOTIONS PRÉLIMINAIRES

1. Définition de la morale. — 2. Division de la morale. — 3. Utilité de la morale. 4. Méthode de la morale.

1. Définition de la morale. — S'il est utile de savoir, il est indispensable de bien agir. La science sera toujours un privilège, la moralité est le devoir et le droit de tous. S'il importe de connaître les conditions de la science, il importe donc plus encore de connaître celles de la moralité.

La morale est la science des mœurs humaines, non telles qu'elles sont, mais telles qu'elles doivent être. C'est la science du bien obligatoire, d'un mot, c'est la science du devoir.

2. Division de la morale. — On distingue dans la morale deux parties, dont l'une a pour objet les principes, l'autre les applications. La première établit les conditions fondamentales, la nature et les conséquences de la moralité, on peut l'appeler morale théorique, ou mieux, générale. La seconde s'occupe de nos devoirs particuliers, on peut l'appeler morale pratique, ou mieux, particulière. La morale particulière est encore, à certains égards, théorique et générale. Aussi pourrait-on ajouter aux deux parties qui constituent ordinairement les traités de morale, une troisième partie plus spéciale et plus pratique que la morale particulière qu'on nommerait casuistique ou art de résoudre les cas de conscience.

3. Utilité de la morale. — On a contesté l'utilité de la morale comme science. Pourquoi, a-t-on dit, exposer théoriquement les principes de la morale ? Ne sont-ils pas gravés dans la conscience en caractères ineffaçables ? Pourquoi accorder tant de valeur à ces principes, n'en est-il pas de la morale comme de la géométrie ? Connaît-on les théorèmes pour savoir les axiomes et les définitions ? De même, possède-t-on la morale parce qu'on en sait les principes ? Qu'on laisse les principes pour ce qu'ils sont, et qu'on ne prétende pas avoir enseigné la morale quand on en a indiqué les fondements. Ce n'est pas la théorie qui rend les hommes vertueux, c'est la pratique. La vertu n'est pas le fruit de la science, mais de l'éducation, de la religion, de l'effort personnel et de l'habitude.

Sans doute les principes de la morale sont gravés dans la conscience, toutefois « il ne faut pas s'imaginer, dit justement Leibnitz, qu'on puisse lire dans l'âme ces éternelles lois de la raison à livre ouvert, comme l'édit du préteur se lit sur son album. » Il y a des époques dans la vie des individus et des peuples où les notions morales sont obscurcies par les intérêts et les passions, par les préjugés et les sophismes. Il est alors nécessaire que la science dégage ces notions pour les mettre dans une lumière plus vive. « Aristide avait été juste, dit J.-J. Rousseau, avant que Socrate définît la justice, mais lorsque les sophistes eurent paru, qu'ils eurent tout nié, mêlé le vrai avec le faux, le bien avec le mal et jeté le trouble dans les esprits, il devint nécessaire que la vertu fût clairement définie et que quelqu'un, saisissant les armes de la dialectique, confondît cette vaine et fausse sagesse. » Ainsi est née la science morale philosophique, et depuis elle a toujours été utile.

C'est une vérité d'expérience admise depuis longtemps, que les hommes se trompent moins en tirant les conséquences de certains principes qu'en posant ceux-ci tout d'abord. Ce n'est pas, en général, le raisonnement qui est contestable ou faux, c'est le principe sur lequel on l'a fondé et qui n'a pu communiquer au raisonnement la valeur qu'il n'avait pas. De plus, l'habitude de déduire dans les choses morales donne à l'esprit une merveilleuse facilité, une sûreté d'autant plus grande, que c'est tous les jours et pour ainsi dire à toute heure que ce travail s'accomplit. Si on avait dès l'origine eu besoin des autres sciences, comme on a sans cesse besoin de la morale, elles n'auraient pas langui dans une pénible enfance ; mais il est probable aussi que presque tous les esprits auraient eu de l'aptitude à les cultiver. Or il n'en est rien, et cette différence radicale nous explique pourquoi les principes de la science sont stériles pour le plus grand nombre, tandis que ceux de la morale sont féconds pour tous les hommes, quel que soit le degré de leur intelligence. En morale, connaître un principe, c'est tenir comme en abrégé toutes ses conséquences[1].

Il est vrai que rien ne remplace pratiquement l'influence de l'éducation, de la religion, de l'effort personnel, pour rendre les hommes vertueux. Mais cela ne prouve pas que l'étude des principes de la morale n'y puisse contribuer.

Platon exagérait lorsqu'il faisait de la vertu la science du bien, mais le fond de sa théorie a de la valeur. L'idée du devoir est déjà une force pour l'accomplir, et la science du bien est la condition nécessaire de la pratique du bien. « Bien penser, dit Pascal, est le principe de la morale. » C'est un fait que l'étude réfléchie des principes affermit les convictions morales et fortifie les bonnes dispositions. « Jamais ces principes ne nous apparaissent d'une beauté et d'une sainteté plus imposantes, dit Paul Janet, que lorsqu'on nous les fait embrasser dans leur application à tous les rangs, à toutes les relations, à toutes les affaires de la société humaine. »

En outre, il se rencontre parfois dans la vie des situations embarrassantes et délicates où « l'honnête, dit Cicéron, semble s'opposer à l'honnête, » où, comme on l'a souvent répété, il est plus difficile de savoir où est le devoir que de l'accomplir. Dans ce conflit des devoirs, dans ces cas douteux, on flotte incertain, anxieux, on consulte, on raisonne ; qui décidera ? Seule une conscience éclairée par des principes bien définis pourra le faire. « On est bon juge, dit Aristote, seulement de ce qu'on connaît bien. »

A ces considérations générales, ajoutons une considération particulière. La détermination des principes de la morale, la science morale, est de nos jours plus utile que jamais. L'erreur contemporaine, après s'être attaquée aux fondements métaphysiques de la morale, a dirigé ses coups contre les principes mêmes de la morale. Nous avons vu successivement s'ériger en

---

1. CHARAUX. — *Les principes de la philosophie morale.*

théories la morale indépendante, la morale comme histoire et physique des mœurs, la morale sans obligation ni sanction.

4. Méthode de la morale. — La morale est en elle-même une science rationnelle. Elle repose en dernière analyse sur quelques vérités nécessaires, sur quelques principes universels qui servent de base à ses démonstrations et d'où elle tire des règles pratiques et des prescriptions particulières. La part de la déduction est donc prépondérante en morale. L'expérience à elle seule ne peut fonder une morale, car si l'expérience nous apprend comment les hommes agissent, elle ne nous apprend pas comment ils doivent agir, ce qui est l'objet de la morale. Le pur empirisme serait absolument stérile en morale.

Est-ce à dire que l'expérience ne joue aucun rôle en morale ? Nullement. D'abord l'observation de la conscience fournit à la morale son point de départ. C'est par notre expérience individuelle, confirmée par l'expérience universelle, que nous constatons les faits de l'ordre moral à l'occasion desquels la raison s'élève à la conception des principes absolus qu'ils supposent. L'analyse de la conscience morale est la préface obligée de toute morale. De plus, avant de savoir ce que l'homme doit être, il faut savoir ce qu'il est, car la loi d'un être est conforme à sa nature. Si le moraliste n'observe point tout d'abord la nature humaine, il risque de construire une morale chimérique qui ne s'applique point à l'homme tel que nous le connaissons. L'idéal stoïcien est admirable ; qu'importe, s'il est impossible. La moralité prônée par Kant est pure de tout intérêt, même légitime. A quoi bon, s'il est douteux qu'il y eut jamais un seul acte absolument conforme à cette moralité. Le moraliste doit donc connaître notre cœur avec ses inclinations élevées et ses instincts grossiers, s'il veut développer les unes et réprimer les autres, s'il veut nous diriger vers un idéal humain. Aussi Socrate, dont la philosophie avait un but moral, lui donnait-il comme point de départ le « connais-toi toi-même. »

MORALE GÉNÉRALE

La morale générale a pour objet les conditions fondamentales, la nature et les conséquences de la moralité. C'est la science des principes sur lesquels doit reposer la direction de notre volonté. La question qui la domine est celle de la fin de la vie humaine, du souverain bien, comme disaient les anciens. Quel est ce souverain bien ? Quelle est cette fin qui doit être le terme, et par conséquent la loi de nos actions ? Est-ce le bonheur seul, plaisir ou intérêt ? Est-ce le bien sans le bonheur ? Est-ce tout à la fois le bien et le bonheur ? C'est à la lumière de la conscience morale consultée en nous et dans les autres qu'il faut chercher la réponse à cette question. Seule l'analyse de la conscience morale nous permettra de découvrir ce qu'on appelle les faits de l'ordre moral, de déterminer leurs caractères et d'en dégager l'idéal qui doit régler les actions humaines aussi bien que les conditions de sa recherche.

CHAPITRE I

CONDITIONS DE LA MORALITÉ

I. LA CONSCIENCE MORALE

1. Définition de la conscience morale. — 2. Analyse de la conscience morale : jugements et sentiments moraux. — 3. Autorité de la conscience morale. — 4. Éducation de la conscience morale. — 5. Existence de la loi morale. — 6. Caractères de la loi morale.

1. Définition de la conscience morale. — La conscience morale est la faculté de discerner le bien du mal. Elle diffère de la conscience psychologique. Celle-ci est l'intuition de ce qui se passe en notre âme, de nos sentiments, de nos pensées, de nos volitions et du principe spirituel dont ils sont les manifestations. Celle-là est l'appréciation de nos actes et des actes d'autrui ; non seulement elle conçoit la loi morale, mais elle l'applique. La première est un simple témoin ; la seconde est à la fois un guide et un juge, un guide qui nous trace la voie qu'il faut suivre, un juge qui nous condamne ou nous acquitte, qui nous punit ou nous récompense. La conscience morale, c'est la *raison pratique*. « La conscience est un fait incontestable, dit Kant ; quand on dit qu'un homme n'a pas de conscience, on veut dire qu'il ne tient aucun compte de ses arrêts, car s'il n'en avait réellement pas, il ne s'imputerait aucune action conforme au devoir, et ne s'en reprocherait aucune, comme lui étant contraire. Le manque de conscience n'est donc pas l'absence de conscience, mais un penchant à ne tenir aucun compte de son jugement. »

2. Analyse de la conscience morale : Jugements et sentiments moraux. — L'examen de la conscience morale découvre en elle des jugements et des sentiments qu'on appelle jugements et sentiments moraux.

Les jugements moraux précèdent ou suivent l'action. Lorsque nous sommes sur le point de prendre une résolution, avant de nous déterminer à agir, nous jugeons que l'action est bonne, et quelquefois que nous sommes obligés de l'accomplir, ou que l'action est mauvaise et que nous devons l'éviter. Nous portons ces jugements, abstraction faite des intérêts ou des passions qui nous sollicitent.

Après l'action librement accomplie, nous jugeons que nous avons bien ou mal agi et que nous sommes responsables. Si nous avons été fidèles à nos obligations et si nous avons accompli le bien, nous croyons avoir acquis un certain mérite qui appelle une récompense. Si nous avons été infidèles à nos obligations et si nous avons accompli le mal, nous croyons que nous avons démérité et que nous devons être punis. Si nous nous conformons habituellement au devoir et au bien, nous nous jugeons vertueux ; si nous avons l'habitude du mal, nous nous jugeons vicieux.

On le voit, avant l'action la conscience joue le rôle de guide et de législateur ; elle nous montre ce qui est bien et ce qui est mal, et elle nous prescrit ce qu'il faut faire ou éviter. Elle nous donne ainsi la notion du bien en soi ou de l'idéal moral, et celle du devoir. Après l'action, elle joue le rôle de juge ; elle nous impute ce que nous avons fait, elle l'approuve ou le condamne, elle en mesure la valeur en bien ou en mal et proclame la sanction méritée. Elle nous donne ainsi les notions de responsabilité, de bien moral et d'un rapport nécessaire entre la vertu et le bonheur, entre le vice et le malheur.

Ces jugements que la conscience porte avant et après les actions dont nous sommes les auteurs, elle les porte aussi avant et après les actions dont nous sommes les témoins. Nous apprécions la conduite de nos semblables comme nous apprécions la nôtre.

Ces jugements sont accompagnés de sentiments plus ou moins vifs, plus ou moins durables, selon les personnes et les circonstances, dont les uns précèdent et les autres suivent l'action.

Le premier sentiment qu'éprouve l'âme en présence du bien, c'est un sentiment de respect. Le respect est un mélange indéfinissable d'amour et de crainte. Nous ne pouvons concevoir le bien, l'idéal de notre nature, la beauté de cet idéal, sans être attiré vers lui, sans l'aimer. Mais en même temps qu'il produit en nous cet attrait, il nous domine par sa grandeur et sa perfection; nos penchants inférieurs sont contrariés, l'animalité qui est en chacun de nous subit une contrainte. De là, la complexité du sentiment du respect que Kant regarde comme le sentiment moral par excellence. Pour lui, le respect est le signe caractéristique du devoir; si nous respectons les personnes, c'est parce que nous respectons en elles le devoir. L'amour du bien a son pendant dans un sentiment de répugnance et d'aversion naturelle pour le mal.

Les sentiments moraux qui suivent l'action sont les sentiments connus sous le nom de satisfaction morale et de remords. Après avoir bien agi, on éprouve un sentiment de joie qui est la première récompense des actes de vertu; après avoir mal agi, on éprouve une souffrance qui est le premier châtiment de la faute. Le remords, comme l'indique le mot, est une sorte de morsure qui torture le cœur, après un acte coupable. Il peut se rencontrer chez ceux-là mêmes qui n'ont aucun regret d'avoir mal fait et qui sont prêts à mal faire de nouveau. Quand au remords s'ajoute le regret du mal et le ferme propos de ne plus le commettre, il devient le repentir.

Témoins des actions de nos semblables, nous éprouvons aussi certains sentiments qui constituent pour eux une sanction souvent efficace. C'est, suivant le cas, la sympathie, l'estime, l'admiration, l'enthousiasme, ou bien l'antipathie, le mépris, l'indignation, l'horreur.

3. Autorité de la conscience morale. — C'est la conscience morale qui nous révèle toujours en dernière analyse le bien et le devoir. C'est donc à elle qu'il appartient de nous donner des ordres et des défenses, et dans la pratique l'autorité de la conscience est décisive. Nous devons toujours agir suivant notre conscience.

On connaît sur l'autorité de la conscience les paroles fameuses de J.-J. Rousseau. « Il est au fond des âmes un principe inné de justice et de vertu sur lequel, malgré nos propres maximes, nous jugeons nos propres actions et celles d'autrui comme bonnes ou mauvaises, et c'est à ce principe que je donne le nom de conscience. Conscience, conscience, instinct divin, immortelle et céleste voix, guide assuré d'un être ignorant et borné, mais intelligent et libre, juge infaillible du bien et du mal, qui rend l'homme semblable à Dieu ; c'est toi qui fais l'excellence de sa nature et la moralité de ses actions ; sans toi je ne sens rien en moi qui m'élève au-dessus des bêtes, que le triste privilège de m'égarer d'erreurs en erreurs, à l'aide d'un entendement sans règles et d'une raison sans principes. »

4. **Degrés de la conscience.** — La conscience est bien une lumière divine qui « éclaire tout homme venant en ce monde. » Il y a en nous un sens et un instinct moral dans lequel nous trouvons un puissant auxiliaire pour la pratique du bien et la fuite du mal. C'est là un privilège incomparable qui met la nature humaine hors de pair avec la nature animale. Mais cette lumière divine peut s'obscurcir dans l'âme. L'instinct de la moralité peut perdre de sa force, et quoi qu'en dise Rousseau, la conscience n'est pas toujours infaillible ; il lui arrive de se tromper ; elle ne parle pas à tous le même langage, elle n'est pas toujours sûre d'elle-même. La conscience peut être droite, mais elle peut être aussi erronée, ignorante ou douteuse.

La conscience est droite quand elle a une vue claire, immédiate et certaine du bien et du mal. Lorsque les hommes ne sont pas aveuglés par les intérêts et les passions, ils distinguent sans peine le bien et le mal, dans les actions ordinaires de la vie.

La conscience est erronée quand elle prend le bien pour le mal et le mal pour le bien. L'erreur de la conscience peut provenir du sophisme, du préjugé ou de la passion. C'est le sophisme au service du fanatisme qui égara la conscience de Jacques Clément, de Ravaillac, de Charlotte Corday. Lorsque la conscience est erronée, c'est un devoir de l'éclairer.

La conscience est ignorante quand elle ne peut pas juger et discerner le bien du mal, faute de lumières et d'instruction. Telle est la conscience des enfants, telle est souvent aussi la conscience des sauvages.

La conscience est douteuse ou perplexe quand elle hésite entre plusieurs devoirs, quand elle n'a pas plus de motifs pour choisir un parti plutôt qu'un autre. Il est rare que la conscience se trouve ainsi, après réflexion, dans cet état de doute absolu où les raisons se valent des deux côtés. Le plus souvent la conscience penche d'un côté plutôt que de l'autre, c'est la conscience probable ; et à défaut de certitude, la règle la plus générale à suivre, c'est de choisir le parti le plus probable.

5. Éducation de la conscience morale. — Puisque la conscience est faillible et sujette au doute, comme on est tenu d'ailleurs de lui obéir, c'est un devoir pour chaque homme de perfectionner sa conscience et de la rendre aussi droite que possible. Il y a une éducation de la conscience qui se fait d'abord dans la famille, qui se fait ensuite et surtout par la bonne volonté et par un constant attachement au devoir. L'homme qui a l'habitude du bien ne se laisse pas duper par les sophismes du cœur, qui sont les plus redoutables dans la vie morale. C'est l'intérêt ou la passion qui émousse le plus souvent le sens moral et lui fait perdre sa délicatesse. « Si la géométrie, dit Leibnitz, s'opposait autant à nos passions et à nos intérêts présents que la morale, nous ne la contesterions et la violerions guère moins, malgré toutes les démonstrations d'Euclide ou d'Archimède qu'on traiterait de rêveries et croirait pleines de paralogismes. » Ce qui manque le plus souvent en morale, c'est l'énergie qui aide à former les convictions et les résolutions généreuses. L'éducation de la conscience est sans doute l'œuvre de l'intelligence, mais elle est plus encore l'œuvre de la volonté et des bonnes habitudes « *qui facit veritatem, venit ad lucem.* »

6. Existence de la loi morale. — L'existence de la loi morale est exigée par la raison et prouvée par le témoignage de la conscience.

La loi morale est exigée par la raison. Nous ne pourrions pas comprendre, en effet, l'être intelligent et libre sans une loi qui règle ses actions. « Tous les êtres ont leurs lois, dit Montesquieu ; la divinité a ses lois, le monde matériel a ses lois, les intelligences supérieures à l'homme ont leurs lois, les bêtes ont leurs lois, l'homme a ses lois. » Dieu n'a pu créer l'homme même avec la liberté sans lui assigner une fin conforme à sa nature, et sans lui donner une loi qui l'y conduise.

La loi morale exigée par la raison est affirmée par le témoignage de la conscience individuelle. L'existence de la loi morale ressort de l'analyse que nous avons faite des phénomènes de la conscience morale. Si la loi morale n'existait pas, les jugements moraux et les sentiments moraux seraient inexplicables. Sans la loi morale, l'obligation, la responsabilité, le mérite et le démérite, les joies de la conscience et le remords, l'estime et le mépris n'ont plus de raison d'être. Supprimez la loi morale, la conscience morale n'a pas de sens. Ceux-là mêmes qui dans leurs paroles ou leurs écrits traitent la moralité de préjugé ne laissent pas de montrer souvent qu'au fond de leurs âmes ils y croient. Il y a des vices dont ils se défendent, il y a des vertus dont ils se font un mérite, ils prétendent à l'estime des autres, ils craignent leur mépris, ils protestent de leurs bonnes intentions sans prendre garde que s'ils étaient conséquents avec eux-mêmes ces mots n'auraient pour eux aucun sens.

La conscience universelle, le sens commun moral confirme le témoignage de la conscience individuelle. Partout on a cru que la volonté humaine ne relève point de ses seuls caprices, et qu'elle est gouvernée par une loi. Partout et toujours on a reconnu l'opposition du bien et du mal, on a distingué des actes bons que l'homme doit accomplir et des actes mauvais dont il doit s'abstenir. Toutes les langues ont des mots différents pour exprimer le bien et le mal, la vertu et le vice. Chez tous les peuples on rencontre des institutions, des tribunaux, des codes, des systèmes de récompenses et de châtiments qui supposent la croyance à la loi morale. L'histoire s'érige elle-même en tribunal où sont jugés, approuvés ou condamnés les actes de la vie passée de l'humanité. Les sociétés elles-mêmes ne seraient pas possibles sans la loi morale, qui seule donne une autorité suffisante aux lois humaines. « Jetez les yeux, dit Rousseau, sur toutes les nations du monde, parcourez toutes les histoires, parmi tant de cultes inhumains et barbares, parmi cette prodigieuse diversité de mœurs et de caractères, vous trouverez les mêmes idées de justice et d'honnêteté, partout les mêmes notions du bien et du mal. »

7. Caractères de la loi morale. — « Il est, dit Cicéron, une loi véritable ; la droite raison conforme à la nature, commune à tous les hommes, immuable, éternelle, qui nous défend l'injustice, que l'homme de bien observe... Cette loi ne saurait être contredite par une autre, ni rapportée en quelques parties, ni abrogée tout entière. Ni le peuple, ni les magistrats ne peuvent nous délier de l'obéissance à cette loi, elle n'a pas besoin d'un nouvel interprète ou d'un organe nouveau, elle n'est pas autre dans Rome, autre dans Athènes, elle n'est pas différente aujourd'hui de ce qu'elle sera demain. Universelle, inflexible, toujours la même, elle embrasse toutes les nations et tous les siècles. Par cette loi Dieu enseigne et gouverne souverainement tous les hommes; lui seul en est le père, l'arbitre et le vengeur. Nul ne peut la méconnaître, sans se fuir lui-même, sans renier sa nature[1]. »

Ce passage de Cicéron résume les principaux caractères de la loi morale. Elle est universelle, absolue, obligatoire, claire et pratique.

La loi morale est *universelle*. Les lois civiles sont restreintes à un temps, à un pays, la loi morale s'adresse aux hommes de tous les temps et de tous les pays et elle s'applique à eux de la même manière, dans les mêmes circonstances. Cette universalité de la loi morale repose sur l'identité de la nature humaine, qui est la même dans ses caractères essentiels chez tous les hommes. Kant en a déduit une règle, pour reconnaître si une action est ou n'est pas conforme au devoir.

« Agis toujours, dit-il, d'après une maxime telle que tu puisses vouloir qu'elle soit une loi universelle.

« Remarquons, ajoute-t-il, ce qui se passe en nous chaque fois que nous transgressons un devoir. Nous ne voulons pas faire de notre maxime une loi universelle, car cela nous est impossible; nous voulons bien plutôt que le contraire de cette maxime reste une loi universelle, seulement nous prenons la liberté d'y faire une exception en notre faveur ou en faveur de nos penchants[2]. »

La loi morale est *absolue*, c'est-à-dire qu'elle commande sans conditions. Elle n'est subordonnée ni aux plaisirs ni aux intérêts, ni aux désirs ni aux passions. Ce n'est pas un impératif hypothétique, c'est un impératif catégorique. Les ordres du devoir se distinguent des règles ou des conseils de la prudence intéressée. Ces règles et ces conseils ne sont que des moyens pour atteindre autre chose comme fin, la loi morale est une fin, elle doit être obéie par respect pour elle-même; c'est ce qu'exprime le proverbe : Fais ce que dois, advienne que pourra.

« Les règles de l'intérêt ou maximes de la prudence, dit Kant,

---

1. *Traité de la République*, I. III, 22.
2. KANT. — *Fondements de la métaphysique des mœurs*.

représentent la nécessité pratique d'une certaine action comme moyen, pour quelque autre chose qu'on désire. Les règles de la loi morale, au contraire, représentent une action comme étant par elle-même et indépendamment de tout autre but, absolument nécessaire. Dans le premier cas l'action n'est que relativement bonne, bonne eu égard à l'objet désiré. Dans le second cas l'action est absolument bonne, bonne en soi[1]. »

La loi morale est *obligatoire*, c'est-à-dire qu'elle commande à l'homme sans contraindre sa liberté. Les lois mathématiques et les lois physiques sont nécessitantes; les êtres qu'elles régissent les subissent sans pouvoir s'y soustraire. C'est nécessairement que deux et deux font quatre, c'est nécessairement que l'eau entre en ébullition à cent degrés. L'homme est soumis dans un grand nombre de ses actions à cette détermination fatale, d'abord dans toutes les fonctions de nutrition : respiration, digestion, circulation, sécrétion; ensuite dans les fonctions de la vie de relation qui échappent aux regards de la conscience et au pouvoir de la volonté, par exemple dans les actions réflexes. Mais les actes vraiment humains, les actes propres de l'homme, les actes réfléchis et voulus sont soustraits par leur nature aux lois fatales. La loi qui les régit s'impose à l'homme avec autorité sans porter atteinte à sa liberté, elle lui commande en le laissant capable de résister à ses ordres, elle oblige sans forcer les actes. « L'obligation est une nécessité morale, elle n'a pas d'esclaves, les volontés sur lesquelles elle règne, en lui obéissant font acte de liberté. »

La loi morale est *claire* et *possible*. Elle ne serait pas universelle si elle manquait de clarté; toutefois cette clarté ne doit s'entendre que des principes, des règles générales et des applications les plus simples et non des applications complexes et difficiles. Elle ne pourrait être obligatoire si elle n'était pas possible car « à l'impossible nul n'est tenu », mais il ne faudrait pas en conclure que la loi morale ne doit rencontrer aucun obstacle, n'exige aucun effort. Il suffit pour que la loi morale soit possible qu'elle ne dépasse pas les forces de l'homme, que l'homme puisse l'observer avec tous les moyens et toutes les ressources dont il dispose.

1. KANT. — *Fondements de la métaphysique des mœurs*.

II. LA LIBERTÉ

1. Analyse de l'acte volontaire. — La délibération. — La détermination. — L'exécution. — 2. Différents sens du mot liberté. — 3. Preuves du libre arbitre. — *A* Preuve tirée du témoignage de la conscience. — Objections. — *B*. Preuves morales. — *C*. Preuves sociales. — 4. Le déterminisme. — *A*. Le déterminisme scientifique. — *B*. Le déterminisme psychologique. — *C*. Le déterminisme métaphysique.

Pour que l'homme ait la responsabilité de ses actes, il ne suffit pas qu'il soit soumis à une loi et qu'il la connaisse, il faut qu'il puisse lui obéir. L'être libre seul est responsable. La liberté est un attribut de la volonté humaine, et pour la bien comprendre il est nécessaire de faire d'abord l'analyse de l'acte volontaire.

1. Analyse de l'acte volontaire. — L'acte volontaire est tout entier dans une détermination, dans une résolution dont nous prenons l'initiative. Mais une résolution se produit généralement dans un ensemble complexe de faits qui la précèdent, l'accompagnent ou la suivent et dont il importe de la distinguer. Prenons un exemple. Un ami m'a confié en dépôt une somme d'argent, il meurt subitement, ses héritiers ignorent, et personne d'ailleurs ne sait, que je détiens une partie de l'héritage ; de plus je suis dans la misère. Si j'écoute ma conscience, elle me dit qu'il faut rendre le dépôt à qui de droit, si j'écoute ma misère et peut-être celle d'êtres qui me tiennent à cœur, je suis vivement tenté de conserver le dépôt. Un instant j'hésite, mais bientôt la voix de la conscience l'emporte, je juge que je dois rendre aussitôt le dépôt, je me décide à le faire et je le fais. Si nous analysons cet exemple ou un autre exemple analogue, nous y trouvons trois phases successives : la délibération, la détermination, l'exécution.

1) La délibération. La délibération suppose d'abord la conception d'un certain acte ou plutôt de deux actes contraires, de deux alternatives entre lesquelles il faut choisir. Conserverai-je le dépôt ou le rendrai-je? L'advertance est une condition nécessaire de l'acte volontaire, *nil volitum nisi præcognitum*. Pour qu'un acte soit vraiment voulu, il faut qu'il soit connu. Faute d'advertance une action mauvaise en elle-même peut ne pas être imputable à son auteur, par exemple dans le cas d'ignorance invincible.

La délibération suppose ensuite la conception des motifs pour ou contre les actes qui en sont l'objet. Les motifs sont des raisons d'agir ou de ne pas agir. Il y en a de deux sortes : les motifs d'ordre sensible qu'on appelle mobiles, par exemple l'affection que je porte aux miens, et les motifs d'ordre intellectuel ou motifs proprement dits, par exemple l'idée du devoir. Motifs et mobiles agissent sur la volonté sans la contraindre. Pour qu'un acte soit vraiment voulu il faut qu'on ait une certaine connaissance des motifs. La valeur d'un acte dépend non seulement de la nature même de l'acte mais de l'intention.

En présence de motifs opposés l'esprit les examine et les compare. C'est la délibération, qu'on peut définir : l'acte par lequel l'esprit apprécie les motifs d'action. La délibération peut durer un temps plus ou moins long. Quelquefois elle se fait avec une rapidité qui donne à l'acte volontaire l'apparence de la spontanéité. Quoi qu'il en soit, plus un acte est délibéré, plus il est volontaire.

La délibération a pour conséquence un jugement. Après avoir examiné les motifs d'action, l'esprit juge que tel ou tel d'entre eux a plus de valeur et doit l'emporter sur les autres. Dans l'exemple donné, il juge qu'il faut obéir au devoir et rendre le dépôt.

Tout ce qui précède : la conception de l'acte et des motifs, la délibération, le jugement, se rapporte à l'intelligence. Cela ne veut pas dire que la volonté ne joue aucun rôle dans la délibération. Elle intervient sous la forme de l'attention. Il y a de la volonté, dans l'examen comparatif des différents motifs d'action. Et en général la volonté, sans se confondre avec les opérations de l'intelligence, en est une condition nécessaire.

2) *La détermination.* — La détermination, qui peut s'appeler aussi décision, résolution, volition, n'est l'œuvre ni de la sensibilité, ni de l'intelligence, c'est l'acte propre de la volonté. Se déterminer, ce n'est pas juger. Le jugement qui précède la détermination ne la constitue pas ; je puis juger qu'il faut rendre le dépôt qui m'a été confié et ne pas m'y décider. Se déterminer, ce n'est pas désirer. La volonté entre souvent en conflit avec le désir ; que de fois l'homme vertueux veut contre

ses désirs ! et l'acquiescement même de la volonté au désir n'est plus le désir. Qu'est-ce donc que se déterminer ? Il est impossible de le définir, car on ne définit pas ce qui est simple. D'ailleurs nous savons tous par notre expérience ce qu'il faut entendre par une détermination. Quand nous voulons, nous avons conscience d'une activité dont nous avons l'initiative et qu'aucune puissance ne peut nous empêcher d'exercer au fond intime de nous-mêmes.

3) L'exécution. — La détermination se produit lorsqu'après délibération on prononce intérieurement les mots : je veux. Dans les cas ordinaires, l'exécution suit la détermination et la traduit extérieurement. Mais il n'est pas nécessaire, pour qu'il y ait acte volontaire, que la détermination se réalise au dehors. Cette réalisation peut dépendre de circonstances dont nous ne sommes pas les maîtres. Quelqu'un veut se dévouer jusqu'à la mort pour sauver autrui, mais un obstacle vient subitement rendre l'exécution de son projet impossible. L'acte volontaire a été complet et son auteur en a tout le mérite. Toutefois, l'acte volontaire suppose toujours un effort, une sorte de mouvement intérieur qui prépare et commence l'exécution. C'est par cet effort qui ne dépend que d'elle que s'affirme la volonté.

Telle est l'analyse de l'acte volontaire dans toutes les circonstances qui l'accompagnent. Mais il faut bien remarquer que l'ensemble de ces circonstances n'exige pour se produire qu'un temps très court. Dans certains cas la détermination peut être si rapide, qu'entre la conception de l'acte et son exécution, il n'y a pas d'intervalle mesurable pour les témoins ; tel serait le cas d'un soldat assailli subitement par l'ennemi et mourant en héros. Mais l'auteur même de l'acte a pu d'un seul coup d'œil embrasser la situation avec assez de liberté pour que sa décision soit méritoire. En outre, les décisions soudaines peuvent s'expliquer par l'énergie de la volonté et par l'habitude. Les natures lâches, les caractères égoïstes en sont incapables, mais les natures généreuses, les caractères désintéressés y sont portés comme d'instinct. C'est une erreur de croire que les circonstances seules font les hommes, et que ceux-ci peuvent devenir tout d'un coup des héros. Les circonstances révèlent surtout les hommes, et pour qu'ils deviennent des héros lorsque l'occasion leur sera offerte, il faut qu'ils se soient fait d'avance une âme de héros par la pratique des efforts et des sacrifices que suppose la vertu.

2. Différents sens du mot liberté. — Un des attributs essentiels de la volonté est la liberté. Mais le mot de liberté est employé dans des sens bien différents, et il importe, pour ne pas donner lieu à l'équivoque, de préciser ce qu'on entend dire, quand on dit que la volonté est libre.

Il ne s'agit pas ici de ce qu'on appelle quelquefois des libertés naturelles, c'est-à-dire des droits que l'homme tient de sa nature, tels que le droit de propriété, le droit de fonder une famille.

Il ne s'agit pas de la liberté physique, c'est-à-dire du pouvoir extérieur d'agir sans obstacle ni contrainte. Un paralytique n'a pas la liberté physique, et cependant sa volonté est libre, un fou peut l'avoir, et cependant sa volonté n'est pas libre.

Il ne s'agit ni de la liberté civile, c'est-à-dire du pouvoir de disposer de sa personne et de ses biens dans les limites des lois, ni de la liberté politique, c'est-à-dire du pouvoir de prendre part à la formation et à l'action du gouvernement. Ces libertés qui sont la consécration ou la garantie des libertés naturelles, peuvent faire défaut sans que la liberté de la volonté soit atteinte.

Il ne s'agit pas de la liberté de perfection identique à la vertu et qui s'oppose à l'esclavage du vice. L'homme vertueux est libre et maître de lui-même ; l'homme vicieux ne s'appartient pas, il est esclave des passions qui le dominent. La liberté de perfection est un idéal que chacun de nous doit s'efforcer de réaliser, c'est le but vers lequel nous devons tendre.

La liberté, en tant qu'attribut de la volonté, est une liberté de choix ; c'est le libre arbitre, que nous définissons : le pouvoir qu'a la volonté de se déterminer par son propre choix entre plusieurs partis, sans y être contraint ni par une force intérieure ni par une force extérieure.

3. Preuves du libre arbitre. — Les preuves du libre arbitre sont tirées du témoignage de la conscience et des faits de l'ordre moral et de l'ordre social.

A. *Preuve tirée du témoignage de la conscience.* — « Que chacun de nous s'écoute et se consulte soi-même, dit Bossuet, il sentira qu'il est libre, comme il sentira qu'il est raisonnable...

En effet, nous mettons une grande différence entre la volonté d'être heureux et la volonté d'aller à la promenade. De même nous délibérons et nous consultons en nous-mêmes si nous irons à la promenade ou non, et nous résolvons, comme il nous plaît, ou l'un ou l'autre ; mais nous ne mettons jamais en délibération si nous voulons être heureux ou non, ce qui montre que, comme nous sentons que nous sommes nécessairement déterminés par notre nature à désirer d'être heureux, nous sentons aussi que nous sommes libres à choisir les moyens de l'être [1]. »

Lorsque je me détermine, j'ai conscience d'un acte qui m'est propre et dont je suis la cause, j'ai conscience que je puis choisir entre la détermination que je prends et une détermination opposée ; j'ai conscience que je puis même ne prendre aucune détermination. Reprenons l'exemple que nous avons employé dans l'analyse de l'acte volontaire. Lorsque je me détermine à rendre le dépôt qui m'a été confié, j'ai conscience que je pourrais me déterminer à ne pas le rendre et que je pourrais remettre ma détermination à un autre jour. Ajoutons que plus l'acte accompli exige d'effort, plus il révèle à l'esprit sa liberté.

Lorsque je délibérais avant ma détermination, j'avais déjà conscience que je pouvais choisir entre l'un et l'autre parti en présence ; je n'attendais pas, spectateur passif et impuissant, que le conflit se dénouât par le triomphe de l'un ou de l'autre ; j'avais conscience que de moi seul dépendait en définitive ma résolution. Pourquoi d'ailleurs aurais-je délibéré si je n'y pouvais rien ? « Qui délibère, dit Bossuet, sent qu'il est libre ; on ne se consulte pas sur les choses nécessaires, par exemple si l'on doit mourir un jour. »

Lorsqu'après m'être déterminé je réalise ma détermination, j'ai encore conscience que j'ai pris librement cette détermination, que j'aurais pu en prendre librement une autre. L'acte que j'accomplis, je le considère comme la conséquence d'une résolution dont je suis le véritable auteur, la seule et unique cause.

Ainsi j'ai conscience d'un acte libre dans ma détermination, j'ai conscience d'un pouvoir libre avant, pendant et après ma

---

1. Bossuet. — *Traité du libre arbitre*, ii.

détermination. Voilà le fait attesté avec une évidence qui faisait dire à Descartes : « Nous sommes tellement assurés de notre liberté morale, qu'il n'y a rien que nous connaissions plus clairement, » et à Bossuet : « Tout homme qui n'a pas l'esprit gâté, n'a pas besoin qu'on lui prouve son franc arbitre, car il le sent, et il ne sent pas plus clairement qu'il voit, ou qu'il oit, ou qu'il raisonne, qu'il se sent capable de délibérer et de choisir. »

Objections. — 1) Hobbes et Stuart Mill contestent que l'homme ait le sens intime de son libre arbitre ; à leurs yeux, le libre arbitre ne peut pas être objet de conscience. « Avoir conscience de son libre arbitre, dit Stuart Mill, signifie avoir conscience avant d'avoir choisi, d'avoir pu choisir autrement. Or la conscience me dit simplement ce que je fais ou ce que je sens, non ce que je suis capable de faire. La conscience n'est pas prophétique. Nous avons conscience de ce qui est, non de ce qui sera ou de ce qui peut être[1]. »

On répond à cette objection en distinguant le pouvoir du simple possible. Nous n'avons conscience que de ce qui est actuellement, et le possible n'étant pas actuellement, nous ne pouvons en avoir conscience. Mais avoir conscience du libre arbitre, c'est avoir conscience d'un pouvoir. Or le pouvoir est dans notre âme quelque chose de réel et d'actuel, il peut donc être objet de conscience. Lorsque je prends une détermination, je n'ai pas conscience de la détermination contraire à celle que je prends, mais du pouvoir de prendre cette détermination contraire. Et c'est du sentiment de ce pouvoir que naît chez moi la croyance à la possibilité de la détermination contraire.

2) Hobbes, Spinoza, Leibnitz et Bayle soutiennent que le sentiment du libre arbitre n'est qu'une illusion qui s'explique par l'ignorance des causes ou des motifs qui agissent sur notre volonté. Cette illusion est d'autant plus facile qu'elle flatte notre amour-propre. Nous ressemblons, selon Bayle, à une girouette douée de conscience, qui croirait se mouvoir elle-même dans la direction qu'elle désire, dans celle du Nord par exemple, parce qu'elle ne sentirait pas l'action du vent qui la pousse. « Une toupie fouettée par des enfants, dit Hobbes, si elle avait conscience de son mouvement, croirait que ce mouvement procède

---

[1]. STUART MILL. — *Examen de la philosophie de Hamilton*, XXVI.

de sa volonté, à moins qu'elle ne sentit qui la fouette. Ainsi fait l'homme dans ses actions, parce qu'il ne sent pas les fouets qui déterminent sa volonté. » Au lieu de cette comparaison, Leibnitz emploie celle d'une aiguille aimantée qui croirait se diriger librement vers le pôle, ignorant la force magnétique qui l'entraîne malgré elle.

Remarquons d'abord qu'il y a dans ces exemples une confusion entre le pouvoir de se déterminer et celui d'exécuter sa détermination. Le premier seul est libre, le second dépend des circonstances. Peu importe que la girouette tourne réellement vers le Nord, la question n'est pas là. Il s'agit de savoir si au moment où le vent la pousse du côté du Nord, elle peut se déterminer à tourner du côté opposé, et faire dans ce sens un effort intérieur, inefficace peut-être, mais suffisant pour prouver son libre arbitre. Or telle est notre volonté. Elle se croit libre parce qu'elle a le sentiment intérieur du pouvoir de se déterminer, par son propre choix, entre plusieurs partis.

Ensuite l'explication qu'on propose est contraire aux faits. S'il était vrai que notre croyance ou libre arbitre vînt de l'ignorance des causes ou des motifs qui agissent sur notre volonté, la croyance au libre arbitre, dans nos diverses déterminations, serait en raison inverse de la connaissance de ces motifs et de ces causes. Plus cette connaissance serait grande, moins nous croirions à notre libre arbitre. Plus elle serait faible, plus nous croirions à notre libre arbitre. Quand elle serait nulle, dans le cas de l'ignorance absolue de nos motifs d'action, nous serions pleinement convaincus de notre libre arbitre. Mais il n'en est rien. Moins nous avons conscience de nos motifs d'action, moins nous nous croyons libres, et nous cherchons une excuse dans l'ignorance de ces motifs, persuadés que cette ignorance diminue notre liberté et notre responsabilité. Plus notre délibération a été réfléchie, plus notre liberté s'affirme; un acte prémédité est jugé plus libre qu'un acte sans préméditation; on n'hésite pas à se l'attribuer, à en assumer toute la responsabilité.

Est-ce à dire que l'illusion de la liberté ne puisse se produire dans certains cas particuliers? Nullement. Le fou, le rêveur, l'homme ivre, l'hypnotisé se croient libres et ils ne le sont pas. Mais ce n'est pas aux cas anormaux ou morbides qu'il faut demander la vérité sur l'âme humaine. D'ailleurs le fou, le rêveur, l'homme ivre, l'hypnotisé pourraient-ils se croire libres s'ils ne l'avaient jamais été? Descartes voyait dans l'idée même que nous avons de notre liberté une preuve de son existence. Si nous n'étions pas vraiment libres, d'où nous serait venue cette idée qui est absolument opposée à ce que nous constatons dans la nature physique, où tout est régi par des lois fatales?

B. *Preuves morales.* — Les principes et les faits de l'ordre moral supposent tous que nous sommes libres de choisir entre le bien et le mal. Il faut donc nier toute la morale, ou reconnaître l'existence en nous du libre arbitre.

La morale tout entière repose sur l'idée du devoir, sur l'idée de l'obligation de faire le bien et d'éviter le mal. Mais le devoir implique le pouvoir, « je dois, donc je puis, » car si l'homme n'était pas libre, la loi qui lui commande certains actes et qui lui en défend d'autres serait inutile ou absurde; inutile si l'homme accomplit nécessairement la loi morale, absurde s'il la viole nécessairement. « A l'impossible nul n'est tenu. »

La responsabilité, le mérite et le démérite, la vertu et le vice, le respect, l'estime et le mépris, les joies de la conscience et le remords ont pour condition nécessaire le libre arbitre. Nous ne sommes responsables que des actes dont nous sommes la cause libre. Si l'homme n'est pas libre, il n'a pas plus de mérite ou de vertu que la fleur qui exhale son parfum ou que l'arbre qui porte de bons fruits, il n'a pas plus de démérite ou de vice que l'arsenic qui empoisonne, ou que le loup qui dévore l'agneau. Si nos actes sont régis par une inflexible nécessité, le respect, l'estime et le mépris sont des contre-sens. Respectons-nous, estimons-nous un homme qui fait le bien malgré lui? Méprisons-nous un homme qui fait le mal sans le vouloir? Lorsqu'après une mauvaise action nous éprouvons du remords, ce sentiment vient de la pensée que nous pouvions, si nous l'avions voulu, nous abstenir de cette mauvaise action. De même, la satisfaction de la conscience n'a sa raison d'être après une bonne action, que si l'on pouvait ne pas faire le bien qu'on a fait. Le libre arbitre, comme l'a bien montré Kant, est indispensable à la morale. La moralité et le libre arbitre sont connexes.

C. *Preuves sociales.* — Un grand nombre de faits de l'ordre social et la plupart des institutions jugées nécessaires au maintion des sociétés supposent la croyance ou libre arbitre. Les récompenses et les peines édictées par les lois positives en particulier ne se comprennent pas sans le libre arbitre. Leibnitz prétend écarter cette preuve par une théorie de la peine, qu'ont reprise de nos jours les déterministes.

1) La peine, disent-ils, est un moyen de défense pour la société. « Il faut convenir qu'il est permis de tuer un furieux quand on ne peut s'en défendre autrement. On avouera aussi qu'il est permis, souvent même nécessaire, de détruire des animaux venimeux et nuisibles, quoiqu'ils ne soient pas tels par leur faute. »

2) La peine est un moyen de correction. « On inflige des peines à une bête, quoique destituée de raison et de liberté, quand on juge que cela peut servir à la corriger. C'est ainsi qu'on punit les chiens et les chevaux, et cela avec beaucoup de succès. »

3) La peine est un moyen d'intimidation par l'exemple. « On infligerait encore aux bêtes la peine capitale, si cette peine pouvait servir d'exemple. Rorarius dit qu'on crucifiait les lions en Afrique pour éloigner les autres lions, et qu'il avait remarqué, en passant par le pays de Tolède, qu'on y pendait des loups pour mieux assurer les bergeries. Et ces procédures seraient bien fondées si elles servaient. »

« Donc, conclut Leibnitz, puisqu'il est sûr et expérimenté que la crainte des châtiments et l'espérance des récompenses sert à faire s'abstenir les hommes du mal et les oblige à tâcher de bien faire, on aurait raison et droit de s'en servir, quand même les hommes agiraient nécessairement[1]. »

Cette théorie de la peine ne prouve qu'une chose, c'est que la peine pourrait être utile, même si l'homme n'était pas libre. Mais elle dénature l'idée de la peine, comme celle de la récompense, car ces deux idées sont inséparables de l'idée de justice. Une peine n'est vraiment une peine que si elle est méritée, et une récompense imméritée n'est plus une récompense. « La peine, dit Kant, doit se justifier tout entière, indépendamment de toutes ses conséquences, par des considérations tirées de la conduite de celui qui la subit... La punition, comme telle, doit

---

1. LEIBNITZ. — *Théodicée*, 1re partie, § 63.

être juste par elle-même, c'est-à-dire que celui qu'on punit doit avouer qu'il a mérité sa punition et que son sort est parfaitement approprié à sa conduite. » L'intérêt même général ne peut absoudre à lui seul aucune mesure pénale, et l'exercice de la justice humaine, en dehors de toute considération relative à la responsabilité, et par conséquent au libre arbitre des personnes, ne serait plus que l'exercice du droit du plus fort.

4. Le déterminisme. — Ainsi, le libre arbitre est attesté par la conscience psychologique, la morale l'exige rigoureusement et la justice sociale le suppose. Il semble donc qu'aucune vérité ne soit plus évidente, et cependant aucune n'a été plus souvent et plus habilement combattue. Des adversaires se sont élevés contre elle au nom de la science, de la psychologie et de la métaphysique. On peut donc grouper sous trois catégories les arguments par lesquels on a contesté le libre arbite. Le fatalisme ou déterminisme est le nom commun de toutes les doctrines contraires au libre arbitre. Nous confirmerons les preuves du libre arbitre par la réfutation des trois formes principales du déterminisme : le déterminisme scientifique, le déterminisme psychologique, le déterminisme métaphysique.

A. *Le déterminisme scientifique.* — Les déterministes modernes se placent surtout sur le terrain de la science. Ils prétendent que la thèse déterministe, ou thèse de la nécessité, est la seule qui puisse s'accorder avec les résultats incontestés de la science positive. Ils invoquent tour à tour contre le libre arbitre la statistique et la loi de la conservation de la force.

Les actes qui passent pour être libres, disent les déterministes, obéissent à des lois constantes. La statistique établit que le nombre des suicides, des meurtres, des vols, des crimes de toute espèce, aussi bien que celui des mariages ou des divorces est à peu près le même dans un même pays pour une période de temps déterminée, par exemple pour une année. Si le libre arbitre existait ce nombre différerait d'années en années et les prévisions qu'on tire des statistiques seraient sans cesse contredites.

Nous pouvons répondre que les lois de la statistique ne sont pas rigoureusement exactes, elles ne donnent que des approximations. La statistique n'est pas infaillible, et il y a dans les faits qu'elle prétend soumettre à une régularité indéfectible des circonstances bien différentes qui échappent à toute détermination et à toute prévision. Par exemple est-ce que tous les meurtres se ressemblent? Est-ce tous les ans, au même lieu, au même moment, de la même manière qu'ils s'accomplissent? Dans cette indétermination de circonstances il y a assez de place pour le libre arbitre.

De plus supposons que les moyennes soient exactes, et qu'on puisse prévoir à coup sûr le nombre et les circonstances des faits, cela ne prouve rien contre le libre arbitre. En effet, s'agit-il d'un crime, « si le crime est déterminé, le criminel l'est-il ? Il y a un criminel sur mille habitants. Le un sur mille est un criminel idéal, que la statistique laisse indéterminé, pourquoi ne serait-ce pas lui-même qui se détermine ? Les neuf cent quatre-vingt dix-neuf innocents sont également indéterminés, pourquoi ne serait-ce pas leur libre arbitre qui les détermine à rester honnêtes[1]. »

En somme les résultats de la statistique qui sont l'expression de ce qu'on appelle quelquefois la loi des grands nombres, ne régissent que le collectif et non le particulier, et il est souvent très dangereux de se régler sur ces résultats. « Le médecin, dit Claude Bernard, n'a que faire de ce qu'on appelle la loi des grands nombres, loi qui suivant l'expression d'un grand mathématicien est toujours vraie en général et fausse en particulier, ce qui veut dire que la loi des grands nombres n'apprend jamais rien pour un cas particulier. »

Une des lois les plus générales et les plus incontestées de la science positive contemporaine, disent encore les déterministes, est la loi de la conservation de la force, et elle entraîne comme conséquence l'existence de la nécessité universelle. Affirmer le libre arbitre, c'est donc ruiner du même coup l'édifice de la science. « Le principe de la conservation de l'énergie, dit Dubois-Raymond, signifie que la force ne se produit et ne se détruit pas plus que la matière. L'état du monde entier, y compris celui d'un cerveau quelconque, est à chaque instant le résultat mécanique absolu de son état précédent et la cause mécanique absolue de son état dans l'instant suivant. On ne saurait admettre que deux événements ni deux pensées soient également

---

1. FONSEGRIVE : *Essai sur le libre arbitre.*

possibles dans un temps donné ; les molécules cérébrales ne peuvent se disposer que d'une seule manière comme les dés ne peuvent tomber que d'une manière dès qu'ils sont sortis du cornet. Une molécule quittant sa place ou sortant de sa route sans raison suffisante, serait un aussi grand miracle que si Jupiter sortant de sa voie elliptique jetait la perturbation dans le système planétaire. Dès lors si nos déterminations volontaires sont des phénomènes qui accompagnent nécessairement, quoique d'une manière incompréhensible, les mouvements et les dispositions de notre substance cérébrale... il est évident qu'il n'y a pas de libre arbitre... Le monde est une machine, et dans une machine il n'y a pas de place pour la liberté. »

Admettons avec beaucoup de psychologues contemporains ce que suppose d'abord cette argumentation : qu'il y a une corrélation constante entre les états de l'esprit et les mouvements de la substance cérébrale. Admettons en outre la valeur rigoureusement scientifique de la loi de la conservation de l'énergie. Ce n'en est pas moins un sophisme d'en conclure l'impossibilité du libre arbitre, car on passe indûment d'un genre à un autre. La loi de la conservation de l'énergie rend compte des phénomènes physiques et mécaniques. Dans le monde inorganique rien ne se perd et rien ne se crée, les forces se transforment les unes dans les autres, la quantité de force totale reste constante. En est-il de même dans le domaine de la biologie ? Cela n'est pas prouvé et ne le sera probablement jamais. Mais transporter au monde de la pensée elle-même, aux forces mentales, une loi qui régit les forces matérielles, c'est sans aucun doute une hypothèse gratuite que rien absolument ne justifie. Les phénomènes physiques ou physiologiques et les phénomènes psychologiques sont irréductibles les uns aux autres ; l'esprit est d'une nature tout autre que le corps. Affirmer que ce qui est vrai de l'un s'applique à l'autre c'est dépasser les données de l'observation et substituer à l'esprit scientifique l'esprit de système,

Mais, diront les déterministes, si le libre arbitre peut à son gré introduire dans le monde des forces nouvelles, que va devenir la science ? la prévision qui en est le caractère distinctif est rendue impossible. — Nullement, la prévision est compatible avec le libre arbitre et la science reste ce qu'elle est. Les lois scientifiques sont, en effet, toujours hypothétiques, elles affirment des rapports invariables entre certains antécédents et certains conséquents, mais elles n'affirment rien de la production des antécédents. Lorsque le savant annonce un phénomène, il subordonne toujours son apparition à l'existence d'un antécédent déterminé. Si tel phénomène est donné, dit-il, tel autre sera donné. Une cause quelconque, le libre arbitre ou toute autre cause, vient-elle à supprimer ou à modifier l'antécédent, la loi n'en sera pas violée, car aucune loi n'exige que l'effet reste le même alors que la cause change. Par conséquent que les volontés humaines soient libres ou qu'elles ne le soient pas, cela ne porte aucun préjudice à la science; elle continuera à se constituer et à déterminer les lois de la nature, abstraction faite des causes étrangères, libre arbitre ou autres, qui peuvent agir sur elle et la modifier.

D'ailleurs la force créée par le libre arbitre sera toujours très petite comparée à la force totale du monde, et les variations qu'il peut amener dans l'univers seront toujours insensibles dans l'ensemble; mais variation insensible ne veut pas dire variation nulle. Ajoutons que plusieurs savants, pour concilier le libre arbitre avec le déterminisme scientifique, distinguent dans la force la quantité et la direction. En accordant que le libre arbitre ne crée point de force dans la nature, on peut soutenir qu'il la dirige et cela suffit pour qu'il trouve sa place dans le monde. La volonté ressemblerait, disent-ils, à l'aiguilleur qui fait passer le train sur une voie mais ne peut l'arrêter une fois passé.

A. *Le déterminisme psychologique.* — Le déterminisme psychologique a trouvé son expression la plus nette dans la doctrine de Leibnitz. Pas de volonté sans motifs, dit Leibnitz, et la volonté suit toujours le motif le plus fort, car une volonté sans motifs ou une volonté qui ne suivrait pas le motif le plus fort, serait une volonté sans raison suffisante. Les motifs agissent sur la volonté comme les poids sur les plateaux d'une balance.

Des philosophes, Reid en particulier, ont répondu à cette argumentation en soutenant que la volonté peut se déterminer sans motifs et ont appelé ce pouvoir de la volonté: liberté d'indifférence ou d'équilibre. Mais la liberté d'indifférence est une chimère; l'analyse psychologique la dément; et à supposer qu'elle existât, elle ne serait pas sans conséquences fâcheuses pour la dignité et la valeur morale de notre libre arbitre.

Il faut donc admettre avec les déterministes et contre les partisans de la liberté d'indifférence, que la volonté ne se détermine pas sans motifs, mais peut-on accorder que les déterminations de la volonté résultent de la force des motifs aussi nécessairement que l'abaissement des plateaux d'une balance résulte de la force des poids ?

D'abord la comparaison de la volonté et de la balance est inexacte. La balance est inerte, la volonté est active. Les plateaux de la balance ne peuvent résister aux poids, la volonté agit sur les motifs; c'est une balance qui meut elle-même ses plateaux. Les poids ont une valeur déterminée et invariable, la valeur des motifs est relative et par conséquent variable. Tel motif peu important pour moi sera décisif pour un autre; tel motif insignifiant au point de vue de l'intérêt est capital au point de vue du devoir.

Ensuite qu'entend-on par le motif le plus fort? Dire après la détermination que le motif le plus fort est celui qui l'a emporté sur les autres, c'est ne rien dire, car si un motif opposé au premier l'avait emporté, on dirait de même qu'il est le plus fort. Il faudrait pouvoir dire avant la détermination quel est le motif le plus fort. Mais cela est impossible, car pour porter ce jugement qui suppose une comparaison des motifs, il serait nécessaire que les motifs fussent tous de même nature. Or ils sont dans la plupart des cas de nature différente. Quel est le motif le plus fort de l'intérêt et de l'honneur, du sentiment et du devoir? Il n'y a pas de termes de comparaison entre ces divers motifs d'action. On ne peut donc dire *a priori* quel est le motif le plus fort.

Le motif le plus fort, diront les uns, c'est le motif que nous jugeons le plus conforme à nos intérêts. — Mais l'homme de bien sait souvent sacrifier l'intérêt au devoir, et que de fois les âmes vulgaires le sacrifient au plaisir!

Le motif le plus fort, diront d'autres, est celui qui produit en nous le plus vif désir. — Mais nous savons que la volonté n'obéit pas nécessairement au désir et que le triomphe de la volonté sur certains désirs est la condition essentielle de la vertu.

Soutiendra-t-on que le motif le plus fort est celui que la raison juge le meilleur? — Mais nos déterminations ne sont pas toujours dictées par la raison. C'est le cas de répéter le mot d'Ovide :

..... *video meliora, proboque*
Deteriora sequor.

Le motif le plus fort, disent surtout les déterministes, est celui qui répond le mieux à notre caractère; aussi suffit-il généralement de connaître le caractère d'un homme pour prévoir ses déterminations dans telle et telle circonstance. — Il est vrai que nos déterminations sont dans la plupart des cas conformes à notre caractère, mais cela n'arrive pas toujours, l'homme agit quelquefois contrairement à son caractère et les prévisions fondées sur la connaissance du caractère ne sont pas infaillibles. — Elles le seraient, disent les déterministes, si cette connaissance était complète, si aucun des antécédents de l'action n'était ignoré. — Cette affirmation est gratuite, car rien ne s'oppose à ce qu'on range au nombre de ces antécédents l'intervention de la liberté. D'ailleurs, quoi qu'en disent les déterministes, notre caractère n'est pas uniquement l'œuvre de notre nature originelle et des circonstances. Notre caractère est un ensemble de tendances dont les unes sont naturelles et les autres acquises. Si les premières sont indépendantes de notre volonté, elles peuvent du moins subir son influence. Quant aux secondes, elles ont leurs causes véritables dans la volonté, ce sont des habitudes librement prises. Par conséquent de ce que la plupart de nos déterminations s'expliquent par notre caractère on ne peut rien en conclure contre notre liberté, puisque le caractère est en somme ce que l'a fait la liberté.

C. *Le déterminisme métaphysique.* — Nous ne nous arrêterons pas à réfuter les objections du fatalisme proprement dit. Ce fatalisme qui est au fond de la plupart des religions anciennes et qui a été repris par les Mahométans, qu'il soumette les destinées des hommes à une puissance impersonnelle et aveugle, comme dans l'antiquité, ou aux arrêts irrévocables de la volonté d'Allah, comme dans la religion de Mahomet, n'est pas nécessairement la négation du libre arbitre. C'est sur l'action qu'il pèse et non sur la liberté intérieure. Ce sont les événements extérieurs qu'il détermine, et non les volontés. Il fait par exemple qu'Œdipe devient le meurtrier de son père, il ne fait pas qu'il veuille l'être. Œdipe tue son père sans le savoir ou le vouloir.

Nous n'insisterons pas non plus sur les objections formulées contre le libre arbitre au nom de doctrines panthéistes et matérialistes.

Il n'y a qu'une seule substance qui est Dieu, dit Spinoza, le principal représentant du panthéisme dans les temps modernes. Cette substance est douée d'une infinité d'attributs dont nous ne connaissons que deux : l'étendue et la pensée. Ces attributs se développent nécessairement et parallèlement en une infinité de modes. Les corps sont des modes de l'étendue divine, les âmes sont des modes de la pensée divine. Dans l'inflexible nécessité qui est la loi de toute chose, il n'y a pas de place pour le moindre acte de liberté.

Malgré son grand effort de déduction, Spinoza n'a pas montré que tout dérivait nécessairement de la nature de Dieu. Le panthéisme, quelque forme qu'il revête, renferme dans sa notion fondamentale une contradiction, puisqu'il identifie l'être parfait et absolu avec la nature qui est essentiellement imparfaite et relative. Il est démenti par le témoignage de la conscience qui nous atteste notre causalité libre et notre personnalité dans le sentiment de l'effort. D'ailleurs si la liberté est en Dieu, pourquoi ne pourrait-elle pas être dans quelqu'une de ses œuvres ? Enfin les principes de la morale sont incompatibles avec le panthéisme, car en même temps qu'il nie la liberté, il supprime la distinction du bien et du mal. A moins de dire que Dieu est l'auteur du bien et du mal, si tout est divin, tout est bien.

Tous les actes des hommes ont leur raison dernière, disent les matérialistes dans leur constitution physique, dans leur tempérament. On ne se fait pas son tempérament, on le reçoit et on le subit. Le moral n'est que l'envers du physique, et les lois qui régissent le premier ne sont que la traduction, dans un langage différent, des lois fatales qui régissent le second. Cette doctrine est le fond de beaucoup de productions contemporaines qui enseignent le déterminisme des appétits, la fatalité de la passion et prétendent justifier tous les excès par la nécessité.

Sans doute il ne faut pas nier l'influence du corps sur l'âme. Mais cette influence dont on doit tenir grand compte, surtout dans l'éducation, est loin d'être irrésistible et d'anéantir le libre arbitre. Pour établir leur thèse, les matérialistes accumulent, en les exagérant, les faits qui prouvent l'influence du physique sur le moral, mais ils oublient les faits non moins nombreux qui établissent l'influence du moral sur le physique, l'action de l'âme, et en particulier de la volonté sur le corps. La passion ne se développe pas en nous sans nous. Ce n'est que progressivement et avec la complicité de la volonté qu'elle acquiert une grande puissance, et jamais elle n'est absolument nécessitante ou irrésistible. « Supposez, dit Kant, que quelqu'un prétende ne pouvoir résister à sa passion ; est-ce que, si l'on dressait un gibet devant lui pour l'y attacher immédiatement après qu'il aurait satisfait à son désir, il soutiendrait encore qu'il est impossible d'y résister ? »

En dehors des systèmes panthéistes et matérialistes, on a opposé à la doctrine du libre arbitre beaucoup de difficultés métaphysiques, dont les principales sont tirées de l'apparente incompatibilité du libre arbitre et de certains attributs de Dieu.

Comment concilier le libre arbitre avec la prescience divine ? Dieu, l'être infiniment parfait, sait tout, l'avenir comme le passé, et sa science est infaillible. Tout arrivera donc comme Dieu l'a prévu, par conséquent nos actes futurs sont dès maintenant déterminés, ils ne seront pas libres.

La prescience divine est incontestable, puisqu'elle se déduit logiquement de l'infinie perfection de Dieu ; mais il est illégitime d'en conclure la nécessité de nos actes futurs. Il ne faut pas confondre connaissance et causalité. Prévoir, même infailliblement, ce n'est pas contraindre. Lorsqu'un astronome prédit un phénomène céleste, ce n'est pas sa prédiction qui produit le phénomène ; le phénomène n'arrive pas parce qu'il était prédit, mais il était prédit parce qu'il devait arriver. De même les actions des hommes n'ont pas leur cause dans la prescience divine, elles n'arrivent pas parce que Dieu les prévoit, Dieu les prévoit parce qu'elles arriveront.

Ajoutons qu'il est au fond inexact de parler de prescience divine. Dieu n'est pas dans le temps, il n'y a pour lui ni passé ni futur; par conséquent, à parler rigoureusement, Dieu ne prévoit pas et ne se souvient pas. Il voit tout dans un éternel présent. Il connaît actuellement, et dans une même intuition, ce qui est nécessaire comme nécessaire, ce qui est libre comme libre, de même que nous pouvons, d'un même regard, voir un homme qui se promène librement sur le bord d'un fleuve, et l'eau de ce fleuve qui suit fatalement son cours.

Il n'y a donc pas contradiction entre la prescience divine et le libre arbitre des hommes, bien que leur accord soit un mystère pour notre intelligence.

Comment, dit-on encore, concilier le libre arbitre avec la toute-puissance divine? Dieu tout-puissant peut faire tout ce qu'il veut, mais si l'homme est libre, il pourra faire des actes que Dieu ne veut pas et contrarier ainsi la volonté divine. Le libre arbitre est donc incompatible avec la toute-puissance de Dieu.

Il faut bien se garder de confondre le pouvoir de vouloir et celui d'exécuter. Le libre arbitre est un pouvoir tout intérieur, le seul qu'atteste la conscience, le seul nécessaire d'ailleurs pour fonder la responsabilité. Le pouvoir d'agir à l'extérieur nous est souvent refusé, parce que l'exécution peut dépendre de circonstances dont nous ne sommes pas les maîtres. Notre libre arbitre ne contrarie donc pas la toute-puissance divine, en tant que celle-ci s'applique aux événements extérieurs du monde. « L'homme s'agite, dit Fénelon, Dieu le mène. »

Mais, insiste-t-on, Dieu n'est pas tout-puissant s'il ne peut agir sur la volonté même de l'homme, afin de la déterminer selon sa propre volonté.

Il est certain que Dieu peut agir efficacement sur la volonté même de l'homme, par des moyens naturels ou surnaturels. Mais cette action divine, pour être efficace n'est pas nécessitante, car toujours elle suppose ou produit le consentement libre de la volonté.

Ajoutons que notre libre arbitre, loin de porter atteinte à la toute-puissance divine en est une preuve, car où se manifeste-t-elle plus que dans la création d'un être libre? Ce n'est donc pas, en admettant le libre arbitre, qu'on borne la toute-puissance divine, c'est en refusant à Dieu ce pouvoir par lequel il a créé l'homme maître de ses actes. Enfin si Dieu laisse l'homme se gouverner lui-même dans cette vie, il s'est réservé de le récompenser ou de le punir dans l'autre vie, selon l'usage qu'il aura fait de sa liberté. Un jour, la toute-puissance divine reprendra tous ses droits.

Comment, dit-on enfin, concilier le libre arbitre avec la bonté divine ? Le libre arbitre implique le pouvoir de faire le mal et par conséquent nous expose à démériter et à subir des châtiments. Peut-on admettre que la bonté divine ait donné à l'homme un pouvoir d'où sorte son malheur, et surtout son malheur éternel ?

D'abord, si le libre arbitre implique le pouvoir de faire le mal, il implique aussi celui de faire le bien. Si l'homme peut travailler à son malheur parce qu'il est libre, il peut aussi travailler à son bonheur, bonheur qui sera d'autant plus réel et plus grand qu'il aura été plus mérité.

Ensuite le pouvoir de faire le mal n'est pas chez l'homme une nécessité, il n'est pas même essentiel au libre arbitre. Si l'homme emploie tous les moyens mis à sa disposition, il peut éviter le mal, et plus l'habitude du bien se fortifie en lui, moins sa liberté implique le pouvoir du mal. C'est ce que nous remarquons dans les hommes arrivés à un haut degré de vertu et de sainteté. Ils restent libres, mais il y a chez eux une sorte d'impuissance à faire le mal. L'idée même d'une bassesse ou d'une honte finit par n'avoir plus d'accès dans leur pensée. L'habitude persévérante du bien rend le mal moralement impossible à la volonté libre. L'homme est donc seul responsable de ses fautes et de son malheur, il n'a pas le droit d'en accuser la bonté divine.

III — LA PERSONNALITÉ ET LA RESPONSABILITÉ

La conscience morale et le libre arbitre qui supposent l'une et l'autre la raison, élèvent les hommes à la dignité de personnes et les rendent responsables de leurs actes.

1. La personnalité. — Les choses, les individus, les personnes. — 2. La responsabilité. — Conditions et variations de la responsabilité. — Responsabilité dans les actions d'autrui : solidarité.

1. La personnalité. — On oppose généralement les personnes aux choses. Les personnes se connaissent et se gouvernent, les choses s'ignorent et ne sont point maîtresses d'elles-mêmes. Les corps de la nature et les simples vivants, végétaux et animaux, sont des choses. Toutefois, les choses inanimées et les choses animées se distinguent par des différences qui ne permettent pas de les confondre.

Les choses inanimées sont des agrégats de matière sans unité réelle. Brisez un morceau de craie en plusieurs parties, rien d'essentiel ne disparaît et les parties conservent les propriétés du tout. L'unité des choses animées est tout autre.

Séparez d'une plante une de ses parties, d'un animal un de ses membres; la plante et l'animal sont incomplets et les parties isolées n'ont pas les propriétés du tout. La fleur détachée de la plante, le cœur ou un organe quelconque arraché à l'animal ne vivent plus. Tout se tient dans l'être vivant car les parties qui le constituent sont solidaires les unes des autres. L'être vivant est un individu, c'est-à-dire un indivisible. En outre, les animaux ont de la sensibilité, de la mémoire, des rudiments d'intelligence mais sans réflexion ni raison proprement dite ni liberté, en un mot sans aucun des caractères qui font la personnalité.

Les personnes sont des individus, elles sont vraiment unes, mais de plus elles ont le sentiment de leur unité. En même temps que j'ai conscience des différents phénomènes, sensations, sentiments, idées, efforts qui coexistent ou se succèdent en moi, j'ai conscience d'un sujet un et identique auquel ils se rapportent. Cette unité et cette identité de mon être, la réflexion les met en pleine lumière. C'est la réflexion qui permet aux hommes de dire à chaque instant : je ou moi, et elle suffit pour distinguer radicalement la nature humaine de la nature animale. « Les animaux, dit Flourens, sentent, connaissent, pensent, mais de tous les êtres l'homme est le seul à qui il a été donné de se replier sur lui-même, de sentir qu'il sent, de connaître qu'il connaît, de penser qu'il pense[1]. » — La personne, c'est l'être qui a conscience et une conscience réfléchie de lui-même. C'est ensuite l'être raisonnable, capable d'abstraire, de généraliser, de juger, de raisonner, de chercher les causes, les lois et les fins, de se connaître lui-même et les choses exté-

---

[1]. Flourens. *De la vie et de l'intelligence.*

rieures, de s'élever de la connaissance de soi-même et du monde à la connaissance de Dieu. « La nature humaine connaît Dieu, dit Bossuet, et voilà par ce seul mot les animaux au-dessous d'elle jusqu'à l'infini. » — C'est enfin l'être libre et maître de ses déterminations, qui concevant le bien et le distinguant du mal peut choisir entre l'un et l'autre. La liberté introduit celui qui la possède dans le règne de la moralité; la personne c'est l'être moral. Elle peut s'affermir et grandir dans l'homme avec les attributs qui la constituent, spécialement avec la moralité. Plus l'homme réfléchit, plus il fait un légitime usage de sa raison et de sa liberté, plus il est moral et plus il est personne.

L'homme au contraire dont les passions étouffent la réflexion et entravent l'exercice de la raison et de la liberté, l'homme qui s'éloigne de plus en plus de l'idéal moral, perd de sa personnalité. « Plus un homme a d'empire sur soi et régit puissamment ses diverses facultés, plus par cela même il est homme, moins il est chose, plus aussi ses capacités naturelles sont à lui et méritent le nom de facultés. L'homme se rapproche des choses quand il délaisse cet empire qu'il dépend de lui de prendre; quand au lieu de s'approprier ses facultés il les abandonne à leur propre mouvement et reste paresseusement endormi au milieu d'un mécanisme dont il lui a été donné de gouverner tous les ressorts [1]. »

2. La responsabilité. — Connaissant la loi qui l'oblige, libre de l'accomplir ou de la violer, l'homme est responsable. La responsabilité est le caractère des personnes qui peuvent et doivent répondre de leurs actions, c'est-à-dire s'en reconnaître les auteurs et en accepter toutes les conséquences. Au terme responsable correspond le terme imputable. Le premier se dit des personnes, le second des actions. Les actions sont imputables aux personnes qui en sont responsables.

Il faut bien distinguer la responsabilité morale de la responsabilité légale. Au point de vue légal nous répondons devant l'autorité civile des infractions aux lois positives. Au point de vue moral nous répondons devant notre conscience et devant Dieu de toutes nos actions. Ces deux sortes de responsabilités peuvent être en désaccord. La justice humaine peut absoudre

---

[1]. Jouffroy. *Mélanges philosophiques*, page 248.

celui que sa conscience condamne ou condamner celui que sa conscience absout.

Conditions et variations de la responsabilité. — La responsabilité morale suppose chez l'agent deux conditions fondamentales : la connaissance du bien et du mal et le libre arbitre, et elle varie dans la mesure où varient ces deux conditions.

La responsabilité morale suppose d'abord la connaissance du bien et du mal. Les tribunaux civils n'admettent point l'excuse de l'ignorance. « Nul n'est censé ignorer la loi. » Cette maxime juridique est nécessaire à la sécurité sociale car il serait dangereux pour la société que les coupables pussent arguer de leur ignorance des lois positives. Mais au point de vue moral nul n'est coupable sans le savoir. Pour être responsable il faut agir en connaissance de cause. La loi ne peut obliger ceux qui l'ignorent, et tout ce qui enlève à l'agent moral la connaissance du bien et du mal détruit sa responsabilité, tout ce qui diminue ou augmente en lui cette connaissance diminue ou augmente sa responsabilité. C'est ainsi que l'erreur et l'ignorance invincibles rendent irresponsables. Le sauvage qui tue ses vieux parents n'est sans doute pas coupable, mais on ne saurait excuser le médecin qui pour avoir négligé de s'instruire donnerait à un malade un médicament mortel ou dangereux. La responsabilité disparaît aussi dans la folie et le délire lorsqu'ils rendent impossible le discernement du bien et du mal. D'une manière générale, l'ignorant est moins responsable que l'homme instruit, à moins que son ignorance ne soit volontaire; et plus nous sommes éclairés, plus nous sommes responsables.

La responsabilité morale suppose ensuite le libre arbitre. Nous ne pouvons être responsables que de ce que nous avons librement voulu. Il en résulte que tout système qui nie le libre arbitre doit nier toute responsabilité dans l'homme, et si, supprimant le libre arbitre il prétend conserver la responsabilité, il tombe dans une contradiction manifeste. Il en résulte aussi que toute cause qui détruit ou affaiblit le libre arbitre détruit du même coup ou atténue la responsabilité, lorsque cette cause est indépendante de la volonté de l'agent moral. Ainsi on n'est pas responsable d'une action forcée ou contrainte; l'auteur de la violence est la seule et vraie cause de l'action, lui seul en est responsable. Le sommeil et le somnambulisme rendent en général irresponsable. Mais l'ivresse bien qu'elle détruise ou affaiblisse la liberté ne détruit pas cependant la responsabilité. L'homme ivre est responsable du fait même de l'ivresse, de plus il sait qu'en se mettant dans cet état il s'expose à toutes les suites et par conséquent il les accepte. Il est plus coupable encore s'il a recours volontairement à l'ivresse dans l'intention de commettre le mal ou pour s'étourdir dans l'accomplissement d'un crime. De même les actes commis sous l'impulsion d'une passion quelle qu'elle soit, sont imputables. Quand même la passion serait arrivée à un degré tel que la volonté serait absolument empêchée, on est toujours responsable de la passion elle-même, qui sans le consentement de la volonté ne serait jamais parvenue à cet excès de violence.

Responsabilité dans les actions d'autrui. — *Solidarité.* — En principe l'homme répond de ses propres actions et non de celles d'autrui. Mais nous ne vivons pas isolés les uns des autres, et par suite de nos relations sociales il est bien rare que nous n'ayons quelque part soit directe, soit indirecte à la moralité de nos semblables et en conséquence à leur responsabilité. Le père est responsable dans une certaine mesure de la conduite de ses enfants, le maître de celle de ses serviteurs ; et comme les exemples sont des enseignements, nous sommes tous plus ou moins responsables de l'influence de nos actions sur celles d'autrui. On est responsable du mal qu'on aurait dû et pu empêcher, à plus forte raison est-on responsable des actions auxquelles on coopère.

Dans une action commune faite en coopération Paul Janet distingue à la suite de Burlamaqui trois sortes de causes : *la cause principale, la cause subalterne* et *les causes collatérales.* La cause principale est la vraie cause efficiente, tel est le chef d'un complot, soit qu'il se contente de le concevoir et d'en combiner le plan, soit qu'il se mette lui-même à la tête de l'exécution. La cause subalterne est celle qui concourt immédiatement à l'action mais sous la direction de la cause principale. Dans l'*Andromaque* de Racine, Hermione est la cause principale du meurtre de Pyrrhus, Oreste la cause subalterne. Enfin la cause collatérale est celle qui concourt à l'action mais sans l'exécuter immédiatement, par exemple celui qui recèle un vol, celui qui fournit de l'argent pour un complot. « Toutes choses égales d'ailleurs, dit Burlamaqui, les causes collatérales doivent être traitées également, mais les causes principales méritent en général plus de louange ou de blâme et un plus haut degré de récompense ou de peine que les causes subalternes[1]. »

La participation de l'homme à la moralité de ses semblables est une preuve de la grande loi de la solidarité. La solidarité régit les individus, elle régit aussi les familles, les nations, l'humanité même tout entière.

Il y a solidarité dans l'individu. « L'homme est un tout naturel. » Le corps est solidaire de l'âme, l'âme quoique libre est solidaire du corps. Le présent est solidaire du passé et l'avenir sera solidaire du présent.

Il y a solidarité dans la famille. Cette solidarité est constituée par les influences réciproques auxquelles donne lieu le commerce des membres qui composent la famille. Chacun de nous est solidaire de ses parents qui l'étaient des leurs. Tous nous subissons l'action de la famille dont nous faisons partie et nous agissons à notre tour plus ou moins sur elle. C'est pourquoi une famille a tant qu'elle dure une sorte de personnalité, une existence continue. Les enfants portent le poids des fautes de leurs pères ou bénéficient de leur mérite.

Il y a solidarité dans la nation. Une certaine unité morale domine la vie de chaque peuple à travers l'histoire. Le caractère national n'est pas immuable, mais il n'est pas non plus sans fixité. Il y a en lui des dispositions dominantes créées par les générations antérieures au cours des siècles et dont les hommes politiques doivent toujours tenir compte. De plus une certaine communauté de mérite ou de démérite, d'honneur ou de honte, relie les citoyens entre eux, et les actions et réactions de toute sorte qu'ils produisent ou subissent tour à tour, manifestent leur mutuelle dépendance.

Il y a enfin solidarité dans l'humanité. La communauté d'origine, de nature et de destinée, forme entre tous les hommes un principe d'unité, qui sans nuire aux intérêts de la patrie, doit les rapprocher les uns des autres. « Je suis homme, dit un personnage de Térence, et rien de ce qui est humain ne m'est étranger. » Il y a un patriotisme étroit et haineux qui s'applique

---

1. BURLAMAQUI. *Principes du droit de la nature*, chapitre XI.

à séparer les peuples; il y a un autre patriotisme, large et chrétien, qui jugeant l'isolement des peuples contraire aux lois providentielles, cherche à les unir. Les nations doivent s'entr'aider dans l'œuvre commune du perfectionnement et du bonheur des hommes. Le prétendu principe de non-intervention est immoral.

Ouvrages à consulter.

Beaussire. — *Les principes de la morale.*
Boutroux. — *La contingence des lois de la nature.*
Caro. — *Problèmes de morale sociale.*
Carrau. — *De l'éducation.*
Cousin. — *Du vrai, du beau et du bien.*
Fonsegrive. — *Essai sur le libre arbitre.*
Fouillée. — *La liberté et le déterminisme.*
Gardair. — *Le libre arbitre.*
Janet. — *La morale.*
Jouffroy. — *Cours de droit naturel.*
Kant. — *Critique de la raison pratique.*
Marion. — *Leçons de morale.* — *La solidarité morale.*
Piat. — *La liberté.*
Renouvier. — *Science de la morale.*
J. Simon. — *Le devoir.*
Saint Thomas. — *Somme théologique.*

CHAPITRE II

LA NATURE DE LA MORALITÉ
(Fin de la vie humaine.)

L'homme a une loi et par conséquent une fin, et il peut librement accomplir sa loi ou la violer, poursuivre sa fin ou s'en écarter. Mais quelle est cette loi, quelle est cette fin ? Pour le déterminer, nous examinerons d'abord quels sont en fait les motifs des actions humaines. Nous établirons ensuite quel est celui de ces motifs qui doit servir de principe à la loi morale, ou, ce qui revient au même, de fin à l'activité humaine.

I. LES DIFFÉRENTS MOTIFS DES ACTIONS HUMAINES

1. Le plaisir. — 2. L'intérêt. — 3. Le sentiment. — 4. Le bien.

Les motifs des actions humaines sont nombreux et complexes ; toutefois, on peut les ramener aux quatre suivants : le plaisir, l'intérêt, le sentiment, le bien ou le devoir.

1. Le plaisir. — L'homme peut se proposer comme but de ses actions le plaisir, c'est-à-dire la jouissance actuelle, la satisfaction immédiate de ses instincts et de ses passions. Avant l'âge de raison, l'enfant obéit presque exclusivement au plaisir. L'homme fait y est porté par des tendances naturelles, il n'arrive que trop souvent qu'il lui sacrifie ses intérêts, ses meilleures inclinations et surtout son devoir.

2. L'intérêt. — Un second motif d'action est l'intérêt. L'intérêt, c'est encore le plaisir, non le plaisir actuel, quel qu'il soit, sans distinction, mais le plaisir réfléchi, calculé, réparti sur toute la vie.

Rechercher son intérêt, c'est travailler à se procurer la plus grande somme de jouissance possible pendant le plus de temps possible. Voici comment l'homme qui n'aspire qu'à jouir passe du motif du plaisir à celui de l'intérêt.

Pour peu qu'il réfléchisse, il s'aperçoit bien vite qu'en poursuivant la jouissance présente et actuelle, il manque son but. D'une part, il y a des plaisirs trompeurs mêlés d'amertume, qui laissent le vide dans l'âme,

> ... medio de fonte leporum,
> Surgit amari aliquid, quod in ipsis floribus angat [1].

Souvent le plaisir se transforme en souffrance et entraîne des conséquences funestes. D'autre part, certaines souffrances peuvent se transformer en plaisirs. L'effort est la condition de biens réels, le travail est une source de jouissances, la tempérance conserve la santé, la vertu prépare les plus pures joies. Instruit de ces vérités par l'expérience, l'homme use de prudence dans la recherche des plaisirs. Il fait un choix, il préfère aux plaisirs violents et passagers les plaisirs calmes et durables, et le regard fixé sur l'avenir, il s'impose même des privations et des souffrances pour jouir davantage.

3. Le sentiment. — Un troisième motif d'action est le sentiment. Il y a dans l'âme humaine, à côté des inclinations personnelles, des inclinations qui la portent vers autrui. Quel que soit l'égoïsme de notre nature, les sentiments désintéressés peuvent être pour elle un puissant mobile d'action, et La Rochefoucauld se trompe lorsqu'il prétend que l'amour-propre est le fonds commun de toutes nos affections et le principe unique de nos actions. Mais s'il est vrai que les sentiments désintéressés peuvent élever les âmes généreuses jusqu'au sacrifice du plaisir et de l'intérêt personnel, il l'est aussi qu'ils peuvent quelquefois faire méconnaître et oublier le devoir.

4. Le bien. — Enfin au-dessus du plaisir et de l'intérêt, au-dessus du sentiment même désintéressé, la raison humaine conçoit un bien en soi, un bien absolu, indépendant du plaisir, de l'intérêt et de l'inclination, un souverain bien. L'homme peut agir contre son plaisir et son intérêt, contre les impulsions du sentiment, parce qu'il juge qu'il est bien de le faire, qu'il doit le faire, que c'est son devoir. Sans doute dans nos déterminations, le bien peut fléchir devant les autres motifs d'action, mais il triomphe souvent dans les âmes honnêtes, et on peut affirmer

---

1. Lucrèce, IV, 1120.

qu'il n'y a pas d'homme assez dépourvu de sens moral pour n'avoir pas entendu et quelquefois écouté la loi du devoir.

Tels sont les motifs de nos actions : souvent ils se mêlent et se combinent dans l'activité humaine de telle façon qu'il est difficile de déterminer celui qui l'emporte sur les autres. Mais quelle que soit la complexité de nos déterminations, on ne voit pas qu'elles puissent avoir d'autres motifs que le plaisir, l'intérêt, le sentiment et le devoir. C'est toujours d'après l'un ou l'autre de ces motifs ou d'après plusieurs d'entre eux réunis que nous nous déterminons. Quel est donc de ces motifs celui qui doit servir de principe à la morale ?

II. MORALE DU PLAISIR

1. Les défenseurs de la morale du plaisir. — 2. Réfutation de la morale du plaisir.

Il s'est rencontré des moralistes qui ont assigné pour fin à la vie humaine le plaisir ; ils se fondent sur ce fait que tous les êtres sensibles sont portés par leur nature même à regarder comme un bien ce qui leur est agréable, et comme un mal ce qui leur est pénible. Pour eux il n'y a qu'un seul bien : le plaisir ; qu'un seul mal : la douleur.

1. Défenseurs de la morale du plaisir. — Parmi les défenseurs de la morale du plaisir, il faut citer dans l'antiquité les sophistes grecs Gorgias et Calliclès, et surtout Aristippe de Cyrène, disciple infidèle de Socrate.

Pour Aristippe, la fin de la vie humaine, c'est la volupté. Dans la recherche des plaisirs, l'homme n'a pas à s'inquiéter de leur nature ni de leurs suites. Il doit poursuivre la satisfaction actuelle, immédiate, violente de ses inclinations et de ses passions par tous les moyens possibles et sans souci de l'avenir. Une telle morale, si on peut donner le nom de morale à la doctrine grossière et abjecte d'Aristippe, aboutit au dégoût, au mépris de la vie et au désespoir. Aussi Hégésias, un des fervents disciples d'Aristippe, enseignait-il que la vie, tout compte fait, ne vaut pas la peine d'être vécue, que la douleur s'imposant à nous sous mille formes, le mieux est de mourir. On l'avait surnommé, de son temps, l'orateur de la mort, et Plutarque raconte qu'il parlait avec tant de persuasion que plusieurs de ses auditeurs mirent fin à leurs jours après l'avoir entendu.

Dans les temps modernes, la morale du plaisir trouva au xviii° siècle plusieurs défenseurs, et en particulier Saint-Lambert, parmi les encyclopédistes; au xix° siècle les Saint-Simoniens et les Fouriéristes s'en firent les ardents propagateurs. Fourier présente sa doctrine sous le nom de doctrine de la réhabilitation de la chair et de l'attraction passionnelle. Les attractions sont, selon lui, proportionnelles aux destinées; par conséquent tout homme qui veut être fidèle à ses destinées doit suivre ses passions. Qu'on laisse donc les passions se développer sans entrave, elles s'équilibreront dans l'individu, et d'un individu à l'autre, dans la société. Fourier partage l'humanité en phalanges habitant des phalanstères où il n'y aura pour personne ni gêne, ni contrainte, ni la moindre privation, parce que toutes les passions y seront satisfaites.

2. Réfutation de la morale du plaisir. — La morale du plaisir est fausse dans son principe, elle n'a pas les caractères que doit offrir la loi morale, et on peut la réfuter par ses conséquences.

1) La morale du plaisir est fausse dans son principe. Le plaisir n'est pas toujours un bien, et alors même qu'il est un bien, il n'est pas le souverain bien. Si le plaisir était toujours un bien, aucun plaisir ne serait jugé mauvais, et la conscience ne distinguerait pas entre les plaisirs honnêtes et les plaisirs honteux. Pour que le plaisir fût le souverain bien, il faudrait que la nature humaine fût réduite à la sensibilité. Mais l'homme n'est pas seulement un être sensible qui aspire au plaisir; outre la sensibilité qui le rapproche de l'animal, il y a en lui une raison et une volonté qui lui sont propres et qui demandent d'être satisfaites aussi bien que la sensibilité. Faire du plaisir la loi de nos actions, c'est mutiler la nature humaine et ne pas tenir compte de ses facultés supérieures. Ajoutons que le plaisir a par lui-même plutôt le caractère de moyen que de fin. Le plaisir est, dit Aristote, un surcroît qui s'ajoute à l'activité et qui nous la fait désirer et aimer. Aussi, souvent pour trouver le plaisir, il faut ne pas le chercher. On poursuit pour lui-même un autre but, et c'est dans cette poursuite qu'on rencontre le plaisir.

2) La morale du plaisir n'a pas les caractères que doit offrir la loi morale. Le plaisir ne peut pas être érigé en règle universelle, car il est personnel ; ce qui est plaisir pour l'un peut ne pas l'être pour l'autre.

> ... *trahit sua quemque voluptas.*

« Un riche, un pauvre, dit Pascal, ont des plaisirs différents. Un prince, un homme de guerre, un marchand, un bourgeois, un paysan, les vieux, les jeunes, les sains, les malades, tous varient. » Peut-être, dira-t-on, qu'il faut faire un choix parmi les plaisirs. Mais pour discerner les plaisirs qu'on doit rechercher de ceux qu'on doit éviter, un *criterium* est nécessaire, et on ne peut le trouver dans le plaisir lui-même.

Le plaisir ne peut être érigé en règle absolue et immuable, car il est essentiellement relatif et mobile. Le plaisir dépend des individus, des âges, des caractères, des tempéraments, des goûts, des dispositions du moment et des circonstances.

Le plaisir ne peut être érigé en règle obligatoire. Lorsqu'il s'offre à nous, il excite nos désirs, il nous attire, nous sollicite, peut même nous entraîner et nous séduire, jamais il ne nous commande, jamais il ne s'impose à notre volonté. Ou si l'on prétend que le plaisir est obligatoire, il faut logiquement admettre qu'en toute circonstance et sous peine d'être coupable, l'homme doit suivre son plaisir, ce qui est contraire au sens commun et à la conscience.

La règle du plaisir ne serait ni claire ni pratique. Elle ne serait pas claire, car quel plaisir faut-il chercher ? Le plaisir calme ou le plaisir violent ? Celui de l'esprit ou celui des sens ? La recherche de ces deux sortes de plaisirs ne pouvant pas toujours se concilier, il faudra nécessairement choisir. Qui décidera de ce choix ? La règle du plaisir ne serait pas pratique, car le plaisir suppose un ensemble de conditions qu'il est souvent difficile, et même impossible de réunir. Il faut de la santé, du loisir, des richesses. Pour beaucoup d'hommes ce sont là des conditions irréalisables, et dire à ces hommes que le plaisir doit être la règle de la vie, c'est une amère dérision en même temps qu'une provocation au crime.

3) On peut enfin réfuter la morale du plaisir par ses conséquences. Elle est en effet funeste à l'individu et pleine de dan-

gers pour la société. L'homme qui n'obéit qu'au plaisir abdique sa raison et sa liberté ; la première s'étiole, la seconde s'énerve ; en abandonnant au plaisir la direction de la vie humaine, on ouvre la porte aux excès les plus dégradants, on fait de l'homme un esclave et une brute. De plus si le plaisir est la fin de l'homme, celui-ci doit pouvoir prendre tous les moyens pour se le procurer, et il n'existe aucun principe au nom duquel on pourrait l'en empêcher. Par conséquent la ruse, le mensonge, le vol, le meurtre sont des droits. Il n'y a plus de respect de la vérité, de la propriété et de la vie ; la justice n'est plus qu'un mot et à plus forte raison la charité. La famille et la société sont rendues impossibles.

III. — MORALE DE L'INTÉRÊT (DOCTRINES UTILITAIRES)

1. — Morale de l'intérêt personnel. — Épicure. — Hobbes. — La Rochefoucauld. — Bentham. — Stuart Mill. — Spencer. — Réfutation de la morale de l'intérêt personnel. — 2. Morale de l'intérêt général. — Réfutation de la morale de l'intérêt général.

1° MORALE DE L'INTÉRÊT PERSONNEL

Lorsque l'homme recherche l'intérêt, la fin qu'il se propose est encore le plaisir, non le plaisir du moment, mais le plaisir de toute la vie. S'assurer ici-bas tout le bonheur possible c'est-à-dire un maximum de plaisirs au prix d'un minimum de peines, tel doit être le but de notre activité. Tout ce qui concourt à ce but est utile ; aussi les morales de l'intérêt sont-elles appelées morales ou doctrines utilitaires.

Les principales doctrines utilitaires sont : chez les anciens celle d'Épicure, chez les modernes celles de Hobbes, de La Rochefoucauld, de Bentham, de Stuart Mill et de Spencer.

Épicure. — Épicure pose en principe que le plaisir est la fin de la vie humaine, et la preuve qu'il en donne c'est que « dès qu'il est né l'homme aussi bien que l'animal aime le plaisir et le recherche comme le souverain bien. » « Que le plaisir soit le souverain bien cela se sent et ne se prouve pas, comme on sent que le feu est chaud, la neige blanche, le miel doux[1]. »

Mais tous les plaisirs n'ont pas la même valeur aussi faut-il

---

1. Cicéron, *Des vrais biens et des vrais maux*, I, 9.

faire un choix parmi les différents plaisirs, d'où la nécessité d'une morale ou art de vivre.

Il y a d'après Épicure deux sortes de plaisirs : le plaisir en mouvement, vif et violent, et le plaisir calme, modéré, stable. Le premier est le plaisir des sens, il est fugitif, très vite épuisé et entraîne la douleur. En faire le but de sa vie c'est se condamner au supplice de Tantale. Le second est le plaisir de l'esprit, bien supérieur par sa durée et sa pureté aux plaisirs du corps et dont l'idéal est l'*ataraxie*[1]. Ne pas souffrir, être à l'abri de toute inquiétude, l'*indolence*, voilà pour Épicure la volupté suprême. Les dieux seuls réalisent cet idéal, le sage doit y tendre par tous les moyens dont voici les principaux :

Le sage discernera entre les désirs. Il y en a de trois sortes : ceux qui sont *naturels et nécessaires*, comme la faim et la soif ; ceux qui sont *naturels et non nécessaires*, comme les désirs de mets exquis ou de riches parures, les affections de famille ; ceux qui ne sont *ni naturels, ni nécessaires,* comme le désir du pouvoir et des honneurs. Il faut donner satisfaction aux premiers, et rien n'est plus facile. Avec un peu de pain et d'eau, Épicure prétend rivaliser de bonheur avec Jupiter. Il faut surveiller les seconds, ils pourraient devenir pour nous, par leur vivacité, une source de soucis et de douleurs. Ainsi le sage fera bien de s'abstenir du mariage et de ne point fonder de famille, parce que le mariage et la famille imposent des charges et des devoirs qui troubleraient la sérénité de sa vie. Quant aux désirs superflus, qui ne sont ni naturels ni nécessaires, il faut se les interdire absolument. Que le sage se garde bien de participer aux fonctions publiques, car le pouvoir est une source de préoccupations et d'inquiétudes.

Le sage pratiquera la vertu. Sans doute la vertu n'a aucune valeur par elle-même. « Toutes les vertus prises ensemble, si on les sépare du plaisir, ne valent pas un jeton de cuivre[2]. » Mais elle est un instrument de bonheur. De même qu'on étudie la médecine non pour elle-même mais pour la santé qu'elle pro-

---

1. Épicure remarque que par le souvenir du passé et l'imagination de l'avenir l'esprit augmente singulièrement nos jouissances. Grâce à lui nous pouvons jouir dans le présent de l'ensemble de notre vie par le souvenir des plaisirs que nous avons éprouvés et par l'espoir de leur renouvellement.

2. Plutarque. *Adv. Colot.* C. 30.

cure, de même il faut pratiquer la vertu non pour elle-même mais pour le plaisir qu'elle engendre. La sagesse nous apprend à discerner les vrais biens et les vrais maux et à faire un choix entre nos désirs. La tempérance prévient les douleurs qui ont leur origine dans la violence des passions. Le courage empêche celles qui viennent de la lâcheté et de la crainte, surtout de la crainte de la mort et des malheurs éternels. La justice nous garantit de l'injustice d'autrui. L'amitié enfin est dans le court espace de la vie le soutien le plus sûr et la plus douce consolation. Pour montrer la subordination des vertus aux plaisirs dans la doctrine d'Épicure, Cicéron emploie l'image suivante empruntée du stoïcien Cléanthe. Sur un trône de toute beauté la volupté est assise en reine magnifiquement parée; au pied du trône et tout autour d'elle sont rangées des suivantes personnifiant les différentes vertus, prêtes à exécuter au moindre signal les ordres de leur royale maîtresse.

Hobbes. — Contemporain de Descartes et de Gassendi, Hobbes prit parti pour ce dernier et fut un des principaux adversaires de Descartes. Sa doctrine est contenue surtout dans deux ouvrages, le *Léviathan* et le *De cive*. C'est le matérialisme le plus décidé. En morale il est absolument utilitaire ; nos sentiments ne sont pour lui que des métamorphoses de l'égoïsme, et l'intérêt est l'unique motif et l'unique règle des actions humaines. Hobbes s'applique surtout à déduire des conséquences logiques de la morale de l'intérêt. C'est le côté original de son utilitarisme.

De ce que l'intérêt est l'unique règle des actions humaines, il résulte — que ces actions sont en elles-mêmes indifférentes, leurs conséquences seules les qualifient : nos actions sont bonnes lorsqu'elles nous sont avantageuses, elles sont mauvaises lorsqu'elles nous sont nuisibles ; — que le bien n'a rien d'absolu : il est relatif au jugement de chacun ; nous sommes juges de ce qui nous est avantageux ou nuisible et par conséquent de ce qui est bien ou mal ; — que la fin justifie les moyens : si le bien n'a rien d'absolu, si les actions sont en elles-mêmes indifférentes, tous les moyens sont bons et on a le droit d'employer tous ceux qu'on juge utiles.

S'il en est ainsi, tous ont droit à tout : *jus in omnia omnibus*, et comme dans la réalité les intérêts sont souvent en conflit, il en résulte que l'homme est naturellement l'ennemi de l'homme : *homo homini lupus*. L'état primitif de l'humanité, l'état de nature c'est la guerre de tous contre tous. Mais les premiers hommes se sont vite aperçus que la guerre mettait obstacle à leur bien-être, et ils ont formé un contrat en vertu duquel chacun cède de ses droits et accepte des devoirs. La société, les droits et les devoirs reposent originairement sur une convention. Toutefois les intérêts restent toujours en lutte. La haine instinctive que l'homme porte à ses semblables ne peut être détruite, et pour maintenir le contrat, et par là même la paix nécessaire au bonheur, il faut un pouvoir capable de dominer toutes les résistances. Seul le despotisme peut le faire, il est donc la meilleure forme de gouvernement. Le despote n'a qu'un devoir : celui de maintenir la paix en veillant au maintien du contrat et il a tous les droits, entre autres le droit de propriété, le droit de déterminer ce qui est juste et injuste, le droit de juger les doctrines, même les doctrines scientifiques.

La Rochefoucauld. — La Rochefoucauld est moins un théoricien qu'un observateur misanthrope des faiblesses humaines, il se préoccupe moins de ce qui doit être que de ce qui est et il prétend que tous les motifs des actions humaines ont leur origine dans l'amour-propre. C'est la thèse qu'il s'attache à prouver dans son livre des *Maximes*. Il y passe en revue toutes les vertus et tous les sentiments que le sens commun a toujours regardés comme généreux et il essaie de démontrer qu'ils ne sont qu'égoïsme et vices déguisés. Voici quelques-unes de ces maximes :

L'amitié la plus désintéressée n'est qu'un commerce où notre amour-propre se propose toujours quelque chose à gagner. — La reconnaissance est comme la bonne foi des marchands, elle entretient le commerce. — Le repentir n'est pas tant un regret du mal que nous avons fait, qu'une crainte de celui qui peut nous en arriver. — La bonté n'est que de la paresse ou de l'impuissance, ou bien nous prêtons à usure sous prétexte de donner. — La générosité n'est qu'une ambition déguisée qui méprise de petits intérêts pour aller à de plus grands. — D'une manière générale toutes nos vertus ne sont qu'un art de paraître honnêtes. — A une grande vanité près, les héros sont faits comme les autres hommes. — Toutes nos affections et toutes nos vertus vont se perdre dans l'intérêt comme les fleuves dans la mer.

Bentham. — La morale ou science des devoirs n'est autre chose pour Bentham, jurisconsulte et philosophe anglais, qu'une arithmétique des plaisirs. L'idéal de la vie humaine est un maximum de plaisirs avec un minimum de peines. Sans doute « tout plaisir est au premier aspect un bien et doit être recherché, de même toute peine est un mal et doit être évitée » et chacun est le meilleur et même le seul juge compétent de ce qui lui est peine ou plaisir. Mais un plaisir considéré par rapport à d'autres peut n'être qu'un bien inférieur et de même toutes les peines ne sont pas égales, il faut donc estimer la valeur des peines et des plaisirs. « La valeur des peines et des plaisirs, dit Bentham, peut être estimée par leur intensité, leur durée, leur proximité, leur certitude et leur étendue. Leur durée, leur intensité, leur proximité et leur certitude regardent les individus. Leur étendue concerne le nombre des personnes placées sous leur influence. Ce que certaines de ces qualités ont en plus peut contrebalancer ce que certaines autres ont en moins[1]. » Il faut tenir compte aussi de la fécondité et de la pureté des plaisirs et des peines. « Un plaisir fécond est celui qui a la chance d'être suivi de plaisirs du même genre. Une peine féconde est celle qui a la chance d'être suivie de peines du même genre. Un plaisir pur est celui qui n'a pas la chance de produire des peines; une peine pure est celle qui n'a pas la chance de produire des plaisirs. » Pour bien juger de tous ces caractères il faut considérer les plaisirs et les peines non seulement en eux-mêmes mais dans leurs conséquences et tenir compte des âges, de l'éducation et des habitudes. De plus Bentham ne sépare pas l'intérêt personnel de l'intérêt général parce que selon lui le premier est solidaire du second. « En travaillant pour la ruche l'abeille travaille pour elle-même. » En outre l'homme est un être sympathique et sociable et la plupart de ses plaisirs lui viennent des plaisirs des autres, soit qu'il leur procure, soit que simple témoin il en jouisse par sympathie. — Bentham résume sa doctrine dans cette formule : « Le plus grand bonheur pour le plus grand nombre. »

---

1. Bentham. *Déontologie.* Tome I, 73, 74, 77.

En somme, pour Bentham, l'homme vertueux est un bon calculateur qui amasse pour l'avenir un trésor de bonheur, l'homme vicieux est un prodigue qui dépense sans compter son revenu. « La vertu est comme un homme prudent qui rentre dans ses avances et cumule ses intérêts. »

Stuart Mill. — Stuart Mill est tout à la fois le disciple et l'adversaire de Bentham. L'utilité est bien, selon lui, le principe qui doit diriger l'activité humaine, mais dans l'appréciation des plaisirs, Bentham néglige un élément de première importance : la qualité. Il n'y a pas seulement entre les plaisirs des différences quantitatives qui permettent de les soumettre au calcul, il y a aussi des différences qualitatives qu'il est impossible d'exprimer en nombres ; abstraction faite de la quantité, tous les plaisirs n'ont pas même valeur, on ne saurait donc les mettre sur le même rang, il faut préférer les uns aux autres. Mais sur quels plaisirs faut-il arrêter notre choix ? « Lorsque de deux plaisirs, dit Stuart Mill, il en est un auquel tous ceux ou presque tous ceux qui ont l'expérience des deux donnent une préférence marquée sans y être poussés par aucun sentiment d'obligation morale, celui-là est le plaisir le plus précieux, le plus désirable. » C'est là un *criterium* tout empirique et très récusable dont Stuart Mill a sans doute bien vu l'insuffisance, car il a soin d'ajouter que les plaisirs préférables sont ceux qui occupent les plus hautes facultés, que les plaisirs de l'esprit sont supérieurs à ceux des sens. « Peu de créatures humaines consentiraient à être changées en aucun des animaux inférieurs, moyennant qu'on leur promît la plus grande somme des plaisirs de la brute... Il vaut encore mieux être un homme malheureux qu'un pourceau bien repu, un Socrate mécontent qu'un imbécile satisfait. »

Stuart Mill n'exclut pas plus que Bentham de l'utilitarisme la considération de l'intérêt général ou du bonheur d'autrui. « Le *criterium* utilitaire ne consiste pas dans le plus grand bonheur de l'agent, mais dans la plus grande somme de bonheur général, et l'utilitarisme exige que, placé entre son bien et celui des autres, l'agent se montre aussi strictement impartial que le serait un spectateur bienveillant et désintéressé. »

Spencer. — Spencer rattache la morale à la doctrine générale de l'évolution. L'évolution de l'humanité n'est qu'un fragment de l'évolution universelle, et les idées morales évoluent nécessairement comme les autres. Les adversaires de la morale de l'intérêt lui opposent souvent l'impossibilité de concilier l'intérêt personnel avec l'intérêt général. Or c'est une nécessité en vertu des lois de l'évolution que de l'égoïsme sorte l'altruisme, et que les sentiments désintéressés prédominent de plus en plus dans l'humanité. L'élément originel de la moralité c'est l'appétit, la recherche instinctive du plaisir ; mais peu à peu l'expérience apprend à l'homme que le plaisir immédiat se paye souvent trop cher ; il diffère son plaisir pour le rendre plus sûr et plus durable. L'état social d'ailleurs crée la nécessité de renoncer à certaines jouissances personnelles ; au souci de son intérêt, l'homme vivant en société a dû bientôt ajouter le souci des intérêts d'autrui dans un but d'utilité propre. Il a d'abord recherché le bonheur d'autrui pour les avantages qu'il pouvait en retirer, mais insensiblement il a perdu de vue le but premier qu'il se proposait, il a fait une fin de ce qui n'était pour lui qu'un moyen, et il en est arrivé à poursuivre le bonheur d'autrui sans retour égoïste. C'est ainsi que l'avare désire d'abord la fortune pour se procurer des plaisirs ou des honneurs, mais à la fin il aime la fortune pour elle-même et la préfère à tout. Stuart Mill invoquait déjà l'association des idées et l'habitude pour expliquer la genèse des idées morales ; Spencer fait intervenir un nouveau facteur : l'hérédité. Quand la transmission des idées morales s'est faite à travers de longues séries de générations, l'habitude les a tellement fortifiées qu'elles présentent toutes les apparences d'idées innées et de principes absolus. Spencer ne croit pas même que le sentiment d'obligation qui s'attache maintenant aux idées morales soit définitif ; un jour viendra où le devoir sera si agréable qu'on le pratiquera sans le moindre effort. « Les sentiments moraux guideront les hommes d'une manière tout aussi spontanée et exacte que le font maintenant les sensations. La conduite morale sera la conduite naturelle. » La moralité sera devenue nécessaire.

Réfutation de la morale de l'intérêt personnel. — La morale de l'intérêt est fausse dans son principe, elle n'a pas les caractères que doit offrir la loi morale, et on peut la réfuter par ses conséquences.

1) La morale de l'intérêt est fausse dans son principe. Il est

vrai que l'intérêt dirige souvent les hommes, mais il n'est pas l'unique mobile des actions humaines. La conscience individuelle et le sens commun protestent contre la doctrine des *Maximes*. Ne nous arrive-t-il pas souvent de nous condamner nous-mêmes pour avoir sacrifié notre devoir à notre intérêt? Est-ce l'homme intéressé que nous estimons et que nous admirons? Ne suffit-il pas, pour que la plus belle action perde à nos yeux tout son mérite, qu'on nous apprenne qu'elle a été inspirée par l'intérêt? L'égoïsme lui-même rend hommage au désintéressement par le soin qu'il prend de se dissimuler; s'il est moral, pourquoi craint-il de se montrer tel qu'il est? Jamais le sens commun n'a confondu le désintéressement ou le devoir avec l'intérêt même calculé, avec l'égoïsme savant qui se prive d'un plaisir pour un plaisir plus sûr ou plus durable, et il croit l'homme capable du sacrifice de son intérêt. Une analyse psychologique exempte de préjugés constate avec pleine certitude, dans l'âme humaine, l'existence d'inclinations désintéressées. Et non seulement il y a en elle des tendances généreuses, il y a incontestablement aussi, quoi qu'en dise La Rochefoucauld, des intentions généreuses qui ne sont pas des velléités sans effet, mais qui se traduisent plus ou moins, suivant le degré de générosité, dans des actes. Les mots : générosité, désintéressement, dévouement, héroïsme, sont employés dans toutes les langues pour désigner non des mensonges ou des illusions de l'égoïsme, mais des réalités. Si le désintéressement est une chimère impossible, comment expliquer la croyance universelle au désintéressement? Quant à faire sortir l'idée du désintéressement, surtout avec l'idée d'obligation qui s'y attache, de l'idée d'intérêt, ni l'association des idées, ni l'habitude, ni l'évolution, ni l'hérédité ne sauraient y parvenir. L'hypothèse de Spencer est, comme nous l'avons vu, arbitraire et toute gratuite. De plus, si l'association des idées, l'habitude, l'évolution et l'hérédité peuvent opérer certaines combinaisons, certaines transformations d'idées, elles ne peuvent créer d'idées absolument nouvelles. A plus forte raison ne peuvent-elles tirer d'une idée son contraire. L'idée du désintéressement est irréductible à l'idée d'intérêt, et aucune transformation ne peut l'en dériver. Enfin si le désintéressement est né de l'intérêt, comment se fait-il que nous éprouvons à son égard des sentiments tout différents de ceux qu'excite en nous l'intérêt ; pourquoi jugeons-nous si diversement les caractères généreux et les caractères égoïstes ? L'évolutionnisme, quelque séduisante que soit son explication, ne peut rendre compte des faits de la conscience morale.

2) La morale de l'intérêt n'a pas les caractères que doit offrir la loi morale.

L'intérêt ne peut être érigé en règle universelle. Il est essentiellement personnel. Ce qui est utile à l'un peut être nuisible à l'autre. Les intérêts sont souvent opposés et contradictoires. C'est du conflit des intérêts que naissent tant de différends et de procès parmi les hommes.

L'intérêt ne peut être érigé en règle absolue et immuable. Il est est relatif et variable. Il est relatif non seulement aux personnes, mais aux situations et aux circonstances. « L'intérêt n'a pas de maximes fixes, dit Bossuet, il suit les inclinations, il change avec les temps et s'accommode aux affaires [1]. » L'intérêt c'est l'utile, mais l'utile est conditionnel par définition, car l'utile c'est ce qui sert à quelque chose, c'est ce qui est moyen par rapport à une fin.

L'intérêt ne peut être érigé en règle obligatoire, il peut engager, exciter, menacer, il n'ordonne pas. « Vous pouvez me conseiller, dit Cousin, de bien entendre mon intérêt sous peine de tomber dans quelque malheur. Vous ne pouvez pas me commander de voir clair dans mon intérêt sous peine de crime. » On n'est tenu ni d'être heureux, ni d'être habile, on n'est tenu que d'être honnête.

La règle de l'intérêt ne serait ni claire, ni pratique. Elle ne serait pas claire, car il est souvent difficile et même impossible de prévoir toutes les conséquences de nos actions, et par conséquent de discerner entre plusieurs actions quelles seront les plus avantageuses. L'intérêt ne serait pas une règle pratique, car si nous pouvons toujours faire notre devoir et pratiquer la vertu, il ne dépend pas toujours de nous de travailler efficacement à nos intérêts.

3) On peut enfin réfuter la morale de l'intérêt par ses conséquences. Elle détruit la distinction du bien et du mal. Si l'utile est la règle des actions, ces actions sont indifférentes en elles-mêmes, leurs conséquences seules les qualifient. Est bonne

---

1. Bossuet. — *Sermon sur la justice.*

l'action dont le résultat a été heureux, est mauvaise celle dont le résultat a été nuisible. Un voleur échappe à la justice, il a bien calculé, son action a été bonne ; il se laisse prendre, il a mal calculé, son action a été mauvaise. Les notions de devoir et de droit, de mérite et de démérite, de vertu et de vice, de sanction, en un mot toutes les notions morales perdent leur sens. Il n'y a plus à parler de sacrifice et de dévouement, ce sont choses interdites ou impossibles. Quant à la société, la morale utilitaire lui serait absolument funeste. D'abord dans cette doctrine, chacun étant juge de son propre intérêt, et par là même des moyens qui lui paraissent devoir le réaliser, tous lui sont bons pourvu qu'ils lui soient avantageux, et il ne reculera devant aucune considération pour les mettre en usage. Seule la force pourra l'en empêcher. Qui ne voit là une source des plus grands périls pour la société ? En outre, il n'y a pas de société durable sans le double fondement de la justice et de la charité. Or la justice, c'est chez celui qui la pratique le respect du bien d'autrui ; la charité c'est le renoncement à son bien propre pour la réalisation du bien d'autrui. Mais l'égoïsme ne suppose que le respect et la réalisation du bien personnel. Toutes ces conséquences, Hobbes les a reconnues, et en les acceptant, il est resté conséquent avec lui-même.

Observations sur les doctrines de Bentham et de Stuart Mill. — Bentham a fait un effort ingénieux pour régulariser l'égoïsme. Mais son arithmétique des plaisirs n'en est pas moins impossible. On ne peut comparer entre elles que des quantités de même nature, dont les unités sont communes. La certitude, l'intensité, la proximité... des plaisirs ne remplissent pas cette condition. Le calcul auquel veut les soumettre Bentham est donc chimérique, et fût-il théoriquement possible, il serait en fait impraticable. Comment, en effet, prévoir toutes les conséquences de nos actions, lorsqu'elles dépendent d'une foule de circonstances dont la plupart nous sont inconnues ou échappent à toute détermination. De plus, pour apprécier moralement les actes, il ne suffit pas de les considérer en eux mêmes et dans leurs conséquences, il faut tenir compte des motifs qui les inspirent, ce que paraît oublier Bentham.

Stuart Mill apporte une correction heureuse à la doctrine de Bentham, lorsqu'il fait dépendre l'estimation des plaisirs de leur qualité. Mais peut-il le faire sans renoncer au plaisir comme fondement de la morale? Deux plaisirs, en tant que plaisirs, abstraction faite des considérations étrangères aux plaisirs, ne peuvent différer que par leur quantité. L'un ne peut être préféré à l'autre que s'il est plus intense que l'autre, que s'il contient plus de plaisir que l'autre. Si l'on persiste à dire que de deux plaisirs égaux par l'intensité, l'un est meilleur que l'autre et doit lui être préféré, c'est qu'il y a quelque raison indépendante du plaisir, pour donner à l'un la supériorité sur l'autre. Stuart Mill a bien vu sans doute la difficulté de concilier le choix de la qualité du plaisir avec le maintien du plaisir comme fondement de la morale, aussi recourt-il, pour l'appréciation des plaisirs, au jugement du plus grand nombre des hommes compétents. Et comme on peut toujours récuser cette compétence, il se hâte d'ajouter à ce *criterium* tout empirique une autre règle de conduite. Il faut préférer parmi les plaisirs ceux qui dérivent des facultés plus élevées. Distinguer les plaisirs par les facultés qui les engendrent, et juger préférables ceux qui résultent de l'exercice des facultés supérieures, c'est à coup sûr perfectionner la morale utilitaire, mais c'est abandonner son principe, c'est introduire dans la morale, comme Stuart Mill en convient, « des éléments stoïciens, et même des éléments chrétiens. »

2. MORALE DE L'INTÉRÊT GÉNÉRAL

Chez beaucoup de moralistes utilitaires, notamment chez Bentham et Stuart Mill, la morale de l'intérêt personnel s'est transformée pour devenir la morale de l'intérêt général. L'homme doit rechercher non son intérêt propre, mais l'intérêt du plus grand nombre. Tel est le principe fondamental de la morale. Puffendorf, au XVIIe siècle, avait déjà soutenu cette doctrine.

Mais de deux choses l'une. Ou bien on fait de l'intérêt général une fin qu'il faut rechercher pour elle-même, sans souci de l'intérêt personnel, ou bien on en fait un moyen, une condition plus ou moins éloignée de l'intérêt personnel.

Si l'on fait de l'intérêt général une fin, sans arrière-pensée d'intérêt personnel, qui commande même, en cas de conflit, le sacrifice de l'intérêt personnel, il faut une raison pour justifier cette obligation, et cette raison ne peut être qu'un principe supérieur à l'intérêt.

Si l'on fait de l'intérêt général un moyen de sauvegarder son intérêt personnel, on revient à l'égoïsme.

Il n'est pas vrai d'ailleurs, comme on l'a souvent prétendu, que l'intérêt général s'accorde toujours avec les intérêts individuels, que celui qui travaille à l'intérêt des autres travaille toujours à son intérêt propre. Sans doute d'une manière générale, les membres d'une société participent au bien-être de cette société, et les services rendus à cette société sont utiles aux individus qui la composent. C'est là une loi d'économie politique bien établie. Mais dans les cas particuliers, que d'exceptions à cette loi ! Ainsi il est de l'intérêt général que les contribuables soient suffisamment imposés, que les soldats se dévouent au besoin jusqu'à la mort pour le salut de la patrie. Mais est-il de mon intérêt de payer cette année une forte somme d'impôts ? Est-il de l'intérêt de tel ou tel soldat de se faire tuer par dévouement dans telle ou telle rencontre avec l'ennemi ? Celui qui saurait échapper à l'impôt, le soldat qui laisserait mourir les autres pour la défense de la patrie, ne seraient-ils pas de meilleurs utilitaires ? Et comment les condamner si la recherche de l'intérêt général n'a sa raison d'être que dans l'intérêt personnel ?

De plus, l'intérêt général ne peut constituer une règle claire et pratique. S'il est difficile à l'individu de calculer ce qui lui est utile, combien l'est-il plus encore de calculer ce qui est utile à la société ? Dans la plupart de nos actions, l'intérêt général est problématique, et si nous n'avions que lui pour nous éclairer, ce serait une lumière insuffisante, et il faudrait souvent nous résigner à une indécision funeste à notre activité.

Enfin et surtout, le bien ne se confond pas toujours avec l'intérêt général. Ces deux idées sont loin d'avoir même extension. L'intérêt général peut être contraire au bien, et des actions peuvent être bonnes indépendamment de leurs rapports avec l'intérêt général. Quand Thémistocle proposait aux Athéniens de brûler la flotte des alliés qui se trouvait dans le port d'Athènes, il ne songeait qu'à l'intérêt de la patrie, et pourtant le projet était injuste. Soutiendra-t-on que les devoirs de dignité personnelle et les devoirs envers Dieu n'ont pas d'autre fondement que l'intérêt général ? Donner l'intérêt général comme principe de la morale, c'est supprimer une partie de nos obligations, et les plus incontestables.

IV — MORALE DU SENTIMENT

1. Adam Smith : Morale de la sympathie. — 2. Auguste Comte : l'Altruisme. 3. Réfutation de la morale du sentiment.

Frappés de l'influence du sentiment, de ce qu'on appelle « le cœur, » dans le langage ordinaire, sur la conduite des hommes, certains philosophes y ont vu le principe même de la moralité. Le sentiment n'est-il pas le vrai moteur de l'activité ? Se fait-il quelque chose en bien ou en mal sans inclination ? S'il y a dans l'homme des appétits égoïstes sur lesquels il est impossible de fonder la morale, il y a aussi en lui des affections sympathiques et sociales, et des aspirations supérieures vers le vrai, le beau et le bien que nous pouvons prendre pour guides sans crainte de nous égarer. Confions donc la direction de la vie aux sentiments généreux qui sont dans le cœur humain. Cela dispense de tout calcul, et c'est la meilleure manière d'assurer la pratique du bien. Tel est le langage des partisans de la morale sentimentale. Pour tous, le sentiment est, sous une forme ou sous une autre, le seul principe, le seul *criterium* du bien et du mal. Mais ils se séparent quand il s'agit de déterminer quel est le sentiment désintéressé auquel l'honnête homme doit obéir. Les principales formes de la morale sentimentale sont : la morale de presque tous les philosophes de l'école écossaise, plus spécialement celle d'Adam Smith et l'altruisme d'Auguste Comte.

1. Adam Smith. Morale de la sympathie. — Pour combattre la morale intéressée de Hobbes, Schaftesbury et Hutcheson cherchent à établir qu'il n'y a de bonté morale que par les sentiments désintéressés. La règle des mœurs la plus sûre est d'écouter la bienveillance naturelle. Hume, qui dans le domaine spéculatif pousse la hardiesse critique jusqu'aux limites extrêmes, rapporte à une sorte d'instinct la révélation et la recherche du bien moral. Rousseau en France, et Jacobi en Allemagne soutiennent des doctrines analogues. En toutes choses, mais en morale surtout, l'homme doit écouter la voix de la nature et doit se laisser guider par l'inspiration naïve du cœur. Mais c'est chez Adam Smith que la morale du sentiment a revêtu dans la philosophie écossaise une de ses formes les plus ingénieuses et les plus intéressantes.

C'est dans la *Théorie des sentiments moraux* qu'Adam Smith, grand économiste en même temps que philosophe, expose ses idées morales. Dans la première partie de l'ouvrage, il analyse avec beaucoup de pénétration le phénomène de la sympathie. La sympathie est une tendance naturelle, instinctive, qui porte les hommes à se mettre en harmonie d'impressions avec leurs semblables. C'est un sentiment universel; toute âme y est, à quelque degré, accessible. Il est désintéressé, nous l'éprouvons avant toute délibération et même à l'égard d'étrangers ou d'ennemis. Son objet est très étendu, nous sympathisons non seulement avec les autres hommes, mais avec les animaux, avec des êtres imaginaires ; non seulement avec les grandes joies et les grandes douleurs, mais avec les sentiments les plus délicats. Dans la deuxième partie, Adam Smith transforme le fait de la sympathie en principe, et il édifie sur ce fait toute sa doctrine morale. C'est la sympathie qui nous permet de distinguer le bien du mal. Témoins d'une action, ou nous sympathisons avec son auteur, ou nous ne sympathisons pas avec lui. Dans le premier cas l'action est bonne, dans le second elle est mauvaise. Mais la sympathie, pour avoir une valeur morale, doit être pure, c'est-à-dire sans mélange d'antipathie, et universelle, c'est-à-dire éprouvée par tous les hommes. C'est encore la sympathie qui rend compte des jugements que nous portons sur le mérite et le démérite. Lorsque nous voyons un homme faire du bien à un autre et le second témoigner sa reconnaissance au premier, nous sympathisons non seulement avec le bienfaiteur, mais aussi avec l'obligé ; avec celui-ci nous souhaitons du bien au bienfaiteur, et souhaiter du bien à quelqu'un, c'est juger qu'il mérite. Voyons-nous, au contraire, un homme faire du mal à un autre, nous partageons les sentiments de la personne offensée, nous souhaitons naturellement comme elle que du mal soit rendu au coupable, et souhaiter du mal à quelqu'un, c'est juger qu'il démérite.

C'est seulement après avoir avoir apprécié la conduite des

autres que nous pouvons apprécier la nôtre, et c'est encore la sympathie qui dicte nos jugements. Voici de quelle manière. Pour juger mes propres actions, il faut me dédoubler en acteur et en spectateur, mais ce spectateur doit être impartial, tel qu'il serait à l'égard d'autrui. Si ce spectateur impartial sympathise avec moi, mon action est bonne, sinon elle est mauvaise. Puisque notre sympathie pour nous-mêmes ne doit être en quelque sorte que le substitut de la sympathie d'autrui, l'impératif moral peut se formuler ainsi dans la doctrine d'Adam Smith : Agis toujours de telle sorte que tu excites la sympathie de tes semblables.

2. Auguste Comte. L'altruisme. — Auguste Comte proclame la prééminence en morale du cœur sur l'esprit, de l'amour sur la pensée. Mais toutes les inclinations du cœur n'ont pas même valeur morale. A côté des instincts égoïstes qui sont naturellement les plus forts, il y a en nous des instincts de sociabilité et de bienveillance auxquels Auguste Comte donne le nom difforme d'*altruisme*. C'est dans ces intincts qu'il faut placer le fondement de la moralité. Étouffer en nous les désirs personnels, proscrire tous les plaisirs nuisibles ou inutiles à la société, voilà l'idéal moral. Mais quoi qu'on dise et quoi qu'on fasse, la moralité n'est jamais qu'un effet de l'organisme. L'altruisme, aussi bien que l'égoïsme, se rattache nécessairement aux fonctions corporelles. Les sentiments les plus généreux, comme les idées les plus élevées, relèvent en dernière analyse du système nerveux. La morale a ainsi ses racines dans la physiologie. Sur tous ces points, Littré n'a fait que développer la doctrine de son maître.

3. Réfutation de la morale du sentiment. — La morale du sentiment est supérieure à la morale utilitaire, en ce sens qu'elle admet le principe du désintéressement, mais elle n'en est pas moins insuffisante, car elle suppose un principe antérieur à elle ; elle n'a pas les caractères que doit offrir la loi morale, et on peut la réfuter par ses conséquences.

1) La morale du sentiment suppose un principe antérieur à elle. Le sentiment moral, loin de fonder la distinction du bien et du mal, implique cette distinction. Le sentiment a toujours pour condition une idée. La bienveillance, la sympathie, toutes les affections désintéressées ne se comprennent pas sans certains jugements moraux implicites dont ils sont comme les manifestations sensibles. Adam Smith dit : « Telle action est bonne parce qu'elle excite ma sympathie envers son auteur. » Il faut dire : Telle action excite ma sympathie envers son auteur, parce qu'elle est bonne. Il en est de même des autres sentiments moraux. Sous la bienveillance, sous l'instinct moral, sous l'altruisme, il y a une idée morale plus ou moins obscurcie par le sentiment, mais que peut toujours découvrir une analyse impartiale, et c'est dans cette idée que la moralité du sentiment trouve son fondement. « C'est un cercle vicieux manifeste, dit Cousin, que de faire dériver la connaissance du bien de ce qui ne serait pas sans cette connaissance[1]. »

2) La morale du sentiment n'a pas les caractères que doit offrir la loi morale. Le sentiment, même désintéressé, ne peut fonder une loi universelle, absolue et obligatoire. Il n'est pas le même chez tous les hommes, il est soumis à toutes les fluctuations de la sensibilité et relatif aux individus et aux circonstances. Il agit par attrait, non par ordre, il incline, excite, entraîne la volonté ; il ne commande pas. Non seulement nous ne sommes pas toujours obligés de le suivre, mais nous sommes souvent obligés de le combattre. Il ne peut fonder non plus une règle claire et pratique. « Sous le gouvernement de la raison, dit Cousin, le sentiment ne s'égare pas, il devient même pour elle un appui admirable, mais livrez-le à lui-même et il n'a plus de principe assuré, il dégénère en passion, et la passion est fantasque, injuste, excessive... Sans la vue toujours présente du bien et de l'obligation inflexible qui y est attachée, l'âme ne sait où se prendre sur ce terrain mouvant qu'on appelle la sensibilité ; elle flotte du sentiment à la passion, de la générosité à l'égoïsme, montée un jour au ton de l'enthousiasme, et le lendemain descendant à toutes les misères de la personnalité. »

Ces critiques s'adressent à la morale d'Adam Smith comme à toute morale du sentiment. Adam Smith veut que pour nous juger nous-mêmes et juger autrui nous nous mettions à la place d'un spectateur impartial. De quelle impartialité s'agit-il ? Est-ce de l'impartialité de la sympathie ? Mais rien n'est plus partial que la sympathie, et en général que le sentiment laissé

---

[1]. Cousin. — *Du vrai, du beau et du bien,* 13ᵉ leçon.

à lui-même. Est-ce de l'impartialité du jugement ? Mais c'est la raison qui juge, et alors le principe de la morale est cherché en dehors du sentiment. D'ailleurs Adam Smith a tort de subordonner notre conscience à la conscience d'autrui. Selon lui, la conscience d'autrui devient pour nous comme un miroir dans lequel nous apprenons à nous voir et à nous juger. Cette assertion est psychologiquement et moralement fausse ; nous ne connaissons l'âme de nos semblables que par la nôtre, et il y a une morale individuelle indépendante de la morale sociale. Un homme isolé de la société aurait des devoirs à remplir et trouverait dans sa propre conscience la règle de ses jugements et de ses actions [1].

3) On peut enfin réfuter la morale du sentiment par ses conséquences. Elle compromet la distinction du bien et du mal. Comme le sentiment est de sa nature variable, un même acte peut être jugé par différents hommes et même par le même homme, moralement bon ou mauvais, suivant qu'il excite ou non le sentiment moral ; et beaucoup d'actes qu'il serait dangereux d'exclure de la moralité, ne recevront aucune qualification morale, parce qu'ils laisseront la sensibilité indifférente. La sympathie universelle elle-même n'est pas toujours une garantie suffisante du bien, car l'opinion publique peut s'égarer, et il y a des circonstances où il est de notre devoir de nous affranchir des préjugés communs pour juger sainement de la moralité de certaines actions. La morale du sentiment pourrait même conduire au relâchement des mœurs, car il y a des vertus austères qui ne sont pas naturellement attrayantes, et des vices aimables qui n'ont que trop d'attraits. Il y a aussi des hommes vertueux vers lesquels la sympathie ne va pas naturellement, et des hommes d'une honnêteté douteuse qui ont quelquefois le talent de plaire.

1. Jules Simon n'a pas jugé trop sévèrement la morale d'Adam Smith en disant que c'est un système ingénieux dans les détails, mais puéril dans l'ensemble.

V. MORALE DU DEVOIR

1. Analyse de l'idée du bien : le devoir. — 2. Rôle de l'intérêt en morale. — 3. Rôle du sentiment en morale. — 4. Fondement de la loi morale : — Fondement de la distinction du bien et du mal. — Fondement de l'obligation morale.

1. Analyse de l'idée du bien. Le devoir. — Nous avons établi que ni le plaisir, ni l'intérêt, ni le sentiment ne peuvent servir de principes à la moralité, qu'ils n'ont pas les caractères de la loi morale et que les systèmes qui en font la fin de l'activité humaine se condamnent par leurs conséquences. Le motif du bien étant le dernier motif de nos actions, constaté par l'observation psychologique, il en résulte, puisqu'il y a une loi morale, que lui seul peut être le principe cherché. Cette preuve indirecte a une valeur rigoureusement suffisante; toutefois nous allons la confirmer par l'analyse de l'idée du bien.

L'idée du bien est universelle, absolue, obligatoire, claire et pratique.

1) L'idée du bien est *universelle*. C'est un fait que tout homme a l'idée du bien et qu'il distingue le bien du mal. Notre conscience et la conscience universelle sincèrement consultées l'établissent. Nos jugements et notre conduite personnelle en témoignent clairement, et partout et toujours les hommes ont entendu ce témoignage. C'est un fait aussi que la conscience ne confond pas le bien avec le plaisir et l'intérêt, ou avec les différents sentiments qui accompagnent notre activité. Les hédonistes, les utilitaristes, les sentimentalistes sont dans l'erreur. L'idée du bien est une idée *sui generis* irréductible aux autres motifs d'action. J'apprends qu'un homme jusqu'ici inconnu de moi s'expose, pour tenir sa parole, à perdre sa fortune ou même sa vie; je juge qu'il fait bien. Est-ce parce qu'il y trouvera son plaisir ou son intérêt ? Non, c'est parce que ma conscience me dit qu'il est bien de tenir sa parole. Pour échapper à la mort, un soldat d'une armée ennemie quitte son poste, je juge qu'il fait mal, que c'est un lâche. Pourquoi ? Est-ce parce que l'antipathie ou un autre sentiment m'inspire ce jugement ? Non, c'est parce qu'il est mal de trahir son pays. Nous concevons que ce qui est bien ou mal l'est pour tous, partout et toujours. Sans

doute l'idée du bien n'est pas également développée dans tous les esprits, et il y a des erreurs morales. Mais tout être raisonnable conçoit le bien et le distingue du mal, et les erreurs morales n'ont jamais pour objet les principes fondamentaux de la morale : « *Quæ natio*, dit Cicéron, *non comitatem, non benignitatem, non gratum animum, et beneficii memorem diligit, quæ superbos, maleficos, crudeles, ingratos non aspernatur et non odit?* » « O Montaigne, dit Rousseau, toi qui te piques de franchise, dis-moi s'il est quelque pays sur la terre où ce soit un crime de garder sa foi, d'être clément, où l'homme de bien soit méprisable et le perfide honorable. »

2) L'idée du bien est *absolue*. Elle s'impose à la raison sans condition. C'est au nom du bien, indépendamment de l'intérêt et de toute autorité humaine que la conscience morale ordonne ou défend, approuve ou condamne. « *Honestum id intelligimus*, dit Cicéron, *quod tale est ut, omni detractâ utilitate, possit per seipsum jure laudari.* » L'autorité des hommes peut se réclamer de l'idée du bien et chercher en elle un appui, mais l'idée du bien n'a pas son fondement dans cette autorité, elle la juge sans être jugée par elle. Le bien est distinct du mal, c'est là une vérité nécessaire que ni la passion, ni le sophisme ne peuvent effacer de l'esprit, aussi impérieuse pour lui que les vérités de l'ordre mathématique.

3) L'idée du bien est *obligatoire*. C'est par ce caractère qu'elle se distingue des autres idées de la raison. Lorsque j'affirme que c'est un mal de voler, que c'est un bien d'honorer ses parents, ces jugements que je porte ne sont pas seulement spéculatifs, comme ceux qui énoncent des vérités mathématiques, ils sont pratiques. J'affirme du même coup que je suis tenu de ne pas voler et d'honorer mes parents. Lorsque l'idée d'obligation accompagne l'idée du bien, le bien s'appelle le devoir. Le devoir, c'est l'obligation de faire le bien. Tout bien ne suppose pas un devoir, mais tout devoir suppose un bien, car le bien est le fondement du devoir. Le devoir est donc moins étendu que le bien. Il y a beaucoup de biens qui ne sont pas et même ne peuvent pas être des devoirs ; les biens qui ne dépendent pas de nous ne peuvent pas nous obliger ; mais chaque fois qu'une obligation pèse sur nous, elle a sa raison d'être dans le bien. Nous sommes tenus au respect de la propriété et de l'honneur

d'autrui parce que la propriété et l'honneur sont des biens. S'il n'y avait pas de biens naturels, de biens qui ont une valeur par eux-mêmes, on ne comprendrait pas pourquoi telle action serait moralement bonne plutôt que telle autre. Toute action humaine a un objet. Si tous les objets étaient absolument indifférents, si rien n'était bon ni mauvais en soi, on ne pourrait s'expliquer pourquoi telles actions sont meilleures que leurs contraires, pourquoi il faut rechercher les unes et fuir les autres. Si par exemple la vérité n'a pas plus de valeur que l'erreur, il faut renoncer à justifier le précepte qui défend le mensonge, ce n'est plus qu'une interdiction arbitraire.

Le devoir, comme le bien, est absolu ; il ordonne et défend sans tenir compte des désirs, des intérêts et des passions. « Fais ce que dois, advienne que pourra. » C'est un impératif catégorique. Il est universel dans le sens qu'il s'impose à la conscience de tous les hommes. En quelque lieu, en quelque temps que nous placions un homme, nous concevons qu'il est sujet du devoir et qu'il y a un bien qui l'oblige.

4) L'idée du bien et l'idée du devoir sont des idées *claires et pratiques*. « Tous, dit Malebranche, entendent la voix de la vérité qui ordonne de ne point faire ce qu'ils ne voudraient pas qu'on leur fît ; et ceux qui n'obéissent point à cette voix sentent des reproches intérieurs qui les menacent et les punissent de leur désobéissance, pourvu qu'ils rentrent en eux-mêmes et qu'ils entendent la raison. » Il serait d'ailleurs contradictoire à la sagesse et à la justice de Dieu qu'il nous eût obligé par une loi obscure et impraticable.

L'analyse de l'idée du bien et de l'idée du devoir qui en est inséparable, confirme les résultats de la critique des faux systèmes de morale. Le devoir est une règle universelle, absolue, obligatoire, claire et pratique : il est donc bien la loi morale.

2. Rôle de l'intérêt en morale. — De ce que l'intérêt ne peut servir de principe à la morale, il ne s'ensuit pas qu'il doive en être exclu et qu'il n'y joue un rôle important.

D'abord dans la plupart des cas, la vertu est avantageuse, dès ici-bas, à celui qui la pratique. La morale ne prescrit rien à l'homme qui ne soit d'accord avec son intérêt bien entendu, et les principes qui gouvernent l'ordre moral gouvernent aussi l'ordre économique. Les doctrines utilitaires qui semblent faites pour le bien être de l'homme ne l'assurent pas, et la règle du devoir vaut mieux, même à ce point de vue, que celle de l'intérêt privé ou public.

De plus, la véritable utilité n'est-elle pas dans l'accomplissement du devoir? Celui qui fait le bien sacrifie ce qu'il y a en lui d'inférieur aux facultés les plus élevées de son être, mais n'est-ce pas là donner la préférence à un intérêt supérieur? L'homme est corps et âme, il est sens et raison, mais l'âme est plus lui-même que son corps; la raison est plus lui-même que ses sens; par conséquent l'homme vertueux qui opte pour l'âme contre le corps, qui obéit à la raison plutôt qu'aux sens, s'aime vraiment lui-même. C'est ce qu'exprime Aristote dans ce passage : « Si un homme, dit-il, ne cherchait qu'à suivre la justice, la sagesse ou telle autre vertu, il serait impossible de l'appeler égoïste et de le blâmer. Mais n'est-il pas plus égoïste que les autres, puisqu'il s'adjuge les choses le plus belles et les meilleures, et qu'il jouit de la partie la plus relevée de son être... il est évident que c'est ce principe souverain qui constitue essentiellement l'homme, et que l'honnête homme aime de préférence à tout. Il faudrait donc dire, à ce compte, qu'il est le plus égoïste des hommes. Mais ce noble égoïsme l'emporte sur l'égoïsme vulgaire, autant que la raison sur la passion, et le bien sur l'utile. »

Enfin la vie présente sera suivie d'une autre vie où la justice exige que chacun soit traité selon ses œuvres, où la récompense sera proportionnelle au mérite et la punition au démérite. Le bonheur dans l'immortalité sera pour l'homme vertueux comme le payement d'une dette divine, et en définitive la vertu aura été un titre pour le ciel.

Certains moralistes, craignant d'enlever au devoir et à la vertu leur désintéressement, se sont demandés si des actes bons en eux-mêmes, faits sous l'impulsion de l'espérance d'une récompense, surtout d'une récompense éternelle ou de la crainte d'un châtiment, surtout d'un châtiment éternel, restent moralement bons. Agir ainsi, n'est-ce pas agir par un motif personnel? N'est-ce pas pratiquer la morale de l'intérêt? Ainsi raisonnent les Stoïciens, les Kantiens et d'autres philosophes qui ont accusé d'égoïsme la morale chrétienne.

Ce raisonnement repose sur une confusion d'idées qu'il

importe de dissiper et sur une mutilation de la nature humaine que ne peut commander la morale. En principe, agir par l'unique motif du devoir, en sorte qu'on préférerait la vertu au vice, alors même que par impossible elle devrait être suivie de malheurs éternels, ce serait certainement l'héroïsme de la perfection. Agir au contraire par l'unique motif du bonheur, c'est oublier l'excellence intrinsèque du devoir et faire un acte dépourvu de toute valeur morale. Mais dans la réalité, les choses ne se passent pas aussi simplement, et entre ces deux extrêmes il y a des moyens termes nombreux. Celui qui, excluant formellement le motif du devoir, s'abstiendrait extérieurement de violer la loi morale pour le motif du bonheur, mais qui serait intérieurement disposé à la violer s'il n'y avait pas de châtiment, serait sans aucun doute coupable, car la loi morale vise l'intention de l'agent. — Celui qui, agissant d'abord pour le motif du devoir, s'excite ensuite à l'accomplir par l'espoir de la récompense et la crainte du châtiment, fait un acte moralement bon. — Celui qui, sans exclure positivement le motif du devoir, se propose la récompense, ne fait pas par cela seul un acte mauvais en soi. Pourquoi ne serait-il pas permis de chercher l'utile lorsqu'il n'est pas opposé au devoir ? L'homme est sensibilité en même temps que raison. Pourquoi dès lors exclure des motifs d'action le motif du bonheur, lorsqu'il n'est pas contraire au devoir, à plus forte raison lorsqu'il lui est subordonné. La morale ne peut imposer le sacrifice du bonheur sans imposer le sacrifice de la sensibilité. Comment peut-on devenir indifférent au plaisir et à la douleur, si l'on ne le devient d'abord aux inclinations les plus vives de la nature humaine ? On ne peut arracher du cœur de l'homme l'instinct du bonheur. De plus, l'indifférence à notre douleur ne nous conduirait-elle pas à l'indifférence à la douleur d'autrui ? L'honnête homme se dira alors : Que m'importe ma douleur ? que m'importe la douleur des autres, pourvu que je n'en sois pas la cause et que j'aie fait tous mes efforts pour la soulager ? Cela ne peut être la vraie formule de la loi morale, ce n'en est qu'un travestissement, car elle mutile l'âme humaine en ne tenant aucun compte de sentiments dont le devoir ne peut exiger le sacrifice.

3. Rôle du sentiment en morale. — Le sentiment ne peut

pas plus que l'intérêt servir de principe à la morale, mais ce n'est pas à dire qu'il faille l'en exclure et le traiter comme un adversaire du devoir. Il en est, au contraire, un auxiliaire important et même indispensable.

C'est un fait d'expérience qu'on accomplit mieux son devoir quand on l'aime ou quand on aime les personnes envers lesquelles il oblige. C'est ainsi que l'affection qui unit les différents membres d'une famille rend plus faciles les devoirs domestiques. D'ailleurs l'idée n'agit pas directement sur la volonté, il faut qu'elle se fasse en quelque sorte sentiment pour la déterminer, et ce n'est pas sans une raison providentielle qu'à chacun de nos devoirs s'ajoute une inclination qui aide à l'accomplir.

Le sentiment n'est pas seulement l'auxiliaire du devoir, il en est encore l'ornement et la récompense. Pour être très aimable la vertu d'un saint François de Sales ou d'un saint Vincent de Paul perd-elle de son mérite ou de son éclat? « L'homme vertueux, dit Aristote, est celui qui trouve du plaisir à faire des actes de vertu. » « Quand je donnerais tout mon bien pour être distribué aux pauvres, dit saint Paul, quand je livrerais mon corps pour être brûlé, si je n'ai la charité, tout cela ne me sert de rien. » Aimer le bien est le plus sûr moyen de le faire, le faire c'est le plus sûr moyen de l'aimer.

C'est un grave tort des Stoïciens et des Kantiens d'avoir exclu le sentiment du domaine de la moralité. Pour les Stoïciens le sentiment empêche le calme de l'âme, aussi le sage doit-il le combattre. Pour Kant, ce n'est qu'un amour pathologique, funeste à la véritable moralité. Celle-ci n'est que là où il y a obéissance au devoir pour le seul devoir et sans autre motif; l'intervention du sentiment ne peut que la détruire ou l'altérer. La valeur morale d'un acte consiste uniquement dans la lutte et dans l'effort qu'il exige. Plus la lutte et l'effort pour la vertu sont pénibles et par conséquent plus il y a d'obstacles et de résistance, plus l'acte est moralement bon.

Il faudrait donc non seulement regretter les bonnes inclinations de l'âme, mais encore désirer qu'elle n'en eût que de mauvaises, pour atteindre à la véritable moralité. Kant veut-il donner une idée du devoir de conservation personnelle? il nous montre un homme poussé par l'affreuse misère jusqu'au désespoir et à l'horreur de la vie, s'arrachant à la violence de ses sentiments et acceptant de vivre encore par respect pour la loi morale. Veut-il donner une idée du devoir de bienfaisance? il nous montre un homme d'un naturel froid et insensible, qui fait le bien sans émotion et sans pitié pour la seule raison que c'est son devoir. Entendre ainsi le devoir, n'est-ce pas le rendre impossible, n'est-ce pas imposer à l'homme un idéal qui n'est plus humain.

4. Fondement de la loi morale. — La loi morale ou le devoir c'est l'obligation de faire le bien. Mais qu'est-ce que le bien en lui-même? Sur quoi repose la distinction du bien et du mal? Et d'où la loi morale tire-t-elle le droit qu'elle a de commander aux volontés libres? Cette seconde question est la question du fondement de l'obligation morale. Avant de la traiter nous dirons quelques mots de la première.

Fondement de la distinction du bien et du mal. Nature du bien. — Qu'est-ce que le bien? Parmi les philosophes les uns considèrent l'idée du bien comme une idée absolument simple et irréductible à d'autres idées; les autres essaient de ramener l'idée du bien à des idées qu'ils estiment plus claires.

1) Aristote et Jouffroy ramènent l'idée du bien à l'idée de fin. « Le bien, dit Aristote, est la cause finale. » « Le bien, dit Jouffroy, est la coordination de toutes les fins. » Les fins particulières sont des fragments et des moyens de la fin universelle. La fin universelle est le souverain bien. Faire le bien c'est aller à sa fin, faire le mal, c'est s'en détourner.

On peut, sans aucun doute, identifier les idées de bien et de fin. « Le bien a la raison de fin, dit saint Thomas. » La fin d'un être est son bien. Mais il vaut mieux, semble-t-il, définir la fin par le bien que le bien par la fin. De ces deux idées, l'idée de bien est la première. C'est parce que nous jugeons un objet bon, meilleur que d'autres, plus parfait que ceux dont nous jouissons actuellement, que nous tendons vers lui comme à une fin.

2) Un philosophe anglais, Wollaston, ramène l'idée du bien à l'idée du vrai. Cette proposition : faire le bien, équivaut à cette autre : affirmer le vrai. Le bien moral, c'est le vrai exprimé dans les actions humaines. Est bonne toute action conforme au vrai, est mauvaise toute action qui le contredit. Le vol est un mal, parce qu'en s'appropriant le bien d'autrui, le voleur

affirme qu'il lui appartient. Haïr Dieu est un mal, parce que c'est nier sa bonté.

Dans l'absolu, c'est-à-dire en Dieu, le vrai et le bien se confondent, mais il n'en est pas ainsi dans les actions humaines, lorsque le bien est mis en rapport avec des volontés libres. Tout ce qui est bien est vrai, mais tout ce qui est vrai n'est pas nécessairement bien. Le motif d'une bonne action est une vérité, et celui qui l'accomplit l'affirme implicitement, de même que celui qui ne l'accomplit pas la nie. Mais les vérités morales forment un genre à part, et il y a beaucoup de vérités qui n'ont aucun rapport avec la moralité, qu'on peut affirmer ou nier, sans être pour cette raison vertueux ou vicieux. Une action criminelle, en contredisant une vérité morale, peut traduire une vérité d'un autre ordre. « Donner de l'arsenic pour empoisonner, dit Jouffroy, c'est respecter la vérité chimique. »

3) On a ramené l'idée de bien à l'idée d'ordre ou de loi ; le bien, c'est le respect de l'ordre. « Faire le bien, dit Montesquieu, c'est respecter les rapports essentiels qui dérivent de la nature des choses, les violer c'est faire le mal. »

Cette théorie ne manque pas de vérité, mais elle est trop peu définie et trop peu précise. De quel ordre s'agit-il, et quel en est le principe ? Sommes-nous tenus de respecter toutes les lois, tous les rapports essentiels qui dérivent de la nature des choses ? Assurément non. Il y a dans la nature des rapports et des lois qui n'intéressent en rien la morale. On peut les ignorer sans préjudice de la distinction du bien et du mal ; on peut ne pas s'y conformer dans sa conduite sans cesser d'être honnête homme.

4) Malebranche, le premier des philosophes modernes qui ait conçu un véritable système de morale, ramène l'idée du bien à l'idée de perfection. « Les choses se distinguent, dit-il, non seulement par la grandeur ou la quantité, mais encore par la perfection ou la qualité, et de même qu'il y a des rapports de grandeur qui sont l'objet des mathématiques, il y a des rapports de perfection qui sont l'objet de la morale. Une bête, dit-il, est plus estimable qu'une pierre et moins estimable qu'un homme, parce qu'il y a un plus grand rapport de perfection de la bête à la pierre, que de la pierre à la bête, et qu'il y a un moindre rapport de perfection entre la bête comparée à l'homme,

qu'entre l'homme comparé à la bête. » Il y a des rapports de perfection non seulement entre les êtres, mais entre les diverses qualités des êtres. Dans l'homme, l'âme est préférable au corps, le cœur aux sens, la raison aux passions ; et ces rapports de perfection sont aussi nécessaires que les rapports de grandeur. « C'est un ordre immuable que les esprits soient plus nobles que les corps, comme c'est une vérité nécessaire que deux fois deux soient quatre, ou que deux fois deux ne soient pas cinq. » Celui qui voit ces rapports de perfection voit des vérités qui doivent régler son estime et ses actions. Ces rapports ont, en effet, leur fondement dans l'intelligence de Dieu où tous les êtres sont représentés par leurs idées, avec leurs degrés de perfection comme avec leurs propriétés mathématiques ; et Dieu aime les êtres dans la mesure de la perfection qu'il leur a donnée et qu'il connaît. Par conséquent si l'homme proportionne son amour envers les êtres à leur perfection relative, il s'établit entre la volonté humaine et la volonté divine une conformité qui est l'ordre. L'homme aime ce que Dieu aime, et il l'aime dans la mesure où Dieu l'aime. Il est dans l'ordre, il fait bien. Le bien, pour l'homme comme pour Dieu, c'est l'ordre dans l'amour.

Cette doctrine du bien, commune à beaucoup de moralistes, traduit ce qu'il y a de vrai dans les doctrines précédentes ; encore faut-il remarquer qu'il ne s'agit pas ici de la perfection en général, mais de la perfection humaine. Le bien de l'homme, celui qui l'oblige, c'est sa propre perfection. C'est en travaillant à réaliser cette perfection qui est à sa portée que l'homme imite Dieu. Autre n'est pas le sens de la parole de l'Évangile : *Estote ergo vos perfecti sicut et pater vester cœlestis perfectus est.*

Des philosophes, essayant de pousser plus loin l'analyse, ont ramené l'idée de perfection à deux autres notions : la notion d'activité et celle d'ordre. L'homme est d'autant plus parfait qu'il y a en lui plus d'activité et plus d'harmonie entre les puissances ou facultés de son être. La perfection humaine consiste dans le développement harmonieux de toutes les facultés subordonnées à la faculté vraiment humaine, à l'activité propre à l'homme, à la raison.

Quelle part cette doctrine fait-elle au bonheur? Le condamner est impossible, car l'homme se sent né pour le bonheur, et il ne peut pas ne pas le poursuivre. Mais le bonheur dont elle déclare la recherche légitime, ce n'est pas un plaisir, un bonheur quelconque, c'est le bonheur digne de l'homme, celui qui résulte de l'activité raisonnable qui s'exerce conformément à sa loi. « Le souverain bien, dit Descartes, consiste en l'exercice de la vertu, ou ce qui revient au même, en la possession de toutes les perfections dont l'acquisition dépend de notre libre-arbitre. La félicité est la satisfaction d'esprit qui suit cette acquisition... La béatitude n'est pas le souverain bien, mais elle le présuppose... car le souverain bien est sans doute la chose que nous devons nous proposer dans toutes nos actions, et le contentement d'esprit qui en revient étant l'attrait qui fait que nous le cherchons, est aussi à bon droit nommé notre fin[1]. »

Cette doctrine, dit Paul Janet qui l'a développée dans sa morale, est une sorte d'*eudémonisme rationnel*[2], puisqu'elle place le souverain bien dans le bonheur, suivant la doctrine presque unanime des philosophes. Mais elle fonde le bonheur sur la vraie nature de l'homme, laquelle ne peut être reconnue que par la raison. En un mot, elle ne mesure pas le bonheur par le plaisir; elle mesure au contraire le plaisir par le bonheur, de telle sorte que les plaisirs « ne valent qu'à proportion de la part qu'ils peuvent avoir à notre bonheur dont le fondement est dans notre perfection. »

Fondement de l'obligation morale. — D'où vient à la loi morale le droit qu'elle a de commander aux volontés humaines? En d'autres termes, quel est le fondement de l'obligation morale? Écartons d'abord quelques erreurs.

Une première erreur est celle de ceux qui font reposer l'obligation morale sur la sanction. L'homme serait tenu de faire le bien à cause de la récompense qui doit le suivre ; il serait tenu d'éviter le mal à cause du châtiment qu'il entraîne.

Mais la sanction n'est qu'une conséquence de l'obligation morale, elle ne peut en être le principe. Je mérite une récompense parce que je fais le bien, mais je ne suis pas tenu de faire le bien

---

1. DESCARTES. — Edition Cousin, XI, 221.

2. On appelle *eudémonisme* toute doctrine morale qui assigne le bonheur comme fin à l'activité humaine.

parce que je mériterai une récompense. Fonder l'obligation sur la sanction, c'est enlever au devoir son désintéressement et revenir à la morale de l'intérêt. La sanction peut exciter l'homme à l'accomplissement de la loi morale par l'espoir et la crainte, elle aide à la pratique du devoir ; elle n'en est pas la raison.

Une seconde erreur est celle de ceux qui font reposer l'obligation morale sur les lois humaines. La loi morale serait l'œuvre des législateurs qui auraient établi la distinction du bien et du mal et conféré au bien sa force obligatoire.

Mais c'est au nom de la loi morale que les hommes jugent, approuvent ou condamnent les lois humaines qui n'ont d'autorité que par elle. Supprimez la loi morale naturelle, les lois humaines n'ont plus d'autre appui que celui de l'intérêt ou de la force. Ne pouvant plus se réclamer de la justice et faire appel à la conscience de chacun, elles manqueront absolument de prestige et seront souvent sans effet. D'ailleurs la loi morale est universelle et absolue. Si elle est l'œuvre des volontés humaines, qui sont de leur nature particulières, mobiles et changeantes, comment justifier ces caractères ? Une même action pourra être obligatoire en France et défendue en Espagne, suivant le mot de Pascal : « Vérité en deçà des Pyrénées, erreur au-delà. » De plus, les lois humaines n'embrassent pas tout le domaine de la moralité. Beaucoup de fautes échappent à la contrainte et à la sanction de la législation civile : d'abord toutes celles qui se passent dans le for intérieur et n'ont d'autres témoins que la conscience de leur auteur et le regard de Dieu, comme les pensées et les désirs coupables ; ensuite celles qui ne sortent pas du foyer domestique où la loi doit pénétrer le moins possible ; enfin celles qui ne menacent pas matériellement l'ordre public, comme l'égoïsme et l'ingratitude. Ajoutons que faire reposer l'obligation morale sur les lois humaines, c'est poser un principe dont les conséquences seraient les plus dangereuses pour les individus et les sociétés. « Si les volontés des peuples, dit Cicéron, les décrets des chefs de l'État, les sentences des juges fondaient la justice, le vol, l'adultère, les faux testaments seraient de droit, dès qu'on aurait l'appui des suffrages ou des votes de la multitude. » Il y a une justice indépendante de la volonté des hommes ; il est donc impossible que la loi morale dérive des lois humaines.

Une troisième erreur est celle de ceux qui font reposer l'obligation morale et même la distinction du bien et du mal sur la volonté arbitraire de Dieu. Le bien est bien parce que Dieu le veut ; il aurait pu, s'il l'avait voulu, faire que ce qui est bien fût le mal, et que ce qui est mal fût le bien. C'est la doctrine de Duns Scot, d'Occam et de Descartes. Le bien est par nature distinct du mal, mais c'est la volonté arbitraire de Dieu qui l'a rendu obligatoire ; c'est la doctrine de Puffendorf et de Barbeyrac.

La première de ces doctrines méconnaît la distinction essentielle du bien et du mal et dénature les perfections de Dieu. Si la volonté divine crée arbitrairement le bien et le mal, elle n'est pas conforme à la sagesse divine, il y a même contradiction entre ces deux attributs de Dieu, ce que la raison ne peut admettre. La seconde doctrine n'est pas plus acceptable. Si l'obligation attachée au bien résulte de la volonté arbitraire de Dieu, le lien qui unit l'obligation au bien n'est plus un lien nécessaire. Dieu aurait pu permettre, s'il l'avait voulu, le mensonge, le vol, le meurtre et les actes que la conscience humaine juge les plus criminels. Cela paraît absolument inadmissible.

Une quatrième erreur est celle de ceux qui font reposer l'obligation morale sur l'idée du bien, abstraction faite de l'idée de Dieu. Le bien est obligatoire parce qu'il est le bien, il s'impose à la volonté par le fait même qu'il est connu, il ne tient son autorité que de lui-même. C'est la thèse des partisans de la morale indépendante.

Mais on ne comprend pas comment une idée conçue par la raison humaine peut par elle seule obliger, à moins qu'on ne soutienne que c'est l'homme qui, par un acte de sa propre volonté, confère à l'idée du bien sa force obligatoire. Mais alors l'homme, en entrant dans le domaine de la moralité, devient législateur en même temps que sujet ; il est obligé, et c'est lui qui s'oblige ; il est l'auteur des préceptes auxquels il est tenu d'obéir. S'il en est ainsi, si l'homme est l'auteur de la législation morale, si l'autorité de celle-ci est tout entière dans la volonté humaine, qui la garantira contre l'arbitraire et le caprice ? Et comment assurer son efficacité ? D'ailleurs l'homme, créature de Dieu, ne peut être indépendant de lui dans la loi qui le conduit à sa fin. Il ne pourrait échapper au domaine divin sans que la toute-puissance de Dieu en fût diminuée. Le bien est obligatoire pour l'homme, parce que c'est Dieu qui le lui impose.

Vrai fondement de l'obligation morale. — Il faut donc remonter à Dieu pour trouver le fondement dernier de la loi morale. Hors de cette doctrine la loi morale manque d'autorité et par conséquent d'efficacité. La raison humaine conçoit le bien comme la fin, comme la loi, comme l'ordre, comme la perfection. Toutes ces idées supposent l'idée de Dieu, fin dernière, principe de toute loi et de tout ordre, perfection suprême. La raison humaine conçoit le bien comme un impératif, et un impératif absolu. Mais un tel impératif suppose un maître qui ne dépend de personne. Sans l'idée de Dieu, l'édifice de la morale n'aurait plus aucune solidité. La connaissance de l'origine divine du devoir l'ennoblit en lui donnant un caractère de pureté et de sainteté qui le rend sacré à la conscience, et rien ne facilite plus son accomplissement. Quoi de plus puissant pour stimuler l'homme dans la fuite du mal et la recherche du bien que cette pensée : Dieu est l'auteur de la loi morale, et il en sera un jour le rémunérateur et le vengeur. « O devoir, s'écrie Kant, mot grand et sublime, d'où tires-tu ton origine ? Où trouver la racine de ta noble tige qui repousse fièrement toute parenté avec les penchants ? » Cette origine, cette racine est en Dieu. C'est la volonté divine, mais inséparable de la raison divine dont la conscience humaine n'est qu'un écho, qui est la véritable source de l'obligation morale. « *Voluntas Dei ordinem naturalem conservari jubens, perturbari vetans.* » Quand j'obéis à la loi morale, c'est donc à Dieu que j'obéis ; quand je fais le bien, je fais la volonté de Dieu et je réalise vraiment en moi l'image de Dieu.

Ouvrages à consulter.

Aristote. — *Éthique à Nicomaque.*
Beaussire. — *Les principes de la morale.*
Blondel. — *L'action.*
De Broglie. — *La morale sans Dieu.*
Caro. — *Littré et le positivisme.*
Carrau. — *La morale utilitaire.*
Cicéron. — *De Finibus.*
Cousin. — *Du vrai, du beau et du bien.*

Fouillée. — *Critique des systèmes de morale contemporains.*
D'Hulst. — *Le fondement de la morale.*
Janet. — *La morale.*
Jouffroy. — *Cours de droit naturel.*
Kant. — *Critique de la raison pratique.*
Malebranche. — *Traité de morale.*
Ollé-Laprune. — *La morale d'Aristote.*
Renouvier. — *Science de la morale.*
Thamin. — *Éducation et positivisme.*
Saint Thomas. — *Somme théologique.*

CHAPITRE III

CONSÉQUENCES DE LA MORALITÉ

Les principales conséquences de la moralité sont le mérite et le démérite, la sanction, la vertu et le vice.

I — LE MÉRITE ET LE DÉMÉRITE

1. Définition du mérite et du démérite. — 2. Nature du mérite et du démérite. 3. Mesure du mérite et du démérite.

1. Définition du mérite et du démérite. — Le mérite peut se définir le droit à du bonheur. Le démérite est en quelque sorte le droit à du malheur. Outre les jugements par lesquels elle affirme avant l'action la distinction du bien et du mal, et l'obligation morale, la conscience porte après l'action un troisième jugement par lequel elle affirme que la bonne action mérite une récompense, que la mauvaise action mérite un châtiment. Ce troisième jugement offre les mêmes caractères que les deux autres, il est nécessaire, absolu et universel.

Le jugement qui a pour objet le mérite et le démérite est un jugement nécessaire. La vertu sans récompense et le vice sans châtiment constituent pour notre raison un désordre, et lorsque ce désordre s'offre à nos yeux, nous affirmons que cela ne doit pas être, que le droit exige rigoureusement qu'il en soit autrement.

Ce jugement est absolu. Nous le portons indépendamment des résultats. Une conscience droite ne juge pas du mérite d'un homme par ses succès, de son démérite par ses insuccès; elle en juge, abstraction faite des événements, et s'il est des moments où nous affirmons le mérite et le démérite avec plus de force, c'est lorsque l'expérience paraît leur donner un démenti. Rien ne révolte la conscience comme le vice triomphant et honoré, la vertu méconnue et persécutée.

Ce jugement est universel. Il s'impose à la conscience partout et toujours. Tout acte qui remplit les conditions requises pour la responsabilité y est soumis. Aussi pour obtenir l'estime et la faveur, le vice prend-il les dehors de l'honnêteté, et malgré ce qu'elle a d'odieux l'hypocrisie est un hommage implicite rendu à la vertu.

2. Nature du mérite et du démérite. — L'idée de mérite ou de démérite appelle naturellement celle de sanction. Mais on peut les analyser séparément et considérer la première en l'isolant de la seconde. On définirait alors le mérite : l'accroissement volontaire de l'excellence personnelle, et le démérite : la diminution volontaire de cette excellence. Tous les êtres ont été établis par le créateur dans un état de perfection relative. Mais l'homme a sur les autres créatures le privilège d'être perfectible. Il peut, par l'effort de sa volonté libre, s'élever au-dessus du degré de perfection qu'il a reçu et s'approcher indéfiniment de l'idéal moral que conçoit sa raison. Il peut aussi, s'abandonnant aux mauvais sentiments de sa nature, descendre à un état inférieur. C'est cet accroissement ou cette diminution de notre perfection native qui constitue le mérite ou le démérite. Il y a ainsi dans notre valeur morale une sorte de hausse ou de baisse qui est l'œuvre de notre volonté. Quand l'homme fait le bien, il gagne en valeur, il a du mérite. Quand il fait le mal, il perd de sa valeur, il a du démérite.

3. Mesure du mérite et du démérite. — On a quelquefois opposé le méritoire et l'obligatoire et soutenu que le mérite est en raison inverse de l'obligation. Plus une action serait obligatoire, moins elle serait méritoire, moins une action serait obligatoire, plus elle serait méritoire. Cette théorie est inadmissible, car comme le devoir est toujours obligatoire, il en résulterait qu'il n'y aurait pas de mérite ou qu'il y aurait peu de mérite à l'accomplir, ce qui est démenti par la conscience. Il y a des actions strictement obligatoires auxquelles nous attachons un haut degré de mérite. Rien de plus obligatoire que la justice et certains actes de justice sont très méritoires. Quelle est donc la mesure du mérite? Le mérite est en raison composée de la difficulté et de l'importance du devoir, et de l'intention de l'agent moral.

1) La difficulté du devoir ou l'effort qu'il exige pour être accompli en augmente le mérite. Ainsi il y a très peu de mérite à ne pas prendre le bien d'autrui, à être bienveillant pour ses amis et les membres de sa famille, parce que ce sont là des devoirs faciles. Il y a au contraire beaucoup de mérite à restituer une somme considérable, à conserver sa vertu intacte, à rester humble dans la prospérité, calme et résigné dans l'adversité parce que ces devoirs supposent beaucoup d'efforts.

2) L'importance du devoir en augmente aussi le mérite. Si le mérite se mesurait à l'effort seul, il faudrait soutenir que les fatigues que s'impose le touriste pour ses plaisirs ou par ostentation sont aussi méritoires que celles que s'imposent par dévouement ou par zèle le savant, l'explorateur, le missionnaire. A difficultés égales, il y a plus de mérite à s'acquitter d'un devoir très important que d'un devoir qui l'est moins.

3) Enfin le degré du mérite dépend de l'intention de l'agent moral. Pour qu'une action soit moralement bonne et par conséquent méritoire, il ne suffit pas qu'elle soit conforme au bien, il faut encore qu'elle soit inspirée par un motif honnête. Telle action peut être bonne en elle-même qui sera mauvaise dans la réalité. Donner l'aumône à un pauvre est une action naturellement bonne, mais la lui donner par vanité ou pour le corrompre est une action moralement mauvaise et déméritoire. On peut prendre soin de sa santé dans l'unique intention de jouir de la vie, on peut le faire afin d'être plus apte à remplir tous ses devoirs. Dans le premier cas on démérite; dans le second on mérite. La bonne intention ne peut rendre bonne une action mauvaise car la fin ne justifie pas les moyens; autrement il suffirait de diriger son intention dans un bon sens pour que le mal devînt le bien. Une action mauvaise faite dans une bonne intention ne peut être excusable que dans le cas d'ignorance ou d'erreur invincible. Mais la bonne intention peut conférer une valeur morale et par conséquent du mérite aux actes en apparence les plus indifférents en eux-mêmes. Ici la fin qualifie les moyens. On a du mérite à se reposer pour mieux travailler; on a du mérite à se distraire pour éviter une tentation dangereuse.

Quant au démérite, il est en raison composée de l'importance du devoir, de la facilité à l'accomplir et de la malice de l'intention. Plus le devoir sera important et plus il sera facile, plus il y aura de démérite à ne pas l'accomplir, et le degré du démérite sera encore proportionnel au degré de la mauvaise intention.

On comprend dès lors combien il est difficile pour les hommes d'apprécier exactement le mérite ou le démérite. Dieu seul en est le juge équitable parce que seul il en connaît tous les éléments. Seul, sondant les consciences, il est témoin des efforts intérieurs et des intentions secrètes. L'appréciation faite par les hommes ne peut jamais être qu'approximative.

II — LA SANCTION

1. Définition de la sanction. — 2. Nécessité de la sanction. — 3. Nature de la sanction. — 4. But de la sanction. — 5. Fondement de la sanction. — 6. Espèces de sanctions. — 7. Insuffisance des sanctions terrestres. — Nécessité d'une sanction religieuse.

1. Définition de la sanction. — Le mot sanction est quelquefois employé pour désigner l'approbation régulière donnée à une loi par l'autorité supérieure. C'est ainsi qu'on dit : telle ou telle loi a été sanctionnée par le chef de l'état. En morale on entend par sanction l'ensemble des récompenses et des peines attachées à l'observation ou à la violation de la loi.

2. Nécessité de la sanction. — La sanction distincte du mérite et du démérite en est l'aboutissement et la conséquence. Le bien sans récompense, le mal sans châtiment sont pour la conscience personnelle et pour la conscience universelle une contradiction. En même temps que je juge une action bonne ou mauvaise, je porte cet autre jugement tout aussi nécessaire, que l'auteur de cette action a droit à une récompense ou à un châtiment, et que cette récompense ou ce châtiment doivent être proportionnés à la bonté et à la malice de l'action. Tous les hommes portent ce jugement. Il nous semble aussi impossible de concevoir le bien sans récompense et le mal sans châtiment que de concevoir que le bien n'est pas distinct du mal. Et c'est lorsque les faits contredisent ce principe, que la conscience l'affirme avec le plus de force. Les législations humaines confirment ces exigences de la conscience. Chez tous les peuples on trouve des récompenses, et surtout des peines attachées à l'observation et à la violation de la loi ; et les législateurs cherchent à proportionner ces peines et ces récompenses au degré de violation ou d'accomplissement de la loi. Ces faits prouvent l'invincible conviction de la conscience que l'homme de bien et le méchant ne doivent pas avoir la même destinée, que les conséquences du bien doivent être heureuses et celles du mal malheureuses. Il faut à l'agent moral un recours contre la loi qui l'oblige. La sanction est en quelque sorte le devoir de la loi à l'égard de ceux qui lui sont soumis. Mais comme une loi abstraite ne peut avoir de devoirs, c'est une nécessité pour l'esprit de la concevoir réalisée dans un souverain législateur et un souverain juge. C'est ainsi que la sanction de la loi morale nous conduit logiquement comme l'obligation à l'idée de Dieu. « Sans l'idée de Dieu, dit Guizot, la loi morale ressemble à un fleuve sans source et sans issue. »

3. Nature de la sanction. — La sanction n'est véritable qu'autant qu'elle est la conséquence du mérite et du démérite. Toute jouissance n'est pas une récompense et toute souffrance n'est pas une peine. La récompense est une jouissance méritée comme la peine est une souffrance méritée. Supprimez le mérite et le démérite il n'y a plus ni vraie peine ni vraie récompense. « Des biens et des honneurs immérités, dit Cousin, ne sont que des avantages matériels, la récompense est essentiellement morale et sa valeur est indépendante de sa forme..... Récompenser c'est donner en retour. Celui que l'on récompense a donc dû donner le premier quelque chose pour mériter d'être récompensé. La récompense accordée au mérite est une dette. La récompense sans mérite est une aumône ou un vol. Il en est de même de la peine. Elle est le rapport de la douleur à la faute. C'est dans ce rapport et non dans la douleur seule qu'est la vérité comme aussi la honte du châtiment. »

Le crime fait la honte et non pas l'échafaud.

4. But de la sanction. — La loi morale oblige indépendamment de la sanction qui n'ajoute rien à son autorité intrinsèque. Il faut faire le bien pour le bien, obéir à la loi par respect pour la loi ; mais la sanction n'en est pas moins utile et même nécessaire pour assurer le triomphe de la loi. Elle l'assure comme moyen d'intimidation et d'encouragement, comme moyen de réparation et d'expiation.

1) Comme moyen d'*intimidation* et d'*encouragement* la sanction prévient le mal et aide au bien. C'est là son but prochain. Le devoir quel que soit son caractère impératif ne s'adresse immédiatement qu'à la raison et de lui-même il reste impuissant sur la volonté. La sanction, en offrant à la nature sensible des récompenses et des peines, excite dans l'âme l'espérance des unes et la crainte des autres, et sous l'empire de ces sentiments l'homme est porté plus efficacement à rechercher ce qui lui sera cause de bonheur et à fuir ce qui lui sera cause de malheur. C'est ainsi que la sanction contribue puissamment à l'observation de la loi et à la moralité.

2) Comme moyen de *réparation* et d'*expiation* la sanction rétablit l'ordre troublé par la faute. Il est dans l'ordre que le bonheur soit le prix de la vertu et que le malheur soit la conséquence du vice. Or, c'est la sanction qui établit cette harmonie. A ce point de vue la sanction n'est plus seulement une excitation à faire le bien et à éviter le mal, c'est le règlement d'une créance et d'une dette. Celui qui fait le bien respecte l'ordre et il est en quelque sorte créancier de la justice divine. Celui qui fait le mal en est le débiteur. Il s'écarte de l'ordre et pour rentrer dans l'ordre il faut qu'il souffre, car la souffrance est la conséquence légitime de la faute. C'est la pensée de Bossuet : « La peine est dans l'ordre, dit-il, parce qu'elle ramène à l'ordre celui qui s'en est écarté ». La peine n'est pas seulement une réparation. Lorsque celui qui la subit, l'accepte librement avec le repentir de sa faute, elle devient une expiation. Alors l'ordre n'est plus seulement rétabli au dehors, il l'est dans l'âme même du coupable qui se purifie. Rentrant dans l'ordre, il rentre dans le bien, il se réhabilite. Aussi Platon a-t-il pu dire que le châtiment n'est pas un mal, mais un bien. Il est un bien puisqu'il est le remède nécessaire pour recouvrer la santé de l'âme, de même qu'un traitement douloureux est un bien pour le malade auquel il rend la santé du corps. Commettre l'injustice, disait encore Platon, est un malheur et il vaut mieux la subir, mais le plus grand des malheurs c'est d'échapper à la peine méritée, c'est l'impunité après l'injustice.

Cette idée de l'expiation n'est pas seulement philosophique, elle est traditionnelle et religieuse. On la retrouve dans les chefs d'œuvre de la poésie grecque, et plus particulièrement dans le théâtre d'Eschyle. Dans la morale chrétienne elle est le principe de la vertu de pénitence.

5. Fondement de la sanction. — Les seules récompenses et les seules peines légitimes sont les récompenses et les peines méritées, et la conscience proteste énergiquement chaque fois que la justice distributive est violée dans la répartition des récompenses et des peines. L'unique fondement de la sanction est donc la justice. A chacun selon ses œuvres. Il en est ainsi non seulement dans l'ordre moral, mais aussi dans l'ordre civil, et ils sont dans l'erreur les jurisconsultes et les moralistes qui ne donnent point d'autre fondement à la pénalité civile que l'intérêt particulier ou l'intérêt général. Affirmer que l'intérêt, même général, est l'unique fondement des peines que la société inflige, c'est poser un principe dangereux. Si celui que la société frappe n'a pas enfreint une loi juste, de quel droit peut-elle lui imposer une souffrance imméritée ? S'il n'est pas coupable, il est victime ; s'il est victime, il subit non un châtiment, mais une violence. Or l'intérêt, même général, ne peut légitimer une violence. Mais comme il est difficile à la justice humaine de bien apprécier les actes, et par conséquent de proportionner exactement les récompenses et les peines au degré du mérite et du démérite, elle est souvent obligée de recourir à des considérations d'utilité sociale dans l'appréciation des sanctions dont elle dispose. Mais elle doit prendre toutes les précautions pour ne pas s'exposer à sortir des limites de la justice.

6. Espèces de sanctions. — La loi morale trouve dès ce monde quatre sanctions principales : la sanction naturelle, la sanction morale, la sanction sociale et la sanction légale.

La sanction *naturelle* consiste dans les conséquences mêmes que nos actions entraînent à leur suite. C'est ainsi que la santé du corps, l'élévation de l'intelligence, la noblesse des sentiments, l'énergie du caractère sont les résultats ordinaires de la tempérance, du travail et de la vertu. Au contraire, un grand nombre d'infirmités physiques et mentales sont engendrées par les vices et les excès.

La sanction *morale* consiste dans la satisfaction morale et le remords. Il n'est pas de joies plus douces au cœur de l'honnête homme que le sentiment du devoir accompli, que le témoignage d'une bonne conscience, et le remords est pour le coupable, au milieu même des plaisirs, le plus intolérable des tourments.

La sanction *sociale* consiste dans l'opinion publique. L'homme vertueux s'acquiert la sympathie, la bienveillance, l'estime, les louanges de ses semblables. L'homme vicieux ne peut guère éviter leur antipathie, leur blâme et leur mépris. Nous sommes trop volontiers portés à excuser nos propres fautes, mais nous avons en général moins d'indulgence pour celles d'autrui.

La sanction *légale* consiste dans les récompenses et les châtiments établis par les lois humaines. Il y a des distinctions honorifiques, des fonctions et des droits particuliers réservés au mérite. Il y a pour les fautes l'amende, la prison, la réclusion, la peine de mort.

7. Insuffisance des sanctions terrestres. Nécessité d'une sanction religieuse. — Ces sanctions sont insuffisantes pour établir entre le bien et le bonheur, entre le mal et le malheur la proportion que réclame la justice. Il est vrai, en général, que les conséquences de la vertu sont dès ici-bas avantageuses, et celles du vice nuisibles. L'ensemble des hommes vertueux a plus de vrai bonheur que l'ensemble des hommes vicieux. On peut donc ériger en principe que la tempérance est la condition de la santé, et le travail celle du succès, que l'honnêteté assure la sécurité ; mais au point de vue individuel, les exceptions sont nombreuses ; la santé, la fortune et la tranquillité sont loin d'être attachées invariablement à une vie tempérante, laborieuse et honnête.

Sans doute l'honnête homme trouve dans la pratique du devoir de douces jouissances, et le remords poursuit l'homme coupable. Mais les joies qui accompagnent la vertu sont souvent diminuées par les inquiétudes d'une conscience de plus en plus délicate, et la continuité du malheur peut aussi émousser, dans une âme vertueuse, les douceurs de la vertu. D'un autre côté, le plaisir peut absorber tellement la sensibilité d'un homme, il peut l'étourdir à un tel point, qu'à la longue il n'est besoin que de peu d'effort pour chasser l'impression pénible du remords. L'habitude du mal affaiblit chez le coupable les reproches de la conscience, comme celle du bien rend de moins en moins sensible au cœur droit et honnête la satisfaction morale.

L'opinion publique s'égare souvent par préjugé, ignorance ou passion. Elle donne aux vices audacieux ou élégants les louanges qu'elle refuse aux vertus les plus pures, à celles qui se cachent aux yeux des hommes pour n'être connues que de Dieu seul. D'ailleurs rien de mobile et de capricieux comme l'opinion, et il sera toujours vrai de dire qu'il n'y a qu'un pas du Capitole à la roche tarpéienne.

Les lois humaines sont presque exclusivement pénales ; elles récompensent rarement, et on le comprend, car autrement elles favoriseraient l'hypocrisie. De plus, les peines légales tombent quelquefois sur l'innocent, souvent elles sont épargnées aux coupables, plus souvent encore elles sont disproportionnées. Enfin les lois humaines n'atteignent que les actes extérieurs et publics, les intentions auxquelles se mesure la moralité leur échappent.

L'harmonie entre le bien et le bonheur, entre le mal et le malheur n'est donc pas de ce monde, et cependant la justice exige impérieusement cette harmonie. Il faut donc, outre les sanctions terrestres, une sanction supérieure qui les complète. Il faut, par delà la vie présente, une vie future où l'ordre troublé se rétablisse, où les hommes puissent recevoir, dans une pleine mesure, les récompenses et les peines méritées.

III — LA VERTU

1. Définitions de Platon. — 2. Définitions d'Aristote. — 3. Vraie définition.

Le mot vertu (*virtus*) signifiait à l'origine les qualités naturelles de l'âme, plus spécialement les qualités viriles. Peu à peu le sens du mot s'est modifié et il a désigné toutes les qualités librement acquises. Pour le sens commun, la vertu c'est le mérite durable qui résulte de la répétition d'actes conformes à la loi morale ; le vice, c'est le démérite durable qui résulte de la répétition d'actes qui lui sont contraires.

Les philosophes ont donné de la vertu plusieurs définitions, dont les plus célèbres sont celles de Platon et celles d'Aristote.

1. Définitions de Platon. — On trouve dans les œuvres de Platon deux définitions de la vertu.

1) La vertu est la science du bien, le vice en est l'ignorance. L'homme qui connaît le bien ne peut pas ne pas le faire, car le bonheur est inséparable du bien. Si l'homme fait le mal, c'est parce qu'il ne le connaît pas, car personne n'est assez insensé pour préférer son malheur à son bonheur. Nul, disait Socrate, de qui Platon tenait cette doctrine, n'est méchant volontairement : οὐδεὶς κακὸς ἑκών.

Sans doute la science du bien est une condition essentielle de la vertu. Il n'y a vertu qu'autant que la conscience de l'agent moral est éclairée et qu'il connaît la valeur morale de ses actes. D'autre part le vice peut venir de l'ignorance ; c'est pourquoi il importe, pour rendre les hommes meilleurs, de les instruire de leurs devoirs. Mais Socrate et Platon ne disent pas seulement que la science du bien est une condition nécessaire de la vertu, ils soutiennent qu'elle en est la condition suffisante, ils identifient la science du bien et la vertu. Cela est exagéré et contraire à l'expérience. Pour accomplir le bien, surtout habituellement, il ne suffit pas de le connaître, il ne suffit même pas de le vouloir, il faut des efforts généreux et constants, et c'est un fait que souvent nous voyons clairement le devoir sans le pratiquer.

> Je ne fais pas le bien que j'aime
> Et je fais le mal que je hais. (Racine.)

D'ailleurs, si la science ou l'ignorance du bien font la vertu ou le vice, si la volonté est déterminée nécessairement par la connaissance, que deviennent le libre arbitre et la responsabilité ?

Toutefois on pourrait, en se plaçant à un point de vue idéal, justifier dans une certaine mesure cette théorie platonicienne. Si l'homme avait la connaissance parfaite du bien, s'il le connaissait dans tout ce qu'il a de beau et de vraiment utile, il lui serait presque impossible de ne pas l'aimer plus que les biens apparents et fugitifs qui le séduisent souvent ici-bas, et l'aimant de cette sorte, de ne pas le réaliser dans sa conduite. N'est-ce pas là ce que nous appelons la sainteté ?

2) La vertu est la santé et l'harmonie de l'âme, le vice en est la maladie et le désaccord. L'âme est saine quand l'harmonie règne entre ses diverses puissances, lorsque les appétits infé-

rieurs sont subordonnés aux appétits supérieurs, lorsque la raison commande aux appétits, et Dieu à la raison ; et cette harmonie, c'est l'œuvre de la vertu, ou plutôt c'est la vertu même. La vertu, disait encore Platon, est une ressemblance avec Dieu, une imitation de Dieu : ὁμοίωσις τῷ θεῷ. Le sage a sans cesse les yeux tournés vers Dieu, comme l'artiste a les siens tournés vers son modèle, et grâce à cette contemplation, il reproduit peu à peu dans son âme l'image du divin idéal.

Cette seconde définition ne donne pas une idée complète de la vertu, mais elle en montre bien les effets, elle reconnaît les rapports de l'idée morale et de l'idée religieuse, c'est la condamnation par avance des exagérations du stoïcisme et de la morale indépendante.

2. Définitions d'Aristote. — Aristote donne aussi deux définitions de la vertu.

1) La vertu est l'habitude du bien. « Un acte de vertu, dit Aristote, ne fait pas plus la vertu qu'une hirondelle ne fait le printemps. De même que c'est en jouant de la cithare qu'on devient joueur de cithare, de même c'est en faisant souvent de bonnes actions qu'on acquiert une disposition constante au bien. Il faut à la vertu le nombre, la continuité, la répétition. »

Ces idées sont exactes, toutefois gardons-nous bien de confondre l'habitude qui engendre la vertu avec la routine. Agir comme une machine, sans se rendre compte de ses actions et surtout de leurs motifs, ce n'est pas là être vertueux.

2) La vertu est un juste milieu. Pour le démontrer, Aristote fait appel à l'expérience qui nous apprend que les extrêmes sont nuisibles. Il en est ainsi dans les exercices corporels, dans la satisfaction des besoins de la nature, dans les plaisirs ; pourquoi en serait-il autrement dans l'ordre moral ? Les vices viennent ou de ce qu'on passe la mesure, ou de ce qu'on reste en dessous. La témérité est un excès de courage, la lâcheté est un défaut de courage; le vrai courage est un milieu entre ces deux extrêmes. La tempérance est un juste milieu entre la débauche et l'insensibilité. La libéralité est un juste milieu entre la prodigalité et l'avarice : *in medio virtus*. C'est la même pensée qu'on trouve exprimée dans ces vers d'Horace :

> *Est modus in rebus, sunt certi denique fines*
> *Quos ultra citraque nequit consistere rectum.*

Il est vrai qu'en général il est sage d'éviter les extrêmes et que beaucoup de vertus pratiques consistent dans un juste milieu. Mais la théorie d'Aristote, prise absolument, n'en est pas moins vague et dangereuse.

Elle est vague, car s'il est facile de fixer le juste milieu dans les choses qui se nombrent et se mesurent, il n'en est pas de même en morale. Aristote en convient; il y a une foule de circonstances qui peuvent déplacer le milieu et dont il faut tenir compte, aussi bien que des actes mêmes, pour apprécier la conduite des hommes. Le courage, par exemple, est relatif à la force du corps, aux difficultés et aux obstacles avec lesquels il est aux prises. On ne peut exiger d'un enfant ou d'un homme débile le courage qu'on exigera de celui qui est dans la maturité de l'âge et de la force, et on sera moins sévère pour quelques moments de faiblesse au milieu de dures épreuves, que pour une lâcheté dans une circonstance où le courage le plus ordinaire pouvait suffire.

Elle est dangereuse, car il y a des vertus qui ne sont pas susceptibles d'excès. Quel excès pourrait transformer en vices la probité, la chasteté, la fidélité, à tenir les promesses faites? Quand il s'agit de défendre la cause de la vérité ou de la justice, est-ce un excès de se dévouer jusqu'au péril et même au sacrifice de la vie? Prise à la lettre, la théorie d'Aristote exclurait tout dévouement et tout héroïsme, et fixerait une limite au perfectionnement moral. Il faut dire toutefois qu'Aristote a sans doute bien vu les conséquences dangereuses de cette théorie, car on lit dans la morale à Nicomaque « que la vertu est une sorte de moyenne, bien qu'en elle-même et dans ce qu'elle a de plus excellent, elle soit un extrême. »

3. Vraie définition de la vertu. — La première condition de la vertu, c'est la connaissance du bien. Celui-là n'est pas vertueux qui fait le bien sans le savoir, comme celui-là n'est pas vicieux qui fait le mal dans l'ignorance que c'est le mal. La vertu est d'abord une œuvre d'intelligence.

La deuxième condition de la vertu, c'est l'amour du bien. Pour faire le bien, surtout avec persévérance, il ne suffit pas de le connaître, il faut l'aimer. L'attrait du bien, les bonnes inclinations sont des stimulants nécessaires à l'activité morale. La vertu n'est pas seulement une œuvre d'intelligence, c'est une œuvre d'amour.

La troisième condition de la vertu, c'est l'effort. Pour faire le bien, il ne suffit pas de le connaître et de l'aimer, il faut le vouloir. C'est surtout la volonté, sous la forme de l'énergie, qui entre en exercice dans la vertu. Il y a en effet dans l'homme, outre les bonnes inclinations, des tendances qui le portent au mal. Pour y résister, l'effort est nécessaire, et la vertu trouve en lui à la fois sa loi et sa mesure. La vertu n'est pas seulement une œuvre d'intelligence et d'amour, c'est une œuvre de volonté.

La quatrième condition de la vertu, c'est l'habitude. Pour être vertueux, il ne suffit pas de faire quelques actes isolés de vertu, il faut conformer habituellement sa conduite au bien. Le résultat de la pratique ordinaire du devoir est d'en rendre l'accomplissement plus facile. C'est en effet une loi de l'habitude d'augmenter progressivement, par la répétition de certains actes, la facilité et la tendance à les reproduire. Les premiers actes de vertu sont pénibles, mais l'effort diminue à mesure qu'on les répète. La pratique du bien finit par être un besoin, et on arrive ainsi à faire de la vertu comme son tempérament moral. Alors seulement on est vraiment vertueux.

Nous pouvons donc définir la vertu : l'habitude d'obéir avec intelligence, amour et fermeté à la loi morale.

Ouvrages à consulter.

Beaussire. — *Les principes de la morale.*
Caro. — *Problèmes de morale sociale.*
Fonsegrive. — *Essai sur le libre arbitre* (2º partie).
Gratry. — *Connaissance de l'âme.*
D'Hulst. — *La morale et la sanction.* (5º conférence, 1re année.)
Janet. — *La morale.*
Kant. — *Critique de la raison pratique.*
Kleutgen. — *La philosophie scolastique.*
Ollé-Laprune. — *La morale d'Aristote.*
Platon. — *Gorgias.*
Saint Thomas. — *Somme théologique.*
Vallier. — *L'intention morale.*

APPENDICE

1. Morale platonicienne. — 2. Morale stoïcienne. — 3. Morale kantienne.

I — MORALE PLATONICIENNE

La morale de Platon a son principe dans sa psychologie. Il y a, selon lui, trois parties dans l'âme humaine : la raison (ὁ νοῦς), principe des idées, qu'il place dans la tête ; l'appétit supérieur (ὁ θυμός), principe des passions généreuses, qu'il place dans le cœur et qu'il compare à un lion ; l'appétit inférieur (ἡ ἐπιθυμία), qu'il place dans le ventre, et qu'il compare à une hydre aux cent têtes.

Chacune des parties de l'âme doit avoir sa vertu propre. La vertu de l'appétit inférieur, c'est la tempérance ; celle de l'appétit supérieur, c'est le courage ; celle de la raison, c'est la sagesse, principe de toutes les autres vertus. La justice est la vertu parfaite qui résulte de l'accord des autres vertus. L'âme est juste lorsque la paix règne entre ses diverses puissances, lorsque chacune exerce sa fonction propre en se subordonnant à celle qui lui est supérieure. Quand l'hydre est domptée par le lion, quand celui-ci obéit à la raison, il s'établit dans l'âme une harmonie qui est la vertu même. La loi qui règle les rapports des facultés de l'âme entre elles est la même qui règle les rapports des citoyens entre eux. Il y a trois classes dans la cité, comme il y a trois parties dans l'âme : la classe des artisans et des laboureurs qui travaillent à la satisfaction des besoins matériels et qui correspond à l'ἐπιθυμία, la classe des guerriers qui défendent l'état au dedans et au dehors, et qui correspond au θυμός, enfin la classe des magistrats et des philosophes qui sont dans la cité ce que le νοῦς est dans l'âme, et à qui revient de droit le pouvoir sur les autres classes. A chaque classe de l'état, comme à chaque partie de l'âme, convient une vertu spéciale : la tempérance aux artisans, le courage aux guerriers, la sagesse aux magistrats. Il y a une justice sociale comme il y a une justice individuelle, elle résulte de la subordination et de l'accord des trois classes qui composent la cité. La politique a pour Platon le même objet que la morale, c'est une morale agrandie, ou plutôt la morale est comprise dans la politique, car l'individu existe pour la cité. Il faut sacrifier les parties au tout, les intérêts privés aux intérêts publics. C'est pour atteindre ce but que Platon demande dans sa république idéale la suppression de la propriété et de la famille. Tout doit être commun entre les citoyens.

Platon, comme nous l'avons vu, identifie la vertu à la science, il l'identifie aussi au bonheur. Le bonheur et la vertu sont inséparables, « ils sont enchaînés l'un à l'autre, dit-il, par des liens de fer et de diamant. » Le juste, pour Platon, est toujours heureux. Sans doute il peut être exposé, comme les autres hommes, aux coups de la fortune ; il peut être emprisonné ou battu de verges, souffrir les plus indignes traitements, subir même le supplice de la croix ; au milieu des tortures il garde le vrai bonheur, tandis que le tyran, sur son trône, entouré de tous les honneurs et au sein de toutes les délices, est misérable.

Cette doctrine entraîne comme conséquence l'expiation, et implique la croyance à une vie future et à l'immortalité de l'âme. Celui qui s'est écarté de l'ordre doit y rentrer, et c'est l'expiation qui opère le retour à l'ordre. Elle est donc, après l'innocence, le plus grand des biens. Aussi, loin de la craindre, devons-nous la désirer et la rechercher dès ici-bas. « Il faut s'offrir au juge les yeux fermés et de grand cœur, comme on s'offre au médecin pour souffrir les brûlures et les incisions, s'attachant uniquement à la poursuite du beau et du bien, sans tenir compte de la douleur, en sorte que si la faute qu'on a faite mérite des coups de fouet, on se présente pour les recevoir ; si l'amende, on la paye ; si l'exil, on s'y condamne ; si la mort, on la subisse. On doit être le premier à déposer contre soi-même. On ne doit pas s'épargner, mais mettre tout en œuvre, l'éloquence comme le reste, afin de parvenir, par la confession de son crime, à être délivré du plus grand des maux, de l'injustice. »

(GORGIAS.)

On ne peut contester le caractère de grandeur de la morale platonicienne. Il y a dans cette morale, et en général dans toute la philosophie de Platon, une hauteur de vue, une élévation de pensées et de sentiments, un besoin d'idéal qui la feront toujours goûter des meilleurs esprits et ne manqueront jamais de trouver un écho dans les régions supérieures de l'âme humaine. Mais malgré ce caractère de grandeur, la morale platonicienne n'est pas irréprochable.

D'abord elle ne fait pas sa part légitime à l'activité libre de l'homme. Le paradoxe socratique de l'identité de la vertu et de la science implique le déterminisme, et si Socrate et Platon n'ont pas nié formellement le libre arbitre, il n'en est pas moins vrai qu'ils l'ont trop oublié, et que leur doctrine subit les conséquences fâcheuses de cet oubli. Ce sera l'honneur d'Aristote de corriger sur ce point la doctrine de son maître.

De plus, la morale platonicienne est autant une esthétique qu'une morale. Le sage est avant tout pour Platon un artiste (ὁ σοφός μουσικός). Ce n'est pas qu'il faille nier les étroites affinités du beau et du bien, et méconnaître ce que peut le grand art pour élever et moraliser les âmes. Mais ce serait une erreur funeste de confondre le beau et le bien, l'art et la morale. Le beau n'a pas le caractère impératif et obligatoire du bien, et c'est précisément une lacune de la morale platonicienne et en général des morales philosophiques de l'antiquité, de s'être trop peu occupées de l'idée d'obligation ou du devoir. En outre, si l'on ne voit dans la vertu que l'ordre et l'harmonie, si l'on ne juge des actions vertueuses que par la beauté et l'éclat qui s'en dégagent, si l'on ne condamne le vice que pour sa laideur, on aura bien peu d'estime pour les vertus modestes qui sont les plus difficiles, et beaucoup d'indulgence ou même d'indifférence pour les fautes banales, qui pour être communes n'en sont pas moins des fautes. Faire de belles âmes, est-ce là tout le but de la morale?

Enfin Platon n'a pas compris les vrais rapports de la morale et de la politique, et c'est à tort que pour les besoins d'une chimérique unité, il demande à l'individu le sacrifice de la propriété et de la famille. La propriété n'est pas contraire aux intérêts de l'état, et le vrai patriotisme n'a pas à souffrir des affections de famille. L'expérience démontre, au contraire, que plus la famille est forte, plus forte est la patrie. Il est même douteux qu'un homme puisse aimer la patrie et se dévouer pour elle, s'il n'a pas déjà fait dans la famille l'apprentissage de l'affection et du dévouement. Le communisme de Platon est dans un grand génie, une illusion étrange et une grave erreur.

II — MORALE STOÏCIENNE

Il est difficile de donner une idée d'ensemble de la morale stoïcienne, à cause des aspects divers sous lesquels on peut la considérer, et aussi parce qu'elle a subi des modifications à travers les différentes périodes de son histoire, depuis Zénon, Cléanthe, Chrysippe, les premiers stoïciens grecs au IIIe siècle avant Jésus-Christ, jusqu'à Sénèque, Epictète et Marc-Aurèle, les stoïciens romains de l'époque impériale. Toutefois l'idée dominante de la morale stoïcienne, celle sur laquelle tous les stoïciens paraissent d'accord, c'est que la vertu est le souverain bien et l'unique bien. De ce principe découlent plusieurs conséquences qu'on a souvent appelées les paradoxes stoïciens.

1) Si la vertu est l'unique bien, tout le reste est indifférent. Le plaisir et la douleur, la richesse et la pauvreté, la réputation et le déshonneur, la santé et la maladie, même la vie et la mort ne sont ni des biens ni des maux. Rien n'est bon que la vertu, rien n'est mauvais que le vice.

2) Si la vertu est l'unique bien, si elle ne tient pas sa bonté d'une fin supérieure à elle-même, différente d'elle-même, il n'y a pas à se préoccuper des actes, tout dépend de l'esprit dans lequel ils sont faits ; leur valeur morale est indépendante de leur nature ou de leurs résultats, elle est tout entière dans la forme de l'acte, dans l'intention de l'agent, dans sa volonté.

3) Une autre conséquence de la définition stoïcienne de la vertu, c'est qu'elle est nécessairement une et indivisible. Il n'y a pas de milieu entre la vertu et le vice. Une ligne est droite ou elle ne l'est pas, de même on est vertueux ou vicieux. Qui n'est pas sage est insensé, et la vertu et le vice ne comportent pas de degrés. Toutes les fautes sont égales ; le sage a toute la sagesse et toute la vertu, il est l'égal des dieux, il leur est même supérieur, car il ne doit sa perfection qu'à lui-même.

Mais si la vertu est le souverain bien et l'unique bien, en

quoi consiste-t-elle ? D'après une définition attribuée à Cléanthe, la vertu consiste à vivre conformément à la nature : ζῆν ὁμολογουμένως τῇ φύσει. Les Épicuriens employaient aussi cette formule, mais dans un sens tout différent ; la nature pour eux c'était l'inclination et le plaisir qui en est le terme. Pour les Stoïciens, la nature c'est la raison. L'univers doit être conçu comme un grand organisme constitué par l'union de deux principes inséparables : l'un passif, la matière ; l'autre actif, la force. Du principe actif répandu et comme tendu dans les choses résultent le mouvement, l'ordre et l'harmonie de l'univers. Ce principe, c'est la raison universelle, c'est Dieu présent au monde, c'est l'âme du monde. Les deux principes entrent dans la composition de tous les êtres. Nous les retrouvons dans l'homme, dont le principe actif ou l'âme n'est qu'une parcelle de la raison universelle, de la grande âme du monde. C'est donc la raison qui doit servir de règle aux actions humaines ; vivre conformément à la nature, c'est vivre conformément à la raison.

Vivre conformément à la raison, c'est s'efforcer de réaliser en soi l'ordre et l'unité dont la nature nous offre le modèle. C'est mettre de l'accord dans ses pensées, ses paroles et ses actions ; c'est être conséquent avec soi-même ζῆν ὁμολογουμένως, *summum bonum vita sibi concors*. Le souverain bien, c'est la constance, c'est la force de la volonté tendue à travers toute la vie pour en coordonner les différents éléments et en faire un ensemble harmonieux, un tout sympathique. « Vouloir par raison, pour l'ordre et la beauté qui y règnent, ce que la nature poursuit par instinct, et par conséquent en ne prenant pour but que l'ordre et la beauté[1], » telle est la grande préoccupation du sage.

Vivre conformément à la raison, ce n'est pas seulement s'efforcer de réaliser en soi l'ordre et l'unité, c'est s'appliquer à vivre en harmonie avec ses semblables. Le sage ne s'accorde pas seulement avec lui-même, il s'accorde avec les autres hommes. Une seule et même raison, en effet, anime toute l'humanité ; les hommes sont donc égaux, ils sont frères : *homo res sacra homini*. L'humanité est une grande famille dont les

---

1. RAVAISSON. — *Essai sur la métaphysique d'Aristote*, tome II, page 197.

membres doivent s'aimer entre eux; aussi l'esclavage est-il la pire des injustices et des tyrannies. « La servitude, disent les jurisconsultes stoïciens, est un état contre nature. »

Vivre conformément à la raison, c'est enfin vivre en harmonie avec la nature tout entière. La raison de l'homme se reconnaît non seulement dans l'humanité, mais dans tout l'univers. Pour rester d'accord avec elle-même, elle doit donc se soumettre aux lois immuables qui font l'harmonie de la nature. Le sage est citoyen non d'Athènes, non de Rome, mais de la grande république du monde. Il doit vivre en communion avec elle, acquiescer et se résigner au destin qui la gouverne : « O monde, disait Marc-Aurèle, j'aime tout ce que tu aimes, donne-moi ce que tu veux, reprends-moi ce que tu récuses. Tout ce qui t'accommode m'accommode moi-même, tout vient de toi, tout est en toi, tout rentre en toi. Un personnage de théâtre dit : bien aimée cité de Cécrops ; moi ne dirais-je point : bien-aimée cité de Jupiter ? »

C'est parce qu'il faut confier la direction de la vie à la raison seule, que la passion est mauvaise. La passion est le relâchement de l'âme, elle trouble le calme que la raison introduit dans l'âme. « C'est un mouvement de l'âme contraire à la raison et à la nature. » Le sage doit donc s'affranchir de toute passion. Il n'est libre, il n'est heureux que parce qu'il est impassible. Quiconque n'a pas opéré en soi cet affranchissement n'est qu'un esclave, fût-il comblé de tous les honneurs et de toutes les dignités. C'est dans ce sens qu'il faut entendre la célèbre formule d'Épictète : supporte et abstiens-toi, ἀνέχου καὶ ἀπέχου. Supporte sans te plaindre la douleur et les infortunes, reste calme et ferme dans l'adversité comme dans le bonheur. Abstiens-toi de toute attache aux choses sensibles ; abstiens-toi de rechercher des biens qui ne dépendent pas de toi, ne t'occupe pas des maux qui ne sont pas ton œuvre. La véritable sagesse, c'est l'ἀπάθεια, c'est l'insensibilité. « Ton fils est mort, dis : je l'ai rendu ; ta femme est morte, dis : je l'ai rendue — mais celui qui me l'a ôtée est un méchant. — Que t'importe par qui celui qui te l'a donnée te l'a redemandée ? » Il faut prendre en pitié les méchants et nous consoler du mal qu'ils font, par la pensée que nous n'y sommes pour rien. « Ils tuent, ils massaèrent, ils maudissent, qu'y a-t-il là qui empêche ton âme de rester sage, modérée et juste[1]. »

Le stoïcisme, on ne saurait le nier, a mérité par sa morale une grande place dans l'histoire des idées, et il est incontestable aussi que la morale stoïcienne a exercé une salutaire influence sur les âmes chez les Grecs et les Romains. Elle a opposé une digue au flot de l'épicuréisme ; elle a été, surtout à l'époque impériale, le refuge des nobles et mâles caractères. Non seulement elle a inspiré les plus belles vertus du paganisme, mais plus qu'aucune autre doctrine de l'antiquité païenne elle fut bienfaisante pour la société. Deux erreurs capitales viciaient à des degrés divers les doctrines morales et politiques de Platon et d'Aristote : l'absolutisme de l'état et l'esclavage. Les Stoïciens relevèrent la dignité de l'individu et combattirent l'esclavage. De là dans le droit romain des principes de justice et d'égalité inconnus jusque là et qui l'ont fait surnommer la raison écrite.

Malgré tous ces mérites la morale stoïcienne s'égare en bien des points. D'abord, mise en regard de la doctrine générale du stoïcisme, elle constitue avec elle une contradiction. En effet, la morale n'est possible qu'à la condition que l'homme soit libre, or dans le stoïcisme comme dans tout panthéisme, il n'y a pas de libre-arbitre. La liberté n'est pour un panthéiste que la nécessité comprise et acceptée. Le stoïcien peut faire des vœux pour que les mœurs s'améliorent, pour que la fatalité amène la réalisation d'un plus grand bien. Mais c'est à cela que se borne son pouvoir ; et encore, de ce pouvoir il n'est pas le maître car ce n'est qu'un fait déterminé dans l'enchaînement nécessaire des causes et des effets. Logiquement, la morale stoïcienne comme toute morale déterministe ne peut être qu'une morale théorique, ce ne peut être une morale pratique et une morale qui n'est pas pratique n'est plus une morale.

Ensuite les paradoxes stoïciens sont des subtilités ou des erreurs. Il y a des degrés dans la vertu et dans le vice. Le sage n'est pas nécessairement heureux dans ce monde et le dogme de l'immortalité de l'âme est le complément nécessaire de la morale. Le bien et le mal ne résident pas uniquement dans la

---

1. MARC-AURÈLE. — *Pensées*, VIII, 50.

bonne ou mauvaise volonté et tout n'est pas indifférent en dehors du vice et de la vertu. Sur ces différents points, il est vrai, la morale stoïcienne s'est plus ou moins modifiée dans la suite de son histoire et les derniers stoïciens, surtout les stoïciens romains avec Épictète et Marc-Aurèle, se sont appliqués à corriger ce qu'il y a d'excessif dans la doctrine primitive.

Enfin en prescrivant non de régler mais d'anéantir les passions, en méconnaissant le rôle des meilleurs sentiments, en réduisant l'homme à la seule raison, la morale stoïcienne mutile la nature humaine. Elle la mutile encore en demandant au sage de contempler impassible et indifférent tous les événements au lieu de soulager les misères de ses semblables et d'agir en vue de leur bien et de leur bonheur. Lorsque Pascal nous représente le stoïcien « avec une mine sévère, un regard farouche, les cheveux hérissés, le front ridé et en sueur, dans une posture pénible et tendue, loin des hommes, dans un morne silence, et seul sur la pointe d'un rocher, » le portrait n'est pas flatté, mais il ne manque pas d'une certaine vérité, il met bien à nu le vice radical de la morale stoïcienne : l'égoïsme. C'est par là surtout qu'elle reste infiniment au-dessous de la morale chrétienne.

III — MORALE KANTIENNE

Les philosophes font en général reposer la morale sur l'idée du souverain bien. Il existe pour l'homme, disent-ils, une fin à laquelle les autres fins se subordonnent, un bien supérieur à tous les autres, un souverain bien. C'est pour cette raison qu'il y a des actions qu'il faut faire et des actions dont on doit s'abstenir, selon qu'elles sont conformes ou non au souverain bien. Le devoir a son fondement dans le bien qui lui est logiquement antérieur. Kant, au contraire, prétend que le devoir est antérieur au bien dont il est indépendant. L'idée du devoir ne se déduit pas de l'idée du bien; c'est l'idée du bien qui se déduit de l'idée du devoir.

La moralité, d'après Kant, ne peut consister pour la volonté dans la poursuite d'un bien distinct d'elle-même. La seule chose vraiment bonne, bonne sans restriction, c'est la bonne volonté. Mais qu'est-ce que la bonne volonté ? C'est la volonté conforme au devoir, et le devoir est une loi qui commande par elle-même sans se référer à une fin étrangère ou supérieure à elle. Une action n'est pas obligatoire parce qu'elle est bonne, mais elle est bonne parce qu'elle est obligatoire et si elle a été accomplie par respect pour l'obligation. Il faut écarter de la conduite humaine toutes les fins qui se rapportent à notre bonheur, tout ce qui a son origine dans l'égoïsme et le sentiment ; le seul principe de la vie morale c'est le motif du devoir. Pourquoi le devoir ? Pourquoi la loi morale ? Nous ne le savons pas, c'est le fait premier et incontestable de la raison pratique mais il est inexplicable. C'est ce que Kant appelle l'autonomie de la volonté. Toute morale qui fait dépendre la volonté d'une fin autre que la volonté elle-même est une doctrine d'esclavage ; c'est une hétéronomie. « Agis toujours, dit Kant, de telle sorte que ta volonté puisse se considérer elle-même comme dictant par ses maximes des lois universelles. »

De là, la valeur absolue de la personne. « Agis de telle sorte, dit encore Kant, que tu traites toujours l'humanité en toi-même et dans autrui comme une fin et jamais comme un moyen. » Toutes les fois, par exemple, que l'homme obéit à ses inclinations au préjudice de sa raison, il se sert de lui-même comme d'un moyen, non comme d'une fin : il se traite comme une chose, non comme une personne. La moralité poursuit un idéal dont la réalisation serait une république de volontés libres où chacune serait une fin pour les autres et que Kant appelle la république des fins « dans laquelle chaque citoyen serait à la fois législateur et sujet. » D'où cette autre formule du devoir « agis comme si tu étais législateur en même temps que sujet dans la république des volontés libres et raisonnables. »

Le devoir dont le respect fait la bonne volonté s'impose à l'homme comme un impératif catégorique. Il commande sans condition. Les autres impératifs qui commandent certaines actions, non pour elles-mêmes, mais pour d'autres fins dont elles sont les moyens, par exemple, les préceptes du médecin pour la guérison des malades, sont des impératifs conditionnels ou hypothétiques. Ce sont plutôt des conseils ou des règles que des lois ou des ordres. Les préceptes qui servent à l'accomplissement de nos désirs dont l'objet est le plaisir, ou l'intérêt, ou le bonheur sont des impératifs hypothétiques. Ils n'ont point l'évidence immédiate de la loi morale et le caractère d'universalité auquel elle se reconnaît d'une manière infaillible.

Le devoir implique le pouvoir. Si je ne dois pas mentir, c'est que je peux ne pas mentir. Le problème de la liberté est insoluble pour la raison théorique qui ne comprend les phénomènes que sous le point de vue de la nécessité; mais la raison pratique, la conscience morale, en affirmant le devoir, affirme du même coup la liberté. *La liberté est le premier postulat de la morale*, et c'est pour l'homme un devoir de croire à la liberté sans laquelle il n'y aurait pas de devoirs. — Dans ce monde, nous ne voyons pas se réaliser l'idéal de perfection et de sainteté que nous devons vouloir, dont nous devons nous approcher sans cesse. Il faut donc que l'homme soit immortel pour accomplir pleinement sa destinée. *L'immortalité de l'âme est le second postulat de la morale.* — Enfin, notre raison conçoit un rapport nécessaire entre la moralité et la félicité; nous devons croire au souverain bien qui consiste dans l'harmonie de la vertu et du bonheur. Mais rien dans les lois de la nature ne nous garantit cette harmonie; il faut donc un être saint et tout-puissant qui la réalise. *L'existence de Dieu est le troisième postulat de la morale.*

Aucun moraliste n'a, mieux que Kant, analysé les caractères de la loi morale. L'obligation absolue de cette loi et son universalité, la séparation de l'idée du devoir et de tout motif égoïste, la dignité et l'inviolabilité de la personne humaine, ce sont là autant de vérités pratiques de la plus haute valeur que Kant a mises en pleine lumière. Jamais dialectique n'a démasqué avec plus de pénétration les vices des faux systèmes de morale, et établi aussi solidement sur les seules données de la conscience les grandes croyances de l'âme humaine. Kant a donc bien mérité de la morale.

Et pourtant, la morale de Kant n'est pas sans défauts, elle en a même de très graves. Comme nous l'avons déjà remarqué, à l'exemple du stoïcisme, elle ne paraît voir dans l'homme que la raison et la volonté. Elle oublie que si le cœur doit être guidé par la raison, il peut la seconder, que si la vertu consiste surtout dans l'effort, elle trouve cependant dans les bons sentiments de puissants auxiliaires, que si le plaisir et l'intérêt ne sont pas les principes de la moralité, ils peuvent en restant subordonnés au devoir aider à son accomplissement. En faisant appel au seul respect du devoir, la morale de Kant n'est pas assez humaine. Par le respect, nous éviterons de nuire à nos semblables, nous serons justes à leur égard ; pour leur faire du bien, pour exercer envers eux la charité, il est nécessaire que nous les aimions. « La loi du devoir, dit Cousin, quoiqu'elle doive être accomplie pour elle-même serait un idéal presque inaccessible à la faiblesse humaine, si à ses austères prescriptions ne s'ajoutait pas quelque inspiration du cœur. »

De plus la morale kantienne est sans fondement. C'est dans l'esprit, c'est dans le sujet seul, que Kant place les conditions suffisantes de la moralité. En effet, si en dehors de la bonne volonté rien n'est bon ni mauvais, si le devoir n'a pas sa raison d'être dans la nature essentielle des choses, c'est un état de conscience, c'est une forme toute subjective qui devient le principe de la moralité. Mais alors la moralité n'est-elle pas la plus arbitraire des tyrannies? Supposons un instant avec Kant que le devoir ne soit pas la conséquence du bien. Étant donnée une action, je me demande si elle est bonne ou mauvaise. Elle est bonne, dit Kant, si elle est un devoir. Mais pourquoi est-elle un devoir? Ici, plus de réponse. Le devoir, c'est le devoir, il est à lui-même sa raison ; il faut, parce qu'il faut. N'est-ce pas là de l'arbitraire? Et une loi qui commande sans raison ne ressemble-t-elle pas aux ordres des tyrans? On a souvent comparé la morale kantienne à la discipline des armées allemandes, elle est comme elle, inflexible et indiscutable ; elle s'impose comme une consigne sans qu'il soit permis d'en chercher les raisons.

Enfin, signalons l'opposition absolue établie par Kant entre la raison théorique et la raison pratique. La raison théorique est dépourvue de toute valeur objective, le monde des réalités lui est interdit, et elle ne peut rien nous faire connaître au-delà de notre pensée. Il n'en est pas de même de la raison pratique qui nous donne la certitude des grandes vérités métaphysiques. La liberté, l'immortalité de l'âme, l'existence de Dieu que la science est impuissante à démontrer sont exigées par la conscience morale. N'y a-t-il pas là une contradiction? La raison théorique et la raison pratique ne sont-elles pas une même raison sous des noms différents? Pourquoi refuser à l'une ce qu'on accorde à l'autre?

Ouvrages à consulter.

Cousin. — *Philosophie de Kant.*
Desdouits. — *La philosophie de Kant.*
Fonsegrive. — *Essai sur le libre arbitre.* (1re partie.)
Fouillée. — *La philosophie de Platon.*
Huit. — *Étude sur les dialogues de Platon.*
Janet et Séailles. — *Histoire de la philosophie.*
Ollé-Laprune. — *La morale d'Aristote.*
Ogereau. — *Essai sur le système philosophique des stoïciens.*
R. P. Pesch. — *Kant et la science moderne.*
Ravaisson. — *Le stoïcisme — Essai sur la métaphysique d'Aristote.*
Thamin. — *Un problème moral dans l'antiquité.*
Zeller. — *La philosophie des Grecs.*

MORALE PARTICULIÈRE

1. Définition de la morale particulière. — 2. Division des devoirs.

1. Définition de la morale particulière. — Dans la morale générale nous avons étudié les conditions, la nature et les conséquences de la moralité. La morale particulière détermine les différentes sortes de devoirs en les déduisant des principes établis dans la morale générale. La morale générale est la science du devoir, la morale particulière est la science des devoirs.

2. Division des devoirs. — On peut diviser les devoirs soit d'après leur forme, soit d'après leur matière.

1) D'après leur forme, c'est-à-dire d'après la manière dont ils se formulent, les devoirs sont négatifs ou positifs. Les premiers défendent, par exemple : ne tue pas, ne vole pas, ne commets pas de parjure. Les seconds ordonnent, par exemple : cultive ton intelligence, fortifie ta volonté, aime tes semblables, honore Dieu.

Les devoirs négatifs énoncent en quelque sorte les conditions indispensables de la moralité élémentaire. Ce sont les devoirs les plus urgents. Ils obligent toujours et à chaque instant; ainsi je suis tenu à chaque instant de ne pas tuer, de ne pas voler. Il y a peu de mérite en général à les remplir, et beaucoup de démérite à les violer. Celui qui les observe, s'abstient plutôt de faire le mal qu'il ne fait le bien. Kant appelle les devoirs négatifs : devoirs de justice. Les devoirs positifs énoncent non plus les conditions d'une moralité élémentaire, mais celles d'une moralité supérieure. Ils obligent toujours, mais non à chaque instant; ainsi je suis toujours tenu d'aimer mes semblables, mais je ne suis pas tenu de leur donner à chaque instant des marques d'amour. Tandis que les devoirs négatifs se rapportent plutôt à la dignité personnelle et à la justice, les devoirs positifs se rapportent plutôt au perfectionnement moral et à la charité. Kant les appelle les devoirs de vertu.

On appelle quelquefois les devoirs négatifs devoirs stricts et les devoirs positifs devoirs larges. Mais il ne faut pas se méprendre sur le sens de ces qualifications et croire que les devoirs positifs sont des devoirs facultatifs, les devoirs négatifs étant les seuls obligatoires. Si les devoirs positifs étaient facultatifs, ils ne seraient plus des devoirs. Qui dit devoir, dit obligation rigoureuse et tout devoir est absolument et strictement obligatoire. Seulement tandis que les devoirs négatifs sont déterminés, les devoirs positifs laissent une certaine place à l'indétermination. Les devoirs négatifs, les devoirs qui consistent dans des abstentions ne peuvent prêter à l'équivoque. Pour s'abstenir d'une action, il n'y a rien à chercher car la formule du devoir est aussi précise que possible, par exemple : ne tue pas, cela est parfaitement clair. Les devoirs positifs qui consistent dans des actions, demandent pour être déterminés et formulés une certaine réflexion. Par exemple je suis tenu de faire l'aumône. Mais avant d'agir se posera toujours pour moi cette question : étant donnée l'obligation de l'aumône, étant données les circonstances où je me trouve, que dois-je faire? Est-ce bien le moment de remplir cette obligation et que donnerais-je comme aumône ?

On a appelé quelquefois aussi les devoirs négatifs : devoirs parfaits, et les devoirs positifs : devoirs imparfaits. Ce sont là des qualifications mal choisies. Il est au moins étrange d'appeler imparfaits les plus nobles, les plus beaux, les plus désintéressés des devoirs, et parfaits ceux qui n'expriment que le minimum de la moralité. A parler ainsi, ce serait un devoir parfait de ne pas tuer ou de ne pas voler, et un devoir imparfait de se dévouer jusqu'à la mort pour sauver la vie ou l'honneur d'autrui. N'y a-t-il pas là un abus de langage ?

2) D'après leur matière les devoirs se divisent en trois classes : les devoirs envers nous-mêmes qui constituent la morale personnelle, les devoirs envers les autres hommes qui constituent la morale sociale et les devoirs envers Dieu qui constituent la morale religieuse.

CHAPITRE I

MORALE PERSONNELLE

1. Devoirs relatifs au corps. — A. ne pas attenter à sa vie. — Le suicide. — B. Conserver sa santé. — 2. Devoirs relatifs à l'âme. — A. Devoirs relatifs à la sensibilité. — Tempérance. — B. Devoirs relatifs à l'intelligence. — Sagesse. — C. Devoirs relatifs à la volonté. — Courage.

On a quelquefois mis en doute l'existence de la morale personnelle, et contesté que l'homme eût des devoirs envers lui-même. Pourquoi parler de devoirs, dit-on, quand nous sommes seuls en cause? Nous ne nous devons rien à nous-mêmes. Nul ne s'oblige soi-même et à supposer qu'on s'oblige soi-même on peut s'exempter de cette obligation; on ne fait alors de tort qu'à soi-même, et le tort qu'on se fait, on veut bien se le faire : *volenti non fit injuria*.

Ce sont là des erreurs ou des sophismes. Il est d'abord douteux que l'homme puise se faire tort à soi-même sans faire tort à autrui. La pratique des devoirs envers soi-même est la condition de l'accomplissement des devoirs envers autrui. Comment sera-t-on juste si l'on est colère ou passionné? Comment sera-t-on charitable si l'on est cupide ou intempérant? Le respect de soi n'apprend-il pas le respect d'autrui? Un homme qui perd son honneur ne déshonore-t-il pas dans une certaine mesure ceux qui portent son nom et ne donne-t-il pas souvent un exemple funeste à ses semblables?

De plus, à supposer qu'il soit seul au monde, l'homme serait encore tenu de respecter sa dignité personnelle et de perfectionner sa nature. « De ce que l'homme est libre, dit Cousin, il ne peut pas conclure qu'il a sur lui-même tout pouvoir; au contraire de cela seul qu'il est doué de liberté comme aussi d'intelligence, je conclus qu'il ne peut sans faillir, dégrader sa liberté pas plus que son intelligence... La liberté n'est pas seulement sacrée aux autres, elle l'est à elle-même. La soumettre au joug de la passion, au lieu de l'accroître sous la libérale discipline du devoir, c'est avilir en nous ce qui mérite notre respect autant que celui des autres. L'homme n'est pas une chose, il ne lui est donc pas permis de se traiter comme une chose. »

Ajoutons que l'homme n'est pas le principe des devoirs qui l'obligent envers lui-même. Ce n'est pas nous qui nous imposons des devoirs envers nous-mêmes. C'est la volonté de Dieu d'accord avec sa sagesse qui en nous créant, et en nous assignant une fin conforme à notre nature, nous impose l'obligation de respecter en nous l'ordre et de faire un bon usage de notre liberté pour notre perfectionnement moral. L'homme n'étant pas le principe de ses devoirs individuels ne peut par conséquent s'en dispenser lui-même.

Les devoirs de l'homme envers lui-même se divisent en devoirs relatifs au corps et en devoirs relatifs à l'âme.

DEVOIRS RELATIFS AU CORPS

Les devoirs relatifs au corps résultent de l'union du corps et de l'âme, et de la nécessité de la vie et de la santé comme conditions de l'accomplissement dans la vie présente des fins de l'âme. Ils se ramènent à deux principaux, l'un négatif : ne pas attenter à sa vie, l'autre positif : conserver et fortifier sa santé.

A. Ne pas attenter à sa vie. Le suicide. — Le premier des devoirs relatifs au corps est de ne pas le détruire par le suicide. Le suicide a trouvé de tout temps des apologistes. Dans l'antiquité, les Épicuriens y voyaient un refuge contre la douleur. « Quand une maison est pleine de fumée, on en sort. » Les Stoïciens l'autorisaient et l'exaltaient même comme un acte de liberté et de courage. De nos jours on ne voit que trop souvent des hommes égarés par le désespoir ou la passion, chercher dans le suicide une issue aux difficultés et aux désenchantements de la vie. Le suicide n'en est pas moins absolument condamnable pour les raisons suivantes :

1) Le suicide est une désertion morale. L'homme a des devoirs à remplir. Or la vie est la condition nécessaire de leur accomplissement. Il y a donc pour l'homme une obligation

aussi absolue de conserver sa vie que d'accomplir ses devoirs. « L'homme, dit Kant, si l'on considère le devoir pur, ne peut se défaire de sa personnalité et il y a contradiction à supposer qu'il puisse s'affranchir de toute obligation en se donnant la mort. Détruire dans sa propre personne le sujet de la moralité, l'être moral, c'est autant qu'il est en soi faire disparaître du monde la moralité même. » La vie est le premier de tous les devoirs, puisqu'il est la condition de tous les autres.

2) Le suicide est une transgression des devoirs de l'homme envers lui-même. C'est une défaillance morale, une faiblesse honteuse, une lâcheté sous une apparence de courage. On s'arrache la vie parce qu'on n'a pas la force d'accepter l'épreuve. Par une souffrance de courte durée on prétend échapper à de plus longues souffrances. « Il y a, dit justement Montaigne, plus de courage à user la chaîne qui nous tient qu'à la rompre, et plus de preuves de fermeté en Régulus qu'en Caton. »

> *Rebus in adversis, facile est contemnere vitam;*
> *Fortiter ille facit qui miser esse potest.* (MARTIAL.)

3) Le suicide est une transgression des devoirs de l'homme envers ses semblables. La société nous a rendu des services, elle a droit d'exiger de nous que nous lui en rendions à notre tour. « Le suicide est un vol, dit J.-J. Rousseau, un vol fait au genre humain. Avant de le quitter rends-lui ce qu'il a fait pour toi. » Si malheureux que soit un homme, il peut toujours être utile à ses semblables, ne serait-ce qu'en leur donnant l'exemple de la patience et de la résignation.

4) Le suicide est un crime contre Dieu. C'est Dieu qui donne la vie, à lui seul de la reprendre. La vie est un temps d'épreuve accordé à l'homme pour atteindre sa fin, l'homme n'a pas le droit d'en fixer le terme, ce droit n'appartient qu'à Dieu. L'homme est comme un soldat à son poste, il doit attendre que celui qui l'y a placé l'en relève. « Nous autres hommes, dit Socrate dans le *Phédon*, nous sommes ici-bas comme dans un poste et personne ne doit se délivrer lui-même et s'enfuir... Les dieux prennent soin de nous et nous sommes au nombre de leurs possessions. N'est-ce pas ton avis ? — Sans doute, dit Cébès. — Eh bien, reprit Socrate, si l'un de tes esclaves se

donnait la mort sans ton ordre, ne te mettrais-tu pas en colère contre lui, et si tu le pouvais ne le punirais-tu pas? — Certainement. — A ce point de vue, conclut Socrate, il est donc juste de soutenir qu'on ne peut se tuer et qu'il faut attendre que Dieu nous envoie un ordre formel de sortir de la vie comme celui qu'il m'envoie aujourd'hui. »

On allègue quelquefois pour excuser le suicide la crainte du déshonneur. Mais le déshonneur qu'on craint est mérité ou il ne l'est pas. S'il est mérité, il faut l'accepter comme réparation et comme expiation du mal commis. S'il ne l'est pas, il faut avoir le courage de se mettre au-dessus de l'opinion publique. D'ailleurs si l'honneur est un bien, la vie est un devoir, et le motif du devoir doit primer tous les autres.

Il faut se garder de confondre le suicide avec le sacrifice volontaire de la vie. Il est quelquefois permis, obligatoire même, de s'exposer à la mort quand un devoir supérieur le commande. Le soldat, le médecin, le prêtre sont tenus à ce sacrifice chaque fois que les circonstances le réclament. Dans ce cas, l'homme ne se donne pas la mort, il la subit dans l'accomplissement de son devoir. Autant est coupable et honteux le suicide, autant est méritoire et glorieuse la mort courageusement affrontée pour la justice et la charité. Ce serait même un crime, selon le mot du poète, de préférer la vie à l'honneur qui vient du devoir, et de perdre par amour de la vie les seules raisons de vivre :

Summum crede nefas animam præferre pudori
Et propter vitam vivendi perdere causas. (JUVÉNAL.)

B. Conserver et fortifier sa santé. — La santé du corps est une des conditions de la santé de l'âme, « *mens sana in corpore sano,* » a dit Juvénal. Un corps faible et maladif est pour l'âme un obstacle dans l'accomplissement de ses fins. Un corps vigoureux et robuste, au contraire, lui est d'un précieux secours. Il faut donc prendre soin du corps pour que l'âme trouve en lui un meilleur instrument à son service. « Qui veut faire l'ange fait la bête, » a dit Pascal. L'oubli des exigences légitimes du corps, loin d'être favorable à l'âme, peut lui être très funeste. Toutefois, il faut entendre le devoir de la conservation de la santé dans un sens large, sinon il dégénérerait facilement en une préoccupation ridicule et égoïste ; les rôles seraient vite renversés ; on ferait de l'âme l'instrument, et du corps le maître ; ce qui doit être la fin deviendrait un moyen.

Pour conserver et fortifier sa santé, il faut éviter tous les excès : la gourmandise, l'ivrognerie, la luxure qui ruinent les forces physiques et dégradent les facultés de l'âme, et accorder au corps les satisfactions légitimes qu'il réclame. A ce point de vue, l'hygiène qui est le meilleur préservatif contre les maladies, la propreté que commande le respect de nous-mêmes et d'autrui, les exercices qui développent la souplesse du corps, font partie de la morale.

II — DEVOIRS RELATIFS A L'AME

Les anciens rapportaient les devoirs relatifs à l'âme à trois vertus, correspondant aux trois facultés : à la tempérance, vertu de la sensibilité ; à la sagesse, vertu de l'intelligence ; au courage, vertu de la volonté.

1. Devoirs relatifs à la sensibilité. Tempérance. — La sensibilité est le moteur de l'activité, elle est donc bonne en elle-même. C'est un devoir négatif de ne pas la détruire, et un devoir positif de la perfectionner. La vertu ne consiste pas dans l'insensibilité stoïcienne qui d'ailleurs est impossible.

La sensibilité a son principe dans les inclinations de l'âme. Ces inclinations sont physiques ou morales, suivant la nature de leur objet. Les inclinations physiques ou appétits ont pour objet la conservation ou le bien-être du corps ; les inclinations morales ont pour objet le parfait épanouissement de la vie intellectuelle et morale.

C'est un devoir pour l'homme de ne pas dégrader, par des habitudes coupables, ses appétits naturels, et de discipliner, par la raison, la satisfaction des instincts légitimes. Il faut établir une distinction entre les différentes inclinations. Il en est de mauvaises qui viennent de ce que Pascal appelait « le vilain fond de l'âme, » comme la haine, l'envie, la colère. L'homme doit travailler à les déraciner autant que possible de son âme. Il en est de bonnes, comme l'amitié, la bienveillance, le patriotisme, les affections domestiques, l'amour du vrai, du beau et du bien, le sentiment religieux. Tout en les gouvernant par une une volonté éclairée, l'homme doit les favoriser et les développer en lui-même. C'est dans ces inclinations généreuses que le dévouement et l'héroïsme puisent leur source. Les grandes actions comme les grandes pensées viennent du cœur. « S'il y avait quelque chose d'adorable ici-bas, disait Lacordaire, ce serait le cœur, et j'aimerais mieux me prosterner devant les cendres du cœur, que devant la poussière du génie. »

2. Devoirs relatifs à l'intelligence. Sagesse. — La fin de l'intelligence est la possession de la vérité. L'homme doit prendre garde de ne pas diminuer son intelligence par l'erreur et l'ignorance, de ne pas la dégrader par le mensonge, et travailler à la perfectionner par la recherche de la vérité.

L'erreur et l'ignorance peuvent être la cause de bien des maux, elles ne sont excusables que si elles sont involontaires. On peut distinguer, avec Kant, deux sortes de mensonge : le mensonge extérieur et le mensonge intérieur. Le mensonge extérieur est celui par lequel on cherche à tromper les autres. Le mensonge intérieur est celui par lequel on cherche à se tromper soi-même. L'homme se ment à lui-même quand il étouffe le cri de sa conscience, ou quand il s'applique à la fausser par des sophismes. Les raisons qui condamnent le mensonge condamnent aussi le respect humain et l'hypocrisie qui sont des mensonges en action. Il faut conformer sa conduite à ses croyances.

L'homme ne doit pas seulement se prémunir contre l'erreur et l'ignorance, il ne doit pas seulement être sincère dans ses pensées, dans ses paroles et dans ses actions, il est encore tenu d'éclairer son intelligence par la recherche de la vérité. Une des premières connaissances que l'homme doit acquérir, c'est la connaissance de lui-même. « Connais-toi toi-même, » disait après Socrate la sagesse antique. « L'examen de soi-même, dit Kant, qui cherche à pénétrer les profondeurs de l'âme si difficiles à connaître, ou l'abîme du cœur, est le principe de toute sagesse humaine. » C'est aussi une obligation qui nous est commune à tous d'acquérir les connaissances religieuses ou morales qui se rapportent à nos devoirs, de nous instruire des vérités qu'il nous est nécessaire de connaître pour atteindre notre destinée. C'est une obligation rigoureuse pour chacun d'acquérir les connaissances indispensables pour bien remplir ses devoirs d'état. Un juge est tenu de connaître suffisamment la science du droit, un médecin celle de la médecine, un artisan celle de son métier.

Peut-on cultiver la science pour elle-même? On a quelquefois prétendu que la culture de la science pour la science, et de la science purement spéculative était inutile. C'est une exagération. Sans doute il ne faut pas négliger les connaissances morales et pratiques pour les connaissances théoriques; mais la science est bonne en elle-même, elle détache l'âme des plaisirs grossiers et l'élève au-dessus des préoccupations égoïstes. On a même soutenu que la culture de la science était dangereuse. Rousseau, dans un mémoire célèbre, accuse les sciences et les arts d'être une cause de corruption et de décadence. Mais tout ce mémoire est un sophisme. Sans doute on peut abuser de la science en la faisant servir au mal, et les connaissances scientifiques sont un dangereux instrument entre les mains d'un malhonnête homme. Mais il faudrait presque tout proscrire, si l'on proscrivait tout ce qui peut donner lieu à des abus. L'homme n'est pas corrompu parce qu'il est instruit, mais de même que ses connaissances peuvent ajouter à ses vertus, elles peuvent aider à ses vices.

8. Devoirs relatifs à la volonté. Courage. — La volonté libre est la faculté maîtresse de l'homme. C'est par elle qu'il se gouverne lui-même, c'est par elle qu'il est vraiment moral. Les devoirs qui concernent la volonté sont donc les plus importants des devoirs de l'homme envers lui-même.

L'homme est d'abord tenu de ne jamais abdiquer sa liberté morale. On l'abdique surtout lorsqu'on se laisse dominer par ses passions. L'avare, le voluptueux, l'ambitieux ne gouvernent pas leur vie, ils sont esclaves. L'homme est ensuite tenu de fortifier sa volonté par l'exercice. Une volonté forte et énergique est la condition de la vertu, et l'énergie ne s'acquiert pas d'un seul coup, elle est le résultat d'efforts répétés et souvent pénibles.

La vertu propre de la volonté s'appelle la force d'âme ou le courage. Le courage est une vertu qui soutient l'homme contre les défaillances de la nature et lui fait braver tous les dangers pour rester fidèle à son devoir. Il y a plusieurs espèces de courage : le courage militaire, celui du soldat qui affronte la mort sur le champ de bataille ; le courage civil, celui du magistrat intègre qui ne cède jamais à la peur et rend la justice sans partialité et faiblesse, celui du citoyen qui confesse hautement ses convictions lorsque sa conscience le lui ordonne ; la patience dans les épreuves : il est plus facile de s'exposer à tous les dangers, et même à la mort, que de supporter avec résignation une vie de misère et de souffrances. Cette résignation n'est pas l'indifférence stoïcienne.

Remarquons que le travail est un des moyens pratiques les plus sûrs pour fortifier graduellement la volonté. Et à ce point de vue, le travail nécessaire à beaucoup, pour subvenir aux nécessités de l'existence, est pour tous un devoir. « L'oisiveté, dit le proverbe, est la mère de tous les vices. » L'homme paresseux est naturellement lâche et sans volonté. Son âme inoccupée est ouverte à toutes les frivolités et à toutes les séductions. L'homme laborieux, au contraire, prend l'habitude de l'effort. En exerçant sans cesse sa volonté, il la rend énergique et capable de toutes les vertus. Toutes ses facultés intéressées au travail y trouvent un objet qui les dispense de chercher ailleurs leurs satisfactions. Et il en est des nations comme des individus. C'est une vérité bien des fois répétée, que les peuples vaillants sont les peuples laborieux.

Ouvrages à consulter.

BOSSUET. — *La connaissance de Dieu et de soi-même.*
BOUILLIER. — *Questions de morale pratique.*
COUSIN. — *Du vrai, du beau et du bien.*
ÉPICTÈTE. — *Entretiens — Manuel.*
FONSEGRIVE. — *Essai sur le libre arbitre.*
JANET. — *La morale.*
L'imitation de Jésus-Christ.
MARC-AURÈLE. — *Entretiens.*
MARION. — *La solidarité morale.*
MARTHA. — *Les moralistes sous l'empire romain.*
J. SIMON. — *Le devoir.*

CHAPITRE II

MORALE SOCIALE

1. L'état social est l'état naturel de l'homme. — 2. Division de la morale sociale.

1. L'état social est l'état naturel de l'homme. — Hobbes et Rousseau ont prétendu que l'état social n'était pas l'état naturel des hommes, qu'il résultait de leur volonté arbitraire, d'un contrat exprès ou tacite. Pour l'un et l'autre l'état social a été précédé par ce qu'ils appellent un état de pure nature dans lequel les hommes auraient vécu d'une vie indépendante, sans relations régulières entre eux. Mais Hobbes et Rousseau se séparent dans l'appréciation de ces deux états. Pour Hobbes, l'état primitif était un état de guerre universelle à laquelle la société, issue d'une convention, a mis fin pour le bonheur des peuples. Selon Rousseau, l'état primitif était l'âge d'or de l'humanité. Les hommes y étaient heureux car ils développaient librement et sans entraves toutes leurs facultés. Le contrat social, en fondant la société, établit du même coup la propriété, et de la propriété est sortie l'inégalité des conditions D'où le grand mal de la société : la lutte perpétuelle du riche et du pauvre. L'homme naît bon et libre, la société le déprave et le rend esclave.

Les doctrines de Hobbes et de Rousseau sont d'étranges paradoxes démentis par l'histoire et contre lesquels proteste la nature humaine. « L'homme, disait Aristote, est un animal sociable ἄνθρωπος ζῶον πολιτικόν, et celui qui reste sauvage par organisation et non par l'effet du hasard est certainement ou un être dégradé, ou un être supérieur à l'homme. » En effet, tout dans l'homme démontre que l'état social lui est naturel, sa constitution, ses besoins et ses tendances. L'homme à son entrée dans la vie dépend entièrement des êtres qui l'entourent. Il est impuissant par lui-même à se nourrir, à se défendre et à se conserver. Son éducation physique, intellectuelle et morale exige la famille d'abord, la société ensuite. Si l'état social n'était pas l'état naturel de l'homme, comment expliquer l'instinct de sympathie qui le porte à se mettre en harmonie d'impression avec ses semblables, et l'instinct de sociabilité qui lui fait rechercher avant toute réflexion la compagnie des autres hommes ? Le plus grand plaisir de l'homme, n'est-il pas comme on l'a dit, l'homme lui-même ? Y a-t-il pour lui souffrance plus dure que la solitude ? « Pour vivre dans la solitude, dit Pascal, il faut être ange ou bête. » Dieu n'a pu mettre sans but ces instincts dans l'âme humaine. C'est donc que l'état social est bien l'état naturel de l'homme.

2. Division de la morale sociale. — La société est pour nous une source de devoirs ; l'homme a des devoirs envers ses semblables. L'ensemble de ces devoirs constitue la morale sociale. Celle-ci se subdivise suivant son objet en trois parties :

1) La morale sociale proprement dite qui comprend les devoirs de l'homme dans la société en général, abstraction faite des rapports particuliers qui existent entre ses membres.

2) La morale domestique qui comprend les devoirs de l'homme dans la famille.

3) La morale civique qui comprend les devoirs de l'homme dans l'état.

MORALE SOCIALE PROPREMENT DITE

Les devoirs généraux de l'homme envers ses semblables sont de deux sortes : les devoirs de justice qu'on peut résumer dans ce précepte de l'Évangile « ne fais pas à autrui ce que tu ne voudrais pas qu'on te fît à toi-même, » et les devoirs de charité qu'on peut résumer dans cet autre précepte « fais à autrui ce que tu voudrais qu'on te fît à toi-même. » Nous allons d'abord étudier la justice et la charité en elles-mêmes, dans leur nature, dans leurs rapports et leurs différences, avant d'entrer dans le détail des devoirs qu'elles comprennent.

JUSTICE ET CHARITÉ

1. Nature de la justice — le droit. — 2. Nature de la charité. — 3. Rapports de la justice et de la charité. — 4. Différences entre la justice et la charité.

1. Nature de la justice — le droit. — La justice, suivant la définition de Cicéron, est une vertu qui consiste à ne nuire à personne et à rendre à chacun ce qui lui est dû, *nemini nocere, reddere suum cuique*. C'est, dit Ulpien, une volonté constante et perpétuelle d'accorder à chacun son droit, *constans et perpetua voluntas jus suum cuique tribuendi*. Le fondement de la justice est dans le droit, il importe donc pour se faire une idée de la justice de définir le droit.

Le droit est le pouvoir moral et inviolable qu'a la personne de ne pas être empêchée dans le légitime exercice de son activité.

« Le droit, dit Leibnitz, est un pouvoir moral, comme le devoir est une nécessité morale. » C'est une prérogative non de l'ordre physique, mais d'ordre idéal et rationnel. « De même que le devoir est une nécessité qui ne nécessite pas toujours, dit Paul Janet, le droit est un pouvoir qui est souvent impuissant puisqu'il peut être violé. » Mais alors même que le droit est violé, il reste inviolable; la raison proteste contre le fait de sa violation et affirme qu'il ne doit pas en être ainsi. La personne seule, l'être raisonnable et libre a des droits, la chose n'en a pas; celle-ci peut être l'objet d'un droit, elle n'en est jamais le sujet.

D'une manière générale, le droit de la personne consiste dans l'exercice légitime de son activité. Cet objet comprend d'abord les actes prescrits par la loi morale, les actes qui sont des devoirs. Si nous sommes obligés à tel ou tel acte, si cet acte est pour nous un devoir, nous devons avoir le pouvoir de le faire sans en être empêché par autrui. Il comprend ensuite les actes que ne défend pas la loi, à la condition que ces actes ne lèsent pas les droits des autres. La loi laisse à notre liberté une certaine sphère d'action, il y a des actes permis ; nous avons le droit de les faire, s'ils n'entravent pas les autres dans l'exercice de leurs propres droits. Quant aux actes mauvais, il est évident que la personne ayant le devoir de ne pas les faire n'en a pas le droit. Le droit ne peut pas être immoral. « Il n'y a pas de droit, dit Bossuet, contre le droit. »

Ces considérations suffisent pour écarter les théories erronées qui ont été émises sur le principe du droit. Ce principe ne peut pas être la force comme l'ont prétendu Hobbes et Proudhon. La force est un pouvoir physique, le droit est un pouvoir moral. La force devrait sans doute toujours servir à défendre le droit, mais elle sert souvent à l'opprimer. Dire que le droit a son principe dans la force, c'est admettre que tout ce qui est doit être, c'est justifier toutes les violences et tous les despotismes. — Ce principe ne peut pas être le besoin ou le désir. Le besoin est quelque chose d'indéterminé et de vague. On prend volontiers ses désirs pour des besoins. Si deux ou plusieurs hommes désirent le même objet, comment déterminer le droit de chacun d'eux? Qui décidera, sinon la force? — Ce principe ne peut pas être l'intérêt, ni l'intérêt individuel, ni l'intérêt social. Ramener le droit à l'intérêt individuel, c'est, en définitive, le ramener au désir et, par conséquent, à la force. D'ailleurs, le devoir nous oblige souvent de sacrifier notre intérêt. Ramener le droit à l'intérêt général, comme l'ont fait Spinoza et Stuart Mill, n'est pas plus exact. Il y a un droit naturel indépendant de l'utilité sociale; il y a au-dessus de l'intérêt général des principes de justice que les sociétés sont tenues de respecter. L'intérêt de tous, le salut même de l'état, ne peuvent justifier aucune mesure injuste envers l'individu.

« Le devoir et le droit sont frères, dit Cousin, leur mère commune est la liberté. » C'est la liberté qui fait de l'homme une personne, et les personnes seules ont des droits. Mais si l'homme est libre il n'est pas indépendant. Le droit suppose la liberté, mais la liberté ne suffit pas à le fonder, comme on l'a quelquefois soutenu, car la liberté a sa loi qui est le devoir. C'est dans le devoir qu'il faut chercher le principe du droit, ou plutôt le principe du droit est le même que celui du devoir. Le droit, c'est le pouvoir de faire librement son devoir. Devoir et droit sont inséparables, et l'un et l'autre découlent d'un principe supérieur à l'homme. Ce sont deux tiges qui ont même racine. Nos devoirs et nos droits ont leur raison d'être dans le bien dont le fondement dernier est, comme nous l'avons vu, Dieu lui-même.

2. Nature de la charité. — La justice respecte, la charité donne. La charité consiste à vouloir et à faire du bien à ses semblables. L'homme juste voit dans les autres des égaux, l'homme charitable voit en eux des frères : d'autres « soi-même ». La charité, c'est la bienfaisance et la fraternité.

La charité a son origine psychologique dans la sympathie et dans les inclinations sociales qui en dérivent. L'homme y est porté par le besoin de dévouement et de sacrifice qui est dans son cœur. Elle se fonde sur l'idée de notre commune nature et de notre commune destinée. Quand la pensée de Dieu la pénètre et la sanctifie, elle nous fait aimer Dieu dans les hommes et les hommes pour Dieu, c'est la charité chrétienne. On connaît l'admirable portrait qu'en fait saint Paul.

« Quand je parlerais toutes les langues des hommes et des anges, si je n'ai point la charité, je ne suis qu'un airain sonnant, une cymbale retentissante.

« Quand j'aurais le don de prophétie, que je pénètrerais tous les mystères et que je posséderais toutes les sciences : quand j'aurais toute la foi possible jusqu'à transporter des montagnes, si je n'ai point la charité, je ne suis rien.

« Et quand je distribuerais tout mon bien pour nourrir les pauvres, et que je livrerais mon corps pour être brûlé, si je n'ai point la charité, tout cela ne me sert de rien.

« La charité est patiente, elle est bienfaisante, elle n'est point jalouse, elle n'est pas téméraire, elle ne s'enfle point.

« Elle ne fait rien contre la bienséance, elle ne cherche point ses propres intérêts ; elle ne s'aigrit point ; elle ne pense point le mal.

« Elle souffre tout, elle croit tout, elle supporte tout [1]. »

3. Rapports de la justice et de la charité. — La charité est le complément indispensable de la justice. La justice garantissant les droits de chacun, assure à tous le libre exercice de leur légitime activité. Mais d'une manière générale, la justice

---

1. Saint Paul — *Première Épître aux Corinthiens*, xiii, 4 et suiv.

n'unit pas les hommes, souvent même elle les sépare. La vertu qui rapproche les hommes, le lien social par excellence, c'est la charité. D'ailleurs ces deux vertus sont nécessaires l'une à l'autre. Il n'y a pas de véritable justice sans charité. Peut-on vraiment respecter ceux qu'on n'aime pas? Aristote l'avait bien compris lorsqu'il distinguait de la justice proprement dite l'équité. La première applique la loi sans acception de personnes ou de circonstances. « Elle ressemble, dit-il, à une règle de fer, qui donne une mesure inflexible. » La seconde tient compte des personnes et des circonstances, « elle ressemble à la règle de plomb des architectes lesbiens, qui se pliant aux accidents de la pierre en suit les formes et les contours. » C'est de la première qu'on a dit : *Summum jus, summa injuria* « une justice extrême est une extrême injustice. » Il n'y a pas non plus de véritable charité sans justice. Avant d'exercer la charité, il faut être juste. Que penserait-on d'un homme qui volerait pour faire l'aumône ? Les intentions les plus charitables ne peuvent justifier la plus petite violation du droit d'autrui. « Il faut prendre garde, dit Cicéron, qu'en faisant du bien à quelqu'un nous ne fassions du mal à lui ou à d'autres. » De plus l'exercice même de la charité exige une certaine justice. Il y doit y avoir une hiérarchie entre les devoirs de charité. De deux actes de bienfaisance, il faut choisir le plus urgent avant celui qui l'est moins. Nous devons pratiquer la charité avant tout dans notre famille, ensuite à l'égard de nos amis, après à l'égard de nos concitoyens. Soulager les misères d'inconnus avant celles des siens, faire l'aumône aux étrangers et la refuser à ses compatriotes, serait de la charité mal comprise.

4. Différences entre la justice et la charité. — Bien que la justice et la charité soient nécessaires l'une à l'autre, on peut établir entre elles les différences suivantes :

Les devoirs de justice sont pour la plupart négatifs et, par conséquent, obligent partout et toujours. Les devoirs de charité sont pour la plupart positifs et n'obligent pas à chaque instant.

— Les devoirs de justice sont définis et déterminés. Les devoirs de charité laissant une certaine latitude à l'agent moral tout en l'obligeant strictement, sont indéterminés dans le sens où nous l'avons dit. — Les premiers, par cela même qu'ils sont déterminés peuvent être codifiés; le plus grand nombre des devoirs imposés par les lois humaines sont des devoirs de justice. Mais la loi ne peut réglementer les devoirs de bienfaisance, il n'y a pas de code de la charité. — Les devoirs de justice créent en faveur de ceux envers lesquels ils obligent des droits qu'ils peuvent revendiquer par la contrainte extérieure. Les devoirs de charité ne peuvent être exigés par la force. Quand on parle des droits de l'humanité souffrante, il ne faut pas prendre à la lettre cette expression. L'état n'a pas plus que l'individu le droit d'exiger la charité, et entendus rigoureusement les droits de l'humanité souffrante n'iraient à rien moins qu'à la suppression du travail et de la propriété, et à la substitution continuelle et anarchique, non seulement des pauvres aux riches, mais des hommes lâches et sans énergie aux hommes de valeur et de caractère.

Cousin exprime en ces termes les différences qui existent entre la justice et la charité. « Quand nous avons respecté la personne des autres, que nous n'avons ni contraint leur liberté, ni étouffé leur intelligence, ni maltraité leur corps, ni attenté à leur famille ou à leur bien, pouvons-nous dire que nous avons accompli toute la loi à leur égard? Un malheureux est là souffrant devant nous. Notre conscience est-elle satisfaite si nous pouvons nous rendre le témoignage de n'avoir pas contribué à ses souffrances? Non, quelque chose nous dit qu'il est bien encore de lui donner du pain, des secours, des consolations. Il y a ici une importante distinction à faire. Si vous êtes resté dur et insensible à l'aspect de la misère d'autrui, votre conscience crie contre vous, et cependant cet homme qui souffre, qui va mourir peut-être n'a pas le moindre droit sur la moindre partie de votre fortune; et s'il usait de violence pour vous arracher une obole, il commettrait une faute. »

« Nous rencontrons ici un nouvel ordre de devoirs qui ne correspond pas à des droits. L'homme peut recourir à la force pour faire respecter ses droits; il ne peut pas imposer à un autre un sacrifice quel qu'il soit. La justice respecte ou elle restitue, la charité donne et elle donne librement[1]. »

---

1. Cousin. *Du vrai, du beau et du bien*, quinzième leçon.

DEVOIRS DE JUSTICE

Nous devons respecter nos semblables dans leur vie, dans leur âme, dans leurs biens.

I — DEVOIRS RELATIFS A LA VIE D'AUTRUI

1. L'homicide. — 2. Le droit de légitime défense. — 3. Le duel. — 4. La guerre. — 5. La peine de mort. — 6. L'assassinat politique.

1. L'homicide. — Les devoirs relatifs à la vie de nos semblables se résument dans le devoir général de ne pas attenter à cette vie par l'homicide. *Tu ne tueras point.* Attenter à la vie, c'est mettre l'âme dans l'impossibilité de remplir sa destinée sur cette terre, c'est priver la société d'un de ses membres, c'est empêcher autant qu'il est possible l'accomplissement de la volonté divine sur un homme. Le respect de la vie d'autrui est donc le plus impérieux des devoirs de justice. L'homicide est une extrême injustice. Ni le plus grand intérêt, ni le plus grand bien ne peuvent le justifier. C'était une erreur des anciens de croire que le meurtre d'un tyran était légitime.

Au droit que tout homme a de vivre se rattachent plusieurs questions dont les principales sont celles du droit de légitime défense, du duel, de la guerre, de la peine de mort et de l'assassinat politique.

2. Droit de légitime défense. — Le droit et le devoir que nous avons de conserver notre vie nous autorise à la protéger contre ceux qui voudraient nous la ravir. C'est le droit de légitime défense. *Vim vi repellere omnia jura permittunt.* Dans le cas d'une agression injuste et actuelle on a le droit de défendre sa vie, même par la mort de l'agresseur, quand on ne peut pas le faire autrement. Remarquons que ce droit n'existe que dans le cas d'une agression actuelle en même temps qu'injuste. Celui qui tuerait son adversaire avant ou après l'agression commettrait un homicide. Il faut de plus n'exercer ce droit que dans la mesure de la nécessité. Il n'est pas permis de tuer un adversaire dont on pourrait se débarrasser par un autre moyen, qu'il serait possible d'éviter par la fuite ou d'écarter par quelques soufflets.

Le droit de légitime défense s'étend aux cas où l'injuste agresseur attaque notre liberté ou notre vertu ou des biens aussi chers, sinon plus, que la vie ; et lorsqu'il est permis de tuer pour son propre compte, il est permis de le faire pour la défense d'autrui.

3. Le duel. — Le duel est un combat dangereux entre deux hommes qui en viennent aux mains de leur autorité privée, après une convention préalable sur le temps, le lieu et les armes.

Les Grecs et les Romains ne connaissaient pas le duel. C'est une importation des peuples barbares. « Les plus vaillants hommes de l'antiquité, dit Rousseau, songèrent-ils jamais à venger leurs injures personnelles par des combats particuliers? César envoya-t-il un cartel à Caton, ou Pompée à César pourtant d'affronts réciproques ? Et le plus grand capitaine de la Grèce, Thémistocle, fut-il déshonoré pour s'être laissé menacer du bâton?... Le duel n'est point une institution de l'homme civilisé, mais une mode affreuse, digne de sa féroce origine, la barbarie des anciens peuples de Germanie. »

Défendu par l'Eglise et en général par les lois civiles qui l'assimilent à l'homicide volontaire, le duel est contraire à la loi naturelle qui défend le suicide et l'homicide. Le duelliste, en effet, s'expose sans nécessité ou à perdre la vie, ou à donner la mort à son semblable. Suivant l'expression d'un moraliste contemporain « le duel est un suicide conditionnel, subordonné à un homicide manqué. »

Le duel est un acte antisocial. En effet, c'est un principe fondamental de l'état social que nul ne peut se faire justice à soi-même. S'il en était autrement à quoi serviraient les lois et les tribunaux ? Ce serait le bouleversement de toutes les institutions sociales.

Le duel est un acte contraire à la justice sans être toujours l'indice du courage. Les duellistes s'exposent à infliger ou à recevoir le dernier des châtiments pour une offense ordinairement légère, souvent même pour des motifs puérils, pour de pures vétilles. « Le plus terrible spadassin que j'ai connu, dit

Napoléon, était le plus mauvais soldat de mon armée. Il se serait battu chaque matin avant le déjeuner, mais plus volontiers encore il se serait caché dans un fourgon pendant une bataille rangée. »

Les raisons qu'on allègue d'habitude en faveur du duel ne peuvent le justifier. On allègue le consentement mutuel des duellistes, le droit de légitime défense, le point d'honneur. Mais le consentement mutuel des duellistes ne saurait en aucune manière justifier le duel, car nous avons vu que la vie est un devoir qu'il ne nous est pas permis de déserter. — Il n'y a pas d'assimilation possible entre le duel et le droit de légitime défense. Le duel suppose une convention préalable ; le droit de légitime défense ne peut s'exercer que dans le cas d'une agression actuelle. — Quant à l'honneur, comment l'entend-on ? ou bien on entend par honneur la conformité à des préjugés sans fondement, résultat du caprice et de la mobilité de l'opinion publique, alors il est absolument contraire à la morale de sacrifier à ce motif inférieur le motif du devoir, le respect de sa vie et de celle d'autrui. Ou bien on entend par honneur l'observation rigoureuse du devoir, l'éclat qui décore la vertu, mais qu'y a-t-il de commun entre cet honneur et les hasards d'un coup d'épée ? « Gardez-vous, dit Rousseau, de confondre le nom sacré de l'honneur avec ce préjugé féroce qui met toutes les vertus à la pointe d'une épée et n'est propre qu'à faire de braves scélérats. » « Deux hommes du peuple, dit J. de Maistre, qui se battent à coups de couteaux, sont des coquins, mais allongez les armes, faites-en des épées, voilà ce qu'on appelle une affaire d'honneur ! »

4. La guerre. — La guerre est le droit de légitime défense appliqué à la société. La société comme les individus a des droits, et ses droits seraient illusoires, s'ils pouvaient être violés impunément. La guerre est quelquefois un moyen nécessaire pour maintenir les droits d'une société.

Pour qu'une guerre soit légitime, il faut qu'elle ait une cause juste et grave et qu'elle s'exerce conformément au droit naturel et au droit des gens. Une nation qui fait la guerre pour se défendre contre l'invasion fait sans aucun doute une guerre légitime. Il en est de même quand elle arme ses soldats dans une guerre civile contre les ennemis du dedans. Mais les guerres qui n'ont pour mobile que l'ambition et pour but que la conquête sont des guerres injustes. Toutes les causes légitimes de guerre se réduisent à repousser une injure grave et à en obtenir la réparation. Mais il faut d'abord employer les voies pacifiques; et aussitôt qu'une réparation suffisante a été offerte, la guerre n'a plus de raison d'être, car la guerre n'est qu'un moyen de la paix. *Sic bellum suscipiatur*, dit Cicéron, *ut nihil aliud quam pax quæsita videatur*.

Dans l'exercice de la guerre, les belligérants ont des droits à respecter, droits naturels ou fixés par le droit des gens. Ils ne doivent pas tuer sans nécessité. Ils ne doivent pas tuer les blessés, les ennemis désarmés, les vieillards, les femmes, les enfants. Ils ne doivent pas se servir d'armes prohibées, comme les balles explosibles, les traits empoisonnés, ils doivent respecter les neutres et suivre les règles admises pour le commencement et la fin des hostilités.

5. La peine de mort. — Dans certains cas de criminalité exceptionnelle, la société se croit le droit de mettre à mort les coupables. Mais la peine de mort a de tels inconvénients, que les philosophes, les jurisconsultes et les publicistes ne sont pas d'accord sur les motifs qui peuvent rendre raison de ce droit incontestable. Les arguments qu'on fait valoir contre la peine de mort sont nombreux. Voici les principaux :

La peine de mort est irréparable et comme telle elle ne doit pas être infligée par des hommes qui peuvent se tromper. Sans doute l'erreur est rare, mais ne fût-elle possible que dans la proportion de un à mille, à dix mille, peut-on y penser sans frémir ? — La peine de mort est une peine sans nuances et sans degrés, alors qu'il y a une infinité de degrés entre les crimes auxquels on l'applique. — Enfin toute peine devrait être autant que possible réparatrice, or la peine de mort ne répare rien. Elle ressemble à la vieille loi du talion : *œil pour œil, dent pour dent*, loi d'une moralité bien imparfaite. C'est une vengeance plutôt qu'une punition.

Ces arguments ont une grande valeur. Toutefois ils ne suffisent pas pour mettre en doute la légitimité de la peine de mort. La société a le droit de se conserver dans le présent et dans l'avenir, même au prix d'une vie humaine si cette vie humaine s'est placée par le crime en dehors de l'ordre social, et si le sacrifice en est reconnu nécessaire. Lorsque la société convaincue de l'insuffisance de tout autre moyen de pourvoir à sa conservation inflige à un coupable la peine de mort, elle ne fait qu'user du droit de légitime défense. La peine de mort est alors fondée tout à la fois, comme les autres pénalités civiles, sur la justice et sur l'intérêt social. Celui qui en est frappé était un danger pour la société et la peine qui le frappe n'est pas disproportionnée à la nature du crime ou des crimes qu'il a commis.

Quoi qu'il en soit, la question de la peine de mort est surtout une question d'ordre public et de nécessité sociale et on peut souscrire à ce jugement d'un moraliste contemporain : « Si la peine de mort est absolument nécessaire pour faire régner la sécurité, elle doit être maintenue, à condition toutefois d'être le plus possible adoucie et dégagée de tout ce qui l'aggrave à plaisir. Si au contraire, elle peut être supprimée sans un véritable danger public, il est désirable qu'elle le soit, en raison de son horreur et de ses terribles inconvénients. La société doit à tout prix se protéger elle-même, et mettre les criminels hors d'état de nuire, mais son droit sur eux ne va pas au-delà. Une société qui ne connaîtrait pas la peine de mort, qui saurait assurer la paix à ses membres par des moyens moins barbares serait dans un état de civilisation assurément supérieur[1]. »

6. L'assassinat politique. — On a réclamé parfois une dernière exception à la loi qui condamne l'homicide, en faveur de l'assassinat politique. Dans tous les temps on a vu des hommes aveuglés par la passion s'arroger le droit de donner de leur propre autorité la mort à des rois, à des chefs d'Etat, à des personnages puissants, pour sauver leur pays ou faire triompher une bonne cause. Harmodius et Aristogiton chez les Grecs, Brutus à Rome, plus près de nous, Jacques Clément, Ravaillac, Charlotte Corday, les complots et les attentats nihilistes ou socialistes, ce sont là autant d'exemples de cette exaltation fanatique. La morale peut-elle excuser de tels actes ? Malgré l'indulgence souvent très grande de l'opinion publique, il ne faut pas hésiter à répondre que ces actes sont absolument contraires à la morale. La fin ne justifie pas les moyens. Une

---

1. Marion. *Leçons de morale.*

intention droite ne peut rendre bons des moyens mauvais. La perversité de la victime, la sincérité et le désintéressement du meurtrier ne peuvent légitimer son acte criminel. Les défenseurs de l'assassinat politique ne sauraient l'assimiler à la peine de mort, car dans le cas de peine de mort, c'est un tribunal qui applique la loi, dont il n'est pas l'auteur ; dans l'assassinat politique, le même homme fait la loi et l'exécute ; il se substitue sans aucun droit à la société pour être son justicier et son vengeur.

Ajoutons qu'ériger en droit l'assassinat politique, c'est ouvrir la voie à toutes les révoltes et à tous les bouleversements, et mettre continuellement en péril les sociétés. Jamais l'assassinat politique n'a été cause d'une amélioration, et il a souvent produit les désordres les plus funestes. Le meilleur moyen pour une nation de modifier un pouvoir qui fait obstacle à son progrès, ce n'est pas le meurtre et l'assassinat, ce n'est pas la violence ouverte, c'est la résistance, et la résistance plutôt passive qu'active. « Je ne veux pas que vous le poulsiez (le souverain), disait La Boëtie, mais seulement ne le soubtenez plus, et vous le verrez comme un grand colosse à qui on a dérobé la base, de son poids même fondre en bas et se rompre [1]. »

II — DEVOIRS RELATIFS A L'AME D'AUTRUI

1. Devoirs relatifs à la sensibilité d'autrui. — 2. Devoirs relatifs à l'intelligence d'autrui. — 3. Devoirs relatifs à la liberté d'autrui. — L'esclavage. — Le servage. — Les abus de pouvoir.

1. Devoirs relatifs à la sensibilité d'autrui. — Nous devons respecter nos semblables dans leur sensibilité, éviter avec soin tout ce qui pourrait les faire souffrir. Les mauvais traitements, les injures, les paroles blessantes, sont autant de formes de l'injustice. C'est aussi une injustice d'exciter et de favoriser les mauvaises inclinations ; le scandale en particulier est une faute grave dans la vie sociale, car le mal comme le bien s'apprend surtout par l'exemple. C'est un devoir de ne pas

1. LA BOETIE. — *Le Contre-un.*

contrarier chez nos semblables les bonnes inclinations, et de respecter leurs affections nobles et légitimes.

La politesse, qui consiste avant tout dans une attention délicate à ne pas choquer dans nos relations les personnes avec lesquelles nous vivons, est une façon de respecter la sensibilité d'autrui. Elle touche à la charité en ce qu'elle tient à la bonté du cœur.

> La politesse est à l'esprit
> Ce que la grâce est au visage.
> De la bonté du cœur, elle est la douce image,
> Et c'est la bonté qu'on chérit [1].

Mais elle n'en est pas moins un devoir de justice, et celui qui en viole les règles ne rend pas à ses semblables ce qu'il leur doit.

2. Devoirs relatifs à l'intelligence d'autrui. — L'intelligence a droit à la vérité qui est son bien propre. C'est donc un devoir pour nous de ne pas favoriser l'ignorance de nos semblables, de ne pas leur enseigner l'erreur et de ne pas les tromper par le mensonge et la mauvaise foi.

Les pères de famille qui refusent à leurs enfants l'instruction convenable, les maîtres qui ne laissent pas à leurs serviteurs le temps d'acquérir les connaissances essentielles à la vie, les gouvernements qui entretiennent l'ignorance parmi les populations pour les mieux asservir, méconnaissent leurs devoirs de justice.

Ceux-là sont plus coupables encore qui, non contents de favoriser l'ignorance, enseignent l'erreur, soit par eux-mêmes, soit par d'autres. L'erreur est une sorte d'atmosphère malsaine qui ne peut, à la longue, que corrompre les âmes. C'est un devoir pour ceux qui sont chargés de l'enseignement, surtout de l'enseignement philosophique et moral, d'être prudent en même temps que sincère dans cet enseignement, et de ne pas s'exposer à sacrifier la vérité à l'originalité des doctrines.

Le mensonge extérieur est comme le mensonge intérieur, une bassesse et une faute contre la dignité personnelle. « Le menteur, a dit un moraliste, est moins un homme véritable que l'apparence d'un homme. » C'est, de plus, une injustice à

---

1. VOLTAIRE. — *Stances*.

l'égard de nos semblables. Mais de ce que l'homme ne doit jamais mentir, il ne s'ensuit pas qu'il doive toujours dire toute la vérité. L'homme sincère ne dit que ce qu'il pense, mais il ne dit pas nécessairement tout ce qu'il pense. Souvent, la discrétion est un devoir. Il ne faut pas confondre la sincérité avec le bavardage.

3. Devoirs relatifs à la liberté d'autrui. — Nous devons respecter nos semblables dans leur liberté et dans toutes ses manifestations légitimes. Nous devons respecter particulièrement chez autrui :

1) La liberté individuelle, c'est-à-dire le droit qu'a l'individu d'agir comme il lui plaît, d'exercer toutes ses facultés naturelles sans entraves, dans les limites de la loi. Du moment qu'il se conforme à la justice, chacun est maître de sa personne et de ses biens ; nous n'avons pas le droit d'empêcher l'usage légitime de son activité. C'est porter atteinte à la liberté d'autrui que d'abuser de sa position, de son intelligence, de sa force de volonté pour exercer une sorte de tyrannie sur la faiblesse naturelle de personnes d'une condition inférieure.

2) La liberté du travail, qui n'est qu'une conséquence de la liberté individuelle, c'est-à-dire, le droit pour chacun de travailler, de choisir sa profession et de faire des fruits de son travail l'usage qu'il veut.

C'est ce principe que formulait Turgot dans l'édit de 1776, qui abolissait les maîtrises et les jurandes. « Dieu, en donnant à l'homme des besoins, en lui rendant nécessaire la ressource du travail, a fait du droit de travailler la propriété de tout homme et cette propriété est la première, la plus sacrée et la plus imprescriptible de toutes. Nous regardons comme un des premiers devoirs de notre justice, et comme un des actes les plus dignes de notre bienfaisance, d'affranchir nos sujets de toutes les atteintes portées à ce droit inaliénable de l'humanité. » Contraindre par la menace les autres à ne pas travailler, comme il arrive dans les grèves est une manière de porter atteinte à la liberté du travail.

3) La liberté de conscience, c'est-à-dire la liberté religieuse et la liberté philosophique, entendue non pas comme le droit de croire ce qu'on veut, mais comme le droit d'adorer Dieu et de pratiquer ses devoirs religieux et ses autres devoirs suivant ses convictions. Le respect de la liberté de conscience n'implique, ni l'approbation de l'erreur, ni l'indifférence en matière de religion et de philosophie, c'est le respect de toute conviction sincère. La violation de la liberté de conscience se nomme l'intolérance, elle consiste dans l'emploi de la force pour contraindre les consciences.

L'Esclavage. — Le plus grand attentat contre la liberté est l'esclavage. Par l'esclavage, un homme devient la propriété d'un autre homme. Or, rien ne peut légitimer une propriété de ce genre. La chose ne s'appartenant pas est faite pour être possédée, mais la personne qui s'appartient a le droit de rester, à l'exclusion des autres, en possession de sa liberté. Or, le propriétaire d'esclaves fait d'une personne sa chose; il prend de cette personne toute la liberté qu'il peut prendre. S'il lui laisse la liberté intérieure, c'est parce qu'elle échappe à ses prises, c'est parce qu'aucune contrainte ne peut lui porter atteinte. De plus, l'esclavage est la négation de l'égalité humaine. Tous les hommes ayant le même devoir rigoureux de tendre à leur fin, ont le même droit absolu de ne pas être empêchés dans l'exercice de ce devoir. Par le seul fait qu'il méconnaît ce droit, l'esclavage est la plus grave injustice qu'on puisse concevoir.

A défaut de ces raisons fondées sur la plus stricte justice, la charité condamnerait l'esclavage avec la dernière évidence. « Quoi ! dit un moraliste contemporain, Dieu me traite comme un être libre, il respecte ma volonté, et un homme dont je suis le semblable ferait envers moi ce que Dieu ne fait pas, il voudrait se mettre entre moi et mon activité, entre moi et mes affections, entre moi et mon devoir. »

La plupart des philosophes anciens ont admis ou au moins excusé l'esclavage. Socrate, bien qu'il recommande la bienveillance envers les esclaves, ne songe pas un instant à regarder l'esclavage comme injuste; Platon le laisse à la base des institutions idéales et chimériques dont il trace le tableau dans sa République; Aristote va plus loin encore que son maître. Non seulement il accepte l'esclavage comme un fait nécessaire, mais il le considère comme légitime et il essaie de démontrer que l'esclavage est de droit naturel. « La nature, dit-il, a créé les corps des hommes libres, différents des corps des esclaves, car elle a fait les uns pour commander, les autres pour obéir. »

L'esclave n'a de raison que ce qu'il faut pour comprendre la raison de son maître, il est donc juste que l'esclave appartienne à l'homme libre. Chez les Romains, l'esclavage fut longtemps plus barbare encore qu'il ne l'avait jamais été chez les Grecs. Les maîtres avaient droit de vie et de mort sur leurs esclaves. Pour les plus légères peccadilles, quelquefois pour le plaisir de les voir souffrir, on leur infligeait les plus odieux traitements et même les derniers supplices. C'est par milliers qu'ils tombaient chaque année dans les combats de gladiateurs pour satisfaire la curiosité et les passions cruelles du peuple romain.

Les Stoïciens déduisirent de leur conception du monde l'idée de la fraternité humaine et firent de généreux efforts pour relever l'esclave. Mais c'est surtout l'honneur du christianisme d'avoir proclamé sans aucune réserve l'égalité des hommes devant Dieu et d'avoir fondé l'émancipation sociale. « Vous maîtres, écrivait saint Paul, rendez à vos esclaves ce que la justice demande de vous, sachant que vous avez comme eux un maître dans les cieux. »

Après la conquête de l'Amérique on a vu reparaître dans les colonies espagnoles les excès de l'esclavage antique. On a vu des nations qui se disaient chrétiennes, prendre part à la traite des nègres ou la tolérer. Rien ne pouvait justifier cet infâme trafic qui existe malheureusement encore à l'heure actuelle dans de nombreuses contrées, notamment à l'intérieur de l'Afrique, d'où les efforts des peuples civilisés n'ont pu complètement chasser les négriers. On ne saurait trop travailler à faire disparaître des faits aussi odieux, mais l'émancipation des esclaves demande des précautions. Avant d'affranchir les esclaves, il faut, comme aux premiers siècles de l'Eglise, les instruire et surtout les moraliser, en un mot, les préparer à faire un bon usage de leur liberté.

Le servage. — Le servage est un esclavage adouci. Le serf attaché à la glèbe, avait le droit d'acquérir et de posséder, et il ne pouvait être vendu qu'avec la terre qu'il cultivait. Sa condition était donc moins misérable et moins révoltante que celle de l'esclave. Quoi qu'il en soit, le servage est condamnable comme l'esclavage et pour la même raison ; il est la violation, mais à un moindre degré, du même droit fondamental de la personne humaine. L'institution du servage a subsisté en

Russie jusqu'en 1861, elle fut abolie par l'empereur Alexandre II.

Les abus de pouvoir. — De l'esclavage et du servage il faut rapprocher tous les abus de pouvoir. Une des formes les plus odieuses de l'abus de pouvoir c'est le despotisme. Le despotisme n'est pas une espèce de gouvernement comme l'affirmait Montesquieu dans l'*Esprit des lois*, c'est un vice de gouvernement qui peut se rencontrer dans tous les régimes. Ils abusent aussi de leur pouvoir les parents et les maîtres qui imposent à leurs enfants et à leurs serviteurs des tâches qui dépassent leurs forces, ceux qui exigent de leurs subordonnés le sacrifice de leurs opinions politiques, ou de leurs croyances, les patrons qui menacent les ouvriers de leur retirer leur gagne-pain, s'ils font acte public de religion, ou s'ils refusent d'entrer dans telle ou telle société secrète. D'une manière générale, toute atteinte portée à la liberté légitime des autres, est un abus de pouvoir.

III. DEVOIRS RELATIFS AUX BIENS D'AUTRUI

1. La propriété. — Définition de la propriété. — Fondement du droit de propriété. — Conséquences et avantages du droit de propriété. — Le communisme et le socialisme. — 2. L'honneur.

1. La propriété. — Les biens d'autrui sont de deux sortes, matériels ou spirituels.

Les biens matériels sont l'objet du droit de propriété. Aucun droit n'a été plus contesté de nos jours que le droit de propriété, il importe donc d'y insister. Qu'est-ce que la propriété? Quel est son fondement? Quelles objections a-t-elle soulevées? Quels sont ses avantages?

Définition de la propriété. — « La propriété, dit le code civil, est le droit de jouir et de disposer des choses de la manière la plus absolue, pourvu qu'on n'en fasse pas un usage prohibé par les lois ou par les règlements[1]. » On appelle propriété, toute chose légitimement possédée par une personne. Philosophiquement c'est pour la personne le droit de faire quelque chose sien et par conséquent d'en jouir et d'en disposer à son gré.

---

1. Article 544.

La propriété n'est donc pas la simple possession. La possession n'est que la détention actuelle. Je puis avoir entre les mains quelque chose qui ne m'appartient pas, dont je ne suis pas le propriétaire. La propriété c'est le droit d'exclure les autres de l'usage d'un bien, alors même qu'on n'en aurait pas la possession actuelle.

Remarquons que la propriété est un fait universel; on rencontre la propriété sous une forme ou sous une autre, chez tous les peuples, à toutes les époques et à tous les degrés de civilisation. C'est aussi un besoin et une nécessité de l'existence; la vie serait impossible à l'homme, il ne pourrait ni la conserver, ni l'entretenir s'il ne faisait siennes certaines choses du monde extérieur. De plus elle répond à un instinct; nous aimons tous à posséder. L'amour de la propriété se rattache plus ou moins étroitement à l'amour de la vie, de la liberté et du pouvoir, car la propriété est la condition de tous ces biens.

Fondement du droit de propriété. — Sur quoi se fonde le droit de propriété? Écartons d'abord quelques erreurs.

1) On a fait reposer le droit de propriété sur l'instinct de la propriété, sur le désir naturel qu'a l'homme de posséder. — Mais un instinct, un désir ne suffisent pas pour constituer un droit. Nous avons dit à quels conflits inévitables, conduirait la confusion du désir et du droit.

2) On a fait reposer le droit de propriété sur la loi civile; c'est l'opinion de Montesquieu et de Bentham. « Avant les lois, dit Bentham, il n'y a pas de propriété, ôtez les lois toute propriété cesse. » — Mais de deux choses l'une. Ou la loi est l'expression d'un droit naturel, et alors le fondement du droit de propriété est dans ce droit naturel et non dans la loi; ou la loi n'est que l'expression arbitraire de la volonté du législateur, mais un droit dont le fondement est aussi fragile n'est plus réellement un droit; d'ailleurs comment dans cette hypothèse expliquer l'universalité de la propriété? La loi garantit aux personnes le libre usage de leurs biens, elle protège la propriété, elle n'en est pas le principe. « Les propriétés, dit Portalis, ne sont la matière des lois que comme matière de protection et de garantie et non comme objet de disposition arbitraire. »

3) On a fait reposer le droit de propriété sur un contrat primitif ; c'est l'opinion de Hobbes et de Rousseau. — Mais un contrat suppose des droits chez les parties contractantes, c'est parce qu'il y avait des droits antérieurs qu'un contrat peut conférer un droit de propriété.

Le véritable fondement du droit de propriété est le *travail*. Le travail est pour l'homme non seulement une nécessité, mais un devoir et un droit. Or le droit de travailler implique comme conséquence le droit de jouir et de disposer des fruits du travail. La propriété en tant que résultat du travail est donc de droit naturel. Mais la propriété acquise par le travail suppose une propriété antérieure. La première propriété de l'homme est celle de sa personne et de ses facultés. L'homme est un être libre qui s'appartient ; il est propriétaire de ses facultés intellectuelles et morales aussi bien que de ses aptitudes corporelles. — D'un autre côté comme l'homme ne crée rien, il a besoin pour travailler d'une matière préexistante, dont il tire parti. Il a donc fallu, à l'origine surtout, qu'il pût s'emparer des objets que nul ne s'était encore appropriés. C'est ici qu'intervient ce qu'on a appelé le droit du premier occupant. Il ne s'agit pas d'une prise de possession quelconque, mais d'une occupation fondée sur le travail, consacrée par le travail. Cet acte est légitime car d'une part, le premier occupant ne viole pas les droits d'autrui, puisque les objets dont il s'empare n'appartiennent à personne ; d'autre part, il exerce un droit inhérent à la personne sur la chose ; la chose ne s'appartient pas, elle est faite pour être possédée par la personne. Lorsqu'il s'approprie la matière inoccupée, l'homme exerce donc un droit naturel. Si en possession de la matière, il la travaille et la perfectionne, il lui imprime en quelque sorte le sceau de ses propres facultés ; elle devient en réalité son œuvre et lui appartient à un deuxième titre.

Ainsi : occupation première et travail, telles sont les deux sources légitimes plus ou moins inséparables, tels sont les deux fondements prochains du droit de propriété. Mais ce droit a son fondement dernier dans les droits naturels de la personne. La propriété est comme l'expansion et le prolongement de la personnalité.

Conséquences et avantages du droit de propriété. — Le droit de propriété entraîne comme conséquences le droit d'épargne et d'accumulation et le droit de transmission.

Après avoir acquis un bien, je puis ou en jouir aussitôt, ou le réserver pour en jouir plus tard. Ce qui m'est inutile aujourd'hui, je puis le mettre de côté pour qu'il me soit utile en d'autres temps. Contester à l'homme le droit d'épargner et d'accumuler ses épargnes, c'est méconnaître en lui la faculté de prévoir l'avenir, et tarir la source même de la production : le travail. C'est surtout pour assurer l'avenir que l'homme travaille.

Une autre conséquence du droit de propriété est le droit de transmission et plus particulièrement le droit d'hérédité. Du moment que je suis propriétaire d'une chose, que j'ai le droit d'en disposer, je dois pouvoir en faire jouir autrui, je dois pouvoir la partager avec mes semblables, la donner même tout entière à d'autres. Et si l'on peut faire don de ce qu'on possède à des indifférents, comment refuser au père de famille le droit de transmettre ses biens à ses enfants ? Porter atteinte à la liberté testamentaire, c'est porter atteinte au droit de propriété lui-même.

Quant aux avantages du droit de propriété, on ne peut les mettre en doute. La propriété est le stimulant du travail. Quel travail attendre d'un homme qui ne pourrait pas disposer librement des fruits de son travail? Si en particulier on supprimait le droit d'hérédité, si on enlevait au père de famille le droit d'accumuler ses épargnes pour ses enfants, on détruirait du même coup le plus énergique ressort de travail qu'il y ait dans le cœur de l'homme. Par le fait même qu'elle stimule le travail, la propriété est un facteur important de la moralisation, et favorise les vertus privées et publiques. Elle est enfin, une condition de la société. « La société, dit saint Thomas, vit de travail, d'ordre et de paix. » Or ces trois éléments de la vie sociale sont impossibles sans la propriété. Une société sans respect de la propriété, serait vite la proie de l'anarchie.

Le communisme et le socialisme. — Le droit de propriété a trouvé d'ardents adversaires dans les communistes et dans les socialistes. Les communistes soutiennent que la propriété est née de la violence, et qu'elle est la source des inégalités et des haines qui séparent les hommes. On ne mettra fin au mal qu'en distribuant également les biens entre tous. Les hommes sont égaux, ils ont les mêmes droits ; pourquoi donc l'un posséderait-il plus que l'autre ? « La propriété, c'est le vol » a dit Proudhon. Les socialistes prétendent attaquer non pas la propriété en elle-même, mais seulement la propriété individuelle. C'est l'État qui est le maître souverain des biens et qui peut en disposer. L'État est seul propriétaire et il doit répartir les biens entre les citoyens, non d'une manière absolument égale mais suivant leur capacité et leurs œuvres.

La propriété est sans doute l'occasion de discussions, de procès et de haines parmi les hommes ; mais faut-il condamner tout ce qui peut donner lieu à des abus ? A ce compte on condamnera les meilleures choses. Ceux qui préconisent le système égalitaire ne veulent voir que les inconvénients de la propriété et ils ferment les yeux sur ses immenses avantages. Sans doute aussi les hommes sont égaux, et d'une manière générale, théoriquement, les droits naturels sont identiques chez tous ; mais en fait les facultés intellectuelles et morales, aussi bien que les aptitudes physiques sont inégalement réparties parmi les hommes, et de plus les hommes peuvent user inégalement de leurs aptitudes et de leurs facultés. Il en résulte qu'en réalité les droits naturels ne sont pas les mêmes chez tous. C'est dans l'inégalité naturelle des facultés et dans l'inégalité de leur usage qu'il faut chercher l'origine de l'inégalité des conditions. Et supposons qu'on fasse un jour le partage égal des biens entre tous, l'inégalité des conditions reparaîtrait bien vite par suite de l'intelligence et du travail des uns, de l'ignorance et de la paresse des autres.

L'État, il faut le reconnaître, a le droit de régler certaines conditions de la propriété ; cela est nécessaire au bon ordre social. La propriété en effet, peut provoquer des conflits ; par exemple un propriétaire peut en exerçant ses droits empêcher l'exercice des droits reconnus chez un autre. L'État alors a le droit d'intervenir, et de déterminer, toujours pour des raisons de bon ordre social et sans violer la justice, les limites de la propriété individuelle. Mais nationaliser la propriété, faire de l'État le seul propriétaire, comme le veulent les socialistes, c'est une exagération monstrueuse des droits de l'État, c'est une substitution injuste de l'État à l'individu, qui ne peut être rêvée que par des utopistes ou des esprits égarés.

Il est à peine besoin de dire que les doctrines communistes et socialistes, détruisent le ressort du travail. C'était déjà l'argument dont Aristote se servait contre Platon. On se soucie peu des propriétés communes et on ne prend un véritable intérêt qu'à celles qu'on possède personnellement. Assuré de sa subsistance, l'homme n'aurait plus de mobile pour le stimuler à l'effort personnel. Le travail ne devant plus être suivi d'une rémunération suffisante, entraînerait l'appauvrissement général, et la société dont le maintien et le progrès dépendent dans une large mesure du travail de ses membres, serait bientôt en pleine décadence.

Puisque la propriété est un droit, c'est un devoir de la respecter. On appelle vol toute atteinte au droit de propriété. Le vol est justement flétri par l'opinion publique, et en général les législateurs ont édicté contre le vol des peines sévères. Les attentats contre la propriété, d'après le code pénal, sont punis suivant la gravité des cas, de la prison, de la réclusion, des travaux forcés à temps et des travaux forcés à perpétuité. Mais remarquons que le vol ne consiste pas seulement à prendre directement ce qui appartient aux autres ; toutes les manières possibles de s'approprier indirectement le bien d'autrui, toutes les fraudes sont des vols. Le marchand qui trompe l'acheteur, celui qui refuse de payer ses dettes, celui qui emploie à son usage un dépôt qu'on lui a confié, celui qui viole ses engagements, sont de véritables voleurs. Le vol et toutes ses espèces entraînent l'obligation rigoureuse de restituer l'objet volé.

2. L'honneur. — « Bonne renommée, dit le proverbe, vaut mieux que ceinture dorée. » L'honneur ou la réputation est un bien supérieur aux biens matériels, et la condition pour l'homme de nombreux avantages sociaux. C'est donc une injustice de porter atteinte à l'honneur d'autrui par des paroles blessantes ou injurieuses, et de le diffamer par la calomnie ou la médisance.

Malebranche remarque que témoigner à quelqu'un le contraire de l'estime, c'est-à-dire du mépris, est la pire injure qu'un homme puisse faire à un autre homme. « Nous avons une si grande idée de l'âme de l'homme, dit Pascal, que nous ne pouvons souffrir d'en être méprisés et de n'être pas dans l'estime d'une âme, et toute la félicité des hommes consiste dans cette estime. » Il faut donc prendre garde, en particulier dans les conversations, de ne prononcer aucune parole qui puisse blesser autrui. Que de plaisanteries laissent dans l'âme de ceux qui en sont l'objet, un souvenir amer, parce qu'elles ne sont point sans quelque injure! « Diseur de bons mots, mauvais caractère » disait La Bruyère. Les bons mots sont souvent des mots méchants. Qu'on ne s'y trompe pas, la confiance réciproque fait le charme des conversations beaucoup plus que les traits spirituels. La confiance rapproche toujours et unit les personnes, souvent l'esprit les divise. « On est plus sociable, disait encore La Bruyère, par le cœur que par l'esprit, le cœur est le véritable lien des hommes. »

Calomnier une personne, c'est lui imputer des fautes dont elle est innocente. La calomnie est un abominable mensonge, dont les conséquences peuvent être des plus funestes pour la personne diffamée. Médire c'est dévoiler les fautes réelles du prochain. La médisance diffère de la calomnie en ce qu'elle n'est pas un mensonge. Mais l'homme n'a pas le droit de faire connaître sans nécessité les fautes d'autrui; mal parler de ses semblables pour le plaisir d'en mal parler, ce n'est pas seulement un manquement à la charité, c'est en réalité une injustice. Le médisant fait connaître le mal, il tait le bien; il rapporte les défauts, il ne dit rien des qualités de ceux dont il parle. « La médisance, disait Bourdaloue, est également funeste à celui qui médit, à celui dont on médit, et à celui devant qui l'on médit. » Elle nuit, en effet, au premier, en l'avilissant à ses propres yeux et en le privant de l'estime d'autrui, elle nuit ensuite au second par le tort grave qu'elle fait souvent à sa réputation, elle nuit enfin au troisième par le mauvais exemple. Par malheur les médisances font souvent les frais de la conversation, même entre personnes honnêtes. On veut être intéressant, et on raconte sur tel ou tel tout le mal qu'on sait, c'est le sûr moyen d'être écouté et d'avoir son petit succès. Il faut bien reconnaître que si la médisance est un vice si commun, c'est parce qu'elle trouve trop bon accueil chez ceux qui l'écoutent et se font ainsi les complices des diffamateurs.

C'est une obligation de restituer au prochain l'honneur qu'on lui a enlevé et de réparer les dommages qui résultent pour lui de la diffamation. Le calomniateur est tenu de rétracter le mensonge qu'il a dit pour nuire à autrui; le médisant est tenu de dire en compensation tout le bien qu'il peut de celui dont il a médit.

Nous devons respecter la réputation d'autrui non seulement dans nos paroles, mais aussi dans nos pensées. Tout homme a droit à notre estime, et nous ne devons pas la lui refuser même intérieurement, tant que nous n'avons point de preuves certaines qu'il ne la mérite plus. Elles sont rares les personnes absolument méprisables et qui ne rachètent leurs défauts par quelques qualités. Appliquons-nous à voir le bien dans les autres, et gardons-nous dans notre for intérieur, de tout jugement téméraire, c'est-à-dire de tout jugement défavorable au prochain, fondé sur de légères apparences.

DEVOIRS DE CHARITÉ

1. Notion générale de la charité. — 2. Œuvres de charité.
3. Qualités de la charité.

1. Notion générale de la charité. — On peut rapprocher les devoirs de charité des devoirs de justice auxquels il correspondent. Autant il y a de devoirs de justice, autant il y a de devoirs de charité, et sur chaque point où la justice nous défend de violer les droits des personnes, la charité nous ordonne de sacrifier quelque chose de nous-mêmes pour les autres. Ainsi la justice nous défend d'attenter à la vie de nos semblables, la charité nous ordonne de la protéger et de secourir, quelquefois même au péril de notre propre vie, ceux dont l'existence est menacée. La justice nous impose le respect de l'âme de nos semblables dans toutes leurs facultés, dans leur sensibilité, dans leur intelligence, dans leur liberté; la charité nous demande de travailler à leur bonheur, à leur instruction, à leur affranchissement de toute servitude. La justice nous défend de nous approprier le bien d'autrui, ou de porter atteinte à son honneur, la charité nous ordonne de lui donner de notre bien propre, et de lui faire autant qu'il dépend de nous une bonne réputation.

Le précepte général de la charité est d'aimer tous les hommes, même nos ennemis. Nous lisons dans l'Évangile « Vous avez appris qu'il a été dit : vous aimerez votre prochain et vous haïrez votre ennemi; et moi je vous dis : aimez vos ennemis; faites du bien à ceux qui vous haïssent, et priez pour ceux qui vous persécutent et vous calomnient. » Telle est l'admirable formule des devoirs de charité. La charité n'est pas fondée sur le mérite individuel, mais sur notre commune nature. Nous sommes tenus d'aimer nos ennemis parce qu'ils sont hommes comme nous. Cette obligation se comprend bien surtout lorsqu'on unit la religion à la charité; la charité est une vertu religieuse autant que morale. La religion chrétienne, qui a toujours été la grande inspiratrice de la charité, n'a jamais séparé l'amour du prochain de l'amour de Dieu.

Aimer, disait Leibnitz, c'est trouver son bonheur dans le bonheur d'autrui. En pratique, aimer autrui c'est lui vouloir et lui faire du bien, c'est être bienveillant et bienfaisant. La bienveillance sans la bienfaisance manquerait de sincérité et la bienfaisance sans la bienveillance n'aurait de la charité que le masque.

2. Œuvres de charité. — La charité se traduit par deux sortes d'œuvres, les unes d'ordre temporel, les autres d'ordre spirituel.

L'aumône est la plus facile et la plus répandue des œuvres de charité relatives à l'ordre temporel. Elle consiste à donner une part de ses biens pour secourir les pauvres. Elle oblige dans la proportion de la fortune et selon une juste appréciation des choses. C'est un moyen de réparer le mauvais usage qu'on fait trop souvent des biens de ce monde et de combattre la cupidité et l'avarice qui sont des désordres de l'âme.

Éclairer l'intelligence d'autrui par l'instruction et par de bons conseils, dissiper les préjugés et les erreurs qui égarent sa conscience, fortifier sa volonté contre les passions mauvaises et dans la pratique de la vertu par l'exhortation et l'exemple, le consoler dans ses épreuves et dans ses douleurs par des marques de sympathie, et en lui remettant sous les yeux tous les motifs d'espérance qui peuvent relever et fortifier son courage, ce sont là autant de formes de la charité spirituelle.

Lorsque la charité s'élève jusqu'au sacrifice de la vie ou de la fortune pour venir en aide à autrui, elle prend le nom de dévouement.

3. Qualités de la charité. — Cicéron remarquait déjà dans le *De officiis* que la charité demande beaucoup de précautions.

La charité doit être *délicate*, par respect pour la personne à qui elle s'adresse. Dans l'oraison funèbre de Henriette d'Angleterre, Bossuet dit de cette princesse : qu'elle donnait « non seulement avec joie mais avec une hauteur d'âme, qui marquait tout ensemble et le mépris du don et l'estime de la personne... Tantôt par des paroles touchantes, tantôt même par son silence, elle relevait ses présents[1]. »

La charité doit être *modeste*. « Elle ne s'enfle pas » dit Saint Paul. Faire la charité par orgueil est une sorte de mensonge et de contre-sens. On paraît s'oublier, sacrifier ses intérêts, et en réalité on ne cherche que soi-même. Sénèque flétrissait déjà ces aumônes étranges qui enorgueillissent leurs auteurs et humilient souvent ceux à qui elles portent secours. « Que votre main gauche, dit la Sainte Écriture, ignore ce que fait votre main droite. »

La charité doit être *éclairée*. Saint Vincent de Paul recommandait à ses filles de faire la charité « avec un œil clair et un cœur pur. » Il faut en effet de la prudence et de la justice dans la charité. Une aumône imprudente peut encourager la paresse ou favoriser l'imprévoyance ; et pratiquer la charité au dépens de la justice, c'est la corrompre.

II. MORALE DOMESTIQUE

1. La famille. — 2. Le mariage. — 3. Devoirs des époux. — 4. Devoirs des parents envers leurs enfants. — L'autorité paternelle. — 5. Devoirs des enfants envers leurs parents. — 6. Devoirs des enfants entre eux. — L'esprit de famille. — 7. Devoirs des maîtres et des serviteurs.

La morale domestique a pour objet les devoirs que les membres d'une même famille ont à remplir les uns envers les autres.

1. La famille. — La famille est la société des parents et des enfants. Ce n'est pas une institution factice ; elle est de

---

[1]   La façon de donner vaut mieux que ce qu'on donne.
       Tel donne à pleines mains qui n'oblige personne.

droit naturel et répond à une double nécessité, à la nécessité de protéger les droits de la femme et ceux des enfants.

Au point de vue du droit et de la morale, la femme est l'égale de l'homme, mais au point de vue de la force physique, elle lui est inférieure. La dignité et les droits de la femme ne peuvent être respectés que si dans leur union l'homme et la femme s'engagent librement l'un envers l'autre, et se reconnaissent des devoirs et des droits égaux. De plus la famille est nécessaire pour le bien des enfants. L'éducation physique de l'enfant dure un temps assez considérable ; l'éducation morale exige un temps plus long encore, et cette éducation ne peut bien se faire sans l'action commune du père et de la mère, la mère formant surtout le cœur de l'enfant, le père sa raison et sa volonté. L'éducation ne peut être menée à bonne fin que si les parents s'engagent à remplir envers leurs enfants, les devoirs que la paternité leur impose.

D'ailleurs la famille répond à des affections naturelles à l'homme, et elle est nécessaire à la société civile. L'existence de la famille est un fait universel non pas partout sans doute à l'état perfectionné où elle se rencontre dans les pays civilisés et surtout chrétiens, mais dans un état suffisant pour qu'on puisse y voir un privilège de la nature humaine. En outre l'expérience prouve que tout ce qui relâche les liens de la famille est un dissolvant de la société. C'est dans la famille que se fait l'apprentissage des vertus publiques et la meilleure préparation à l'accomplissement des devoirs sociaux, c'est l'accomplissement des devoirs domestiques.

La famille a pour fondement le mariage.

2. Le mariage. — Le droit romain définit le mariage : l'union de l'homme et de la femme, la vie en commun de l'un et de l'autre, et le partage du droit divin et humain *Nuptiæ sunt conjunctio maris et feminæ, et consortium omnis vitæ, divini et humani juris communicatio*[1].

Ramener le mariage à l'union des corps, ce serait rabaisser étrangement la dignité humaine. N'y voir que l'union des intérêts et des fortunes, ce serait n'en faire ni plus ni moins qu'un marché ou un contrat de commerce. Le mariage est le

---

1. *Digeste* XII, titre II, livre I.

contrat par lequel l'homme et la femme s'associent volontairement en vue de la vie commune, pour fonder une famille et s'assister mutuellement dans la poursuite de leur destinée. « Ce qui constitue essentiellement le mariage, dit Ahrens, c'est le don réciproque de la personnalité totale, physique et morale, entre l'homme et la femme. C'est la fusion de l'amitié et de l'amour, ayant pour but la formation d'une société permanente entre deux individus de sexe différent[1]. »

Les caractères principaux du mariage sont : la *liberté*, l'*unité*, l'*indissolubilité*.

1) Le mariage doit être libre, c'est-à-dire, qu'il ne peut être contraint ni par la volonté des parents, ni par aucune autorité; cela vient de ce qu'il est un don réciproque de deux personnes.

2) Le mariage doit être l'union d'un seul homme avec une seule femme. L'unité du mariage exclut la polygamie. La polygamie compromettrait gravement la dignité de la femme, et serait contraire à l'intérêt des membres de la famille, et au but le plus élevé du mariage qui est l'union de deux âmes qui mettent en commun leurs pensées, leurs sentiments et leurs volontés.

3) Le mariage doit être indissoluble, c'est-à-dire, qu'il ne doit être brisé que par la mort de l'un des deux époux. L'indissolubilité du mariage sauvegarde la dignité des parents, elle est la condition de la paix du foyer domestique et de la bonne éducation des enfants. Elle exclut le divorce.

Pour assurer l'unité et l'indissolubilité du mariage il faut que le sentiment du devoir pénètre l'amour conjugal, et qu'il devienne une vertu.

La famille fondée par le mariage donne naissance à des devoirs particuliers dont l'ensemble constitue la morale domestique. Ces devoirs découlent des rapports qui existent entre les différents membres de la famille. Or on distingue dans la famille quatre espèces de rapports : les rapports des époux entre eux, les rapports des parents avec les enfants, les rapports des enfants avec les parents, les rapports des enfants entre eux. D'où, quatre sortes de devoirs.

3. Devoirs des époux. — Dès avant le mariage, il y a des

---

1. Ahrens. — *Philosophie du droit*, 2me partie, 2me section, chap. 1, § 1.

obligations pour ceux qui s'y destinent. Le mariage exige une préparation. Avant de le contracter les futurs époux doivent s'en faire une juste idée, garder un cœur intact à celui ou à celle qui aura le droit de le posséder, se souvenir qu'ils auront un jour charge d'âmes qui participeront aux qualités et aux défauts de leurs parents, et se préparer par une vie sérieuse et honnête aux grandes responsabilités du mariage. Outre cette obligation générale, il y a pour les futurs époux l'obligation particulière d'être prudents dans leur choix. S'engager témérairement dans les liens du mariage sans consulter son caractère, ses inclinations et ses convenances, serait une faute dont les conséquences pourraient être les plus graves. Ni l'inclination seule, ni la raison seule ne doit décider des mariages. Les meilleurs mariages sont les mariages d'inclination éclairée par la raison.

Pendant le mariage, les époux ont des devoirs communs et des devoirs particuliers.

Les devoirs communs sont la fidélité et le respect des fins du mariage. Le mariage est un lien; une fois unis, les époux doivent s'interdire tout ce qui tend à rompre ou à relâcher ce nœud sacré. Les fins du mariage sont la propagation de la race humaine, l'éducation des enfants, et l'assistance mutuelle. Ces devoirs sont fondés sur la nature même du mariage et sur les promesses que les époux se sont faites devant les hommes et devant Dieu.

Chacun des époux a des devoirs qui lui sont propres. La femme doit l'obéissance à son mari, mais cette obéissance n'est pas de la servitude. C'est à la femme qu'incombent plus spécialement les soins qui regardent l'intérieur de la famille. Au mari appartient le droit, l'autorité, mais cette autorité doit toujours être bienveillante et ne jamais dégénérer en tyrannie. C'est un devoir spécial pour le mari de protéger la famille et de travailler pour elle. « L'homme étant le chef de la famille, dit Paul Janet, en est le protecteur naturel. L'autorité lui est dévolue par les lois et par l'usage. Mais cette autorité ne serait qu'un privilège insupportable si l'homme prétendait l'exercer sans rien faire et sans rendre à la famille en sécurité ce qu'elle lui paye en respect et en obéissance. Le travail, voilà le premier devoir de l'homme comme chef de famille. Cela est vrai de toutes les classes de la société, tout aussi bien de celles qui vivent de leurs revenus que de celles qui vivent de leur travail. Car les uns ont à se rendre dignes de la fortune qu'ils ont reçue, par de nobles occupations, et au moins de la conserver et de la faire fructifier par une habile administration, et les autres ont sinon une fortune à acquérir, but très rarement atteint, au moins un objet bien plus pressant, celui de faire vivre tous ceux qui reposent sous leur tutelle[1]. »

Xénophon fait raconter dans l'*Économique* à Socrate son maître la conversation de deux jeunes mariés dont le mari, Ischomachus, instruit sa femme de ses devoirs.

Après lui avoir dit ce qu'elle devait être dans la famille comme épouse et comme mère, comment elle devait traiter les esclaves, il termine ainsi : « Mais le charme le plus doux sera, lorsque devenue plus parfaite que moi, tu m'auras fait ton serviteur, quand loin de craindre que l'âge, en arrivant, ne te fasse perdre de ta considération dans ton ménage, tu auras l'assurance qu'en vieillissant tu deviens pour moi une compagne meilleure encore, pour tes enfants une meilleure ménagère, pour ta maison une maîtresse plus honorée. Car la beauté et la bonté ne dépendent point de la jeunesse ; ce sont les vertus qui les font croître dans la vie aux yeux des hommes[2]. »

4. Devoirs des parents envers les enfants. — La famille reste incomplète jusqu'à ce que les époux deviennent père et mère. Mais la paternité entraîne des devoirs; les uns sont négatifs, les autres sont positifs.

L'enfant n'est pas une chose, une propriété dont les parents peuvent disposer à leur gré, l'autorité paternelle a donc des limites. Les parents doivent respecter la vie de leurs enfants, ils n'ont pas sur eux le droit de vie et de mort que leur accordaient certaines législations antiques. Ils ne doivent pas les maltraiter ni les faire souffrir sans nécessité. Ils ne doivent pas trafiquer de leur liberté, par exemple les vendre comme esclaves. Ils ne doivent pas les corrompre soit par de mauvais conseils, soit par de mauvais exemples.

---

1. Janet. — *De la famille.*

2. Xénophon. — *Économique.* Chapitre VII.

Les devoirs positifs des parents envers les enfants se résument dans l'*affection* et dans l'*éducation*.

De toutes les affections naturelles, l'affection des parents pour les enfants est la plus puissante et la plus durable. C'est un besoin des parents avant d'être pour eux un devoir. Mais cette affection doit être éclairée, raisonnable et sans faiblesse. Les parents doivent aimer leurs enfants pour eux-mêmes et non pour soi. Il y a dans certains excès de tendresse un égoïsme caché des parents qui craignent de se faire mal en faisant souffrir leurs enfants. De plus les parents doivent autant que possible aimer tous leurs enfants d'une affection égale. Les prédilections pour tel ou tel enfant peuvent avoir les plus fâcheuses conséquences ; elles sont ordinairement la source de jalousies, souvent même de discordes et de haines dans les familles. Si quelque préférence est permise, c'est en faveur des enfants qui sont débiles, disgraciés ou moins favorisés de la nature.

Les parents doivent l'éducation à leurs enfants. Ils leur doivent d'abord l'éducation physique. C'est un devoir pour les parents de conserver la vie de leurs enfants en leur donnant la nourriture et tous les soins nécessaires à leur entretien. Ils sont tenus aussi de leur préparer par la prévoyance et l'économie des ressources pour l'avenir. — Ils leur doivent ensuite l'éducation intellectuelle. L'instruction est un capital plus solide et plus productif que beaucoup d'autres héritages. C'est un devoir pour les parents de faire donner à leurs enfants une instruction en rapport avec leurs moyens et leur condition. — Ils leur doivent enfin et surtout l'éducation morale et religieuse. L'instruction seule ne suffit pas à l'éducation, la formation de la volonté et du caractère est de première nécessité. C'est un devoir pour les parents d'imprimer de bonne heure dans les âmes de leurs enfants les vrais principes de la morale et de la religion, et de mettre tout en œuvre pour créer en eux des habitudes vertueuses. Qu'ils n'oublient pas surtout que de tous les moyens, le plus efficace est l'exemple.

L'autorité paternelle. — Pour remplir ces devoirs, il faut que les parents puissent commander à leurs enfants et obtenir leur obéissance, il faut qu'ils puissent les retenir sous leur surveillance, les récompenser et les punir, et exiger d'eux tout ce qui est nécessaire à leur éducation.

Ce pouvoir des parents, à l'exclusion des étrangers, est ce qu'on appelle l'autorité paternelle. L'autorité paternelle est une conséquence des devoirs des parents. C'est parce que les parents ont le devoir d'élever leurs enfants, qu'ils ont le droit de faire tout ce qui concourt à cette fin. L'autorité paternelle est d'ailleurs rendue nécessaire par la faiblesse naturelle des enfants.

L'éducation appartient aux parents. Ils peuvent pourtant, parfois même ils doivent transmettre à d'autres ce droit naturel, mais leur liberté doit être respectée dans le choix des éducateurs. Les socialistes voudraient substituer l'État aux parents et le charger d'élever les enfants. Outre que cette mesure violerait les affections les plus légitimes et les plus profondes du cœur humain, elle porterait atteinte aux droits les plus incontestables des parents.

5. Devoirs des enfants envers les parents. — Les devoirs des enfants envers les parents se résument dans la piété filiale. Elle comprend l'*affection* et la *reconnaissance*, le *respect*, l'*obéissance* et l'*assistance*.

L'affection et la reconnaissance des enfants pour les parents est un besoin du cœur des enfants. Ces sentiments sont fondés sur l'amour des parents et sur les bienfaits que les enfants ont reçus d'eux ; ils doivent se traduire dans des actes.

Le respect des enfants pour les parents est ce sentiment intime de la subordination qui se manifeste par des marques d'honneur; « honore ton père et ta mère, dit la loi du Sinaï, afin que Dieu t'accorde une longue vie sur la terre. » « L'enfant à tout âge, dit le code civil, doit honneur et respect à ses père et mère. »

L'obéissance des enfants aux parents est une conséquence de l'autorité paternelle. Comment les parents pourraient-ils élever leurs enfants s'ils n'avaient droit à leur soumission? L'obéissance des enfants doit être absolue dans le premier âge, tant qu'ils sont incapables de se gouverner eux-mêmes. Lorsque les enfants sont devenus raisonnables, l'obéissance aux parents est subordonnée à l'obéissance à la loi morale. Si les ordres des parents étaient contraires à la loi morale, les enfants devraient leur opposer une respectueuse désobéissance. Plus tard, quand le jeune homme, comme dit la Sainte Écriture,

« est remis aux mains de son propre conseil, » l'obéissance se transforme en déférence ; c'est une disposition à suivre la volonté de personnes à qui l'on n'est pas tenu rigoureusement d'obéir.

Il est deux circonstances particulièrement importantes où les enfants doivent témoigner à leurs parents la plus grande déférence, c'est lorsqu'il s'agit du mariage et du choix d'une profession. Les enfants ont sans doute le droit de choisir librement la compagne ou le compagnon de leur vie, et toute contrainte exercée sur eux pour les amener à des unions qui leur répugnent, est injuste ; mais avant de se marier, ils doivent prendre conseil de leurs parents qui sont généralement les meilleurs guides, avoir le plus grand égard pour leurs avis, et ne passer outre qu'à la dernière extrémité. Quant au choix de la profession, c'est aussi un devoir pour les enfants de consulter leurs parents dont la sagesse et l'expérience peuvent les éclairer. S'il s'agit de cette forme de vie qui est une vocation, les parents peuvent éprouver l'attrait qui sollicite leurs enfants à renoncer au monde pour se donner à Dieu, mais ils n'ont pas le droit de le combattre et de chercher à l'étouffer ; et lorsque la vocation des enfants est raisonnable, sincère et persévérante, fût-elle le plus contraire à leurs désirs ou à leurs projets, les parents ont le devoir de la respecter.

Enfin les enfants doivent à leurs parents l'assistance. Il est juste qu'en reconnaissance des soucis, des sacrifices et des peines que leur éducation a coûtés, les enfants entourent leurs parents de soins affectueux et dévoués. C'est surtout lorsque les parents contractent des infirmités et arrivent au déclin de la vie que les enfants doivent redoubler d'attention pour ne leur donner que des joies et des satisfactions.

6. Devoirs des enfants entre eux. — Un moraliste moderne bien connu, Silvio Pellico, résume en ces termes les devoirs des frères entre eux. « Pour bien pratiquer envers les hommes la science divine de la charité il faut en faire l'apprentissage en famille. Quelle douceur ineffable n'y a-t-il pas dans cette pensée : nous sommes les enfants d'une même mère !... Si vous voulez être bons frères, défendez-vous de l'égoïsme. Que chacun de vos frères, que chacune de vos sœurs, voie que ses intérêts vous sont aussi chers que les vôtres. Si l'un d'eux commet une faute, soyez indulgent pour le coupable. Réjouissez-vous de leurs vertus, imitez-les.

« L'intimité du foyer ne doit jamais vous faire oublier d'être poli avec vos frères. Trouvez dans vos sœurs le charme suave des vertus de la femme, et puisque la nature les a faites plus faibles et plus sensibles que vous, soyez plus attentif à les consoler dans leurs afflictions, à ne pas les affliger vous-même.

« Ceux qui contractent à l'égard de leurs frères et de leurs sœurs des habitudes de malveillance et de grossièreté, restent malveillants et grossiers avec tout le monde. Que le commerce de la famille soit uniquement tendre et saint, et l'homme portera dans ses autres relations sociales le même besoin d'estime et de nobles affections [1]. »

Rien de plus naturel que l'affection fraternelle, aussi sommes-nous plus révoltés des divisions et des haines entre frères qu'entre personnes étrangères les unes aux autres. La famille n'est-elle pas un tout dont les différentes parties sont des membres ? « A voir deux frères en guerre, dit Socrate à Chérécrate dans les *Mémorables* de Xénophon, je crois voir les deux mains que les dieux ont faites pour s'entr'aider oublier leur destination et chercher à se gêner l'une l'autre, ou les deux pieds que la providence a formés pour se donner du secours, s'embarrasser réciproquement. »

C'est le devoir des aînés surtout dans les familles nombreuses d'aider les parents à remplir leur tâche, ou même de les remplacer s'ils viennent à disparaître avant d'avoir pu la terminer. Les frères doivent une protection spéciale à ceux d'entre eux que le malheur ou des revers de fortune placent dans une position critique.

L'esprit de famille. — Lorsque la plus parfaite entente règne entre les parents et les enfants ; lorsque tous les membres d'une même famille comprennent la solidarité qui les unit, et sont toujours prêts à prendre la défense des intérêts et de l'honneur de ceux qui ont porté ou qui portent leur nom ; lorsqu'ils éprouvent en toutes circonstances le besoin de se rapprocher et de resserrer leurs liens, l'ensemble de ces sentiments et de ces dispositions constitue l'esprit de famille.

---

1. Silvio Pellico. — *Devoirs des hommes.*

7. Devoirs des maîtres et des serviteurs. — Les serviteurs comme l'indique le nom de domestiques qui leur est donné, font partie de la maison ou de la famille. Les maîtres ont des devoirs relatifs au choix et au gouvernement des serviteurs. Ils doivent par respect pour eux-mêmes et pour les membres de la famille, choisir des serviteurs honnêtes et d'une moralité éprouvée. Les serviteurs malhonnêtes et sans moralité sont de grandes plaies, surtout dans les familles où il y a des enfants. Les maîtres doivent être non-seulement justes, mais bons pour leurs serviteurs, ne pas se contenter de remplir les engagements qu'ils ont contractés envers eux et de respecter leurs droits légitimes, mais les traiter avec bienveillance, prendre à cœur leurs intérêts et leur témoigner de la confiance.

Les serviteurs doivent à leurs maîtres l'obéissance et la fidélité ; c'est là un devoir de justice qui résulte du contrat par lequel ils se sont engagés à leur service. Mais ceux qui s'en tiendraient à la stricte justice sans dévouement pour leurs maîtres et sans attachement à la maison qu'ils servent ne seraient point de vrais et bons serviteurs.

Remarquons que c'est surtout l'affection des maîtres pour leurs serviteurs qui rend ceux-ci fidèles et dévoués. En général les bons maîtres font les bons serviteurs.

III. MORALE CIVIQUE

1. La nation ou patrie. — 2. L'État. — 3. Fondement de l'autorité publique. — 4. Le gouvernement. — 5. Séparation des pouvoirs. — 6. Devoirs et droits des gouvernants. — 7. Droits et devoirs des citoyens : L'obéissance aux lois. — L'éducation des enfants. — L'impôt. — Le vote. — Le service militaire. — Le dévouement à la patrie.

1. La nation ou patrie. — Entre la famille et la société humaine, il y a un groupe intermédiaire, plus étendu que la famille, plus étroit que la société humaine, qui est l'objet d'une de nos inclinations les plus vives, c'est la patrie. Qu'est-ce que la patrie ?

La patrie comme le nom l'indique est le pays de nos pères. C'est d'abord le sol natal, le village, la ville où l'on a passé son enfance. Il y a chez l'homme un amour naturel du sol natal, puisqu'il est toujours heureux de le revoir et souffre d'en être exilé. Mais si le sol natal est la première origine de la patrie, il n'est pas la patrie tout entière; ce qu'on appelle l'amour du clocher est souvent opposé au patriotisme. Au nombre des éléments qui constituent essentiellement la patrie, il faut ranger les habitants du sol, les compatriotes, les concitoyens; un sol désert ne serait pas la patrie, et les compatriotes sans le sol ne la seraient pas non plus, car pour des exilés en commun la patrie est absente. La réunion du sol et des compatriotes ne suffit pas encore pour constituer la patrie; un peuple conquis comme la Pologne peut conserver son sol et ses habitants, et ne plus avoir sa patrie. Pour décider de l'existence d'une patrie, il faut d'autres éléments dont chacun pris à part ne peut suffire, mais qui concourent tous plus ou moins à former la nation. Les principaux sont l'unité de territoire, de race, de langue, la communauté d'intérêts, de mœurs, de gouvernement et de religion.

L'unité géographique ou de territoire est quelquefois un des éléments de la patrie, mais tout en reconnaissant son utilité, il serait faux et dangereux de le juger indispensable. A l'heure actuelle l'Angleterre et l'Italie jouissent de cette unité, mais la France, la Belgique n'ont pas toutes leurs frontières naturelles, le sentiment de l'unité nationale, le patriotisme y sont-ils moins vifs et moins forts?

A l'origine l'unité de race a joué sans aucun doute un rôle important dans la formation des sociétés et c'est un lien social incontestable. Mais ce lien peut être remplacé par d'autres sans que la patrie en souffre. Il y a en Suisse, en Allemagne, en Italie et en France, des races bien distinctes. En revanche, malgré une parfaite unité de race, certaines nationalités restent séparées et indépendantes les unes des autres, par exemple dans les colonies espagnoles de l'Amérique du Sud.

L'unité de langue rapproche naturellement les esprits et tend à établir la communauté des pensées; elle concourt ainsi pour une large part à l'unité nationale. Le vainqueur le comprend lorsqu'il impose sa langue au vaincu. Mais on parle plusieurs langues en Suisse, on parle français dans toute la Belgique et allemand dans une partie de la Russie. D'autre part, il y a des

Bretons qui ne comprennent pas le français ; en sont-ils moins dévoués à la France ?

La communauté d'intérêts, de mœurs et de traditions est aussi une cause d'union très puissante. Quand les membres d'une nation ont mêmes intérêts, mêmes coutumes, même passé historique, il y a de fortes présomptions pour qu'ils s'entendent entre eux, et reconnaissent facilement la solidarité qui doit les rapprocher. Mais les intérêts peuvent être communs entre des hommes de diverses nations, et il y a bien peu de pays sans quelques provinces aux mœurs et aux traditions originales.

L'unité de lois et de gouvernement est nécessaire à la patrie ; sans elle l'action commune serait impossible, faute de centralisation, mais il faut que ces lois et ce gouvernement soient acceptés. De plus cette unité politique serait insuffisante sans les autres liens sociaux. L'immense empire romain jouissait de l'unité politique, mais les nombreuses provinces qui le composaient ne formaient pas une véritable unité nationale.

Rien de plus fort que l'unité des croyances religieuses pour grouper les hommes, et les dissentiments en matière de religion sont quelquefois une cause puissante de division et un danger pour la nation. Toutefois ce danger peut être prévenu par un gouvernement sage et prudent, et lorsque la patrie est menacée, tous les bons citoyens sans distinction de croyances sont prêts à la défendre.

Toutes les conditions que nous venons d'examiner peuvent concourir à la formation de la patrie, aucune n'est suffisante. C'est qu'il faut une autre condition à la fois nécessaire et suffisante ; cette condition c'est la communauté de sentiments, de pensées et de volontés.

Ce qui fait la patrie, c'est avant tout une âme commune. Une patrie est une personne morale, et de même que la personne proprement dite n'existe pas sans l'unité fondamentale de ses facultés, ainsi la patrie a pour condition indispensable l'accord des individus qui la composent et qui sont volontairement unis pour accomplir en commun leurs destinées. Aussi faut-il bien se garder de confondre la patrie naturelle et la patrie officielle. Celle-ci est la partie du territoire qui a été fixée par les traités avec les peuples voisins, mais la patrie naturelle peut s'étendre au-delà de la patrie officielle, comme elle peut aussi être moins étendue qu'elle. Une province annexée ne fait pas vraiment partie de la nation conquérante, tant qu'elle lui demeure hostile et proteste contre la conquête. Une peuplade dont le territoire est enclavé dans celui d'une grande nation, si elle ne veut pas lui être incorporée, demeure de droit indépendante. L'unité de la patrie est surtout morale. L'âme de la patrie ce sont les âmes mêmes de tous les compatriotes, réunies et comme confondues dans les mêmes sentiments, dans les mêmes pensées et dans les mêmes volontés.

S'il en est ainsi, si la patrie est avant tout une âme commune, le patriotisme ne se comprend pas sans le désintéressement, quoi qu'en disent certains théoriciens utilitaires ou pessimistes qui prétendent que la patrie c'est le champ qui nourrit son propriétaire, c'est la terre qui le fait vivre et jouir, c'est le lieu où l'on est bien : *ubi bene, ibi patria*. Cette théorie est fausse et démentie par les faits, puisqu'on quitte son champ, sa terre, ses jouissances pour suivre ou défendre la patrie.

2. L'État. — Bien que l'idée de patrie et l'idée d'état soient distinctes, la première prend en quelque sorte corps dans la seconde, et les devoirs envers la patrie se confondent en général pour les individus avec les devoirs envers l'État. Toutefois la patrie est une expression plus vivante et plus concrète qui parle davantage au sentiment des citoyens, l'État est une expression plus abstraite qui s'adresse surtout à leur raison.

L'État est une société organisée en vue de la justice et de l'utilité publique, ou plus explicitement, c'est une association d'hommes soumis à la même autorité et aux mêmes lois, en vue de garantir les droits réciproques et les intérêts des associés ; *populus*, dit Cicéron, *non omnis hominum cœtus, quoquo modo congregatus, sed cœtus multitudinis, juris consensu et utilitatis communione sociatus.*

Ces définitions indiquent la raison d'être de l'État et les conditions de son existence. La raison d'être de l'État est double. C'est d'abord la justice ; l'État garantit les droits des citoyens. C'est ensuite l'utilité publique ; l'État travaille aux intérêts de tous.

Chaque personne, nous l'avons vu, a des droits que les autres sont tenus de respecter, elle a le droit de défendre sa vie, sa liberté, ses biens, son honneur... Mais sauf le cas de force majeure, il est impossible que chacun exerce directement ses droits. De plus c'est un devoir pour chaque personne de défendre les autres personnes quand elles sont menacées dans leur vie, dans leur liberté, dans leurs biens et dans leur honneur. Mais l'exercice de ce devoir serait difficile aux individus laissés à leurs propres forces. En outre si la pleine liberté était donnée à chacun de se défendre et de défendre les autres en toutes circonstances, il y aurait à craindre les abus dans l'usage de cette liberté. On connaît ses droits, que de fois même on les exagère! On oublie trop souvent de reconnaître ceux des autres. L'État est donc nécessaire pour assurer à chaque citoyen la paisible jouissance de tous ses droits.

L'État a une seconde raison d'être dans l'intérêt social. Il y a dans une société certaines fonctions d'utilité publique qui pourraient à la rigueur être remplies par des particuliers ou par des associations privées, mais qui sont mieux entre les mains de l'État; par exemple, la création et l'entretien des routes et des canaux pour la facilité des communications, les travaux publics, le ministère des Postes et Télégraphes...

Il n'y a pas d'État sans lois. Une grande réunion d'hommes sans lois qui règlent leurs rapports, ne formera jamais qu'une association instable. Les lois sont absolument nécessaires à une société qui veut durer. Mais si les lois règlent et consacrent les droits des membres d'une société, elles ne les créent pas. « Tout ce que les lois peuvent faire, dit Cousin, c'est de proclamer le droit qui existait avant elles dans la conscience du genre humain, elles ne le fondent pas, elles le garantissent. Elles promulguent les droits, elles ne leur donnent pas naissance, elles ne pourraient pas les violer sans être injustes et sans cesser de mériter le beau nom de lois, c'est-à-dire de décisions de l'autorité publique dignes de paraître obligatoires à la conscience de tous. »

Pour protéger les droits des citoyens et veiller aux intérêts communs, pour faire respecter les lois, l'État a besoin d'une autorité.

3. Fondement de l'autorité publique. — *Omnis potestas a Deo*, dit l'apôtre saint Paul. « Tout pouvoir vient de Dieu. » Un homme ne peut pas avoir en tant qu'homme le droit de m'imposer sa volonté. Pour qu'un homme puisse commander à d'autres hommes, il faut que son autorité vienne de plus haut que l'humanité, il faut qu'elle ait son principe en Dieu. Cette doctrine seule concilie les droits de la dignité humaine avec l'obéissance sociale. L'autorité, divine à son origine, revêt un caractère sacré, qui permet à l'homme de s'incliner sans bassesse devant ceux qui en sont les légitimes dépositaires.

Ce principe posé, on peut admettre que la souveraineté réside dans la volonté nationale. Dieu n'intervient plus directement, comme autrefois chez le peuple hébreu, dans les affaires des nations, pour désigner ceux qui doivent gouverner, il laisse aux hommes la liberté de se choisir la forme de pouvoir qu'ils jugent préférable. La volonté du peuple n'est pas l'origine première et absolue de l'autorité, mais elle en est le mandataire. Toutefois pour que la volonté du peuple puisse être regardée comme l'expression de la volonté de Dieu, il faut qu'elle soit une volonté éclairée et raisonnable, subordonnant ses déterminations à la justice naturelle. C'est dans ce sens qu'on peut dire que le pouvoir résulte d'un contrat exprès ou tacite de la nation avec son gouvernement.

4. Le gouvernement. — Le gouvernement est l'ensemble des pouvoirs qui représentent l'État. Il y a plusieurs formes de gouvernement. Les formes élémentaires sont : la monarchie, l'aristocratie et la démocratie. La monarchie est le gouvernement d'un seul. L'aristocratie est le gouvernement de plusieurs, de ceux qui sont jugés les meilleurs et les plus sages, on l'appelle aussi quelquefois oligarchie. La démocratie est le gouvernement de tous, le gouvernement du peuple qui exerce le pouvoir par ses représentants. Souvent ces trois formes s'unissent pour constituer un gouvernement mixte, et il y a entre la monarchie et la démocratie des moyens termes nombreux.

Platon, Aristote, Cicéron dans l'antiquité, Montesquieu entre autres dans les temps modernes, ont élaboré une théorie des différentes formes de gouvernement et décrit les avantages et les inconvénients de chacune d'elles. L'idéal du gouvernement pour Platon est l'aristocratie, le gouvernement des sages. Les préférences d'Aristote sont pour une démocratie tempérée; celles de Cicéron pour un gouvernement mixte formé de la réunion d'éléments monarchiques, aristocratiques et démocratiques ; la république romaine avec ses consuls, son sénat et son assemblée populaire réalise à ses yeux l'idéal politique. Montesquieu estime que la monarchie constitutionnelle est de tous les gouvernements celui qui offre le plus d'avantages et le moins de dangers.

« Si l'existence d'un gouvernement est de droit, dit justement un philosophe contemporain, on ne saurait soutenir que l'existence de tel gouvernement particulier soit de droit naturel. En effet le droit naturel est absolu ; il n'admet pas de variations ; il est stable et universel. Il faudrait donc que telle forme particulière de gouvernement fût obligatoire pour tous les peuples, or c'est ce que personne n'a jamais soutenu... Mais si la forme particulière de gouvernement n'est pas fixée de soi, qui donc le déterminera si ce n'est la volonté générale[1] ? » Aucune forme de gouvernement n'étant absolue, toute forme est légitime qui respecte les principes fondamentaux de la société, et peut maintenir l'ordre public. En fait, le meilleur gouvernement pour chaque peuple, c'était l'avis de Montesquieu, est celui qui répond le mieux à ses besoins, à ses tendances, à ses mœurs, à son caractère à ses traditions.

5. Séparation des pouvoirs. — On distingue dans le gouvernement trois pouvoirs : le pouvoir législatif qui fait les lois, le pouvoir exécutif qui en assure l'exécution même par la force, et le pouvoir judiciaire qui les applique aux circonstances et les interprète. On admet généralement que ces trois pouvoirs ne doivent pas être réunis dans les mêmes mains, c'est ce qu'on appelle le principe de la séparation des pouvoirs. « Lorsque dans la même personne ou dans le même corps de magistrature, dit Montesquieu, la puissance législative est réunie à la puissance exécutive, il n'y a point de liberté parce qu'on peut craindre que le même monarque ou le même sénat ne fasse des lois tyranniques pour les exécuter tyranniquement. Il n'y a point encore de liberté si la puissance de juger n'est pas séparée de la puissance législative et de l'exécutrice. Si elle était jointe à la puissance législative, le pouvoir sur la vie et la liberté des citoyens serait arbitraire, car le juge serait législa-

---

1. JOLY. — *Cours de philosophie.*

teur. Si elle était jointe à la puissance exécutrice, le juge pourrait avoir la force d'un oppresseur. Tout serait perdu, si le même homme ou le même corps des principaux ou des nobles ou du peuple exerçaient ces trois pouvoirs; celui de faire les lois, celui d'exécuter les résolutions publiques, et celui de juger les crimes ou différends des particuliers[1]. »

6. Devoirs et droits des gouvernants. — Les devoirs généraux des gouvernants se ramènent à deux principaux : le respect de la justice et le dévouement à l'intérêt public.

L'État doit respecter la justice. L'homme garde dans la société politique tous ses droits naturels. C'est un devoir pour l'État non seulement de ne pas y porter atteinte, mais de les protéger. Que la justice se fasse pour tous, tel doit être le premier souci des gouvernants.

L'État doit en outre se dévouer à l'intérêt public, mais dans les limites du droit. Ainsi faire passer l'intérêt d'un parti avant l'intérêt de tous serait de la part de l'État un abus de pouvoir; sacrifier les minorités et négliger de parti pris leur intérêt en serait un autre.

De ce double devoir de l'État résultent pour lui des droits incontestables. L'État a le droit de régler par des lois l'exercice des libertés individuelles, et d'employer les moyens nécessaires pour obtenir le respect de ces lois. Refuser par exemple à l'État le droit de punir, ce serait lui enlever toute autorité pour assurer le respect de la justice; lui refuser le droit de repousser par la force armée une injuste agression, ce serait lui rendre impossible la protection et la défense des citoyens contre les ennemis du dedans et du dehors.

Outre ces devoirs et ces droits généraux, l'État a des devoirs particuliers en tant qu'il exerce les trois sortes de pouvoir, et des droits correspondants à ces devoirs. Ainsi c'est un devoir du pouvoir législatif, non seulement de se conformer à la justice et à l'intérêt public dans la confection des lois, mais de tenir compte des besoins, des traditions et des mœurs de la nation. C'est un devoir du pouvoir exécutif de promulguer les lois de façon à en instruire les intéressés, de se conformer dans leur exécution à la sentence du pouvoir judiciaire, et de prendre

---

1. MONTESQUIEU. — *De l'esprit des lois*. Livre XI, chapitre VI.

toutes les mesures nécessaires à la sûreté générale. C'est un devoir du pouvoir judiciaire de qualifier d'après la loi les actes qui lui sont soumis, et d'appliquer aux crimes et aux délits la pénalité légale. La science des lois et l'impartialité absolue sont les premiers devoirs d'un magistrat.

7. Droits et devoirs des citoyens. — Nous avons dit que l'homme garde dans la société politique tous ses droits naturels inviolables et imprescriptibles. Tout citoyen a le droit de vivre, d'être propriétaire, de fonder une famille, d'élever ses enfants, de les faire ses héritiers, de chercher à connaître la vérité, de pratiquer librement le bien...

A ces droits naturels s'ajoutent des droits civils et politiques. Les droits civils concernent les rapports des citoyens entre eux, les droits politiques les rapports des citoyens avec l'État. Ces droits ne peuvent être opposés aux droits naturels qu'ils supposent; ils varient selon les temps et selon les pays.

Les devoirs des citoyens envers l'État ou la patrie sont fondés sur les services que l'État rend aux individus, et sur le besoin qu'il a de maintenir l'ordre et la sécurité au dedans et de se faire respecter au dehors. Les principaux devoirs des citoyens envers l'État sont : l'obéissance aux lois, l'éducation des enfants, l'impôt, le vote, le service militaire et le dévouement à la patrie.

L'obéissance aux lois. — Le premier devoir des citoyens envers l'État est l'obéissance aux lois et aux représentants de l'autorité, non seulement à ceux de l'ordre le plus élevé mais aussi à ceux de l'ordre le plus humble. — Les lois sont les conditions mêmes de l'État qui ne saurait subsister sans elles ; mais des lois auxquelles les citoyens ne seraient pas tenus d'obéir n'auraient des lois que le nom. Les lois d'ailleurs ne sont pas l'œuvre de volontés arbitraires, elles émanent, en définitive, de la nation dont les dépositaires de l'autorité ne sont que les mandataires. En outre il est de l'intérêt de tous qu'on obéisse aux lois, car pour qu'elles atteignent leur fin, c'est-à-dire le respect des droits des citoyens, il faut que chacun donne l'exemple de l'obéissance. Tant que les lois sont en honneur les nations restent grandes et prospères, du jour où les lois n'ont plus d'empire sur les volontés, les nations tombent dans l'anarchie et deviennent vite la proie de l'étranger.

On connaît le bel éloge des lois que Platon met sur les lèvres de son maître et la magnifique prosopopée du *Criton*, où les lois personnifiées s'adressent à Socrate. Il avait été injustement condamné par ses concitoyens à boire la ciguë. Ses amis le suppliaient de s'évader de la prison où il était détenu. Socrate leur oppose un refus formel, alléguant comme raison qu'il ne peut fuir sans désobéir aux lois de la patrie.

« Socrate, me diront les lois, est-ce de cela que nous sommes convenus ensemble, ou de te soumettre aux jugements rendus par la république ? Quel sujet de plainte as-tu donc contre nous et la république pour entreprendre de nous détruire ? N'est-ce pas nous à qui d'abord tu dois la vie ? N'est-ce pas sous nos auspices que ton père prit pour compagne celle qui t'a donné le jour ?... Si tu nous dois la naissance et l'éducation, peux-tu nier que tu sois notre enfant et notre serviteur, toi et ceux dont tu descends ? et s'il en est ainsi, crois-tu avoir des droits égaux aux nôtres, et qu'il te soit permis de nous rendre tout ce que nous pourrions te faire souffrir ?... Et si nous avions prononcé ta mort croyant qu'elle était juste, tu entreprendrais de nous détruire ?

« Et que fais-tu donc, continueraient-elles, que de violer le traité qui te lie à nous, et de fouler aux pieds tes engagements ?... En subissant ton arrêt, tu meurs victime honorable de l'iniquité non des lois mais des hommes ; mais si tu fuis, si tu repousses sans dignité l'injustice par l'injustice, le mal par le mal, si tu violes le traité qui t'obligeait envers nous, tu mets en péril ceux que tu devais protéger, toi, tes amis, ta patrie et nous. Tu nous auras pour ennemis pendant ta vie, et quand tu descendras chez les morts, nos sœurs, les lois des enfers, ne t'y feront plus un accueil trop favorable, sachant que tu as fait tous tes efforts pour nous détruire. Ainsi que Criton n'ait pas sur toi plus de pouvoir que nous, et ne préfère pas ses conseils aux nôtres[1]. »

Ajoutons toutefois que pour avoir droit à notre respect et à notre obéissance, la loi doit émaner d'une autorité légitime et être juste. Si la loi était injuste et l'autorité illégitime ce serait le droit et le devoir du citoyen de ne pas obéir, mais cette désobéissance doit être plutôt passive qu'active.

---

1. PLATON. — *Criton, ou le devoir du citoyen*. Traduction Cousin.

L'éducation des enfants. — L'éducation des enfants est un devoir des parents non seulement envers les enfants, mais encore envers la patrie. Le père de famille doit préparer ses enfants à devenir des hommes et aussi de bons citoyens. Il doit leur apprendre à aimer la patrie et à la servir avec fidélité et dévouement. Dans ce but, il leur parlera souvent de l'histoire du pays, de ses grandeurs, de sa gloire, de son influence au milieu des autres nations, et n'oubliera pas qu'ici comme partout le meilleur enseignement est celui de l'exemple. Cette éducation commencée dans la famille doit se continuer à l'école. Les maîtres chargés de l'instruction doivent entretenir et développer dans le cœur des enfants et des jeunes gens les sentiments de respect et d'amour envers la patrie.

L'impôt. — Les services de tout genre que nous rend l'État, les services publics comme on les appelle lui coûtent fort cher; il est juste que l'État prélève sur les ressources des particuliers de quoi subvenir à ses dépenses, puisque ce sont les particuliers qui en profitent. C'est donc un devoir pour les citoyens de payer l'impôt : l'impôt est une véritable dette. On l'a d'ailleurs justement comparé à une prime d'assurance qui tout en nous procurant de précieux avantages nous garantit contre beaucoup de risques.

On distingue deux sortes d'impôts : l'impôt *direct* et l'impôt *indirect*. L'impôt direct est celui qui s'adresse directement aux personnes en vertu de rôles nominatifs arrêtés chaque année. L'impôt indirect est celui qui atteint les objets de consommation : aliments, vêtements, objets de luxe, matières premières... On l'appelle indirect soit parce qu'il n'arrive aux personnes que par l'intermédiaire des choses, soit parce que ceux qui le paient ne font le plus souvent qu'une avance remboursée par le consommateur.

Au nombre des taxes classées sous le titre d'impôts directs, il y a : l'impôt sur les personnes ou la cote personnelle, l'impôt sur la terre ou impôt foncier, l'impôt sur les maisons, l'impôt des portes et fenêtres, l'impôt sur l'exercice des professions, licence ou patente, l'impôt sur les transmissions par succession ou donation, et sur les transmissions à titre onéreux, l'impôt du timbre et d'enregistrement, l'impôt sur le revenu, enfin les prestations en nature.

Les impôts indirects se subdivisent en trois catégories distinctes. S'ils atteignent la production des objets avant qu'ils n'arrivent à la consommation, ils s'appellent excise ou contributions indirectes ou droits réunis. S'ils se perçoivent à la frontière sur les objets importés ou exportés ils se nomment douanes, enfin s'ils sont le résultat de monopoles ou de prohibitions ils prennent le nom de régies.

L'impôt doit être proportionnel c'est-à-dire réparti en raison des avantages que chacun retire de l'ordre social ou ce qui revient au même en raison de ses ressources. La justice prescrit, comme disent les économistes, l'équivalence entre le sacrifice et le service, et d'autre part, l'expérience prouve combien sont nuisibles à la paix publique et au progrès social les immunités des uns au détriment des autres.

Le vote. — Dans plusieurs États de l'Europe et surtout en France, tout citoyen sous certaines conditions d'âge et d'honorabilité, a le droit de voter pour l'élection des membres des assemblées politiques, départementales et municipales. Mais si le vote est un droit, il est aussi un devoir. L'abstention par indifférence et sans motif raisonnable est coupable. La carte d'électeur n'est pas seulement une autorisation, c'est une sommation que l'État adresse aux citoyens, pour qu'ils accomplissent un acte d'où dépendent ses destinées. Le devoir de voter implique celui de voter avec impartialité, réflexion et liberté. L'électeur ne doit obéir qu'à sa conscience, il doit se préoccuper moins de ses convenances personnelles que des intérêts suprêmes de la justice et du bien public, s'éclairer sur la personne des candidats, sur leur moralité et leurs aptitudes, repousser toute pression, rester libre devant les promesses comme devant les menaces et ne pas être l'esclave de la crainte ou d'un mot d'ordre.

Le service militaire. — Sans doute il serait à désirer que les nations fussent assez sages et assez justes entre elles pour n'avoir pas besoin de se défendre contre les ennemis du dedans et ceux du dehors; mais c'est là un idéal qui restera longtemps encore une simple espérance. En attendant qu'il se réalise il faut à l'État une armée régulière. Le service militaire est donc une obligation pour les citoyens. Ceux-là seuls peuvent et doivent être dispensés qui rendent à l'État d'autres services inconciliables avec le service militaire.

Le dévouement à la patrie. — Le dévouement à la patrie consiste avant tout dans la disposition d'âme où doivent être les citoyens, de faire pour la patrie tous les sacrifices possibles. Ce n'est pas seulement dans les limites de la loi que nous devons servir la patrie pour lui être vraiment dévoué, il ne suffit pas d'être juste envers elle, il faut mettre à son service toutes ses facultés, ses forces physiques et ses forces intellectuelles et morales. Il se dévoue pour la patrie celui qui ne recule point devant le sacrifice de ses biens, de sa liberté, de sa vie même, pour lui porter secours au moment du danger. Il se dévoue pour la patrie celui qui se consacre dans un travail infatigable à la recherche de vérités dont la connaissance ne sera pas sans honneur et sans utilité pour son pays. Il se dévoue pour la patrie celui dont l'activité se dépense sous une forme ou sous une autre dans des œuvres de bienfaisance et de charité. Ils se dévouent pour la patrie tous ceux qui remplissent avec zèle les fonctions que l'État leur confie dans un but d'utilité publique. Mais ceux-là surtout font preuve de dévouement et méritent bien de la patrie, dont la grande préoccupation est de travailler au maintien des principes fondamentaux de la société, et au développement de la moralité dans les âmes, car il serait chimérique de poursuivre un progrès social qui ne serait point fondé sur le progrès moral. Les vertus font la force des nations comme celle des individus.

Ouvrages à consulter.

Aristote. — *Politique.*
Bossuet. — *Politique tirée de l'Écriture sainte.*
Bouillier. — *Questions de morale pratique.*
Caro. — *Problèmes de morale sociale.*
Charaux. — *Les principes de la philosophie morale.*
Cousin. — *Du vrai, du beau et du bien.*
Ducamp (Maxime). — *La charité en France.*
Fouillée. — *La science sociale contemporaine.*
Guilleminot. — *Essai de science sociale.*
D'Hulst. — *Conférences de Notre-Dame,* 1894.
Janet. — *Les origines du socialisme contemporain.*
    » — *La famille.*
Joly. — *Le crime.*
Leroy-Beaulieu (Paul). — *L'état moderne et ses fonctions.*

De Margerie. — *La famille.*
Marion. — *Leçons de morale.*
Monsabré. — *Conférences sur la famille.*
Le Play. — *L'organisation sociale.*
Simon (Jules). — *Dieu, Patrie, Liberté.*
Suarez. — *De legibus.*
Thiers. — *De la propriété.*
Saint Thomas. — *Somme théologique.*
Xénophon. — *Mémorables.*

CHAPITRE III

MORALE RELIGIEUSE

Existence de Dieu — Devoirs envers Dieu — Immortalité de l'âme

I. — EXISTENCE DE DIEU

1. Définition de Dieu. — 2. Possibilité et nécessité de la démonstration de l'existence de Dieu. — 3. Preuves de l'existence de Dieu. — Preuves physiques. — Preuves métaphysiques. — Preuves morales. — Nécessité de réunir les preuves de l'existence de Dieu.

La morale religieuse, qui a pour objet nos devoirs envers Dieu, suppose la croyance à l'existence de Dieu, et la foi en la Providence.

1. — Définition de Dieu. — Dieu c'est l'être absolu et parfait, cause première de toutes choses. Existence absolue, c'est-à-dire indépendante de toute autre cause; essence parfaite, c'est-à-dire qui contient en soi la plénitude de l'être; causalité universelle, c'est-à-dire raison de toute autre essence et de toute autre existence, telles sont les trois notions principales qui constituent l'idée de Dieu.

2. Possibilité et nécessité de la démonstration de l'existence de Dieu. — Des philosophes ont prétendu que l'existence de Dieu ne saurait être démontrée par la raison, et que la révélation seule peut nous en donner la certitude. « Parlons selon les lumières naturelles, dit Pascal, nous sommes incapables de savoir ce qu'est Dieu, ni s'il est. » Ainsi pensent Lamennais et l'école traditionaliste.

D'autres philosophes soutiennent l'inutilité d'une démonstration rationnelle de l'existence de Dieu, et déclarent que c'est une vérité d'intuition, évidente par elle-même et plus claire que toute démonstration. Cette thèse est celle des Ontologistes ou Rosministes et de quelques autres philosophes modernes.

Les uns et les autres sont dans l'erreur. L'existence de Dieu n'est pas une vérité évidente par elle-même, elle a besoin d'être démontrée ; mais elle peut l'être. Le concile du Vatican a solennellement déclaré que « Dieu principe et fin de toutes choses, peut être connu avec certitude par la lumière naturelle de la raison, au moyen des choses créées, car les perfections invisibles de Dieu sont devenues visibles depuis la création du monde, étant manifestées dans les choses créées[1]. »

3. Preuves de l'existence de Dieu. — On divise généralement les preuves de l'existence de Dieu en trois classes.

1° Les preuves physiques. — 2° Les preuves métaphysiques. — 3° Les preuves morales.

1. PREUVES PHYSIQUES

Les preuves physiques prennent leur point de départ dans un fait de la nature physique, et remontent de cause en cause jusqu'à la première cause qui ne peut être que Dieu. On peut considérer dans le monde extérieur soit le fait de son existence, soit les mouvements ou changements qui s'y produisent, soit l'ordre admirable qui règne entre ses différentes parties. De là trois preuves physiques.

1° La preuve tirée de l'existence du monde ou preuve de la contingence.

2° La preuve tirée du mouvement de la matière ou preuve du premier moteur.

3° La preuve tirée de l'ordre du monde, ou preuve téléologique, ou preuve des causes finales.

1° Preuve de la contingence. — Elle peut se formuler de la manière suivante. Le monde est contingent. Il existe mais il pourrait tout aussi bien ne pas exister, car on peut sans contradiction concevoir sa non-existence, il n'existe donc pas par lui-même. Mais ce qui n'existe pas par soi-même, ce qui n'est pas nécessaire, existe par autre chose. Le monde existe donc par un

---

1. Sancta mater Ecclesia tenet et docet Deum, rerum omnium principium et finem, naturali humanæ rationis lumine, e rebus creatis certo cognosci posse ; invisibilia enim ipsius a creatura mundi per ea quæ facta sunt intellecta conspiciuntur. « Concil. Vatic. *Const. Dei filius.* » Cap. II.

autre être ; cet autre être est l'Être absolu et nécessaire, c'est-à-dire Dieu, donc Dieu existe. En quelques mots : le contingent suppose le nécessaire, or le monde est contingent, donc il existe un être nécessaire.

Affirmer que le contingent suppose le nécessaire revient à dire qu'il n'y a pas d'effet sans cause. Il ne suffit pas d'expliquer un être contingent par un autre être contingent, celui-ci par un troisième et ainsi de suite. Pour qu'il y ait vraiment explication, il faut s'arrêter, dans la série des causes, à une cause qui n'est plus effet et qui se suffit à elle-même. Toute cause contingente, toute cause qui n'a pas sa raison d'être en elle-même, autrement dit toute cause seconde, suppose une cause première. Voici l'argumentation de Clarke dans son *Traité de l'existence de Dieu*. « Il est absolument nécessaire que quelque chose ait existé de toute éternité. En effet, puisque quelque chose existe, il est clair que quelque chose a toujours existé. Autrement il faudrait dire que les choses qui sont maintenant sont sorties du néant, et n'ont absolument point de cause de leur existence, ce qui est une contradiction dans les termes... Maintenant si quelque chose a existé de toute éternité, il faut ou que cet être qui a toujours existé soit un être immuable et indépendant, ou qu'il y ait une succession infinie d'êtres dépendants ou sujets au changement. Mais cette dernière supposition est impossible, car cette chaîne infinie d'êtres dépendants ne saurait avoir aucune cause externe de son existence, puisqu'on suppose que tous les êtres qui sont dans l'univers y entrent. D'un autre côté elle ne peut avoir aucune cause interne, parce que dans cette chaîne d'êtres, il n'y en a aucun qui ne dépende de celui qui précède, et qu'aucun n'est supposé exister par lui-même. Ce serait donc un assemblage d'êtres qui n'ont ni cause intérieure ni cause extérieure de leur existence, c'est-à-dire d'êtres, qui considérés séparément, auraient été produits par une cause, et qui conjointement n'auraient été produits par rien. Il s'ensuit qu'il faut qu'un être immuable et indépendant ait existé de toute éternité. »

La contingence du monde est évidente pour quiconque le considère avec réflexion et sans parti pris. Nous sommes des êtres contingents et les autres êtres qui composent le monde ne sont pas nécessaires. Descartes, dans le *Discours de la méthode* et dans la troisième *méditation*, s'attache à mettre en lumière la contingence de notre nature. Je suis contingent, dit-il, car si j'existais par moi-même, je me serais fait non pas imparfait comme je suis, mais suivant l'idéal de perfection que je porte dans ma pensée. Si j'existais par moi-même, je n'aurais pas commencé d'être et en tous cas je pourrais prolonger mon existence. Leibnitz, dans ses œuvres, se place surtout au point de vue de la contingence du monde matériel. Si nous ne pouvons douter de la contingence de nos âmes qui sont des forces raisonnables, à plus forte raison devons-nous croire à la contingence de la matière qui est un ensemble de forces aveugles; et si chacune des molécules matérielles prises isolément, n'est pas nécessaire, puisque sa non-existence n'implique pas contradiction, le monde matériel n'étant que la collection de ses éléments contingents, n'est pas non plus nécessaire. « Si aucune des parties, dit Clarke, n'existe nécessairement, le tout ne peut exister nécessairement. »

Puisque d'une part le monde est contingent, puisque d'autre part le contingent suppose le nécessaire, il faut reconnaître et affirmer l'existence d'un être nécessaire, cause première des existences contingentes. « Qu'il y ait un moment, dit Bossuet, où rien ne soit, éternellement rien ne sera, il y a donc nécessairement quelque chose qui est avant tous les temps et de toute éternité. »

2° **Preuve tirée du premier moteur.** — Cette preuve esquissée par Platon, au x° livre des *Lois*, est longuement développée par Aristote au xii° livre de sa *Métaphysique*. Les Scolastiques l'ont reprise, et saint Thomas l'énonce en ces termes : « Il est certain, et les sens le constatent, que dans ce monde il y a des choses qui sont mues. Or tout ce qui est mû reçoit d'un autre le mouvement[1]. Car aucun être n'est mû qu'autant qu'il est en puissance[2] par rapport à l'objet vers lequel il est en acte. Au contraire, une chose n'en meut une autre qu'autant qu'elle est en acte. Car mouvoir n'est pas autre chose que de faire passer un

---

1. Par mouvement il faut entendre ici non seulement le mouvement physique ou mécanique, mais tout changement, tout développement, tout progrès.

2. On appelle *puissance*, dans l'école péripatéticienne, la prédisposition de l'être à revêtir certains attributs ; on appelle *acte* l'ensemble des attributs possédés par l'être à un moment donné de son existence. L'acte est la réalisation de la puissance.

être de la puissance à l'acte. Or un être ne peut passer de la puissance à l'acte que par le moyen d'un être qui est en acte lui-même. C'est ainsi que ce qui est chaud en acte, comme le feu, rend le bois, qui est chaud en puissance, chaud en acte, et par là même il le meut et le consume. Mais il n'est pas possible que le même être soit tout à la fois et sous le même rapport en acte et en puissance; il ne peut l'être que sous des rapports différents. Car ce qui est chaud en acte ne peut pas être en même temps chaud en puissance; mais il est simultanément froid en puissance. Il est donc impossible que le même être meuve et soit mû sous le même rapport et de la même manière ou qu'il se meuve lui-même. Par conséquent il faut que tout ce qui est mû le soit par un autre. Si donc celui qui donne le mouvement est mû lui-même, il faut qu'il l'ait été par un autre, et ainsi indéfiniment, ce qui répugne parce qu'il n'y aurait pas de premier moteur, et par conséquent il n'y en aurait pas d'autre non plus. Car les seconds moteurs ne meuvent qu'autant qu'ils ont été mûs eux-mêmes par un premier moteur. Ainsi un bâton ne meut qu'autant qu'il est mû lui-même par la main de celui qui s'en sert. Il est donc nécessaire de remonter à un premier moteur qui n'est mû par aucun autre, et c'est le premier moteur que tout le monde reconnaît pour Dieu[1]. »

En résumé, il y a du mouvement dans le monde. Or tout ce qui est en mouvement est mû par un moteur. Mais ce moteur qui communique le mouvement, ou bien le reçoit d'un autre moteur, ou bien le communique de lui-même, sans être mû par aucun moteur. S'il le reçoit d'un autre, il faudra remonter à cet autre moteur et ainsi de suite jusqu'à ce qu'on arrive à un premier moteur qui communique le mouvement et soit lui-même immobile, sous peine d'admettre une série infinie de mouvements reçus et communiqués, ce qui est impossible. Ce premier moteur immobile, ce principe immuable du mouvement, c'est Dieu.

3° Preuves des causes finales. — De toutes les preuves de l'existence de Dieu, la preuve téléologique est une des plus anciennes et des plus populaires. Avant Socrate, Anaxagore

---

[1]. Saint Thomas. — *Somme théologique.* I. Quest. ii. Art. 3. Traduction Drioux.

s'élève par le spectacle de l'ordre du monde à la conception d'une intelligence qui a tout organisé. Cette preuve est reprise par Socrate et les grands socratiques : Platon et Aristote. Descartes la passe sous silence, mais l'école cartésienne, surtout avec Bossuet, Fénelon et Leibnitz, lui donne de longs développements. Voltaire la respecte, et s'attire par là les quolibets des encyclopédistes qui l'appellent le « cause-finalier ; » il la résume dans ces deux vers :

> L'univers m'embarrasse, et je ne puis songer
> Que cette horloge existe et n'ait point d'horloger.

Bien que Kant limite cette preuve, il l'accepte. « Elle mérite toujours, dit-il, d'être rappelée avec respect, c'est la plus ancienne, la plus claire, et ce serait non seulement nous priver d'une consolation, mais encore vouloir l'impossible que prétendre enlever quelque chose à son autorité... En présence de la majesté qui éclate dans la structure du monde, de grandeur en grandeur, la raison s'élève jusqu'à la grandeur absolue[1]. »

La preuve téléologique peut se formuler ainsi : L'ordre c'est-à-dire une appropriation de moyens à des fins, suppose une cause intelligente. Or le monde considéré dans son ensemble et dans ses parties est magnifiquement ordonné et nous offre une merveilleuse appropriation de moyens à des fins. Donc il existe une intelligence ordonnatrice du monde.

La majeure de cet argument est évidente. C'est une vérité de bon sens que l'ordre, qu'un système de moyens et de fins, suppose une cause intelligente. Dans un tel système ce sont les fins, c'est-à-dire les effets futurs qui déterminent les moyens ; par exemple c'est la vision, l'action de voir qui détermine la structure de l'œil, l'œil est fait pour voir ; c'est l'audition, l'action d'entendre qui détermine la structure de l'oreille, l'oreille est faite pour entendre. Mais un effet futur ne peut déterminer ses moyens, c'est-à-dire ses causes que s'il est déjà réel en quelque manière, et il ne peut l'être que dans une intelligence capable de prévision et de volonté. Dire avec les Épicuriens que l'ordre du monde est l'œuvre du hasard, c'est ne rien dire, car le hasard n'est rien, ou il n'est qu'un mot dont nous couvrons notre igno-

---

1. KANT. — *Critique de la raison pure.* — *Dialectique transcendantale.*

rance. Oserait-on attribuer à la rencontre fortuite des lettres de l'alphabet, la composition de l'*Iliade* ou de l'*Énéide*, et soutenir que les chefs-d'œuvre de Raphaël, de Michel-Ange, de Mozart sont des effets du hasard? Mais que sont les merveilles de l'art humain comparées aux merveilles de la nature? Dire avec d'autres que l'ordre du monde est l'œuvre de forces aveugles et inconscientes, c'est ne rien dire de plus que les Épicuriens, car enfin, s'il n'y a pas d'intelligence dans la cause, comment expliquer celle qui se manifeste dans l'effet par l'art et le dessein qui s'y rencontrent? Nier l'intelligence de la cause quand elle apparaît si clairement dans l'effet, n'est-ce pas donner un démenti formel à la raison et au bon sens?

La mineure de l'argument se prouve par l'expérience. A moins d'avoir l'esprit aveuglé par le préjugé, comment ne pas reconnaître l'ordre de l'univers? A le considérer dans son ensemble, il n'est pas nécessaire d'être doué du génie d'un Newton, pour constater l'admirable régularité de ses lois. Tout se tient, tout s'entresuit dans la nature, et les différents êtres y forment une merveilleuse hiérarchie où l'ordre et l'harmonie éclatent à tous les yeux. Si de l'ensemble on passe à chacune de ses parties on est frappé du même ordre. Sans doute dans le règne inorganique, la finalité est quelque peu voilée, elle nous échappe souvent. Mais dans le règne organique, dans le monde des vivants elle est partout visible. Si l'on considère les plantes et les animaux soit dans les rapports des organes entre eux, soit dans les rapports des fonctions entre elles, soit dans les rapports des organes avec leurs fonctions, soit enfin dans les rapports des êtres mêmes entre eux et avec leur milieu, il est impossible de ne pas y voir une adaptation de moyens à des fins. Outre les harmonies de la nature physique, il y a celles de la nature morale. L'âme de l'homme à elle seule est un petit monde ou se révèlent pour quiconque prend la peine de s'observer, les traces d'une sagesse incomparable.

Que conclure sinon que l'univers est l'œuvre d'un ordonnateur divin? Quand on demandait à Newton de prouver l'existence de Dieu, il se découvrait et montrant le ciel étoilé, il disait: « Voyez. » « Quoi, disait Diderot, le monde formé prouverait moins une intelligence que le monde expliqué! Quelle assertion! S'il a fallu le génie d'un Newton pour découvrir une des lois qui régissent les mouvements célestes, il a fallu une intelligence supérieure pour créer cette loi et toutes les autres. » Telle est la conclusion certaine et absolue où le bon sens se repose comme dans la lumière même de l'évidence ; et la science ne fait que la confirmer car tous les progrès dans la connaissance de la nature rendent plus éclatant l'ordre qui y règne. Cet ordre est inexplicable sans l'existence d'un Dieu puissant et sage, sans l'existence de Dieu Providence.

2. PREUVES MÉTAPHYSIQUES.

Les preuves métaphysiques prennent leur point de départ dans les idées et les vérités rationnelles. On peut en distinguer trois principales :

1) La preuve tirée de la nature des vérités éternelles et nécessaires.

2) La preuve tirée de l'existence en nous de l'idée de perfection.

3) La preuve ontologique, par l'analyse de l'idée de perfection.

1. Preuve par les vérités éternelles et nécessaires. — Cette preuve dite platonicienne a été indiquée par Platon dans plusieurs de ses dialogues, en particulier dans le *Phèdre* et les *Lois*. Elle a été reprise par saint Augustin, saint Thomas, Leibnitz, Fénelon et Bossuet.

« L'entendement, dit Bossuet, a pour objet des vérités éternelles... Toutes ces vérités et toutes celles que j'en déduis subsistent indépendamment de tous les temps ; en quelque temps que je mette un entendement humain, il les connaîtra, mais en les connaissant il les trouvera vérités, il ne les fera pas telles, car ce ne sont pas nos connaissances qui font leurs objets, elles les supposent. Ainsi ces vérités subsistent devant tous les siècles, et devant qu'il y ait eu un entendement humain ; et quand tout ce qui se fait par les règles des proportions, c'est-à-dire tout ce que je vois dans la nature serait détruit excepté moi, ces règles se conserveraient dans ma pensée et je verrais clairement qu'elles seraient toujours bonnes et toujours véritables, quand moi-même je serais détruit avec le reste.

« Si je cherche maintenant où et en quel sujet elles subsistent éternelles et immuables comme elles sont, je suis obligé d'avouer un être où la vérité est éternellement subsistante et où elle est toujours entendue, et cet être doit être la vérité même, et doit être toute vérité et c'est de lui que la vérité dérive dans tout ce qui est et entend hors de lui.

« C'est donc en lui d'une certaine manière qui m'est incompréhensible, c'est en lui, dis-je que je vois ces vérités éternelles, et les voir c'est me tourner à celui qui est immuablement toute vérité et recevoir ses lumières.

« Cet objet éternel, c'est Dieu, éternellement subsistant, éternellement véritable, éternellement la vérité même[1]. »

On peut résumer cette preuve de la manière suivante. La vérité suppose nécessairement une intelligence en qui elle subsiste. Or l'esprit de l'homme est en possession de vérités nécessaires et éternelles dont il n'est pas le sujet essentiel, puisque ces vérités sont indépendantes de lui, antérieures et supérieures à lui. Il existe donc une intelligence éternelle dont elles sont l'expression.

2. Preuve par l'idée de perfection. — Descartes la développe dans la troisième *Méditation* et la formule à peu près en ces termes dans le *Discours de la méthode*. J'ai l'idée de perfection. Cette idée ne me vient pas du néant qui ne produit rien, elle ne me vient pas de moi-même qui suis imparfait, elle doit donc me venir de l'être parfait lui-même qui a mis en moi cette idée « comme la marque de l'ouvrier sur son ouvrage. »

« J'ai en moi, dit dans le même sens Fénelon, l'idée d'infini et d'une infinie perfection. Cette idée est précise, car je discerne très nettement ce qui lui convient et ce qui ne lui convient pas ; elle n'est pas négative ; elle est au contraire très positive. Qui dit infini, dit négation de toute borne, de toute négation. La négation redoublée vaut une affirmation, d'où il suit que la négation absolue de toute négation est l'expression la plus positive qu'on puisse concevoir, et la suprême affirmation... »

Mais « cette idée qui est si fort au-dessus de moi, qui me surpasse infiniment, qui m'étonne, qui me fait disparaître à mes propres yeux, qui me rend l'infini présent, d'où vient-elle ? où l'ai-je prise ? dans le néant ? Rien de ce qui est fini ne peut me la

---

[1]. Bossuet. — *Traité de la connaissance de Dieu*. Chap. IV, 5.

donner, car le fini ne représente point l'infini dont il est infiniment dissemblable. Si nul fini, quelque grand qu'il soit ne peut me donner l'idée du vrai infini, comment est-ce que le néant me la donnerait? Il est manifeste d'ailleurs que je n'ai pu me la donner moi-même; car je suis fini comme toutes les autres choses dont je puis avoir quelques idées... Il faut donc que l'idée d'infini me soit venue du dehors, et de quelque chose d'infini. Il faut donc conclure invinciblement que c'est l'être infiniment parfait qui se rend immédiatement présent à moi quand je le conçois[1]. »

3. Preuve ontologique par l'analyse de l'idée de perfection. — Cette preuve est appelée ontologique parce qu'elle consiste à établir l'existence de Dieu, par l'idée même de son être. Dans cette preuve on considère l'idée de perfection non plus comme un fait psychologique dont on cherche l'origine ou la cause, mais comme un pur concept de l'esprit d'où l'on prétend tirer par analyse l'existence réelle de l'être parfait. Saint Anselme est le premier qui ait développé cette preuve. Descartes et Leibnitz l'ont reproduite sous une forme différente.

« Dieu, dit saint Anselme, est par essence l'être tel que l'on ne peut en concevoir un plus grand. Or cet être ne peut pas exister seulement dans l'entendement, car s'il existait seulement dans l'entendement, on pourrait en concevoir un plus grand, à savoir celui qui existerait non seulement dans l'entendement mais encore dans la réalité, et ce serait celui-là qui serait le plus grand. Donc celui qui est par définition le plus grand que l'on puisse concevoir est conçu comme existant par cela même qu'il est pensé[2]. »

« Toutes les fois qu'il m'arrive de penser à un être premier et souverain, dit Descartes, il est nécessaire que je lui attribue toutes sortes de perfections, et sitôt que je viens à reconnaître que l'existence est une perfection, je conclus fort bien que cet être premier et souverain existe... et je trouve manifestement que l'existence ne peut non plus être séparée de l'essence de

---

1. FÉNELON. — *Traité de l'existence de Dieu*, 2me partie. Chap. II.

2. SAINT ANSELME. — *Proslogium*. Traduction Bouchitté.

Dieu, que de l'essence d'un triangle rectiligne la grandeur de ses trois angles égaux a deux droits[1]. »

« Je ne méprise pas l'argument inventé par saint Anselme, dit Leibnitz, mais je trouve qu'il manque quelque chose à cet argument, à savoir que l'être parfait est possible, car ce point démontré, la démonstration est achevée... Dieu seul ou l'être nécessaire a ce privilège qu'il faut qu'il existe s'il est possible. Et comme rien ne peut empêcher la possibilité de ce qui n'enferme aucunes bornes, aucune négation, et par conséquent aucune contradiction; cela seul suffit pour connaître l'existence de Dieu *a priori*[2]. »

Malgré l'autorité de grands philosophes qui le défendent, l'argument ontologique est un paralogisme. Il se résume dans le syllogisme suivant : L'être parfait ou Dieu possède toutes les perfections, or l'existence est une perfection, donc il possède l'existence. La conclusion dépasse les prémisses si dans cette conclusion on donne au terme : existence, le sens d'existence réelle alors que dans la mineure il n'a que le sens d'existence pensée ou idéale.

De l'idée de l'être parfait, je puis déduire l'existence idéale de l'être parfait, mais non la réalité de cette existence. L'argument de saint Anselme prouve qu'on ne peut concevoir l'être parfait sans le concevoir comme existant nécessairement, il ne prouve pas que l'être parfait existe réellement.

3. PREUVES MORALES

Les preuves morales prennent leur point de départ dans des faits de l'ordre moral. On donne généralement les trois preuves suivantes :

1) La preuve tirée du consentement universel.
2) La preuve tirée des aspirations de l'âme humaine.
3) La preuve tirée de la loi morale.

1. Preuve tirée du consentement universel. — Tous les peuples ont cru et croient à l'existence de Dieu. « Nous voyons les barbares comme les Grecs, dit Platon, dans le bonheur

---

1. DESCARTES. — 5me *Méditation*.

2. LEIBNITZ. — *Monadologie*. Paragraphe 45.

comme dans le malheur se prosterner et adorer la divinité sans que jamais aucun peuple l'ait révoquée en doute. » — *Nulla gens*, dit Cicéron, *est neque tam immansueta, neque tam fera, quæ non etiamsi ignoret qualem habere Deum deceat, tamen habendum sciat*[1]. — *Nulla gens*, dit Sénèque, *usquam est adeo extra leges moresque projecta, ut non aliquos deos credat*[2]. « Vous pourrez, dit Plutarque, trouver des cités privées de murailles, de maisons, de gymnases, de lois, de monnaies, de culture des lettres ; mais un peuple sans Dieu, sans prières, sans serments, sans rites religieux, sans sacrifices, nul n'en vit jamais. » — « La religiosité, dit un savant naturaliste contemporain, de Quatrefages, est le caractère spécifique du genre humain, l'athéisme est un phénomène tératologique. »

La croyance universelle des peuples en l'existence de Dieu est un fait attesté par des témoignages innombrables. Les langues, l'histoire, la poésie, les récits des voyageurs l'établissent. On peut même mettre en doute qu'il y ait des hommes absolument athées. Il est des circonstances où ceux qui se disent tels, voient tomber soudainement leurs préjugés devant les effets puissants du sentiment religieux qui était plutôt endormi qu'éteint dans leur âme :

> La nature qui parle en ce péril extrême
> Lui fait lever les yeux vers la bonté suprême :
> Hommage que toujours rend un cœur effrayé
> Au Dieu que jusqu'alors il avait oublié[3].

Mais lorsque le consentement universel porte sur des vérités pratiques d'une grande importance, et comment nier l'importance pratique de l'existence de Dieu, il ne peut nous induire en erreur. Si tous les hommes s'accordent à reconnaître l'existence de Dieu, si la religion est un fait universel dans l'humanité, la seule raison de cet accord est dans l'existence même de Dieu, il est inexplicable par toute autre cause.

2. Preuve tirée des aspirations de l'âme humaine.

---

[1]. « Il n'y a pas de nation, si sauvage et si barbare, qui alors même qu'elle ignore quel Dieu il faut avoir, ne sache qu'il faut en avoir un. »

[2]. « Il n'y a pas de peuple si étranger aux lois et à la civilisation qui ne croie à quelques dieux. »

[3]. Louis Racine.

— L'homme est « borné dans sa nature, infini dans ses vœux. » Par toutes ses facultés, par son intelligence, par son cœur, par sa volonté il aspire à l'infini. La vérité totale, la beauté parfaite, le bien absolu, voilà le terme idéal de toutes ses tendances. Comment croire qu'elles peuvent le tromper? Si l'objet de ces tendances n'était qu'une chimère, la nature humaine serait un non-sens ou une cruelle ironie. Il faut donc reconnaître qu'il y a un être infini qui est la vérité totale, la beauté parfaite, le bien absolu, c'est-à-dire Dieu.

« Autant je suis certain qu'avec une raison humaine, je ne possède pas la perfection de ma vie, ni la plénitude du bien et du vrai, autant je suis certain qu'il y a un être plus élevé, d'où je tire mon origine. Je ne suis pas, je ne veux pas être si Dieu n'est pas. Moi-même je serais et mon essence la plus haute ne serait pas! Non, ma raison me crie instinctivement : Dieu[1]. »

3. Preuve tirée de la loi morale. — Le fondement dernier de la loi morale, comme nous l'avons établi, est en Dieu. L'obligation morale avec les caractères qui la distinguent, ne peut s'expliquer sans l'existence de Dieu. Toute loi suppose un législateur, le législateur de la loi morale est Dieu lui-même.

De plus la loi morale appelle une sanction équitable. Pour que cette sanction qu'on chercherait vainement en cette vie, soit possible dans l'autre vie, il faut qu'il existe un être souverainement intelligent, aux regards duquel rien n'échappe, qui connaisse les intentions et qui puisse apprécier avec une exactitude parfaite le degré de mérite et de démérite de chacun. Il faut que cet être soit souverainement juste pour proportionner avec la plus stricte équité la récompense au mérite, le châtiment au démérite, et tout-puissant pour assurer par une sanction inévitable le triomphe définitif du bien. Dieu est nécessaire à la loi morale non seulement comme législateur, mais comme juge.

Enfin Dieu est encore exigé par la loi morale comme souverain modèle. Nous concevons un idéal de perfection que nous devons nous efforcer d'atteindre. Mais où aurions-nous pu puiser cette conception, s'il n'existait pas un type de perfection absolue, que nous contemplons dans son idée qu'il a comme imprimée en nos âmes.

---

[1]. JACOBI. *Lettre à Fichte.*

Nécessité de réunir les preuves de l'existence de Dieu. — Il faut se garder d'isoler les unes des autres les preuves de l'existence de Dieu pour deux raisons. D'abord dans leur ensemble elles répondent à la diversité des esprits. Tous ne sont également frappés par chacune d'elles. Tel par exemple comprendra la force de la preuve tirée de la contingence du monde qui verra moins celle de la preuve platonicienne. Si les preuves morales et même les preuves physiques sont à la portée des intelligences les plus humbles, il n'en est pas de même des preuves métaphysiques qui ne conviennent guère qu'aux esprits cultivés.

Ensuite, isolées, ces preuves ne donnent qu'une idée incomplète de Dieu. Car chacune d'elles ne nous montre Dieu que sous un certain aspect. La preuve de la contingence nous le révèle comme cause première. La preuve des causes finales nous le fait envisager comme providence du monde, mais sans nous faire connaître sa perfection absolue. Les preuves morales nous le représentent comme le souverain bien, comme l'autorité suprême qui fonde et sanctionne la loi du devoir. Les preuves métaphysiques nous conduisent à l'affirmation de l'être éternel, infini et parfait, de l'être sans restriction, principe de toute connaissance et de toute existence. C'est de l'ensemble de ces preuves que résulte la connaissance de Dieu telle qu'elle nous est possible dans la vie présente.

A l'exception de l'argument de saint Anselme, toutes les preuves de l'existence de Dieu sont inductives. Elles prennent leur point de départ dans des faits et des idées constatés par l'expérience des sens et de la conscience et de ces faits et de ces idées elles remontent à l'aide de principes évidents à leur cause et à leur raison suffisante, en sorte que mettre en doute l'existence de Dieu serait douter de la raison même.

II. DEVOIRS ENVERS DIEU

1. Existence des devoirs envers Dieu. — 2. Le culte intérieur. — Explication philosophique du *Pater*. — 3. Le culte extérieur. — 4. Le culte public.

Tous nos devoirs sont, en définitive, des devoirs envers Dieu, puisque la loi morale émane de lui. Quiconque pratique le bien honore Dieu et par conséquent fait acte de religion. Mais il faut se garder d'en conclure qu'il n'y a pas de morale religieuse proprement dite. De ce que toute bonne action est un hommage indirect au créateur, il ne s'ensuit pas que nous ne soyons tenus à l'honorer directement par des actes précis.

1. Existence des devoirs envers Dieu. — Quelques philosophes ont nié l'existence de devoirs spéciaux de l'homme envers Dieu. Il y a, disent-ils, une trop grande disproportion entre la nature divine et la nature humaine pour que l'homme ait des devoirs à remplir envers Dieu. D'ailleurs Dieu être parfait et souverainement heureux n'a nul besoin d'hommages qui ne peuvent rien ajouter à sa perfection et à son bonheur.

Sans doute une distance infinie sépare Dieu et l'homme. Mais cette distance n'empêche pas l'existence entre Dieu et l'homme de rapports d'où découlent pour celui-ci des devoirs; elle n'empêche pas l'homme d'avoir de Dieu une connaissance telle qu'elle implique rigoureusement ces devoirs. Sans doute encore nos hommages ne peuvent faire ni bien ni mal à Dieu, mais les devoirs ne se règlent pas sur les avantages qui en résultent pour ceux qui en sont l'objet. Un historien peut-il calomnier les morts sous prétexte que la diffamation ne leur nuira pas? Parce qu'un homme est assez courageux pour supporter l'injustice et se mettre au-dessus de toutes les injures, est-ce une raison de ne pas lui rendre ce qui lui est dû? Les devoirs de l'homme envers Dieu sont fondés sur la nature de Dieu et sur celle de l'homme ainsi que sur les rapports qui unissent l'homme à Dieu, créateur et providence du monde.

La pratique des devoirs envers Dieu constitue ce qu'on appelle le culte. Le culte est intérieur quand les actes de religion sont purement spirituels, extérieur quand ils se manifestent au dehors, public quand ils sont accomplis au nom de la société.

2. Le culte intérieur. — L'acte essentiel du culte intérieur est la prière. Par la prière l'âme s'élève vers Dieu pour l'adorer, le remercier et lui demander pardon et secours.

L'adoration. L'adoration est un sentiment de profond respect et de soumission absolue qui ne doit s'adresser qu'à Dieu. Adorer Dieu, c'est reconnaître l'excellence infinie de sa nature et son souverain domaine sur nous. Quand notre raison conçoit Dieu comme l'éternel, l'être parfait et tout-puissant, et redescend de ces hauteurs à la petitesse de l'homme, les sentiments qui s'élèvent naturellement en nous sont bien le respect et la soumission. « Oh! que nous ne sommes rien! » s'écrie Bossuet méditant sur les grandeurs divines. Mais Dieu n'est pas seulement l'infinie puissance, il est l'infinie bonté et la beauté suprême, il n'est pas seulement le souverain maître des hommes, il est aussi leur père et à ce titre il mérite tout notre amour.

L'*action de grâces*. Qu'avons-nous que nous n'ayons reçu? La vie, les forces physiques, les facultés intellectuelles et morales, ce sont là autant de dons que nous n'avons pu mériter avant d'être. Nous devons donc à Dieu tout ce que nous sommes et puisque cette dette est un effet de la bonne volonté divine, il est juste que notre bonne volonté y réponde par la reconnaissance de notre intelligence et surtout par celle de notre cœur.

La *réparation*. Si l'homme est une créature imparfaite en face du créateur de qui il tient tout ce qu'il a d'être et de pouvoir, il est souvent aussi une créature coupable. Toute faute est envers Dieu une injustice qu'il faut réparer. L'ordre exige que le pécheur se repente et demande pardon à la majesté divine qu'il a offensée.

La *demande de secours divins*. La prière en tant que demande des secours divins est un besoin de notre âme. Dans nombre de circonstances nous avons conscience de notre faiblesse et de l'impuissance des hommes à nous secourir. Spontanément alors nous nous élevons vers Dieu pour faire appel à sa miséricorde, convaincus qu'il est assez bon pour vouloir nous venir en aide et assez puissant pour donner satisfaction à notre demande.

Vainement a-t-on objecté que la prière en tant que demande des secours divins est superflue, inefficace et présomptueuse. Dieu sait ce qu'il nous faut, disent certains philosophes, qui ne veulent point de l'appel à la bonté divine; pour venir à notre aide il n'a pas besoin de nos supplications. D'ailleurs il est immuable; ce qu'il veut il le veut de toute éternité. Lui demander des faveurs c'est lui supposer une volonté changeante, et solliciter une dérogation à l'ordre immuable des choses.

Dieu sait sans aucun doute ce qu'il nous faut. Mais si la prière en tant que demande répond à un sentiment naturel du cœur humain, comment ne pas induire que Dieu a mis cette condition à la dispensation de ses bienfaits? C'est un des enseignements les plus importants de la religion chrétienne, que la grâce s'obtient par la prière. Il est certain que Dieu est immuable et qu'il veut de toute éternité ce qu'il veut, comme il connaît de toute éternité ce qu'il connaît ; mais les prières des hommes entrent dans le plan divin comme toutes leurs actions libres, et elles y entrent comme conditions des secours que de toute éternité Dieu a préparés à ceux qui l'implorent. Enfin Dieu peut exaucer nos prières sans suspendre ou déranger les lois du monde ; et même, puisque le miracle est possible, pourquoi ne serait-il pas permis à l'homme de solliciter avec humilité et confiance une intervention particulière de Dieu, et pourquoi Dieu ne l'exaucerait-il pas s'il juge le miracle utile à ses créatures ?

Explication philosophique du Pater. — La plus belle formule de prière qui existe est incontestablement le *Pater*. « Analysez cette admirable prière, dit un philosophe contemporain, et vous y découvrirez d'abord la reconnaissance de la paternité divine, *Pater*, son universalité, *noster*, sa majesté, *qui es in cœlis*; vous y trouverez ensuite l'adoration, *sanctificetur nomen tuum*, et, comme conséquence l'accord de la volonté humaine avec la volonté supérieure, *adveniat regnum tuum, fiat voluntas tua*; puis les demandes : le pain d'abord, le pain du corps et le pain de l'âme, la force morale, *panem nostrum quotidianum da nobis hodie*, la restitution de l'intégrité morale, *et dimitte nobis debita nostra*, le sacrifice volontaire, la charité envers les autres, *sicut et nos dimittimus debitoribus nostris*, la préservation enfin des occasions du mal moral et du mal lui-même quel qu'il soit, *et ne nos inducas in tentationem sed libera nos a malo*. Il n'est pas possible d'être à la fois plus simple, plus clair, plus concis et plus profond[1]. »

3. Le culte extérieur. — Le culte extérieur consiste dans les pratiques : signes, attitudes, gestes, paroles, par lesquels se traduit d'une manière sensible le culte intérieur.

L'homme est tenu aux actes du culte extérieur, parce qu'il y a une telle union entre l'âme et le corps qu'il nous est impossible d'être vivement pénétrés d'un sentiment sans le manifester au dehors. Pourquoi le sentiment religieux ferait-il exception à

---

1. G. Fonsegrive. — *Éléments de philosophie*, II, page 525.

cette loi de notre nature ? Le culte extérieur est une conséquence naturelle du culte intérieur.

De plus, le corps comme l'âme est l'œuvre de Dieu, il est juste que les pouvoirs physiques comme les facultés intellectuelles et morales rendent hommage au créateur. Le corps concourant avec l'âme à l'épreuve, doit concourir aussi à la prière.

Enfin le culte extérieur ne traduit pas seulement au dehors le culte intérieur, mais il l'entretient et le fortifie. Sans le secours de signes sensibles le sentiment religieux s'affaiblirait peu à peu, et finirait par s'éteindre dans l'âme, par la raison que tout sentiment sincère et profond appelle une manifestation extérieure qui l'exprime.

« L'âme humaine ne saurait si bien enfermer en elle-même le sentiment religieux, dit Mgr d'Hulst, qu'elle n'en laisse déborder quelque chose sur ce compagnon de chair dont la destinée ici-bas est liée à la sienne. Il y a la religion du corps exprimée en tout temps, en tout lieu, par l'attitude, par le geste, par les cris ou le silence, par le tremblement ou les larmes, par le regard abîmé dans la confusion ou jeté éperdûment dans l'infini. L'âme qui adore plie son corps à l'humble contenance qui exprime et traduit l'adoration; le corps ainsi orienté vers le culte en facilite à l'âme les actes spirituels. Défions-nous des faux sages qui pour épurer la religion l'isolent de tout contact avec la matière. Ils se croient raffinés, ils ne sont qu'ignorants ou superbes, ce qui est tout un. Il ne savent pas que le corps ne peut être pour l'âme qu'un serviteur ou un tyran, jamais un étranger. Ou le culte intérieur rencontrera dans l'être sensible un auxiliaire secondant la faiblesse de l'esprit, fixant l'inconstance des pensées, aidant l'orgueil à s'incliner, le sens du divin à s'émouvoir, ou il verra ses plus sublimes élans se briser devant les obstacles sans nombre que la matière interpose entre l'esprit de l'homme et l'Esprit de Dieu : images importunes, désirs grossiers, dégoût de l'invisible. Une religion où le corps n'a point de part devient bien vite une religion sans âme. A force d'affiner le culte on le voit s'évanouir[1]. »

3. Le culte public. — Le culte public est celui qui est rendu à Dieu au nom de la société. Sa nécessité résulte de la nature de

---

1. Mgr D'HULST. — *Conférences de Notre-Dame.* — Année 1893.

l'homme, qui, être essentiellement sociable, reste sous la dépendance de Dieu, aussi bien comme membre d'une société, que comme individu. Dieu est l'auteur de l'ordre social, comme il est le créateur des individus; il est la providence des sociétés, comme il est celle de chacun de ses membres, il a donc le droit d'être socialement honoré, comme il a le droit d'être honoré par un culte privé. En outre, de même que le culte extérieur est le soutien du culte intérieur, le culte public est le soutien du culte privé. Rien ne favorise le sentiment religieux comme la prière publique et les démonstrations extérieures de la piété. Les sociétés doivent encore honorer Dieu, parce qu'elles trouvent dans la religion leur plus solide fondement. La religion est, en effet, le meilleur garant de la justice et de la charité, sans lesquelles il n'y a pas de société durable. Elle est l'inspiratrice des grandes vertus sociales, et des dévouements qui font les sociétés fortes et prospères. Quand les hommes prient en commun, ils se rappellent qu'ils ont un même père, et qu'ils sont tous frères. Cette reconnaissance commune de la paternité divine et de la fraternité humaine, les incline à se rendre justice et à s'entr'aider; et les rendant meilleurs les uns pour les autres, elle resserre le lien social, et en empêche la rupture.

Si le culte public est un devoir, les gouvernements sont tenus d'y prêter leur concours. L'indifférence de ceux qui exercent le pouvoir, est coupable et funeste aux individus et aux sociétés. Ajoutons que dans l'expression de la prière publique, il faut qu'il y ait un caractère de grandeur digne d'un peuple, et le moins indigne possible de la majesté divine. Lorsque la religion est en honneur dans une nation, les beaux-arts lui consacrent à juste titre leurs chefs-d'œuvre.

Voici comment un moraliste célèbre de l'antiquité, Epictète, parle des devoirs religieux. « Si nous étions sages, dit-il, que devrions-nous faire autre chose en public et en particulier, que de célébrer la bonté divine, et de lui rendre de solennelles actions de grâces? Ne devrions-nous pas en bêchant, en labourant, en mangeant chanter cet hymne au Seigneur : Dieu seul est grand!... Mais puisque vous êtes tous dans l'aveuglement, ne faut-il pas que quelqu'un s'acquitte pour vous de ce devoir sacré, en chantant pour tout le monde un hymne à notre Dieu? Que puis-je faire autre chose moi, vieillard, boiteux et infirme, si ce n'est de chanter Dieu! Si j'étais rossignol, je ferais le métier de rossignol, si j'étais cygne, celui d'un cygne. Je suis un être raisonnable ; il me faut chanter Dieu. Voilà mon métier, et je le fais. C'est un rôle auquel je ne faillirai pas autant qu'il sera en moi ; et je vous engage tous à chanter avec moi[1]. »

III. L'IMMORTALITÉ DE L'AME

1. Importance de cette question. — 2. Vraie notion de l'immortalité de l'âme. — 3. Preuves de l'immortalité de l'âme. — A. Preuves par le consentement général. — B. Preuve métaphysique. — C. Preuve psychologique. — D. Preuve morale.

1. Importance de cette question. — L'âme survit-elle à la destruction du corps, ou bien est-elle condamnée à périr avec lui? Tout doit-il finir pour nous à la mort, ou bien sommes-nous destinés à une autre vie qui n'aura point de fin? Tel est le problème qui se pose naturellement après ceux que nous avons traités, problème important s'il en fût jamais. « L'immortalité de l'âme, dit Pascal, est une chose qui nous importe si fort, qui nous touche si profondément, qu'il faut avoir perdu tout sentiment pour être dans l'indifférence de savoir ce qui en est. Toutes nos actions, et nos pensées doivent prendre des routes si différentes, selon qu'il y aura des biens éternels à espérer, ou non, qu'il est impossible de faire une démarche avec sens et jugement, qu'en la réglant par la vue de ce point, qui doit être notre dernier objet. Aussi notre premier intérêt et notre premier devoir est de nous éclaircir sur ce sujet d'où dépend toute notre conduite. »

2. Vraie notion de l'immortalité de l'âme. — Avant de donner les preuves de l'immortalité de l'âme, il faut préciser ce que nous entendons par cette immortalité. Les philosophes distinguent quelquefois l'immortalité *métaphysique* et l'immortalité *morale*. La première est celle de la substance de l'âme, de ce quelque chose d'un et de permanent, qui sert de sujet aux phénomènes de conscience multiples et changeants. Une telle immortalité, sans rien de personnel, ne serait pas pour nous plus précieuse

---

1. ÉPICTÈTE. — *Entretiens*, I, chap. xii.

que la persistance indéfinie de la poussière de notre corps. L'immortalité à laquelle nous aspirons, celle qu'il importe de démontrer, c'est l'immortalité morale, c'est l'immortalité de la personne « de cette âme particulière qui a pensé, aimé, agi, lutté, souffert durant une vie plus ou moins longue. C'est la persistance de cette existence individuelle, gardant, si je puis dire, après la mort, la physionomie qu'elle s'est créée, le signe de sa réalité distincte et séparée. Cette immortalité seule nous intéresse ; tout autre genre d'immortalité nous laisse absolument insensibles[1]. » Cette immortalité dans laquelle nous conservons le souvenir du passé et la conscience de nous-mêmes, n'a rien de commun avec l'immortalité des panthéistes, qui absorbe l'âme en Dieu, ni avec la théorie de la métempsycose sur le passage de l'âme au sortir de cette vie dans d'autres corps d'hommes ou d'animaux, ni avec les doctrines positivistes qui réduisent l'immortalité à la persistance de l'espèce humaine.

3. Preuves de l'immortalité de l'âme. — Les preuves principales de l'immortalité de l'âme sont au nombre de quatre : la preuve par le consentement général, la preuve métaphysique, la preuve psychologique et la preuve morale.

A. Preuve par le consentement général. — Le genre humain a toujours cru au dogme de l'immortalité. Sans doute, cette croyance a revêtu des formes diverses, quelquefois même bizarres, chez les différents peuples tant anciens que modernes. Mais sous cette variété de formes, son universalité est incontestable. Elle est attestée par le témoignage des historiens, des philosophes et des poètes. Tous les cultes, et toutes les traditions la supposent. Sans cette croyance, comment expliquer le respect des morts, les honneurs rendus à leur mémoire, le désir qu'ont tous les hommes de se faire un nom dans un avenir où ils ne seront plus ?

« La croyance générale des anciens, dit Cicéron, est que la mort n'éteint pas tout sentiment, et que l'homme au sortir de cette vie n'est pas anéanti. Une foule de preuves, mais surtout le droit pontifical, et les cérémonies sépulcrales ne permettent pas de doute à ce sujet. Jamais des personnages d'un si grand sens n'auraient révéré si religieusement les tombeaux, s'ils

---

1. COMPAYRÉ. — *Cours de morale.*

n'avaient été persuadés que la mort n'est pas un anéantissement, mais une sorte de transmigration, un changement de vie, qui envoie au ciel, les hommes et les femmes qui l'ont mérité.

« Ce qui montre que le sentiment de l'immortalité nous vient de la nature, c'est l'ardeur avec laquelle l'homme travaille pour un avenir qui ne sera qu'après sa mort.

« Il plante des arbres qui ne porteront que dans un autre siècle... Pourquoi planter ainsi si les siècles qui nous suivront ne nous touchent en rien? Tant de grands hommes qui ont répandu leur sang pour la patrie pensaient-ils autrement? Pensaient-ils que le jour qui terminerait leur vie terminerait aussi leur gloire? Sans une ferme espérance de l'immortalité personne n'affronterait la mort pour sa patrie [1]. »

B. Preuve métaphysique. — Cette preuve est tirée de la nature de l'âme, une, identique, essentiellement distincte du corps. Le corps n'est qu'un tout collectif; il se compose d'organes différents les uns des autres, et chacun de ces organes d'un nombre indéfini de parties distinctes. L'âme est absolument une, car il n'y a en nous qu'une seule personne qui sent, qui pense et qui veut, et chacune de nos facultés est incompréhensible sans l'unité de notre âme. L'organisme corporel n'est jamais dans un instant ce qu'il est dans un autre. Son identité n'est qu'apparente, et tous les éléments qui le composent se renouvellent sans cesse. L'âme quels que soient les changements qui modifient ses sentiments, ses pensées, ses volontés, soit qu'elle ait la conscience du présent, ou le souvenir du passé ou la prévision de l'avenir, reste toujours la même. Son identité est réelle, comme le prouvent la mémoire et toutes les opérations intellectuelles. Puisque l'âme est essentiellement distincte du corps, sa destinée n'est pas liée à celle du corps; et puisque la mort est pour le corps la dissolution de ses parties, comment pourrait-elle atteindre l'âme qui est de sa nature simple et indivisible? « L'âme, dit Platon, étant essentiellement distincte du corps, inétendue, simple et indivisible, ne porte en elle-même aucun genre de corruption, et ne peut périr par dissolution de parties. Sa vie ne s'éteint pas avec celle de l'orga-

---

[1]. Cicéron. — *Tusculanes*. I, 1-12.

nisme, comme l'harmonie d'une lyre s'évanouit quand les cordes de l'instrument sont détendues ou brisées. »

Mais, dira-t-on, si l'âme ne peut périr par décomposition, par dissolution, ne peut-elle pas périr par anéantissement? Absolument parlant, Dieu qui a créé l'âme pourrait l'anéantir; mais quelles raisons aurait-il de le faire? A la mort, le lien qui unit les différentes parties du corps, tombe, et elles se dissolvent, mais la matière dont le corps était formé, continue à subsister, la science contemporaine affirme que rien ne se perd dans la nature. Qu'arriverait-t-il si l'âme était anéantie? Rien d'elle ne subsisterait plus et son sort serait inférieur à celui du corps; la meilleure partie de nous-mêmes, serait à la mort la plus maltraitée. Cela est-il possible? On ne voit donc pas pour quelles raisons Dieu anéantirait l'âme; les preuves suivantes nous montreront pour quelles raisons, il doit la conserver immortelle.

Quoi qu'il en soit, la preuve métaphysique de l'immortalité de l'âme est insuffisante, elle paraît ne démontrer que l'immortalité de la substance de l'âme, et c'est l'immortalité de la personne qui nous importe; elle a donc besoin d'être complétée par d'autres preuves.

C. Preuve psychologique. — Cette preuve est tirée des tendances et des aspirations de notre âme. Nous avons une horreur instinctive du néant, et nous appelons l'immortalité par toutes nos facultés, par notre intelligence, par notre sensibilité et par notre volonté. — Notre intelligence est tourmentée du besoin de connaître; plus elle sait plus elle veut savoir; sa curiosité n'est jamais satisfaite ici-bas. Les plus grands génies se sont plaints de leur ignorance, et ils ont tous répété le mot de Socrate : « Ce que je sais, c'est que je ne sais rien. » — Notre sensibilité a soif de bonheur; elle le cherche partout, mais ce qu'elle en goûte ici-bas est toujours bien au-dessous de ses désirs. Aucune créature, quels que soient ses avantages et ses qualités, ne peut remplir notre cœur. — Notre volonté est-elle plus satisfaite dans ses aspirations au bien et à la liberté? Non; le bien qu'elle atteint ici-bas pâlit toujours devant l'idéal qu'elle recherche; la liberté qu'elle conquiert sur les passions de l'âme et sur les forces de la nature extérieure, est toujours très limitée et très incomplète.

Que conclure de ce double fait? Que conclure de cette disproportion évidente entre les aspirations de notre âme vers l'infini, et cette impuissance où elle est de les satisfaire ici-bas, sinon que l'âme n'atteint pas sa fin dans cette vie et qu'il y a par conséquent une autre vie où elle l'atteindra, où ses facultés jouiront pleinement de leur objet?

« Tous les êtres, dit Cousin, atteignent leur fin, l'homme seul n'atteindrait pas la sienne! La plus grande des créatures serait la plus maltraitée! Mais un être qui demeurerait incomplet et inachevé, qui n'atteindrait pas la fin que tous ses instincts proclament, serait un monstre dans l'ordre éternel, problème mille fois plus difficile à résoudre que les difficultés qu'on élève contre l'immortalité de l'âme. » — « Eh quoi, s'écriait à son tour Jouffroy, je vois la convenance, la nécessité, la grandeur de l'ordre dans l'hypothèse d'une autre vie, et cette hypothèse ne serait qu'une chimère impossible, absurde! La plus grande absurdité serait que cette vie fût tout, donc il y en a une autre. »

Cette preuve est rigoureuse, car elle s'appuie sur ce fait incontestable que rien de fini ne suffit à l'âme humaine, et sur ce principe de la raison que tout être a une fin proportionnée à sa nature; elle donne l'immortalité de l'âme comme une conséquence de la sagesse et de la bonté divine. Si l'âme était mortelle, l'homme serait plus grand que sa destinée. Dieu aurait mis dans la plus noble de ses créatures des tourments inutiles, des tendances impuissantes, des facultés sans objet; quoi de plus indigne de l'Être infiniment sage et bon! Elle démontre l'immortalité de la personne; ce n'est pas la substance pure et simple de mon âme, sans conscience d'elle-même qui aspire à l'infini, c'est moi, c'est ma personne; par conséquent c'est cette personne qui trouvera dans la vie future la satisfaction de ses aspirations.

D. Preuve morale. — La raison exige encore l'immortalité de l'âme à un autre titre, comme sanction définitive de la loi morale.

Lorsque nous avons étudié, à la lumière de la conscience individuelle et de la conscience universelle, les principes fondamentaux de la morale, nous avons montré que la raison conçoit entre le mérite et la récompense, entre le démérite et le châtiment un rapport nécessaire, et que la justice réclame une proportion rigoureuse entre la vertu et le bonheur, entre le vice et le malheur. Or il nous a été facile de constater l'insuffisance des sanctions terrestres pour établir cette proportion, et il n'échappe à personne que la justice est très incomplète en ce monde. Il existe donc une autre vie où tout rentrera dans l'ordre et où chacun sera traité selon ses œuvres.

Ce qui fait la force de cette preuve c'est la notion de la sainteté et de la justice divines. Dieu infiniment saint ne peut pas être indifférent au bien et au mal moral, or, il le serait si l'âme vertueuse et l'âme coupable aboutissaient au même néant. Dieu infiniment juste, faisant l'homme libre, devait le faire aussi immortel, sinon l'homme mériterait par ses vertus ou par ses vices une récompense ou un châtiment qu'il ne recevrait pas. Dieu se doit à lui-même de fixer un jour dans le bonheur la volonté qui s'est fixée dans le bien, et dans le malheur la volonté qui s'est fixée dans le mal.

Voici en quels termes J.-J. Rousseau développe la preuve morale de l'immortalité de l'âme : « Plus je rentre en moi, plus je me consulte, et plus je lis ces mots écrits dans mon âme : *Sois juste et tu seras heureux.* Il n'en est rien pourtant, à considérer l'état présent des choses : le méchant prospère et le juste est opprimé. Voyez quelle indignation s'allume en nous quand cette attente est frustrée ! La conscience s'élève et murmure contre son auteur ; elle lui crie en gémissant : Tu m'as trompée ! — Je t'ai trompé, téméraire ! Qui te l'a dit ? Ton âme est-elle anéantie ? As-tu cessé d'exister ?

« Ici-bas, mille passions ardentes absorbent le sentiment intime et donnent le change au remords ; les humiliations, les disgrâces qu'attire l'exercice des vertus empêchent d'en sentir tous les charmes. Mais quand, délivrés des illusions que nous font le corps et les sens, nous jouirons de la contemplation de l'Être suprême et des vérités éternelles dont il est la source, quand la beauté de l'ordre frappera toutes les puissances de notre âme, et que nous serons uniquement occupés à comparer ce que nous avons fait avec ce que nous avons dû faire, c'est alors que la voix de la conscience reprendra sa force et son empire ; c'est alors que la volupté pure qui naît du contentement de soi-même et le regret amer de s'être avili distingueront par des sentiments inépuisables le sort que chacun se sera préparé.

Ne me demandez pas, ô mon ami, s'il y aura d'autres sources de bonheur et de peines, je l'ignore, et c'est assez de celles que j'imagine pour me consoler de cette vie et m'en faire espérer une autre. Je ne dis point que les bons seront récompensés mais je dis qu'ils seront heureux, parce que, n'ayant pas abusé de leur liberté sur la terre, ils n'ont pas trompé leur destination par leur faute; ils ont souffert pourtant dans cette vie, ils seront donc dédommagés dans une autre. Ce sentiment est moins fondé sur le mérite de l'homme que sur la notion de bonté qui me semble inséparable de l'essence divine. Je ne fais que supposer les lois de l'ordre observées et Dieu constant à lui-même. »

4. Durée de la vie future. — Quelle sera la durée de la vie future? Sur ce point la révélation donne une réponse précise; l'immortalité n'a pas de fin, les récompenses et les peines de l'autre vie seront éternelles. La philosophie ne peut être aussi affirmative; toutefois les considérations rationnelles en faveur de l'éternité sont d'une grande force.

Nous nous révoltons à la seule idée de notre anéantissement et nous désirons vivre éternellement. Un bonheur qui ne devrait pas toujours durer ne serait pas pour l'homme le vrai bonheur, car la crainte de le perdre l'empêcherait d'en jouir. *Si amitti beata vita potest, beata esse non potest.* D'ailleurs comment croire que Dieu puisse anéantir l'âme lorsqu'elle sera en pleine possession du bonheur mérité par la vertu? Une telle supposition est inconciliable avec la bonté divine. L'immortalité bienheureuse sera donc sans fin. Mais l'éternité rencontre de vives répugnances dans l'esprit humain quand on l'applique au sort des coupables, un châtiment éternel nous épouvante. On peut discuter la question de savoir si l'éternité des peines est une vérité démontrable pour la raison.

5. Résurrection des corps. — La vie future n'intéresse-t-elle que l'âme seule? A la mort l'âme abandonne-t-elle pour toujours le corps à la poussière du tombeau? « Il y a contre cette hypothèse, dit Mgr d'Hulst, une double protestation. C'est d'abord celle de la raison qui hésite à croire que le corps, ici-bas instrument nécessaire des opérations de l'âme, associé de si près aux actes moraux qui fixent notre destinée, n'ait plus de rôle à jouer dans l'état définitif où cette destinée nous fait entrer. Pourquoi Dieu, faisant à l'homme une condition si différente des esprits purs, effacerait-il cette différence de nature, dans l'économie d'outre-tombe? Pourquoi, s'il devait le faire, a-t-il tenu l'âme, au cours de son épreuve, dans une si étroite dépendance à l'égard de son compagnon terrestre? C'est ensuite et surtout la protestation du cœur, qui appelle pour notre être sensible une compensation des douleurs dont il a été le sujet, des sacrifices qui l'ont immolé. Ne faut-il pas une réhabilitation à ce condamné, à cette victime une apothéose[1]! »

Ces raisons de convenance nous portent à croire à la résurrection des corps mais ne la démontrent pas. La foi seule nous en donne la certitude.

Ouvrages à consulter.

ARISTOTE. — *Métaphysique*, liv. XII.
BOSSUET. — *Connaissance de Dieu et de soi-même — Élévations sur les mystères.*
CARO. — *L'idée de Dieu.*
CLARKE. — *L'existence de Dieu.*
DESCARTES. — *Discours de la méthode — Méditations.*
FÉNELON. — *Traité de l'existence de Dieu.*
GARDAIR. — *Corps et âme.*
GRATRY. — *Connaissance de Dieu.*
D'HULST. — *Conférences de Notre-Dame.*
   »   — *Mélanges philosophiques.*
JANET. — *Les causes finales.*
KLEUTGEN. — *La philosophie scolastique.*
LEIBNITZ. — *Essai de Théodicée — Monadologie.*
MALEBRANCHE. — *Entretiens sur la métaphysique.*
MARET. — *Essai sur le panthéisme.*
OLLÉ-LAPRUNE. — *Le prix de la vie.*
SAISSET. — *Essai de philosophie religieuse.*
J. SIMON. — *La religion naturelle.*
SAINT THOMAS. — *Somme Théologique.*
Mgr TURINAZ. — *L'âme.*

---

1. Mgr D'HULST. — *Mélanges philosophiques.*

TABLE DES MATIÈRES

PREMIÈRE PARTIE

ÉLÉMENTS DE PHILOSOPHIE SCIENTIFIQUE

CHAPITRE I
LA SCIENCE ET LES SCIENCES

Pages

I. *La science.* — 1. Origine de la science. — 2. Caractères de la science. — 3. Avantages de la science... 1

II. *Les sciences.* — 1. La science et les sciences. — 2. Classification des sciences, classification d'Aristote, classification de Bacon, classification d'Auguste Comte, classification d'Ampère. — 3. Hiérarchie des sciences. 4

CHAPITRE II
LA MÉTHODE

1. Définition de la méthode. — 2. Utilité de la méthode. — 3. Méthode générale, règles de la méthode cartésienne. — 4. Procédés essentiels de la méthode générale : analyse et synthèse, définition de l'analyse et de la synthèse, l'analyse et la synthèse dans les différentes sciences, règles de l'analyse et de la synthèse... 16

CHAPITRE III
LA MÉTHODE DES SCIENCES MATHÉMATIQUES

1. Objet des sciences mathématiques, les notions mathématiques créations de l'esprit. — 2. Division des sciences mathématiques. — 3. Méthode des sciences mathématiques... 28

I. *Le raisonnement et le syllogisme.* — 1. Définition du raisonnement. — 2. Espèces de raisonnements. — 3. Analyse du syllogisme. — 4. Principe du syllogisme. — 5. Règles du syllogisme. — 6. Variétés du syllogisme, syllogismes irréguliers, syllogismes composés.................. 31

II. *La démonstration*. — 1. La démonstration et le syllogisme. — 2. Principes de la démonstration. — 3. Principes communs et principes propres. — 4. Les axiomes, les postulats, rôle des axiomes. — 5. Les définitions mathématiques, rôle des définitions mathématiques. — 6. Mécanisme de la démonstration. — 7. Règles de la démonstration. — 8. Espèces de démonstrations.. 39

CHAPITRE IV

MÉTHODE DES SCIENCES PHYSIQUES ET NATURELLES

1. Objet et division des sciences physiques et naturelles. — 2. Méthode des sciences physiques et naturelles..................................... 40

I. *L'observation*. — 1. Définition de l'observation. — 2. Moyens de l'observation : les sens et les instruments. — 3. Qualités de l'observateur. — 4. Règles de l'observation, les faits privilégiés....................... 51

II. *L'expérimentation*. — 1. Définition de l'expérimentation. — 2. Formes de l'expérimentation. — 3. Privilèges de l'expérimentation. — 4. Sciences d'observation et sciences expérimentales............................. 55

III. *L'induction*. — 1. Les lois de la nature : lois de succession, lois de coexistence, lois de causalité. — 2. L'interprétation de l'expérience : détermination de la cause, les tables de Bacon, les méthodes de Stuart Mill. — 3. La généralisation de l'expérience : fondement de l'induction. — 4. L'induction vulgaire et l'induction scientifique............... 60

IV. *L'hypothèse*. — 1. Définition de l'hypothèse. — 2. Avantages de l'hypothèse. — 3. Espèces d'hypothèses. — 4. Règles de l'hypothèse....... 70

V. *L'analogie*. — 1. Définition de l'analogie. — 2. Principe de l'analogie. 3. L'analogie et l'induction. — 4. Rôle de l'analogie................. 75

VI. *La classification*. — 1. Définition de la classification. — 2. Espèces de classifications : les classifications artificielles et les classifications naturelles.. 77

a) Les classifications artificielles. — 1. Définition des classifications artificielles. — 2. Conditions des classifications artificielles. — 3. Avantages des classifications artificielles................................... 78

b) Les classifications naturelles. — 1. Définition des classifications naturelles. — 2. Principes des classifications naturelles. — 3. Valeur des classifications naturelles. — 4. Les définitions empiriques................ 79

Remarque. — Rôle de la déduction dans les sciences de la nature....... 82

CHAPITRE V

MÉTHODE DES SCIENCES MORALES

1. Objet et division des sciences morales. — 2. Méthode des sciences morales... 85

I. *Méthode de la psychologie.* — 1. Définition et division de la psychologie. — 2. Méthode subjective : la réflexion, objections. — 3. Méthode objective. — 4. L'expérimentation en psychologie. — 5. L'induction et la déduction en psychologie.. 86

II. *Méthode historique*... 92

a) Le témoignage des hommes. — 1. Définition du témoignage. — 2. Importance du témoignage. — 3. Fondement de la foi au témoignage. — 4. Conditions relatives aux faits. — 5. Conditions relatives aux témoins. — 6. Certitude du témoignage.. 92

b) La critique historique. — 1. Définition de la critique historique. — 2. La tradition : règles pour l'usage des traditions. — 3. Les monuments : règles pour l'usage des monuments. — 4. Les écrits : règles pour l'usage des écrits. — 5. Rôle de l'histoire dans les sciences morales. — 6. La philosophie de l'histoire.. 98

CHAPITRE VI

LES GRANDES HYPOTHÈSES SCIENTIFIQUES

1. L'hypothèse de Laplace sur l'origine du monde planétaire. — 2. La loi des corrélations organiques de Cuvier. — 3. La loi des connexions organiques de Geoffroy Saint-Hilaire. — 4. La théorie de l'unité des forces physiques. — 5. Le transformisme de Lamarck et de Darwin. — 6. L'hypothèse évolutionniste de Spencer.. 106

SECONDE PARTIE

ÉLÉMENTS DE PHILOSOPHIE MORALE

NOTIONS PRÉLIMINAIRES

1. Définition de la morale. — 2. Division de la morale. — 3. Utilité de la morale. — 4. Méthode de la morale... 125

MORALE GÉNÉRALE

CHAPITRE I

CONDITIONS DE LA MORALITÉ

I. *La conscience morale.* — 1. Définition de la conscience morale. — 2. Analyse de la conscience morale : jugements et sentiments moraux. — 3. Autorité de la conscience morale. — 5. Existence de la loi morale. — 6. Caractères de la loi morale... 130

II. *La liberté.* — 1. Analyse de l'acte volontaire : la délibération, la détermination, l'exécution. — 2. Différents sens du mot liberté. — 3. Preuves du libre arbitre : *a)* preuves tirées du témoignage de la conscience, objections ; *b)* preuves morales ; *c)* preuves sociales.................... 138

III. *La personnalité et la responsabilité.* — 1. La personnalité, les choses, les individus, les personnes. — 2. La responsabilité, conditions et variations de la responsabilité, responsabilité dans les actions d'autrui, solidarité.. 156

CHAPITRE II

NATURE DE LA MORALITÉ

(Fin de la vie humaine.)

I. *Les différents motifs des actions humaines.* — 1. Le plaisir. — 2. L'intérêt. — 3. Le sentiment. — 4. Le bien.................... 163

II. *Morale du plaisir.* — 1. Les défenseurs de la morale du plaisir. — 2. Réfutation de la morale du plaisir.................... 165

III. *Morale de l'intérêt* (Doctrines utilitaires).................... 168

1. Morale de l'intérêt personnel, Épicure, Hobbes, La Rochefoucauld, Bentham, Stuart Mill, Spencer, réfutation de la morale de l'intérêt personnel.. 168

2. Morale de l'intérêt général, réfutation de la morale de l'intérêt général. 178

IV. *Morale du sentiment.* — 1. Adam Smith, morale de la sympathie. — 2. Auguste Comte, l'altruisme. — 3. Réfutation de la morale du sentiment.. 180

V. *Morale du devoir.* — 1. Analyse de l'idée du bien, le devoir. — 2. Rôle de l'intérêt en morale. — 3. Rôle du sentiment en morale. — 4. Fondement de la loi morale, fondement de la distinction du bien et du mal, fondement de l'obligation morale.................... 185

CHAPITRE III

CONSÉQUENCES DE LA MORALITÉ

I. *Le mérite et le démérite.* — 1. Définition du mérite et du démérite. — 2. Nature du mérite et du démérite. — 3. Mesure du mérite et du démérite.. 199

II. *La sanction.* — 1. Définition de la sanction. — 2. Nécessité de la sanction. — 3. Nature de la sanction. — 4. But de la sanction. — 5. Fondement de la sanction. — 6. Espèces de sanctions. — 7. Insuffisance des sanctions terrestres, nécessité d'une sanction religieuse............. 202

III. *La vertu.* — Définitions de Platon. — 2. Définitions d'Aristote. — 3. — Vraie définition.................... 207

APPENDICE

1. Morale platonicienne. — 2. Morale stoïcienne. — 3. Morale kantienne. 212

MORALE PARTICULIÈRE

1. Définition de la morale particulière. — 2. Division des devoirs............ 224

CHAPITRE I

MORALE PERSONNELLE

1. Devoirs relatifs au corps : *a)* ne pas attenter à sa vie, le suicide ; *b)* conserver sa santé.. 226
2. Devoirs relatifs à l'âme. — *a)* Devoirs relatifs à la sensibilité, tempérance ; *b)* devoirs relatifs à l'intelligence, sagesse ; *c)* devoirs relatifs à la volonté, courage... 230

CHAPITRE II

MORALE SOCIALE

1. L'état social est l'état naturel de l'homme. — 2. Division de la morale sociale.. 234

I. *Morale sociale proprement dite*............................ 235

A) Justice et charité. — 1. Nature de la justice, le droit. — 2. Nature de la charité. — 3. Rapports de la justice et de la charité. — 4. Différences entre la justice et la charité................................. 236

B) Devoirs de justice.. 241

1. Devoirs relatifs à la vie d'autrui : *a)* l'homicide ; *b)* le droit de légitime défense ; *c)* le duel ; *d)* la guerre ; *e)* la peine de mort ; *f)* l'assassinat politique... 241
2. Devoirs relatifs à l'âme d'autrui : *a)* devoirs relatifs à la sensibilité d'autrui ; *b)* devoirs relatifs à l'intelligence d'autrui ; *c)* devoirs relatifs à la liberté d'autrui, l'esclavage, le servage, les abus de pouvoir........ 246
3. Devoirs relatifs aux biens d'autrui : *a)* la propriété, définition de la propriété, fondement du droit de propriété, conséquences et avantages du droit de propriété, le communisme et le socialisme ; *b)* l'honneur....... 251

C) Devoirs de charité. — 1. Notion générale de la charité. — 2. Œuvres de charité. — 3. Qualités de la charité.............................. 258

II. *Morale domestique*.. 260

1. La famille. — 2. Le mariage. — 3. Devoirs des époux. — 4. Devoirs des parents envers les enfants, l'autorité paternelle. — 5. Devoirs des enfants envers les parents. — 6. Devoirs des enfants entre eux, l'esprit de famille. — 7. Devoirs des maîtres et des serviteurs................ 260

III. *Morale civique*... 269

1. La nation ou la patrie. — 2. L'État. — 3. Fondement de l'autorité publique. — 4. Le gouvernement. — 5. Séparation des pouvoirs. — 6. Devoirs et droits des gouvernants. — 7. Droits et devoirs des citoyens : l'obéissance aux lois, l'éducation des enfants, l'impôt, le vote, le service militaire, le dévouement à la patrie........................ 269

CHAPITRE III

MORALE RELIGIEUSE

I. *Existence de Dieu*.. 283

1. Définition de Dieu. — 2. Possibilité et nécessité de la démonstration de l'existence de Dieu. — 3. Preuves de l'existence de Dieu, preuves physiques, preuves métaphysiques, preuves morales, nécessité de réunir les preuves de l'existence de Dieu............................... 283

II. *Devoirs envers Dieu*... 296

1. Existence des devoirs envers Dieu. — 2. Le culte intérieur, explication philosophique du *Pater*. — 3. Le culte extérieur. — 4. Le culte public. 296

III. *L'immortalité de l'âme*.. 302

1. Importance de cette question. — 2. Vraie notion de l'immortalité de l'âme. — 3. Preuves de l'immortalité de l'âme, preuve par le consentement général, preuve métaphysique, preuve psychologique, preuve morale. — 4. Durée de la vie future. — 5. Résurrection des corps............ 302

Paris. — Imp. DEVALOIS, avenue du Maine, 144.

LIBRAIRIE CH. POUSSIELGUE
Rue Cassette, 15, PARIS

PRINCIPALES PUBLICATIONS

OUVRAGES DE Mᴳᴿ D'HULST
RECTEUR DE L'INSTITUT CATHOLIQUE DE PARIS

CONFÉRENCES DE NOTRE-DAME
ET RETRAITE DE LA SEMAINE SAINTE

CARÊME de 1891. Les Fondements de la Moralité. In-8° écu avec notes. 5 fr.
CARÊME de 1892. Les Devoirs envers Dieu. In-8° écu avec notes...... 5 fr.
CARÊME de 1893. Les Devoirs envers Dieu (suite.) In-8° écu avec notes.

Les Conférences des années suivantes paraîtront de même

MÉLANGES ORATOIRES	MÉLANGES PHILOSOPHIQUES
2 vol. in-8° écu. 8 fr.	Un vol. in-8° écu. 5 fr.

VIE DE JUST DE BRETENIÈRES
MISSIONNAIRE APOSTOLIQUE, MARTYRISÉ EN CORÉE (1866)

2° édition. In-18 Jésus avec portrait et carte de Corée............ 3 fr.

VIE DE LA MÈRE MARIE-TÉRÈSE
FONDATRICE DES SŒURS DE L'ADORATION RÉPARATRICE

4° édition. In-18 jésus avec 2 portraits...................... 2 fr. 50

M. Renan, 3° édition. Brochure in-8° raisin........................ 1 fr.
Le Droit chrétien et le Droit moderne. Étude sur l'Encyclique *Immortale Dei*,
   suivie du texte de l'Encyclique (latin-français). In-18 jésus.............. 1 fr. 25

ŒUVRES DE Mᴳᴿ BOUGAUD
ÉVÊQUE DE LAVAL

Histoire de saint Vincent de Paul, fondateur de la congrégation des Prêtres de la
   Mission et des Filles de la Charité. 2 volumes in-8° avec 2 portraits............ 15 fr. »
— LA MÊME. 2° édition. 2 volumes in-18 jésus avec 2 portraits................. 6 fr. »
Discours, publiés par son frère et précédés d'une notice historique par Mgr LAGRANGE.
   2° édition. In-8° avec portrait.. 7 fr. 50
— LES MÊMES. 3° édition. In-18 jésus avec portrait............................ 4 fr. »
Le Christianisme et les temps présents. 5 volumes in-8°............... 37 fr. 50
— LE MÊME OUVRAGE. 5 volumes in-18 jésus............................. 20 fr. »
   Extraits de l'ouvrage « LE CHRISTIANISME ET LES TEMPS PRÉSENTS. »
Jésus-Christ. In-16, format carré.. 3 fr. 75
De la Douleur. 3° édition. In-16, format carré............................... 3 fr. 75
Histoire de sainte Monique. 6° édition, ornée d'une gravure de sainte Monique et saint
   Augustin, d'après ARY SCHEFFER. Beau volume in-8°....................... 7 fr. 50
— LA MÊME. 10° édition. In-18 jésus..................................... 4 fr. »
Histoire de sainte Chantal et des origines de la Visitation. 10° édition. 2 volumes
   in-8° avec 2 portraits... 15 fr. »
— LA MÊME, 12° édition. 2 volumes in-18 jésus avec 2 portraits............... 8 fr. »
Histoire de la bienheureuse Marguerite-Marie et des origines de la dévotion au
   Cœur de Jésus. Beau volume in-8°....................................... 7 fr. »
— LA MÊME. 8° édition. In-18 jésus....................................... 3 fr. 75
Le grand Péril de l'Eglise de France au XIX° siècle, avec une carte teintée indi-
   quant la Géographie et la Statistique de la diminution des vocations sacerdotales.
   4° édition. Une brochure in-8°... 1 fr. 50

OUVRAGES DE Mgr F. LAGRANGE
ÉVÊQUE DE CHARTRES

Vie de Mgr Dupanloup, évêque d'Orléans, membre de l'Académie française. 4e édition. 3 volumes in-8°, avec 2 portraits.. 22 fr. 50
— LA MÊME. 6e édition. 3 volumes in-18 jésus............................... 10 fr. 50
Histoire de saint Paulin de Nole. 2e édition. 2 volumes in-18 jésus, avec gravure, plan et vue.. 6 fr. »
Histoire de sainte Paule. 5e édition. Beau vol. in-8° avec gravure.......... 7 fr. 50
— LA MÊME. 6e édition. In-18 jésus.. 4 fr. »
Lettres choisies de saint Jérôme. Nouvelle traduction française avec le texte en notes. 4e édition. In-18 jésus... 4 fr. »

OUVRAGES DE Mgr BAUNARD
RECTEUR DES FACULTÉS CATHOLIQUES DE LILLE

Le Général de Sonis, d'après ses papiers et sa correspondance. 39e édition revue et augmentée d'un appendice sur les opérations militaires du 17e Corps de l'armée de la Loire durant le commandement du général de Sonis et répondant à diverses attaques. In-8° écu avec portrait... 4 fr. »
Franco... 4 fr. 80
Le Cardinal Lavigerie. Oraison funèbre prononcée à Lille en l'église Notre-Dame de la Treille, le 7 décembre 1892. In-8° écu.. 1 fr. »
Dieu dans l'Ecole.
   Tome I. *Le Collège Saint-Joseph de Lille* (1881-1888). Discours, notices et souvenirs. 2e édition. In-8° écu... 5 fr. »
   Tome II. *Le Collège chrétien.* Instructions dominicales : Les Autorités de l'Ecole. La Journée de l'Ecole. L'Ecole et la Famille. 2e édition. In-8° écu...... 5 fr. »
   Tome III. *Le Collège chrétien.* Instructions dominicales : L'Ame de l'Ecole. L'OEuvre de l'Ecole. La sortie de l'Ecole. In-8° écu.................................. 5 fr. »
Espérance. Un réveil de l'idée religieuse en France. 2e édition revue et augmentée. In-18 jésus.. 2 fr. 50
Le Livre de la Première Communion et de la Persévérance. Edition de luxe, plié en portefeuille ou broché. Grand in-16 carré................................ 8 fr. »
— LE MÊME OUVRAGE, édition ordinaire. 5e édition. Grand in-32 carré...... 3 fr. »
Le Doute et ses victimes dans le siècle présent. 8e édition. In-18 jésus.... 3 fr. 75
La Foi et ses victoires. Conférences sur les plus illustres convertis de ce siècle.
   Tome I. In-8°. 4e édition........ 6 fr. — In-18 jésus. 6e édition........ 3 fr. 75
   Tome II. In-8°................ 6 fr. — In-18 jésus. 4e édition........ 3 fr. 75
L'Apôtre saint Jean. 5e édition. In-18 jésus avec gravure.................... 4 fr. »
Histoire de saint Ambroise. 2e édition. Beau volume in-8° avec portrait et plan de Milan au IVe siècle.. 7 fr. »
Histoire de la vénérable mère M.-S. Barat, fondatrice de la Société du Sacré-Cœur. 3e édition. 2 forts volumes in-8° avec portrait. *Prix net*................... 10 fr. 50
Franco... 12 fr. 50
— LE MÊME OUVRAGE. 6e édition. 2 volumes in-18 jésus......................... 5 fr. »
Histoire de Madame Duchesne, fondatrice de la Société des Religieuses du Sacré-Cœur en Amérique. In-8° avec autographe et carte............................ 6 fr. 25
— LE MÊME OUVRAGE. 2e édition. In-18 jésus.. 3 fr. »
Le Vicomte Armand de Melun. In-8° avec portrait............................. 8 fr. »
Histoire du cardinal Pie. 5e édition. 2 volumes in-8° avec 2 portraits. (*Sous presse.*)
Panégyrique de sainte Thérèse, prononcé le 15 octobre 1886. In-8°....... 75 c.

ŒUVRES COMPLÈTES DU R. P. LACORDAIRE
Précédées d'une notice sur sa vie
9 vol. in-8°, 50 fr. — Les mêmes, 9 vol. in-18 jésus, 30 fr.

On vend séparément :

Vie de saint Dominique. In-18 jésus avec portrait..	3 fr. »
Conférences prêchées à Paris (1825-1851) et à Toulouse, 5 volumes in-18 jésus. (Tomes II à VI des Œuvres)...	20 fr. »
Œuvres philosophiques et politiques. In-18 jésus...............................	3 fr. »
Notices et panégyriques. In-18 jésus...	3 fr. »
Mélanges. In-18 jésus...	3 fr. »
Notice sur le P. Lacordaire. In-18 jésus.....................................	50 c.
Vie de saint Dominique, illustrée d'après le P. Besson. In-8° raisin........	12 fr. 50
Lettres à un jeune homme. 9° édition. Joli volume in-32 encadré..........	1 fr. 25
Sainte Marie-Madeleine. 10° édition. Joli volume in-32 encadré............	1 fr. 25

ŒUVRES POSTHUMES DU R. P. LACORDAIRE

Lettres à Madame la Baronne de Prailly. In-8°..............................	7 fr. »
— LE MÊME OUVRAGE. In-18 jésus..	3 fr. 75
Lettres à M. Th. Foisset. 2 volumes in-8°..................................	12 fr. 50
Lettres inédites. In-8°...	7 fr. »
Sermons, Instructions et Allocutions. Notices, Textes, Fragments, Analyses.	
— Tome I. *Sermons* (1825-1849). In-8°..	7 fr. »
— Tome II. *Sermons* (1850-1856). *Instructions* données à l'Ecole de Sorèze (1854-1861). In-8°...	7 fr. »
— Tome III. *Allocutions.* In-8°..	6 fr. »
— LE MÊME OUVRAGE. Tome I. 3° édition. In-18 jésus............................	3 fr. 75
— Tome II. 3° édition. In-18 jésus...	3 fr. 75
— Tome III. In-18 jésus..	3 fr. 50

CONFÉRENCES DU **R. P. DE RAVIGNAN** 4° édition. 4 volumes in-18 jésus. 12 fr. 50	ŒUVRES DE **M. AUGUSTE NICOLAS** 13 volumes in-8°...... 77 fr. 11 volumes in-18 jésus. 40 fr.

LE CARDINAL LAVIGERIE
ET SES ŒUVRES D'AFRIQUE
PAR M. L'ABBÉ FÉLIX KLEIN
3° édition revue et mise à jour. In-18 jésus.......... 3 fr. 50

GÉOGRAPHIE DE L'AFRIQUE CHRÉTIENNE
PAR Mgr TOULOTTE
DE LA SOCIÉTÉ DES PÈRES BLANCS, VICAIRE APOSTOLIQUE DU SAHARA

In-8° avec carte.............. 4 fr.

HISTOIRE DE LA VIE ET DES OEUVRES
DE Mᴳʳ DARBOY, ARCHEVÊQUE DE PARIS
Par S. Em. le Cardinal FOULON
ARCHEVÊQUE DE LYON

Un volume in-8° avec portrait et autographe. 7 fr. 50
Exemplaires sur papier de Hollande, portrait avant la lettre et autographe... 20 fr.

Mᴳʳ DE MAZENOD
ÉVÊQUE DE MARSEILLE
FONDATEUR
DE LA CONGRÉGATION DES MISSIONNAIRES OBLATS DE MARIE-IMMACULÉE (1782-1861)

Par Monseigneur RICARD, PRÉLAT DE LA MAISON DE SA SAINTETÉ

2ᵉ édition. In-8° écu avec 2 portraits. 5 fr.

DISCOURS DU COMTE ALBERT DE MUN
DÉPUTÉ DU MORBIHAN
ACCOMPAGNÉS DE NOTICES PAR CH. GEOFFROY DE GRANDMAISON

Questions sociales. In-8°......... 7 fr. 50 — In-18 jésus............... 4 fr. »
Discours politiques. 2 vol. in-8°.... 15 fr. » — 2 vol. in-18 jésus.......... 8 fr. »

VIE DE Mᴳʳ A. JAQUEMET
ÉVÊQUE DE NANTES
PAR M. L'ABBÉ VICTOR MARTIN
PROFESSEUR AUX FACULTÉS CATHOLIQUES D'ANGERS

PRÉCÉDÉE DE LETTRES DE S. EM. LE CARDINAL RICHARD, ARCHEVÊQUE DE PARIS
ET DE LL. GG. MGR LECOQ, ÉVÊQUE DE NANTES ET MGR LABORDE, ÉVÊQUE DE BLOIS

In-8° avec portrait...... 7 fr. 50

COURS D'INSTRUCTION RELIGIEUSE
A L'USAGE DES CATÉCHISMES DE PERSÉVÉRANCE
DES MAISONS D'ÉDUCATION ET DES PERSONNES DU MONDE
Par Monseigneur E. CAULY
VICAIRE GÉNÉRAL DE REIMS

Ouvrage honoré d'un bref de Sa Sainteté Léon XIII
Et approuvé par Son Em. le Cardinal Langénieux, Archevêque de Reims

I. Le Catéchisme expliqué. 11ᵉ édition. In-18 jésus..................... 3 fr. 75
II. Histoire de la Religion et de l'Eglise. 3ᵉ édit. In-18 jésus........... 4 fr. »
III. Recherche de la vraie religion. 4ᵉ édition. In-18 jésus.............. 3 fr. »
IV. Apologétique chrétienne. 3ᵉ édition. In-18 jésus.................... 3 fr. »

LES APOTRES
OU HISTOIRE DE L'ÉGLISE PRIMITIVE
Par Monseigneur DRIOUX
VICAIRE GÉNÉRAL, CHANOINE HONORAIRE DE LANGRES, DOCTEUR EN THÉOLOGIE, ETC.

Ouvrage honoré de plusieurs approbations épiscopales

Fort volume in-8°....... 7 fr. 50

LA SAINTE VIERGE
ÉTUDES ARCHÉOLOGIQUES ET ICONOGRAPHIQUES
PAR M. CH. ROHAULT DE FLEURY
AUTEUR DU MÉMOIRE SUR LES INSTRUMENTS DE LA PASSION

Deux splendides volumes in-4°, imprimés avec luxe sur très beau papier de Hollande, ornés de 157 magnifiques planches gravées et de 600 sujets dans le texte.. 100 fr.

LES CARACTÉRISTIQUES DES SAINTS
DANS L'ART POPULAIRE
ÉNUMÉRÉES ET EXPLIQUÉES PAR LE P. CH. CAHIER, DE LA Cie DE JÉSUS

2 vol. gr. in-4°, ornés de nombreuses gravures sur bois. *Net.* 64 fr.

COURS D'ARCHÉOLOGIE RELIGIEUSE
PAR M. L'ABBÉ J. MALLET

Architecture. In-8°, 5° édition avec 255 figures dans le texte.................. 4 fr.
Le Mobilier. In-8°, 2° édition avec 130 figures dans le texte.................. 4 fr.

MARTYROLOGE ROMAIN
TRADUCTION DE L'ÉDITION LA PLUS RÉCENTE
APPROUVÉE PAR LA SACRÉE CONGRÉGATION DES RITES EN 1873
PUBLIÉE AVEC L'APPROBATION DE L'ORDINAIRE

Un beau volume in-8°.... 6 fr.

LES HYMNES DU BRÉVIAIRE ROMAIN
ÉTUDES CRITIQUES LITTÉRAIRES ET MYSTIQUES
PAR M. L'ABBÉ S.-G. PIMONT

Hymnes dominicales et fériales du Psautier. In-8° raisin............... 7 fr. 50
Hymnes du temps. (Carême, Passion, Temps de Pâques, Ascension, Pentecôte, Trinité, Saint-Sacrement). In-8° raisin.. 5 fr. »

CHANTS DE LA SAINTE-CHAPELLE
ET CHOIX DES PRINCIPALES SÉQUENCES DU MOYEN-AGE
PAR M. FÉLIX CLÉMENT

4° édition. In-8° jésus................ 5 fr.

LA MAISON DES CARMES
(1610-1875)
PAR M. L'ABBÉ PISANI
PROFESSEUR A L'INSTITUT CATHOLIQUE DE PARIS

Joli volume in-18 avec plan......................... 1 fr. 25

Centenaire célébré à l'église des Carmes en l'honneur des victimes de Septembre 1792. Compte rendu des cérémonies du Triduum : Discours prononcés par Mgr DE CABRIÈRES, évêque de Montpellier, M. l'abbé SICARD, du clergé de Paris et Mgr D'HULST, recteur de l'Institut catholique de Paris. In-8°.. 1 fr. 50

VIE
DE LA VÉNÉRABLE MÈRE MARGUERITE-MARIE
PAR Mgr JEAN-JOSEPH LANGUET

NOUVELLE ÉDITION
Par M. l'abbé L. GAUTHEY, Vicaire général d'Autun
PRÉCÉDÉE D'UNE ÉPITRE DÉDICATOIRE A SA SAINTETÉ LÉON XIII
PAR Mgr PERRAUD, ÉVÊQUE D'AUTUN

In-8º raisin, avec portrait et autographes.......................... 10 fr.
Édition ordinaire, in-18 jésus.. 4 fr.

HISTOIRE DU P. CLAUDE DE LA COLOMBIÈRE
PAR LE P. E. SEGUIN

2ᵉ édition. In-18 jésus avec portrait....... 3 fr. 50

VIES DE QUATRE DES PREMIÈRES MÈRES DE LA VISITATION
PAR LA R. MÈRE DE CHAUGY

REPRODUCTION INTÉGRALE DE L'ÉDITION DE 1659, ENRICHIE D'EXTRAITS INÉDITS
DES MANUSCRITS ORIGINAUX
PUBLIÉE PAR LES SOINS DES RELIGIEUSES DE LA VISITATION D'ANNECY

In-8º écu................................. 5 fr.

VIE DU R. P. BARRÉ
FONDATEUR DE L'INSTITUT DES ÉCOLES CHARITABLES DU SAINT-ENFANT-JÉSUS
DIT DE SAINT-MAUR
Origine et progrès de cet Institut (1602-1700)
Par le R. P. HENRI DE GRÈZES, capucin

In-8º avec 2 portraits................... 4 fr.

SAINT ANTOINE
LE GRAND
PATRIARCHE DES CÉNOBITES
PAR M. l'abbé VERGER
In-8º écu............... 4 fr.

SAINT GRÉGOIRE
DE NAZIANZE
SA VIE, SES ŒUVRES ET SON ÉPOQUE
PAR M. l'abbé BENOIT
2ᵉ édition. 2 vol. in-18 jésus. 7 fr.

VIE DE SAINT PAUL
Par M. l'abbé VIX, docteur en théologie, du diocèse de Strasbourg

Un beau volume in-8º raisin............ 7 fr. 50

SAINTE MARCELLE
LA VIE RELIGIEUSE
CHEZ LES PATRICIENNES DE ROME
AU IVᵉ SIÈCLE
PAR M. l'abbé L. PAUTHE
2ᵉ édition. In-18 jésus...... 4 fr.

SAINT HILAIRE
ÉVÊQUE DE POITIERS
DOCTEUR ET PÈRE DE L'ÉGLISE
PAR M. l'abbé P. BARBIER
DU DIOCÈSE D'ORLÉANS
In-18 jésus............. 3 fr. 75

ELIZABETH SETON
ET LES COMMENCEMENTS DE L'ÉGLISE CATHOLIQUE AUX ÉTATS-UNIS
PAR MADAME DE BARBEREY
5ᵉ édition. 2 volumes in-18 jésus, avec portrait. 5 fr.

CHRISTOPHE COLOMB
D'APRÈS LES TRAVAUX HISTORIQUES
DU COMTE ROSELLY DE LORGUES
PAR M. L'ABBÉ LYONS
AUMÔNIER DES RELIGIEUSES DU S.-SACREMENT
A NICE
In-8° écu............ 4 fr.

GLORIFICATION RELIGIEUSE
DE
CHRISTOPHE COLOMB
PAR M. L'ABBÉ CASABIANCA
SECOND VICAIRE DE S.-FERDINAND-DES-TERNES
A PARIS
In-12............ 2 fr. 50

Sᵗᵉ JEANNE DE FRANCE
(1464-1505)
DUCHESSE D'ORLÉANS ET DE BERRY
PAR MGR HÉBRARD
In-8° écu............ 5 fr.

Sᵗᵉ JEANNE DE VALOIS
ET
L'ORDRE DE L'ANNONCIADE
PAR MGR HÉBRARD
In-12............ 4 fr.

HISTOIRE DE Mˡˡᵉ LE GRAS
FONDATRICE DES FILLES DE LA CHARITÉ
PAR MADAME LA COMTESSE DE RICHEMOND
PRÉCÉDÉE DE LETTRES DE MGR MERMILLOD ET DU SUPÉRIEUR DES PRÊTRES DE LA MISSION
4ᵉ édition. In-18 jésus. 3 fr. 50. — In-8°............ 7 fr. 50

HISTOIRE DE SAINTE ANGÈLE MÉRICI
ET DE TOUT L'ORDRE DES URSULINES, DEPUIS SA FONDATION JUSQU'A NOS JOURS
PAR M. L'ABBÉ V. POSTEL
2 beaux volumes in-8°, avec portrait............ 15 fr.

HISTOIRE DE LA VÉNÉRABLE MÈRE MARIE DE L'INCARNATION
PREMIÈRE SUPÉRIEURE DU MONASTÈRE DES URSULINES DE QUÉBEC
D'APRÈS DOM CLAUDE MARTIN, SON FILS
Ouvrage entièrement remanié, complété à l'aide de plusieurs autres historiens
et de nouveaux documents
PRÉCÉDÉ D'UNE INTRODUCTION GÉNÉRALE PAR M. L'ABBÉ LÉON CHAPOT
AUMÔNIER DU MONASTÈRE DE SAINTE-URSULE DE NICE
2 vol. in-8° écu, avec 2 portraits............ 8 fr.

VIE DE M. LE PREVOST
FONDATEUR DE LA CONGRÉGATION DES FRÈRES DE SAINT-VINCENT DE PAUL
PRÉCÉDÉE D'UNE LETTRE DE MGR GAY, ÉVÊQUE D'ANTHÉDON
In-8° orné de 3 portraits..... 6 fr.

VIE DE FRÉDÉRIC OZANAM
PAR SON FRÈRE C.-A. OZANAM
3ᵉ édition. In-18 jésus............ 4 fr.

OUVRAGES DE M. LE VICOMTE DE MELUN
Vie de la Sœur Rosalie, fille de la charité. 8ᵉ édition. In-8° avec portrait... 6 fr. »
10ᵉ édition. In-18 jésus avec portrait........... 1 fr. 50
Vie de Mademoiselle de Melun. In-8° avec portrait............ 6 fr. »
La Marquise de Barol, sa vie et ses œuvres, suivi d'une notice sur Silvio Pellico. In-8°
avec portrait............ 6 fr. — In-18 jésus avec portrait............ 2 fr. 50

LE R. P. H.-D. LACORDAIRE
SA VIE INTIME ET RELIGIEUSE
Par le R. P. CHOCARNE, des Frères Prêcheurs

5ᵉ édit. 2 vol. in-8°, portrait. 10 fr. — 7ᵉ édit. 2 vol. in-18 jésus.... 5 fr.

VIE DU RÉVᴹᴱ PÈRE A.-V. JANDEL
SOIXANTE-TREIZIÈME MAITRE GÉNÉRAL DE L'ORDRE DES FRÈRES PRÊCHEURS
Par le R. P. CORMIER

2ᵉ édition revue. Beau volume in-8° avec portrait. 5 fr.

HISTOIRE DE SAINT ALPHONSE DE LIGUORI
PRÉCÉDÉE D'UNE LETTRE DE S. G. MGR L'ÉVÊQUE D'ORLÉANS
2ᵉ édition. In-8° avec portrait.................... 7 fr. 50

SAINT FRANÇOIS D'ASSISE
Par le R. P. Léopold de CHÉRANCÉ
6ᵉ édition. In-18 jésus avec portrait.............. 2 fr. 50

Marquis Anatole de SÉGUR

HISTOIRE POPULAIRE DE S. FRANÇOIS D'ASSISE	LE POÈME DE S. FRANÇOIS
5ᵉ édition. In-18 raisin. 1 fr. 25	5ᵉ édition. In-18 raisin. 1 fr. 30
	Édition de luxe, photographie. 2 fr. 50

VIE DE LA VÉNÉRABLE MÈRE AGNÈS DE JÉSUS
Par M. de LANTAGES
ÉDITION REVUE ET AUGMENTÉE PAR M. L'ABBÉ LUGOT
2 volumes in-8° avec portrait, gravures et autographe............. 12 fr. 50

VIE DU VÉNÉRABLE PÈRE LIBERMANN
PREMIER SUPÉRIEUR GÉNÉRAL DE LA CONGRÉGATION DU SAINT-ESPRIT ET DU SAINT-CŒUR DE MARIE
Par S. Em. le Cardinal PITRA

3ᵉ édition. In-8°... 8 fr. — 4ᵉ édition. In-18 jésus. 4 fr.

LETTRES SPIRITUELLES DU V. P. LIBERMANN	ÉCRITS SPIRITUELS DU V. P. LIBERMANN
2ᵉ édit. 3 vol. in-12. 10 fr.	In-18 jésus.... 3 fr. 50

VIE DE SAINT PHILIPPE NÉRI
Par S. E. le Cardinal CAPECELATRO
Traduite sur la seconde édition par le P. Pierre Henri BEZIN prêtre de l'Oratoire

2 volumes in-18 jésus......... 8 fr.

La conversion d'un maréchal de France (Pages intimes). Précédée d'une préface de Mgr FAVA, évêque de Grenoble, et suivie d'un discours de M. l'abbé J. LÉMANN. In-12 illustré.. 2 fr.

OUVRAGES DU R. P. TH. RATISBONNE

NOUVEAU MANUEL DES MÈRES CHRÉTIENNES
16ᵉ édition. In-18 raisin... 2 fr. 50

HISTOIRE DE SAINT BERNARD ET DE SON SIÈCLE
6ᵉ édition. 2 vol. in-8° raisin.. 12 fr.
LA MÊME, 10ᵉ édition. 2 vol. in-18 jésus.............................. 6 fr.

LES QUATRE ÉVANGILES
Traduction de LEMAISTRE DE SACY, corrigée, avec une introduction, des notes, un index et une carte de la Palestine
PAR M. L'ABBÉ VERRET
PROFESSEUR DE PHILOSOPHIE A L'INSTITUTION NOTRE-DAME DE CHARTRES
In-18 jésus illustré................

MONSIEUR FRÈRE ET FÉLIX DUPANLOUP
PAR M. L'ABBÉ DAIX
In-18 jésus............... 3 fr.

L'ABBÉ HETSCH
PAR L'AUTEUR DES
Derniers jours de Mgr Dupanloup
In-8°................ 7 fr.

HISTOIRE DU P. DE CLORIVIÈRE
DE LA COMPAGNIE DE JÉSUS
Par le P. JACQUES TERRIEN, de la même Compagnie
In-8° écu, avec gravure......... 5 fr.

ALBÉRIC DE FORESTA
FONDATEUR DES ÉCOLES APOSTOLIQUES
SA VIE, SES VERTUS ET SON ŒUVRE
PAR LE R. P. DE CHAZOURNES
3ᵉ édit. In-18 jésus... 3 fr. — LE MÊME OUVRAGE, avec portrait... 3 fr. 50

ŒUVRES CHOISIES
DE
Mgʳ ROVÉRIÉ DE CABRIÈRES
ÉVÊQUE DE MONTPELLIER
In-8°............................... 6 fr.

Vie du Vénérable Frère Jean de Saint-Samson, religieux carme, par le P. SERNIN MARIE DE SAINT-ANDRÉ, carme déchaussé. In-8° raisin, avec portrait........ 7 fr. 50
Vie de saint Vincent de Paul, par L. ABELLY, évêque de Rodez. Nouvelle édition. 2 volumes in-12 avec gravures................................... 6 fr. »
Castelli (Le vénérable serviteur de Dieu, François-Marie), Clerc profès barnabite, par le R. P. L. M. FERRARI. In-18 jésus avec portrait................ 2 fr. »
Légende des trois Compagnons : La vie de saint François d'Assise racontée par les frères Léon, Ange et Rufin, ses disciples. Traduite pour la première fois du latin avec une introduction de M. l'abbé HUVELIN. In-18................ 1 fr. »
Vie du P. Chérubin de Maurienne, de l'Ordre des Frères Mineurs Capucins, par M. l'abbé TRUCHET. In-8° raisin, avec portrait.................. 6 fr. »
Vie intérieure du Frère Marie-Raphaël Meysson, diacre, de l'Ordre des FF. Prêcheurs, par le R. P. PIE BERNARD. 2ᵉ édition. In-12.............. 3 fr. »

VIE DE M. OLIER
FONDATEUR DE LA COMPAGNIE ET DU SÉMINAIRE SAINT-SULPICE
Par M. FAILLON, prêtre de la même Compagnie

3 volumes in-8° raisin. 4ᵉ édition, avec 30 gravures.............. 22 fr. 50

ŒUVRES SPIRITUELLES DE M. OLIER

Catéchisme chrétien pour la vie intérieure. Édition conforme aux éditions primitives. In-32 raisin............ 75 c.
Esprit d'un directeur des âmes (L'). In-32 raisin................... 70 c.
Explication des cérémonies de la grand'messe de paroisse, selon l'usage romain. In-32 raisin...... 1 fr. 25

Introduction à la vie et aux vertus chrétiennes. Nouvelle édition. In-32 raisin................... 1 fr. »
Journée chrétienne (La). Nouvelle édition corrigée et augmentée. In-32 raisin................... 1 fr. »
Lettres spirituelles. Nouvelle édition. 2 volumes in-32 raisin........ 2 fr. 50

VIE INTÉRIEURE DE LA TRÈS SAINTE VIERGE
OUVRAGE RECUEILLI DES ÉCRITS DE M. OLIER
Avec approbation de Son Em. le Cardinal Guibert, Archevêque de Paris
2ᵉ édition. In-12.......... 3 fr.

MÉDITATIONS SUR LES PRINCIPALES OBLIGATIONS
DE LA VIE CHRÉTIENNE ET ECCLÉSIASTIQUE
PAR M. L'ABBÉ CHENART
NOUVELLE ÉDITION REVUE PAR UN MEMBRE DE LA COMPAGNIE DE ST-SULPICE
2 volumes in-18................ 3 fr.

VIE DE M. DE COURSON
12ᵉ SUPÉRIEUR DU SÉMINAIRE ET DE LA COMPAGNIE DE SAINT-SULPICE
In-18 jésus avec portrait. 4 fr.

M. TEYSSEYRRE
FONDATEUR DE LA COMMUNAUTÉ DES CLERCS DE SAINT-SULPICE
PAR M. L'ABBÉ PAGUELLE DE FOLLENAY
In-18 jésus avec portrait. 4 fr.

De la Crèche au Calvaire. Méditations d'après saint Bonaventure et saint Ignace, avec une introduction par Mgr d'Hulst. In-18 raisin.................. 3 fr. »
Résurrection (De la) à l'Ascension et du Cénacle à Rome. Méditations avec une introduction par Mgr d'Hulst. In-18 raisin.................. 4 fr. »
Le Chemin de Croix des Enfants, précédé d'une lettre de Mgr d'Hulst. 2ᵉ édition. In-18 avec gravures, relié toile de couleur, ornements en noir............... 25 c.
Le cent.......................................Net..... 20 fr. »

OUVRAGES DE M. L'ABBÉ VERNIOLLES

LES RÉCITS BIBLIQUES
ET LEURS
BEAUTÉS LITTÉRAIRES
2ᵉ édition. In-12............ 3 fr.

LES RÉCITS ÉVANGÉLIQUES
ET LEURS
BEAUTÉS LITTÉRAIRES
In-12....................... 3 fr.

Notre Religion, par M. l'abbé H. Delon, curé de Saint-Pierre, à Limoges, approuvée par plusieurs Archevêques et Évêques. In-8°................................ 4 fr.

LES FRÈRES DES ÉCOLES CHRÉTIENNES
Et l'Enseignement primaire après la Révolution (1797-1880)
PAR M. ALEXIS CHEVALIER
In-8°.. 6 fr.

VIE	VIE
DU B. J.-B. DE LA SALLE	DU B. J.-B. DE LA SALLE
PAR M. ABEL GAVEAU, *prêtre*	PAR M. LE CHANOINE BLAIN
3° édition. In-8° illustré. 1 fr. 50	Fort volume in-8°..... 7 fr. 50

ENCYCLOPÉDIE POPULAIRE
Publiée sous la direction de M. Pierre CONIL
Fort volume in-8° jésus de 2,300 pages à 2 colonnes

Broché en 2 volumes.............	35 fr.	Relié 1/2 chagrin, tranche jaspée....	45 fr.
Relié toile chagrinée, tr. jaspée....	40 fr.	Relié en 2 volumes 1/2 chagrin	
Relié en 2 v. toile chag., tr. jasp....	42 fr.	tranche jaspée...............	50 fr.

MANUEL DES ŒUVRES
INSTITUTIONS RELIGIEUSES ET CHARITABLES DE PARIS
ET PRINCIPAUX ÉTABLISSEMENTS DES DÉPARTEMENTS
POUVANT RECEVOIR DES ORPHELINS, DES INDIGENTS ET DES MALADES DE PARIS
In-18 jésus...... 4 fr. — Relié Bradel.... 4 fr. 50

Mgr PERRAUD
ÉVÊQUE D'AUTUN, MEMBRE DE L'ACADÉMIE FRANÇAISE

LA	QUELQUES RÉFLEXIONS
DISCUSSION CONCORDATAIRE	Au sujet de l'Encyclique du 16 Février 1892
AU SÉNAT ET A LA CHAMBRE DES DÉPUTÉS	ADRESSÉE A LA FRANCE
Les 9, 11 et 12 Décembre 1891	PRÉCÉDÉES DU TEXTE DE L'ENCYCLIQUE
2° édition. In-12..... 1 fr.	In-12.................. 1 fr.

LE GOUVERNEMENT DE L'ÉGLISE
Ou PRINCIPES DU DROIT ECCLÉSIASTIQUE
EXPOSÉS AUX GENS DU MONDE
Par M. l'abbé P.-A. LAFARGE
Droit Public. In-8°................................... 7 fr. 50

Pensées choisies du R. P. Lacordaire, extraites de ses œuvres et publiées sous la direction du R. P. CHOCARNE. 7° édition. 2 vol. in-32 encadré............. 3 fr. »
Lectures pour chaque jour, extraites des écrits des saints et des bienheureux sous la direction du R. P. CHOCARNE, des FF. Prêcheurs. 2 vol. in-32 jésus........... 5 fr. »
Essai sur les missions dans les pays catholiques. Leur histoire, leur utilité, les diverses méthodes à employer et les devoirs des Missionnaires, par le R. P. DELPUCH. In-18 jésus... 1 fr. 50
Saint Luc, patron des anciennes Facultés de médecine, par le Docteur DAUCHEZ. In-8° illustré... 1 fr. 50
Encyclique du 8 décembre 1864 et les principes de 1789 (L') ou l'Église, l'État et la Liberté, par M. Emile KELLER, député. 2° édition. In-18 jésus.......... 3 fr. »
Église (L') et le Droit romain. Études historiques par M. G. DE MONLÉON. In-12. 3 fr. »
Esprit et vertus du B. Jean-Baptiste de La Salle. In-12.......... 3 fr. 50

OUVRAGES DE M. L'ABBÉ RIBET

L'ASCÉTIQUE CHRÉTIENNE
Un volume in-8°..... 7 fr.

LA MYSTIQUE DIVINE
DISTINGUÉE DES CONTREFAÇONS DIABOLIQUES ET DES ANALOGIES HUMAINES
Trois beaux volumes in-8°.... 22 fr.

LA MYSTIQUE
DIVINE, NATURELLE ET DIABOLIQUE
Par GOERRES
Ouvrage traduit de l'allemand par M. Ch. SAINTE-FOI
2° édition. 5 volumes in-18 jésus. 16 fr.

L'OUVERTURE DE CONSCIENCE
LES CONFESSIONS ET LES COMMUNIONS DANS LES COMMUNAUTÉS
Texte et commentaire du décret de la Sacrée Congrégation
des Évêques et Réguliers, du 17 décembre 1890
PAR LE P. PIE DE LANGOGNE, DES FRÈRES MINEURS CAPUCINS
3° édition revue et augmentée. In-18 raisin. 1 fr. 25

LES TRÉSORS DE CORNÉLIUS A LAPIDE
EXTRAITS DE SES COMMENTAIRES SUR L'ÉCRITURE SAINTE
Par M. l'abbé BARBIER
5° édition. 4 forts volumes in-8° raisin. 32 fr.

SOIRÉES D'AUTOMNE
OU LA RELIGION PROUVÉE AUX GENS DU MONDE
Par M. l'abbé MAUNOURY
3° édition. In-12.................. 1 fr. 80

DICTIONNAIRE UNIVERSEL
DES SCIENCES ECCLÉSIASTIQUES
Par M. l'abbé GLAIRE
2 forts volumes in-8° raisin à 2 colonnes. 32 fr.

LA SAINTE BIBLE
TRADUCTION DE L'ANCIEN TESTAMENT D'APRÈS LES SEPTANTE
Par P. GIGUET. Revue et annotée
4 volumes in-12...................... 15 fr.

Marie Jenna, sa vie, ses œuvres, par Jules LACOINTA. Etude suivie de lettres de Marie Jenna. In-18 jésus.. 3 fr. 50
Élévations poétiques et religieuses, par Marie JENNA. 4° édition augmentée de pièces inédites. In-18 jésus... 3 fr. »
Pensées d'une croyante, par Marie JENNA. 2° édition encadrée. In-32 raisin.. 1 fr. »
Livre de Messe (Le premier), offert aux enfants, par Marie JENNA. In-32...... 1 fr. »
Clefs du Purgatoire (Les). Recueil de prières, par A. R., auteur de *l'Église à travers les siècles*. In-32 jésus avec gravure................................... 3 fr. »

IMITATION DE JÉSUS-CHRIST
TRADUCTION INÉDITE DU XVII° SIÈCLE
PUBLIÉE PAR AD. HATZFELD

Un volume in-8° raisin, papier glacé avec gravures........................ 20 fr.
Le même ouvrage, in-8° jésus, édition de luxe. 30 fr.
La même traduction, sans le texte latin, avec des réflexions tirées des œuvres de Bourdaloue. Gros in-32 raisin avec gravure. 1 fr. 50

DE LA BÉNÉDICTION A TRAVERS LES TEMPS
ÉLÉVATIONS SUR LES BIENFAITS DE DIEU
PAR MICHEL LOUENEAU

Ouvrage approuvé par S. Em. le Cardinal-Archevêque de Paris et NN. SS. les Evêques de Nantes et d'Anthédon
In-18 raisin............ 3 fr. 50

VIE CHRÉTIENNE D'UNE DAME DANS LE MONDE
Par le R. P. de RAVIGNAN
4° édition. In-12................. 3 fr.

EXERCICES SPIRITUELS DE SAINT IGNACE
Traduits par le R. P. Pierre JENNESSEAUX, S. J.
13° édition. In-12................. 3 fr.

MÉDITATIONS	RETRAITE SPIRITUELLE
SELON LA MÉTHODE DE SAINT IGNACE SUR LES PRINCIPAUX MYSTÈRES DE LA TRÈS SAINTE VIERGE ET POUR LES FÊTES DES SAINTS	SELON LA MÉTHODE DE SAINT IGNACE PAR LES PP. R. DEBROSSE ET H. AUGRY
9° édition. In-12. 2 fr.	5° édition. In-12 en feuillets détachés et sous bande. 3 fr.

COURTES MÉDITATIONS
POUR TOUS LES JOURS DE L'ANNÉE
PAR LE P. PAUL GABRIEL ANTOINE, S. J.
Publiées par le P. AUBERT, de la même Compagnie
4° édition. In-18 raisin. 2 fr.

TRAITÉ DE L'AMOUR DE DIEU
DE SAINT FRANÇOIS DE SALES
Edition revue et publiée par le P. Marcel BOUIX
Très beau volume in-8° jésus, avec gravure........................ 12 fr.

PAROLES DE N.-S. JÉSUS-CHRIST
D'APRÈS LA LETTRE DES SAINTS ÉVANGILES
MIS EN CONCORDANCE SUIVANT L'ORDRE DES FAITS AVEC DES NOTES DIVERSES
PAR E. PERROT DE CHEZELLES
In-18 jésus.................. 4 fr.

L'Ami du Prêtre. Entretiens sur la dignité, les devoirs et les consolations du Sacerdoce, par M. l'abbé Rouzaud, chanoine de Toulouse. In-18 jésus............... 3 fr.

MÉDITATIONS SUR TOUS LES ÉVANGILES
DU CARÊME ET DE LA SEMAINE DE PAQUES
Par le R. P. PÉTETOT, supérieur général de l'Oratoire
PRÉCÉDÉES D'UNE NOTICE BIOGRAPHIQUE SUR L'AUTEUR, PAR LE P. LESCOEUR

Fort volume in-18 jésus...................... 4 fr.

ANNÉE FRANCISCAINE
OU COURTES MÉDITATIONS SUR L'ÉVANGILE
A L'USAGE DES TERTIAIRES DE SAINT FRANÇOIS

2 forts volumes in-12. 8 fr.

COURTES MÉDITATIONS ASCÉTIQUES
POUR TOUS LES JOURS DE L'ANNÉE
Par le R. P. JOSEPH DE DREUX, des Frères Mineurs Capucins

OUVRAGE INÉDIT DU XVII° SIÈCLE, REVU ET PUBLIÉ

PAR LE R. P. SALVATOR DE BOIS-HUBERT, CAPUCIN

In-18 jésus. 2 fr. 50

OEUVRES COMPLÈTES
DU P. AMBROISE DE LOMBEZ
Recueillies et publiées par le P. FRANÇOIS DE BÉNÉJAC

Traité de la Paix intérieure. In-12 avec portrait........................ 1 fr. 50
Lettres spirituelles. In-12 avec gravure................................. 1 fr. 50
Traité de la Joie de l'âme chrétienne. In-12 avec gravure............... 1 fr. 50

LES MÉDITATIONS DE LA VIE DU CHRIST
Par Saint BONAVENTURE
TRADUITES PAR M. H. DE RIANCEY

7° édition. In-18 raisin.................. 3 fr.

MÉDITATIONS POUR TOUS LES JOURS DE L'ANNÉE
Par M. l'abbé D. BOUIX, docteur en théologie

4 volumes in-12.... 10 fr.

Offices de l'Eglise, complets, expliqués et annotés, suivis de prières tirées des œuvres de saint Augustin, sainte Thérèse, saint François de Sales, Bossuet, Fénelon, etc., par Madame DE BARBEREY. 6° édition. Gros in-32 jésus................. 4 fr. »

Petits Offices en français, précédés d'une courte méthode pour entendre la sainte Messe les jours de communion : dédiés aux jeunes personnes pieuses. 35° édition encadrée sur papier teinté. In-32.. 50 c.

Pensées et affections sur les mystères et sur les fêtes, par le R. P. Gaëtan-Marie DE BERGAME. 2 vol. in-18 raisin... 4 fr. »

Pensées et affections sur la Passion de Notre-Seigneur Jésus-Christ, par le R. P. Gaëtan-Marie DE BERGAME. 3 vol. in-18 raisin................................ 7 fr. 50

OUVRAGES DE M. L'ABBÉ CHEVOJON
CURÉ DE NOTRE-DAME DES VICTOIRES

Le **Manuel de la jeune fille chrétienne**, approuvé par Mgr l'archevêque de Paris. 9ᵉ édition. In-32 raisin encadré.................................... **1 fr. 50**
La **Perfection des jeunes filles**, approuvé par Mgr l'Archevêque de Paris. 11ᵉ édition. In-32 raisin encadré.................................... **1 fr. 50**
Le **Souvenir des morts** ou moyen de soulager les âmes du Purgatoire. Nouvelle édition entièrement remaniée par l'auteur. In-32 raisin........... **1 fr. 25**

CHOIX DE LECTURES CHRÉTIENNES
2ᵉ édition augmentée. In-18 raisin........................... 3 fr.

LECTURES PIEUSES
Extraites des Pères et des principaux écrivains catholiques
PAR MADAME LA COMTESSE MAX DE BEAURECUEIL
PRÉCÉDÉES D'UNE LETTRE DE S. G. MGR LAGRANGE, ÉVÊQUE DE CHARTRES
In-18 raisin...... 2 fr. 50

PLANS D'INSTRUCTIONS
POUR UN CATÉCHISME DE PERSÉVÉRANCE
(Paroisses et Institutions)
Par M. l'abbé LE REBOURS
DOGME — MORALE — CULTE — HISTOIRE DE L'ÉGLISE
Chaque brochure in-8°.............. 50 c.
Les quatre années réunies, 2ᵉ édition revue et complétée. 2 fr.

OUVRAGES DE M. L'ABBÉ GAYRARD

CONSIDÉRATIONS POUR LA MÉDITATION QUOTIDIENNE
4 beaux volumes in-12.................. 12 fr.

EXPLICATION DU PATER
OUVRAGE SUIVI DE MÉDITATIONS
SUR LE SACRÉ-CŒUR DE JÉSUS ET LE SAINT CŒUR DE MARIE
In-18 jésus...... 2 fr. 50

GUIDE POUR L'EXPLICATION LITTÉRALE ET SOMMAIRE DU CATÉCHISME DE PARIS
7ᵉ édition. In-18. 1 fr. — Cartonné. 1 fr. 25

COMMENTAIRE LITTÉRAL DU CATÉCHISME DE PARIS
4ᵉ édition. In-18. 1 fr. 50 — Cartonné. 1 fr. 75

Manuel des Enfants de Marie Immaculée, à l'usage des réunions externes, dirigées par les Filles de la Charité. Gros in-32 jésus avec gravure.................... **1 fr. 75**
Zèle de la perfection religieuse (Du), par le P. Joseph BAYMA, S. J. Traduit par le R. P. OLIVAINT. 6ᵉ édition. In-32 raisin.................................... **75 c.**
Rusbrock l'admirable. Œuvres choisies par Ernest HELLO. In-18............ **1 fr. 80**
Philosophie et Athéisme, par E. HELLO (Œuvres posthumes). In-12........ **3 fr. 50**
Guide du Pèlerin au Sanctuaire séculaire de l'Immaculée-Conception, actuellement sous le vocable de Notre-Dame de Sainte-Espérance, dans l'église Saint-Séverin, à Paris, par M. l'abbé DE MADAUNE, premier vicaire de Saint-Séverin. In-12........ **1 fr.**

R. P. LESCŒUR
PRÊTRE DE L'ORATOIRE

LE DOGME DE LA VIE FUTURE
ET LA LIBRE PENSÉE CONTEMPORAINE
In-18 jésus...... 3 fr. 75

OUVRAGES DE M. CH. SAINTE-FOI

Heures sérieuses d'un jeune homme. 12ᵉ édition. In-32 encadré.......... 1 fr. 25
Heures sérieuses d'une jeune personne. 8ᵉ édition. In-32 raisin.......... 1 fr. 50
Heures sérieuses d'une jeune femme. 8ᵉ édition. In-18 raisin............. 2 fr. »

DÉVOTION AU SACRÉ-CŒUR

Mois du Sacré-Cœur. Extrait des écrits de la Bienheureuse Marguerite-Marie. 7ᵉ édit. In-32 jésus............ 1 fr. 25
Mois du Sacré-Cœur de Jésus, A. M. D. G. 34ᵉ édit. In-32 raisin............. 75 c.
Pratique de l'amour envers le Cœur de Jésus. 7ᵉ édition. In-32 raisin. 1 fr. 50

Mois (Petit) du Sacré-Cœur de Jésus, A. M. D. G., 4ᵉ édition. In-32 raisin................................ 50 c.
Mois du Sacré-Cœur de Jésus (Nouveau), par le R. P. GAUTRELET, de la Compagnie de Jésus. 22ᵉ édition. In-32 jésus......................... 1 fr. 25

MOIS DE MARIE

Mois de Marie de Notre-Dame de Séez, par M. l'abbé COURVAL. 3ᵉ édition. In-18............................ 1 fr. 50
Mois de Marie de Notre-Dame du Très Saint Sacrement. Extraits des

écrits du R. P. EYMARD. 5ᵉ édition. In-32 jésus................... 1 fr. 25
Mois de Marie du Clergé, par le P. CONSTANT, des Frères Prêcheurs. In-32 raisin........................... 1 fr. 50

MOIS DE SAINT JOSEPH

Le Mois de saint Joseph, d'après les docteurs et les saints, etc.; par Mlle NETTY DU BOYS. 4ᵉ édition. In-32 jésus. 1 fr. »

Mois de saint Joseph, le premier et le plus parfait des adorateurs, extrait des écrits du P. EYMARD. 4ᵉ édition. In-32 jésus. 90 c.

Ouvrages du R. P. Blot.
Ouvrages de M. E. Cartier.
Bibliothèque dominicaine.
Bibliothèque du saint Rosaire.
Bibliothèque franciscaine.

Bibliothèque oratorienne.
Bibliothèque du Saint-Sacrement.
Musique religieuse.
Ouvrages classiques primaires.
Ouvrages classiques secondaires.
Publications liturgiques.

L'Enseignement chrétien, bulletin bi-mensuel d'enseignement secondaire, organe de l'Alliance des Maisons d'Éducation chrétienne. 12ᵉ année.......... 10 fr. par an.
Bulletin de l'Institut Catholique de Paris, paraissant le 25 de chaque mois. 4ᵉ année.. 5 fr. par an.
Bulletin mensuel des œuvres de la jeunesse, publié sous la direction du Conseil général de l'œuvre des patronages. 10ᵉ année........................ 3 fr. par an.
Annales franciscaines. Les abonnements sont d'un an et commencent en septembre. Paraît une fois par mois. 32ᵉ année..................................... 3 fr. par an.
La Couronne de Marie, annales du Saint-Rosaire. Les abonnements sont d'un an et commencent en janvier. 34ᵉ année............................. 2 fr. 50 par an.

www.ingramcontent.com/pod-product-compliance
Lightning Source LLC
Chambersburg PA
CBHW060507170426
43199CB00011B/1362